FITZNER / KALB / RISSE
**REFORMPÄDAGOGIK
IN DER SCHULPRAXIS**

REFORMPÄDAGOGIK
IN DER SCHULPRAXIS

herausgegeben von
Thilo Fitzner, Peter E. Kalb
und Erika Risse

VERLAG JULIUS KLINKHARDT
BAD HEILBRUNN 2012

Gedruckt mit freundlicher Unterstützung des Bundesministeriums für Bildung und Forschung und der Stiftungs- und Fördergemeinschaft Modellprojekte GmbH (Weinheim)

Bibliografische Information der Deutschen Nationalbibliothek
Die Deutsche Nationalbibliothek verzeichnet diese Publikation
in der Deutschen Nationalbibliografie; detaillierte bibliografische Daten
sind im Internet abrufbar über http://dnb.d-nb.de.

2012.Ki. © by Julius Klinkhardt.
Das Werk ist einschließlich aller seiner Teile urheberrechtlich geschützt.
Jede Verwertung außerhalb der engen Grenzen des Urheberrechtsgesetzes ist ohne Zustimmung des Verlages unzulässig und strafbar. Das gilt insbesondere für Vervielfältigungen, Übersetzungen, Mikroverfilmungen und die Einspeicherung und Verarbeitung in elektronischen Systemen.

Coverfoto: © Claudia Paulussen - Fotolia.com
Druck und Bindung: AZ Druck und Datentechnik, Kempten.
Printed in Germany 2012.
Gedruckt auf chlorfrei gebleichtem alterungsbeständigem Papier.

ISBN 978-3-7815-1848-3

Inhaltsverzeichnis

Vorwort 9

Teil A Konzepte

Heinz-Elmar Tenorth
Wurzeln der Reformpädagogik 13

Klaus-Jürgen Tillmann
Erziehungswissenschaft und Reformpädagogik auf der Anklagebank? 19

Ulrich Herrmann
Verantwortung und Bewährung. Demokratiepädagogische Praxis
in der Reformpädagogik 24

Jürgen Oelkers
Kritische Fragen an die Geschichte der Reformpädagogik 38

Theodor Schulze
Gute Gründe für Reformpädagogik – damals und heute 63

Wolfgang Edelstein
Verantwortungspädagogik. Eine reformpädagogische Perspektive 77

Micha Brumlik
Jüdische Reformpädagogik? 84

Joachim Bauer
Die Bedeutung der Beziehung für schulisches Lehren und Lernen 95

Werner Esser
Begabtenförderung als reformpädagogisch angelegter Prozess
der Persönlichkeitsförderung im Internat 102

Teil B Praxis

I. Unterrricht

Erika Risse
Umgang mit Heterogenität – auch am Gymnasium 113

Susanne Thurn
Lohnende Leistung 124

Dirk Kamps
Schülerinnen und Schüler wollen autonom lernen!
Personalisiertes Lernen: das Institut Beatenberg und seine Lernkultur 132

Andreas Müller
Jedem seine eigene Schule in der Schule 141

Ingrid Ahlring
Individuell Fördern – Zwischen Sisyphusarbeit und Selbstverständlichkeit 148

Ulrike Kegler
„Eine Jugendschule" 156

Erika Risse
Die Reformpädagogik hat das digitale Zeitalter erreicht –
... und bleibt sich dennoch treu – 162

Ulla Kreutz
Der gemeinsame Unterricht im Team-Kleingruppenmodell (TKM)
der Gesamtschule Holweide in Köln 171

II. Überunterrichtliches Lernen

Hartwig Henke
Die »High Seas High School« – eine Schule auf dem Meer 181

Bettina Karstens
GeoCaching mit Schülern – gemeinsam lernen, forschen, entdecken 188

Marco Fileccia und Tina Dietrich
Schüler übernehmen Verantwortung als Medien-Scouts:
von Peers zu Peers 195

Jörg Allhoff
„Plötzlich ist er ein ganz anderer Schüler"
Außerschulische Lernorte – ein indirekter Erzieher 202

Christine Biermann
Kinder und Erwachsene stärken – das Präventionskonzept der
Laborschule gegen sexuellen Missbrauch 207

Barbara Hanusa
Verstehen heißt: Einsehen wie es kommt!
Ein Beitrag zu Nähe und Distanz in der Ecole d'Humanité 215

Thomas Häcker
Portfolio – ein Medium zur Optimierung und Humanisierung des Lernens .. 221

III. Organisation

Erika Risse
Reformpädagogik und Schulleitung 234

Wolf-Dieter Hasenclever
Reformpädagogik – Bildung für Nachhaltige Entwicklung 243

Inge Hansen-Schaberg
Geschlechterkonstruktionen in reformpädagogischen Kontexten 250

Christof Laumont
Wie ich lebe und mich gebe – Internat versus Ganztagsschule 257

Helga Boldt
Gegründet 2009: Die Neue Schule Wolfsburg 263

IV. Voneinander lernen

Hans Brügelmann, Axel Backhaus und Hans Kroeger
»Blick über den Zaun«
Selbstorganisation und Weiterentwicklung reformpädagogischer Praxis 271

Josef Watschinger
Der Schulverbund Pustertal 278

Christian Petry
Aus der Wundertüte – reformpädagogische Initiativen der
Forschungsgruppe Modellprojekte 291

Teil C Perspektiven

Ulrich Herrmann
Die Zukunftsschule 299

Schulverbund „Blick über den Zaun". Reformpädagogische Arbeitsstelle
Was ist eine gute Schule? Leitbild und Standards 307

Autorenspiegel 350

Vorwort

Der Plan zu diesem Praxishandbuch entstand im Rahmen einer Tagung zur Reformpädagogik in der Evangelischen Akademie Bad Boll im Dezember 2010. Auf dieser Tagung wurde deutlich, welche Kraft die Ideen der Reformpädagogik haben und wie sehr sie heute gute Schulen gestalten. Ein „Praxishandbuch" sitzt zwischen allen Stühlen und fühlt sich dort wohl: Es soll kein weiteres Handbuch zur Entstehungsgeschichte der Reformpädagogik sein – davon sind in ausreichender Anzahl Beispiele auf dem Buchmarkt; von ihnen soll Gebrauch machen, wer unter der Perspektive historischer Pädagogik und ihrer erziehungswissenschaftlichen Einordnung Fachwissen zur Reformpädagogik braucht.

Dieses Buch beschreitet einen anderen Weg. Den Herausgebern geht es darum, vor allem den reformpädagogischen Alltag sprechen zu lassen: Was zeigt sich an bewährter Praxis in den Schulen und in anderen pädagogischen Feldern? Wie sehen dort aus der jeweils reformpädagogischen Perspektive das Lernen und eine schülerbezogene Unterrichtsgestaltung aus? Was brauchen Lehrerinnen und Lehrer und andere Mitarbeiter in solchen Schulen?

Die Zielgruppen dieses Praxishandbuchs sind Studierende im Lehramtsstudium, in den einschlägigen Diplomstudiengängen, in der Erziehungswissenschaft. Das Buch richtet sich an Lehrerinnen und Lehrer, die die Inhalte der Reformpädagogik spannend finden, die in ihrer Praxis des Schulalltags auf reformpädagogische Überlegungen, Vorschläge, Modelle und Konzeptionen zurückgreifen wollen, die Schulentwicklung durch die reformpädagogische Brille sehen.

Dass dem ausführlicheren Teil B mit der Schulpraxis ein Teil A vorgeschaltet wird, der die wissenschaftliche Beschäftigung mit der Reformpädagogik bringt, dient der Einbettung der folgenden Praxis in einen größeren Ideen-Zusammenhang. Unterschiedliche Blicke der Erziehungswissenschaft auf die Reformpädagogik beschreiben die Komplexität dieses – ja, was denn? – Ansatzes, der Konzeption, der Theorie, des Modells. In den genannten Zielgruppen in der Leserschaft werden sich viele überzeugte Anhänger der Reformpädagogik finden, die schon vielfach positive Erfahrungen im Schulalltag gemacht haben. Aber es mag auch Leserinnen und Leser geben, die angesichts der Folgediskussion um den sexuellen Missbrauch in Bildungseinrichtungen solchen Stimmen glauben, die einen Zusammenhang zwischen der Reformpädagogik und dem Missbrauch herstellen wollen.

Die Herausgeber sehen keinen solchen Zusammenhang. Da sie aber mit diesem Praxishandbuch eine umfassende Information erreichen wollen, darf auch ein Beitrag mit einer Gegenmeinung nicht fehlen, weshalb dem Erziehungswissenschaftler Jürgen Oelkers umfassend Raum für seine Ausführungen gegeben wird. Die Herausgeber setzen gelassen auf die Urteilsfähigkeit der Leserinnen und Leser.

Der Praxisteil B zeigt eine große Bandbreite heutiger reformpädagogischer Praxis. Bei den Beispielen handelt es sich nicht nur um besondere Schulen, Schulmodelle oder Landerziehungsheime, sondern vielfach auch um normale, öffentliche Schulen. Dies zeigt, dass Ideen und die Praxis der Reformpädagogik längst Einzug in den Schulalltag unserer Schullandschaft gehalten haben und dort nicht mehr wegzudenken sind – wenn auch (noch) nicht überall. Deshalb ist es nicht verwunderlich, wenn methodische Ansätze oder schulorganisatorische Vorschläge vorgestellt werden, die schon „normal" geworden sind. Gibt es das Lernen an Stationen nicht überall? Ist der Klassenrat nicht der Normalfall in einer demokratisch orientierten Schule? Hat das Portfolio als Instrument der Lernreflexion nicht schon die Klassenzimmer erobert? Und hat das alles mit der Reformpädagogik zu tun? Die Antwort auf die letzte Frage ist: Ja, so ist es.

Und doch bleibt in der deutschen Schullandschaft noch viel zu tun. Die hier beschriebenen Ansätze – und solche sind es doch noch immer trotz aller guter Praxis – sind es wert, ausgeweitet zu werden, Rückenwind zu bekommen; dafür haben sich hier Herausgeber, Autorinnen und Autoren und der Verlag zusammengefunden.

Bei Überlegungen, wie es denn mit der Reformpädagogik weitergehen wird, was bleibt, was hinzukommt, was sich verändert, gilt die alte Weisheit, dass jede Prognose riskant ist. Im Text von Ulrich Herrmann wird deutlich sichtbar, dass die Zukunft unseres Schulsystems ohne reformpädagogische Ansätze nicht denkbar ist. Dieser Auffassung schließen sich die Herausgeber an.

Bei der Erstellung des Praxishandbuchs Reformpädagogik gab es viele Helfer und Unterstützer im Hintergrund. Ihnen allen sei herzlich gedankt: Frau Rita Dols von der Geschäftsstelle der Vereinigung Deutscher Landerziehungsheime in Oberhausen, Frau Brigitte Engert von der Evangelischen Akademie in Bad Boll, Herrn Christian Petry von der SFGM in Weinheim, Herrn Professor Ulrich Herrmann nicht nur für seinen Text, sondern für manchen guten Ratschlag, sowie dem Bundesministerium für Bildung und Wissenschaft Berlin für die Hilfe bei der Drucklegung dieses Buches.

Erika Risse, Thilo Fitzner, Peter E. Kalb

Teil A
Konzepte

Heinz-Elmar Tenorth

Wurzeln der Reformpädagogik

»Reformpädagogik« hat mehrere Wurzeln und unterschiedliche Gestalten: *historisch*, als längst versunkene pädagogische Reformaktivitäten im ausgehenden 19. und frühen 20. Jahrhundert vor allem in Westeuropa und den USA; *aktuell*, als Etikett für eine Vielzahl durchaus heterogener Programme ›guter‹ Erziehung, auf die historische Reformpädagogik meist nur noch locker bezogen; *diskursiv*, als eine professionell gepflegte, sich selbst anregende Überlieferung.

Die Wurzeln der Reformpädagogik finden sich in unterschiedlicher Gestalt, in Dogmen und Ideologien, zum Teil erst nachträglich zugeschrieben, geklärt oder beansprucht, aber auch in pädagogischer Praxis und ihren Kontexten. Ideengeschichtlich und ideologiekritisch wird gelegentlich der Anschein erweckt, als seien die Dogmen zentral, als könne man hier quasi Reformpädagogik ableiten. Im historischen Prozess und für die langfristige Wirkung ist, wie gebrochen immer, die Genese der Reformpädagogik aus dem Strukturwandel von Bildungssystemen und pädagogischer Arbeit viel bedeutsamer. Beide, Ideengeschichte und Praxis, sind bis heute Thema intensiver Analysen und insofern ist die Historiographie eine eigene Wurzel unseres Bildes von Reformpädagogik geworden, und sie zeichnet ein variables Bild. Die historische Bildungsforschung hat dabei gelernt, Praxis und Selbstwahrnehmung der Reformpädagogik zu unterscheiden und sie kann auch die Frage nach Distanz und Nähe beantworten, wesentlich als eine Frage nach der kritischen Selbstbeobachtung, die Reformpädagogik sich selbst gegenüber entwickelt hat. Aber auch die bleibt unsichtbar, wenn man nicht zunächst die historische und diskursive Gestalt der Reformpädagogik aus der Beobachterperspektive wahrnimmt.

Ursprung in der Krisenerfahrung

Der Reformbegriff sollte – *historisch* – zunächst nicht dazu verführen, alle Veränderung im Erziehungsbereich als Einheit zu fassen; sonst hätte man die Kontinuität einer reformorientierten Pädagogik von *Luther* und *Melanchthon* (»Reformation«) über *Comenius*, *Rousseau* und die Philanthropen bis zur Gegenwart. Alle Pädagogik ist offenbar immer auch Reformpädagogik, mit dem Gegebenen nie zufrieden, an anderen Zukünften oder besseren Vergangenheiten interessiert. Die aktuell diskutierte Reformpädagogik würde man dabei übersehen. Ihr Ursprung liegt in der Krisenerfahrung der westlichen Kulturen und Gesellschaften seit dem ausgehenden 19. Jahrhundert, es ist die Erfahrung eine Modernisierungskrise, zumal in der öffentlichen Erziehung und für die pädagogischen Berufe. Reformpädagogik wird dabei zunächst zu einem Titel für schulbezogene Aktivitäten, und die Krise wird der historischen Situation entsprechend gespalten erfahren, in bürgerlichen Milieus und den Gymnasien anders als in der Volksbildung. Reform als Programm und Praxis findet sich aber auf beiden Seiten.

Noch um 1930 werden unter »Schulreform« vor allem Veränderungen in der höheren Schule zusammengefasst, die Versuche z.B., neben dem »klassischen«, »humanistischen«, Gymnasium auch andere höhere Schulen und ihr Abitur gleichwertig (das gelingt 1900) und das System bis zum Abitur durchlässig zu machen; dafür stehen »Reformanstalten«, die einen »einheitlichen Unterbau« der höheren Schule entwickeln und neuen Inhalten – den modernen Fremdsprachen, den Naturwissenschaften, nach 1920 dem Deutschen, der Kunst, der Musik – Anerkennung im Lehrplan verschaffen. Die heute viel diskutierten Landerziehungsheime werden historisch in diesem Kontext verortet, als komplexe Versuche, neben der Bildung des Intellekts auch die Erziehung zu stärken – als Internat, in neuen Lebensformen, aber mit den Lehrplänen der modernen Gymnasien und natürlich mit dem für die bildungsbürgerlichen Eltern wesentlichen Versprechen, das Abitur zu erwerben. Zur reformerischen Praxis der höheren Schulen zählt auch eine andere methodische Arbeit der Lehrer, d. h. die Pädagogisierung des Oberlehrerstandes. Gegen das reine »Memorieren« z.B. im Deutschunterricht und gegen das tote Wissen polemisiert Rudolf Hildebrandt schon 1867; gegen die fehlende Sprachpraxis im neusprachlichen Unterricht werden scharfe Attacken von Wilhelm Vietor bereits 1882 geritten usw. Retrospektiv wird »Reformpädagogik« dagegen häufig mit dem Bereich der Volksbildung gleichgesetzt, nicht zuerst von Lehrplan und Schule, sondern von den Lernenden aus. Das ist historisch falsch, hat aber starke Anlässe für sich, denn hier wird das Massenproblem der Erziehung brisant. Die Volksschulen und ihre Lehrer erfahren die neue Lage zunächst an ihrer Klientel. In der Praxis pädagogischer Arbeit liegt deshalb eine wesentliche Quelle der Reformprogramme.

Einheitsschule, Einheit der Nation

Die Heterogenität der Kinder wird nämlich ein Problem – für die Lehrer. Sie treffen auf Kinder, die in die Schule wie in eine fremde Welt eintreten; auf solche, die durch starke Binnenmigration, wie in Deutschland, in die Städte gespült werden, solche, die durch die Einwanderung aus ganz unterschiedlichen Kulturen z.B. in die USA kommen, solche, die eine sich radikal modernisierende Gesellschaft erleben, wie in Japan. Die definitive Durchsetzung nationalstaatlicher Bildungssysteme erzeugt also das zentrale Problem und sie wird zugleich als dessen Lösung verstanden. »Reformpädagogik« arbeitet an dieser neuen Aufgabe und findet dafür ganz unterschiedliche Antworten, kulturell und national geprägt. Die Konstruktion von »Gemeinschaft« ist die überwölbende Definition der Aufgabe, »Sozialpädagogik« in dem umfassenden Sinne, dass Staat, Nation und Gesellschaft über pädagogische Arbeit und in Schule konstruiert werden – abgegrenzt von der reinen »Individualpädagogik« (jedenfalls nicht als »Fürsorgeerziehung«, wie das nach 1920 heißen wird und dann Pädagogik bei abweichendem Verhalten meint). In diesen Kontext gehören Debatten über »Moralerziehung«, und zwar international, über »Einheitsschule«, in einem sehr breiten Sinn aller Versuche, mit Schule die »Einheit« der Nation zu konstruieren, den innerstaatlichen Feind, die Sozialdemokratie, zu bekämpfen und über den »Aufstieg der Begabten« Ungleichheit zu legitimieren, weil Schule jedem eine Chance eröffnen soll.

Für diese umfassenden Ziele muss natürlich eine Arbeitsform gefunden werden. Pädagogische Formen von Gemeinschaft gelten deshalb zugleich als Ziel wie als operative Lösung. Die »Gruppe« z.B. soll das konkret leisten, die weder amorphe Clique noch chaotische Bande sein darf, sondern ein förderliches Lernmilieu darstellen soll, Moral einübt und das Lernen ermöglicht oder stärkt, z.B. durch Heterogenität selbst, durch das produktive »Bildungsgefälle«, wie in der Jena-Plan-Pädagogik seit 1923, oder durch Kursorganisation. Schule als produktive Form der Vergesellschaftung findet sich ebenso bei John Dewey seit 1890. Seine Schule ist »embryonic society«, in der man lernt, und zwar durch »Erfahrung« und nicht durch Anleitung, was man in der Gesellschaft braucht. Hier wie in Europa soll Schule zugleich für die Benachteiligten kompensieren, was bildungsbürgerliche Milieus in der Sorge für ihre heranwachsenden Kinder immer schon gefördert hatten. Diese Reformambitionen greifen schon weiter aus, auch in die Lebenswelt der Lernenden ein.

Aber die Organisation regelt nicht alles von selbst, man braucht konkrete Ziele, Themen in der Schule und Kriterien für gute Arbeit. Die professionelle Praxis der Lehrer sucht dabei unterschiedliche Referenzen in ganz vielfältigen, nicht mehr im Konsens bezeichneten Kontexten. Damit werden die lagerspezifischen Wahrnehmungen erzeugt, die bis heute tradiert werden.

Das Verstehen des Kindes

Im höheren Schulwesen sind es die Traditionen der Fächer und der wissenschaftspropädeutische Anspruch des Gymnasiums und des Abiturs, die Kriterien vorgeben; man unterrichtet »Fächer«, nicht Kinder. Emphatische »Reformpädagogen« dagegen denken »vom Kinde aus«, versuchen von hier aus Lehrpläne zu konstruieren, jenseits der Fächer, als »Gesamtunterricht«, suchen Arbeitsformen, die »Selbsttätigkeit« befördern, »Individualisierung« stärken. »Arbeit« wird dafür als Form ins Recht gesetzt (die Pädagogik hatte damit Erfahrung), die Schule als »Arbeitsschule« verstanden, bei den Sozialisten nach 1920 als »Arbeits- und Produktionsschule«, mit unterschiedlichen Formen von Arbeit: handwerklich, industriell, aber auch intellektuell, immer ist »Selbsttätigkeit« das Kriterium. Nicht zufällig rücken »Kunst« und »Kunsterziehung«, auch die kreative Konstruktion von Texten oder Musik ins Zentrum des pädagogischen Interesses – man will den »Genius des Kindes« befreien, gegen die Schule, die Begabungen vernichtet, wie die Debatte über den »Schülerselbstmord« vermutet. Mit Sigmund Freud weiß man dann, dass es die Schule nicht hinreichend rechtfertigt, dass sie die Schüler nicht umbringt. Das Verstehen des Kindes löst die Suche nach besserer Theorie aus, in der Psychoanalyse, die im pädagogischen Milieu eher skeptisch betrachtet wird, oder in der geisteswissenschaftlichen Lehre vom Verstehen des Kindes im »pädagogischen Bezug«, die näher am eigenen Alltag scheint, aber weniger selbstkritische Reserven mobilisiert, allenfalls moralisch kontrolliert wird. Wissenschaft ist auch in einem weiteren Sinne beteiligt, sie klärt, was »Begabung« ist und was die »Natur« des Kindes, aber auch, was »mindersinnig« bedeutet, wenn sie auf nicht befriedigende Lernleistungen trifft. Mit der intelligenzdiagnostischen Analyse wird dann geklärt, wie andere Schulen, »Hilfsschulen«, darauf antworten; die Sonderpädagogik wird als Reformprojekt erfunden. Andererseits schreiben sich Teile der reformpädagogischen Bewegung ihre eigene Theorie, wie das für sektenhafte Absonderungen typisch ist, bei *Rudolf Steiner* z.B., der seine Waldorfpädagogik »anthroposophisch« begründet, oder bei *Berthold Otto*, der organologisch argumentiert. Distanz gegenüber Wissenschaft und solchen Wissenssystemen ist jedenfalls asymmetrisch verteilt, meist nur bei den Opponenten vorhanden.

Die neue Erziehung der Jugend

Diskursiv, in der zeitgenössischen und historiographischen Beobachtung werden diese schulbezogenen, professionseigentümlichen Aktivitäten früh als »Richtungen« der »Reformpädagogik« bezeichnet. Sie werden auch früh als Problem erlebt, im Wesentlichen aber von außen. Als »revolutionierende Pädagogik« attackieren katholisch-kirchliche Pädagogen vor 1914 diese Aktivitäten, Ellen Key und das »Jahrhundert des Kindes« hält der Berliner Philosophieprofessor Friedrich Paulsen für »Backfischpädagogik«, die Emphase der »Zukunftspädagogik« wird abgewehrt. Diese Abwehr zielt auch auf die enge Verbindung reformpädagogischer Aktivitäten mit autonomen lebensreformerischen Bewegungen, die bis 1914 nicht nur die professionelle Welt der Erziehung, sondern das Aufwachsen insgesamt neu ordnen wollten. Pädagogen hatten in sozialer Arbeit, Erwachsenenbildung oder in Jugendbewegungen daran intensiv mit gearbeitet, kritisch gegen eine autoritäre, nicht selten gewaltförmige überlieferte Pädagogik. Schon 1919 wird in den vom preußischen Kultusministerium edierten »Methodischen Strömungen der Gegenwart« mit politischer Schärfe formuliert: »Wir haben in Deutschland stets zuviel kommandiert, nun haben wir uns zu Tode kommandiert«. Die gemeinsame Überzeugung der Erziehungsreformer wird jetzt: »Es gibt kein anderes Heilmittel für das Unglück unsres Volks als die neue Erziehung seiner Jugend zu froher, tapferer, schöpferischer Leistung.« Dieses Plädoyer für »neue Erziehung«, vom Göttinger Pädagogen Herman Nohl am 9. November 1919 formuliert, stellt die Begründung von Reformpädagogik schon in einen weiteren politisch-gesellschaftlichen Kontext, den sie immer schon in der Erneuerung der Generationsordnung beansprucht hatte, der aber jetzt eine eigene, von den bildungs- und innenpolitischen Konflikten der Weimarer Republik forcierte, neue Gestalt gewinnt und die relative Autonomie des »Erziehungssystems« und des »Erziehercorps« einschließt – gegen Staat und Republik.

Nohl deutet, 1933, die Einheit der »pädagogischen Bewegung« vor dem Hintergrund der »deutschen Bewegung«, die seit 1815 die Identität der Nation betreffe; er rückt die Reformpädagogik in dieser Stilisierung in den konservativen, bald nationalistischen, meist republikkritischen, kulturpessimistischen und antidemokratischen Kontext, der 1933 scheinbar seine Erfüllung in der neuen Bildungseinheit der Nation findet. Nohl grenzt gleichzeitig die Aktivitäten der Sozialdemokraten – in Deutschland wie in Österreich oder Frankreich, denkt man an die sozialistische Lehrerbewegung um Freinet – oder Psychoanalytiker aus dem Kreis der anerkannten Reformpädagogiken aus. Aber schon das sozialistische Pathos der »neuen Erziehung« und des »neuen Menschen« macht bewusst, dass sie in diesen Kontext gehört, gleichermaßen schulpädagogisch, mit Einheitsschulplänen, und lebensreformerisch.

Korrumpierende Verbindungen

Es sind dann Selbstbeschreibungen, Begründungen und politische Aktivitäten der Nohlschen Art, die der – deutschen – Reformpädagogik die ideologischen Belastungen eingetragen haben, an denen sie bis heute schwer zu tragen hat. Es sind damit im Wesentlichen gesellschaftspolitische Zuschreibungen, an denen die Grenze der Reformpädagogik diskutiert wird; während die Rede vom pädagogischen Bezug, das Vertrauen auf Gemeinschaft oder die Orientierung am Kinde trotz des scheinbaren Irrationalismus und der Emotionalität dieser Relationen immer wieder neu belebt wurde, schon weil ihre Bedeutung in der Interaktion auch theoretisch rekonstruiert werden konnte. Primär in ihren politisch-gesellschaftlichen Grundlagen erscheint Reformpädagogik also als irrational, völkisch, demokratie- wie zivilisationskritisch, selbst gegenüber Rasse nicht distanziert, in der eigenen Formensprache von Gemeinschaft bis Erlebnis weder theoretisch bewusst noch gegenüber ihrer Praxis selbstkritisch, in den eigenen Traditionen gefangen und nicht zufällig kritiklos. Als 1933 der Erziehungsstaat des Nationalsozialismus die Perspektive zu eröffnen schien, die Pädagogen für die Gestaltung der neuen Welt in ihren Erlösungsphantasien, bürgerlich, avantgardistisch oder sozialistisch, schon immer für sich erträumten, fehlte die Distanz. Auch andere Reformpädagogen gehen solche korrumpierenden Verbindungen ein, *Maria Montessori* etwa bemüht sich energisch um *Mussolinis* Wohlgefallen, *Peter Petersen* um die Regierenden sowohl 1933 wie 1945 in der SBZ/DDR.

In ideengeschichtlicher Perspektive wird man solche belastenden Zuschreibungen nicht bestreiten können, zugleich bleiben der ursprüngliche Entstehungskontext in der pädagogischen Praxis und die damit verbundenen Erfindungen eigenständig von Bedeutung. Die Nutzung der Reformpädagogik entspricht diesem gespaltenen Befund. Als politisch-ideologische Doktrin insgesamt kaum zu empfehlen, ist Reformpädagogik als inspirierendes Reservoir der grundlegenden pädagogisch-professionellen Erfindungen der Moderne unersetzlich.

Die Einheit von Ethos und Kompetenz

Über gute Schule und den Alltag von Unterricht und Erziehung, über die Belastungen und Möglichkeiten der Gestaltung im Blick auf den Lernenden kann man kaum angemessen sprechen, wenn man diese historisch gemachten Erfahrungen über die pädagogische Konstruktion der Welt und den dafür notwendigen Blick auf den Adressaten ignoriert. Ein solcher Rekurs macht auch die Paradoxa und Schwierigkeiten der pädagogischen Arbeit bewusst, dass sie eine Balance finden muss zwischen gesellschaftlichen und individuellen Erwartungen, zwar vom Kinde aus zu denken, aber universale Standards zur Geltung zu bringen hat. Die Formensprache der Reformpädagogik, ihre Praxis, hat ihre Legitimität darin, dass sie genau diese Balance sucht. Auch wenn sie in ihrer Metaphorik scheinbar nur das Kind sieht, erklärt sie es zur Aufgabe der Profession, zwischen Kind und Gesellschaft zu vermitteln.

Die Bildungsforschung im Übrigen war historisch immer Teil dieser Reformprogramme, sie hat deren offene Fragen in ihre eigenen Hypothesen transformiert und damit die notwendige Wirkungsfrage gestellt, schon damit wir lernen, Versprechen von Illusionen zu unterscheiden, neu erfunden hat sie die Pädagogik nicht. Die Dignität der Praxis und ihre Weisheit, die Einheit von Ethos und Kompetenz, das ist der harte Kern der Reformpädagogik und Grundlage ihrer Stabilität. Wer das nicht sieht, bleibt ein Kritiker. Beobachter müssen, auch in kritischer Selbstbeobachtung, klären, welche Folgen diese Pädagogik zeitigt. Die Vermutung von »Missbrauch« war dafür bisher nicht die dominierende Perspektive, allein die Historiker haben gezeigt, dass schwarze Pädagogik auch in reformpädagogischer Praxis vorkommen konnte, man muss nur Gustav Wyneken nennen.

Klaus-Jürgen Tillmann

Erziehungswissenschaft und Reformpädagogik auf der Anklagebank?

Anmerkungen zur aktuellen Missbrauchsdebatte

Seit den aktuellen Missbrauchsfällen gibt es scharfe Anfragen an »die Reformpädagogik«, aber auch an die Erziehungswissenschaft. Was ist die Zielrichtung der Kritik? Wer hat sich welcher Verantwortung zu stellen? Welche Lücken in Prävention und Forschung lassen sich identifizieren? Der Beitrag ordnet die zeitweise turbulente Diskussion und skizziert Schritte zur Bearbeitung von drängenden und langfristigen Fragen und Problemen (zuerst erschienen in PÄDAGOGIK, Heft 7-8/2010, S. 10-13).

Zu Beginn des Jahrs 2010 sind Fälle des sexuellen Missbrauchs in pädagogischen Einrichtungen öffentlich gemacht worden, die meist viele Jahre zurückliegen. Betroffen waren zunächst vor allem katholische Internatseinrichtungen, aber betroffen ist eben auch ein Flaggschiff der Reformpädagogik – die Odenwaldschule. Seitdem die Vorwürfe über den sexuellen Missbrauch in der Odenwaldschule öffentlich heftig diskutiert werden, werden zunehmend schärfere Anfragen formuliert. Sie richten sich kollektiv an »die Reformpädagogik«, aber auch an »die Erziehungswissenschaft«.[1] Im Folgenden soll versucht werden, diese z.T. heftige Diskussion[2] ein wenig zu ordnen und dabei auch die Frage zu beantworten, wer denn jetzt in welcher Verantwortung steht.

Der Skandal und die Zielrichtungen der Kritik

Auffällig ist zunächst einmal, dass sich in der ersten Phase der Diskussion, als es um Vorfälle in katholischen Schulen und Internaten ging, die kritischen Anfragen ausschließlich an die Katholische Kirche, aber – so weit ich sehe – in keinem einzigen Fall an »die Erziehungswissenschaft« gerichtet haben. Das legt die Annahme nahe, dass in der öffentlichen Wahrnehmung »die Erziehungswissenschaft« für die Abläufe in katholischen Schulen nicht zuständig, zumindest aber nicht

---

[1] Vgl. z.B. das Dossier in der »ZEIT« v. 11.3.2010.
[2] In diesem Artikel konnte die öffentliche Diskussion bis zum 10.4.2010 einbezogen werden.

verantwortlich ist. Angesichts des weiteren Verlaufs der Debatte kann man dies durchaus als bemerkenswert ansehen; denn es gibt nicht nur eine umfängliche erziehungswissenschaftliche Beschäftigung mit Privatschulen unterschiedlicher Trägerschaft, es gibt an den Hochschulen des Landes auch eine größere Zahl religionspädagogischer Institute. Also: Als Gegenstand der erziehungswissenschaftlichen Betrachtung sind katholische Privatschulen im Prinzip genauso relevant wie reformpädagogische Internate.

Als dann – in einer zweiten Phase der Diskussion – die Vorwürfe gegen die Odenwaldschule und einige ihrer Lehrer thematisiert wurden, richtete sich die kritische Aufmerksamkeit der Presse nicht nur auf diese konkrete Schule, sondern auch auf die dahinterstehende pädagogische Programmrichtung, auf »die Reformpädagogik«.[3] Gemeint ist damit zunächst einmal eine pädagogische »Bewegung«, die vor dem 1. Weltkrieg entstanden ist und die in einer Vielzahl von meist privaten Schulgründungen ihre Alternativen zur damaligen autoritären Stoff- und Buchschule entwickelt hat. Die 1910 gegründete Odenwaldschule steht in dieser Tradition. Gemeint ist in der aktuellen Diskussion damit wohl aber auch die heutige Gemeinde der pädagogisch engagierten Reformer, die sich in staatlichen und in freien Schulen um eine kindgerechte Veränderung von Schule bemühen. Hierzu gehören z.B. die Akteure, die sich in dem Verbund reformpädagogischer Schulen (»Blick über den Zaun«) zusammengeschlossen haben.[4]

Nun wurden in der Diskussion der Missbrauchsfälle mehrfach Parallelen zwischen »der Reformpädagogik« und der Katholischen Kirche gezogen, indem z.B. festgestellt wurde, auch das Gedankengut der Reformpädagogik trage »religiöse Züge, auch sie habe »Pilgerstätten« und »Priester« (*DIE ZEIT* v. 18.3.2010, S. 71). Folgt man diesem Gedankengang, so lässt sich feststellen: In beiden Fällen – bei der Katholischen Kirche wie bei der Reformpädagogik – gibt es ein normatives Ideengebäude mit hohem moralischem Anspruch, aus dem ein pädagogisches Programm abgeleitet wird. Und genau dieser Anspruch wurde von den Akteuren – von den jeweiligen »Priestern« – in unglaublicher Weise zum Schaden der anvertrauten Schüler verletzt. Dass in beiden Fällen ein Schuldbekenntnis der Einrichtungen (und der Täter), dass zudem eine Opferentschädigung verlangt wird, liegt nahe. Doch die öffentlich diskutierten Forderungen gehen weiter: Sowohl die Katholische Kirche wie auch »die Reformpädagogik« solle überprüfen, ob in ihrem Programm nicht Elemente enthalten sind, die einem solchen sexuellen Missbrauch Vorschub leisten: Im Falle der katholischen Schulen steht vor allem das Zölibat in der Kritik, weil es für die sexuellen Übergriffe mitverantwortlich gemacht wird. Im Falle der Odenwaldschule wird vor allem nach der reformpädagogisch erwünschten Nähe zwischen Schülern und Lehrern, nach dem engen Zusammenle-

---

3 Vgl. insbesondere *Jürgen Oelkers* am 16.3.2010 in der FAZ, *Friedrich Wilhelm Graf* am 18.3.2010 in der FAZ.
4 Vgl. dazu *Hans Brügelmann* in der »Süddeutschen Zeitung« vom 22.3.2010.

ben in den »Familien« des Internats gefragt, weil darin die Gefährdungen gesehen werden[5]. Beide Anfragen gehen in gewisser Weise an die Substanz des jeweiligen Ideengebäudes.

Reformpädagogik und Erziehungswissenschaft

Will man diese Gemeinsamkeiten herausarbeiten, muss man aber auch auf einen markanten Unterschied verweisen: »Die Erziehungswissenschaft« als zu kritisierende, als möglicherweise mitschuldige Akteursgruppe kommt erst in den Blick, seitdem die Vorwürfe gegen die Odenwaldschule auf dem Tisch liegen. Wenn es hingegen um Übergriffe in katholischen Schulen geht, wird sie gar nicht erwähnt, dafür scheint sie nicht zuständig zu sein. Hinter diesem Unterschied steckt eine öffentliche Wahrnehmung, die »Reformpädagogik« und »Erziehungswissenschaft« nur zu leicht in eins setzt. Dies ist zwar kurzschlüssig, hat aber dennoch einige benennbare Gründe:

> Reformpädagogik und Erziehungswissenschaft haben sich im 19. und im beginnenden 20. Jahrhundert in engem Bezug zueinander entwickelt. Dabei hat sich insbesondere die Schulpädagogik bis in die 1970er Jahre hinein auch normativ stark an reformpädagogischen Konzepten orientiert.
> Viele der heute weit verbreiteten schulischen Praktiken (z.B. jahrgangsübergreifende Lerngruppen) haben ihren Ursprung in der Reformpädagogik. Sie werden in der erziehungswissenschaftlichen Diskussion in der Regel positiv bewertet.
> Und es gibt vor allem unter Schulpädagogen eine größere Zahl von Erziehungswissenschaftler(innen), die die reformpädagogischen Ideen und Erfindungen (von der notenfreien Schule bis zur Auflösung des klassischen Fächerkanons) als sinnvolle Anregung auch für die Reform der heutigen Schule ansehen.

Dennoch darf man nicht übersehen, dass die große universitäre Disziplin der Erziehungswissenschaft (mit etwa 3.000 hauptamtlich Tätigen in Deutschland) mit der historischen Bewegung der »Reformpädagogik« keinesfalls identisch ist.

Der Arbeitskatalog der Erziehungswissenschaft

Wenn man das so weit sortiert hat, kann man die Frage, wer sich denn jetzt angesichts der empörenden Missbrauchsvorfälle welcher Verantwortung zu stellen hat, etwas genauer beantworten:
Zum Ersten: Die Frage, was an der Odenwaldschule wirklich passiert ist, wer in welcher Weise zur Rechenschaft zu ziehen ist, muss von der Odenwaldschule selbst geklärt werden. Hierzu ist das Schuldanerkenntnis, das *Gerold Becker*

---
5 Vgl. *Oskar Negt* in »Erziehung und Wissenschaft«, Heft April (4) 2010.

am 18.3.2010 abgegeben hat, ein wichtiger Schritt. Geklärt werden muss in der Odenwaldschule aber auch, ob und welche Formen gefunden werden können, um den Opfern wenigstens zum Teil Genugtuung und Entschädigung zukommen zu lassen. Was die Aufklärungsarbeit angeht, muss dies – wenn noch möglich – unter Einbezug von Staatsanwaltschaft und Polizei geschehen.

Zum Zweiten: Gibt es in reformpädagogischen Internaten Strukturen, Praktiken, Selbstverständlichkeiten, vielleicht auch Ideologien, die dazu beitragen, die Schranken zum sexuellen Übergriff abzubauen? Was kann man möglichst schnell tun, um Heranwachsende in Internatseinrichtungen besser zu schützen? Hier ist »die Reformpädagogik« gefordert, damit ist gegenwärtig vor allem die »Vereinigung Deutscher Landerziehungsheime« angesprochen. Dort ist die Diskussion längst angelaufen: Schon aus Gründen des Selbsterhalts wird man hier sehr bald Maßnahmen (z.B. Frühwarnsysteme) präsentieren müssen, die vor allem die Eltern überzeugen.

Und zum Dritten: Auch wenn die Odenwaldschule selbst, auch wenn die »Vereinigung der Landerziehungsheime« ihrer jeweiligen Verantwortung gerecht werden, bleibt für die Erziehungswissenschaft immer noch genug zu tun. Dabei geht es dann allerdings nicht um kurzfristige Maßnahmen, sondern um längerfristig angelegte wissenschaftliche Arbeiten. Hierzu vier Punkte:

- In den Blick zu nehmen sind die Strukturen von pädagogischen Institutionen, sind die Handlungsformen von Pädagogen: Wodurch werden Übergriffe gegenüber Heranwachsenden begünstigt? Bisher hat sich Forschung und Präventionsarbeit zur sexuellen Gewalt stark auf die Familie konzentriert, sie muss sich künftig viel stärker als bisher auch mit den pädagogischen Institutionen befassen. Bei der Forschung zur schulischen Gewalt wurden bisher fast ausnahmslos die Jugendlichen als potentielle Gewalttäter in den Blick genommen. Auch hier ist eine Perspektiverweiterung erforderlich, durch die die Handlungen von Pädagogen mit einbezogen werden. Solche Fragestellungen hat im Übrigen Relevanz für alle pädagogischen Institutionen, für staatliche und private, für katholische und evangelische etc.
- Die Geschichte der Reformpädagogik, die Geschichte der Internate bedarf einer erneuten kritischen Aufarbeitung: Haben sich pädophile Tendenzen, wie sie etwa bei *Gustav Wyneken* in den 1920er Jahren ganz offensichtlich wurden, in den Landerziehungsheimen gehalten? Finden sie dort immer noch eine – vielleicht auch nur latente – Rechtfertigung? Tragen unklare Aussagen zum »pädagogischen Eros« mit dazu bei? Hier sind nicht nur historische Werke, sondern auch aktuelle Schriften aus der reformpädagogischen Diskussion kritisch auf den Prüfstand zu stellen. Für diese wissenschaftliche Aufarbeitung gilt die normative Orientierung, dass es für »Missbrauch jeglicher Art ... keinen Spielraum und keine geschichtsphilosophische Legitimation geben« darf.[6]

---

6 Peter Dudek im Tagesspiegel v. 18.3.2010.

- Zugleich muss die Erziehungswissenschaft mit ihren Methoden einen Beitrag zur Lösung der konkreten Praxisprobleme bieten. Bisherige Konzepte etwa der Fortbildung des pädagogischen Personals, der Beratung, der Prävention und Hilfe sollten auf ihre Wirksamkeit (und ihre Mängel) untersucht werden – und zwar in allen Einrichtungen (vom Kindergarten bis zum Internat). Daran müsste eine erziehungswissenschaftlich gestützte Entwicklungsarbeit anschließen, die dazu führt, dass in immer mehr Institutionen eine wirksame Prävention stattfindet. Über eine kontinuierliche Evaluation muss die Effektivität dieser Maßnahmen gesichert werden.

- Schließlich muss der erziehungswissenschaftliche Diskurs aber auch darauf ausgerichtet sein, die theoretischen und praktischen Erträge der Reformpädagogik gegenüber undifferenzierten Angriffen oder gar »Verdammungen« zu verteidigen. Denn dass eine gute Schule sich an dem Satz von *Hartmut von Hentig* »So viel Erfahrung wie möglich, so viel Belehrung wie nötig« ausrichten sollte, bleibt genauso richtig wie die reformpädagogische Kritik an früher Selektion und schulischer Stofffülle. Hier ist es die Aufgabe der Erziehungswissenschaft, auch angesichts einer gelegentlich turbulenten öffentlichen Debatte auf Rationalität im Diskurs zu bestehen. Es ist deshalb erfreulich, dass sich auch einige Erziehungswissenschaftler mit differenzierenden Beiträgen zu Wort gemeldet haben, um einer Pauschalverurteilung »der Reformpädagogik« entgegenzutreten.[7]

Die soeben skizzierten Formen der wissenschaftlichen Beschäftigungen mit der Thematik lassen sich nicht »aus der Hüfte« schießen, sie benötigen Zeit und Vorbereitung. Deshalb hat die »Deutsche Gesellschaft für Erziehungswissenschaft« auf ihrem Kongress in Mainz (März 2010) beschlossen, eine Expertenkommission einzusetzen, die Anfang 2011 ein öffentliches wissenschaftliches Symposion zum Thema »Gewalt und Missbrauch in pädagogischen Einrichtungen« durchgeführt hat. Auch wenn es der Öffentlichkeit gegenwärtig nur schwer zu vermitteln ist: Wenn man wissenschaftliche gesicherte Antworten zu den aufgeworfenen Fragen haben will, muss man den Erziehungswissenschaftler(inne)n auch die benötigte Bearbeitungszeiten einräumen.

---

[7] So *Peter Dudek* am 18. 3. 2010 im »Tagesspiegel«, *Ulrich Herrmann* am 19. 3. 2010 in der »Frankfurter Rundschau«, *Hans Brügelmann* am 22. 3. 2010 in der »Süddeutschen Zeitung«.

Ulrich Herrmann

Verantwortung und Bewährung
Demokratiepädagogische Praxis in der Reformpädagogik[8]

„Jim hat die Pedale von Jacks Fahrrad abmontiert, weil seine eigenen kaputt sind und er mit ein paar anderen Jungen über das Wochenende auf eine Fahrradtour gehen will. Nach gründlicher Prüfung der Beweismittel entscheidet die Schulversammlung, dass Jim die Pedale ersetzen muss und nicht auf seine Fahrradtour darf.
Der Vorsitzende fragt: ‚Irgendwelche Einwände?'
Jim erhebt sich und schreit, er habe allerdings welche. ‚Das ist unfair. Ich wusste nicht, dass Jack überhaupt noch mit seiner alten Nuckelpinne fährt. Die liegt schon tagelang draußen herum. Ich habe nichts dagegen, ihm die Pedale wiederzugeben, aber ich finde, ich habe es nicht verdient, dass ich nicht auf Fahrt gehen kann.'
Eine erregte Debatte folgt. [Es stellt sich heraus, dass Jim kein Geld hatte, um neue Pedale zu kaufen, weil die elterliche Überweisung ausgeblieben war.] Jim hat also keinen roten Heller. Die Schulversammlung beschließt daher, das Urteil wieder aufzuheben.
Was wird aber jetzt aus Jims Fahrradtour? Die Schüler sammeln Geld, Jim kann sich Pedale kaufen und „geht glückstrahlend auf Fahrt."
„Der Gerechtigkeitssinn von Kindern setzt mich immer von neuem in Erstaunen. Auch ihre administrative Begabung ist bemerkenswert. Die Selbstverwaltung hat einen unendlich großen erzieherischen Wert."

Diese Szene ist durchaus repräsentativ für Berichte aus der Praxis von Schulversammlungen („Schulgemeinden") in reformpädagogischen Schulen und Landerziehungsheimen. Sie zeigt Wesentliches von Geist und Praxis der – *horribile dictu* – „basisdemokratischen" „Selbstregierung" („self-regulation") einer Schule als *polis* (Hartmut von Hentig). Die Schule war übrigens Summerhill von Alexander Neill. Die zitierte Passage findet sich in einer Sammlung von Neill-Texten, die 1969/70 binnen kurzem 800.000 mal (und insgesamt in fast 50 Auflagen über eine 1 Million mal) als Taschenbuch verkauft wurden: „Theorie und Praxis der anti-autoritären Erziehung"[9] – *das* pädagogische Kultbuch im Rahmen einer Bewegung, die sich vor allem *dies* auf ihre Fahne geschrieben hatte: *Demokratisie-*

---

8 Vortrag anlässlich der Tagung „Reformpädagogik und Demokratie" in der Evangelischen Akademie Bad Boll am 13.12.2010.
9 Alexander Sutherland Neill: Theorie und Praxis der antiautoritären Erziehung. Das Beispiel Summerhill. Reinbek 1969 (zahlr. Aufll.), S. 64f.

rung der Gesellschaft. Und so steht diese Szene aus dem Kapitel „Selbstregierung" hier als Einstimmung in die Thematik demokratiepädagogischer Praxis in der Reformpädagogik, eine Szene mit einem, wenn man so will: zunächst noch parapolitischen Gehalt, dessen explizit *politische* Dimension – Mut zur Freiheit – der Verfasser von „Die Furcht vor der Freiheit", Erich Fromm, in seinem Vorwort erläutert (ebd. 12-18).

„Demokratie-Pädagogik": Die Bildung des Bürgers

Demokratie „ist mehr als eine Regierungsform; sie ist in erster Linie eine Form des Zusammenlebens, der gemeinsamen und miteinander geteilten Erfahrung." Dies schreibt der große US-amerikanische Reformpädagoge und Philosoph John Dewey in seinem Buch „Demokratie und Erziehung"[10], und hier treffen wir an der Wende des 19. zum 20. Jahrhundert auf das Thema „Demokratiepädagogische Praxis und Reformpädagogik". „Im besonderen ist wichtig, dass eine Gesellschaft, die nicht im Wandel begriffen ist, sondern diesen Wandel – zum Besseren – als ihren Lebenszweck betrachtet, andere Normen und Methoden der Erziehung haben muss als eine, die lediglich ihren unveränderten Fortbestand anstrebt."[11] Dewey bringt damit zum Ausdruck, dass Erziehung in der modernen Gesellschaft
- *eingebunden* ist in Prozesse des Sozialen und Kulturellen Wandels und daraufhin befragt wird, ob und inwieweit sie die Prozesse des Wandels begleitet, moderiert oder gar initiiert
- *der Erwartung ausgesetzt* ist, sie könne in diesen Wandlungs- als Übergangs- bzw. Krisenprozessen als aktiv gestaltender Faktor – u. zw. „zum Besseren" – eingesetzt werden
- in diesen Prozessen *aus eigenem Recht* eine *aktive* Rolle spielen *müsse*.

Demokratisches politisches Wollen und Handeln sind das Ergebnis von erfahrungsbasierten Lernprozessen, und wenn diese den Gebrauch von Freiheit nicht angeleitet haben, kann er in Missbrauch enden: so Schillers Kritik am Umschlagen der Französischen Revolution von 1789 in den Terror[12]. Die Frage, welchen Anteil am Erlernen des rechten Gebrauchs von Freiheit in der dialektischen Span-

---

10 John Dewey: Demokratie und Erziehung. Eine Einleitung in die Philosophische Pädagogik. Amerikan. Zuerst 1916, dt. übers. von Erich Hylla [Referent im Preußischen Kultusministerium], Breslau 1930 (zahlr. Aufl. bis heute), darin S. 130ff.: Der demokratische Gedanke in der Erziehung, dort S. 139.
11 Ebd., S. 130.
12 Gerhard Kurz: Schillers Briefe „Über die ästhetische Erziehung des Menschen" als Antwort auf die Französische Revolution. In: Ulrich Herrmann/Jürgen Oelkers (Hrsg.): Französische Revolution und Pädagogik der Moderne. Aufklärung, Revolution und Menschenbildung im Übergang vom Ancien Régime zur Bürgerlichen Gesellschaft. Weinheim/Basel 1990, S. 305-315.

nung von Grenzensetzen („negative Erziehung": „Zwang", „Disziplinierung") und Freiheitserfahrung (durch „positive" intentionale Unterweisung, Erziehung und Bildung) für die Kultivierung und Moralisierung haben könne, warf Kant in seiner „Pädagogik" auf: „Wie kultiviere ich die Freiheit bei dem Zwange?"[13] und „Wo soll der bessere Zustand der Welt nun aber herkommen?"[14] Seine Antwort entspricht der Grundstruktur pädagogischen Handelns und Bewirkens: *ohne* moralisch erziehlich-bildende Erfahrung ist *nichts* zu erwarten – der (heranwachsende) Mensch bleibt im Zustand der undisziplinierten, unkultivierten, amoralischen Barbarei; *mit* dieser Erfahrung ist aber – bei aller menschlichen Anlage zum Guten, aber auch Hang zum Bösen – keineswegs und ohne weiteres *alles* zu erwarten. Denn: Pädagogisches Handeln ist prinzipiell experimentell, mit zumeist offenem Ausgang und mit (in der Regel) nicht beabsichtigten Nebeneffekten. Pädagogisches Handeln ist keine Kausal-Technik, sondern eine Intentional-Praxis, eingebettet in strukturelle und kontingente faktische Bedingungen sowie in interpersonale Beziehungen, die sich als förderlich oder als hinderlich erweisen können. Kant weiter:

„Es finden sich hier aber zwei Hindernisse:
1) Die Eltern nämlich sorgen gemeiniglich nur dafür, dass ihre Kinder in der Welt fortkommen, und 2) die Fürsten betrachten ihre Untertanen nur wie Instrumente zu ihren Absichten.
Eltern sorgen für das Haus, Fürsten für den Staat. Beide habe nicht das Weltbeste und die Vollkommenheit, dazu die Menschheit bestimmt ist, und wozu sie auch die Anlage hat, zum Endzwecke." Das kann nur ein „kosmopolitischer" Erziehungsplan haben. „Gute Erziehung gerade ist das, woraus alles Gute in der Welt entspringt. Die Keime, die im Menschen liegen, müssen immer mehr entwickelt werden. Denn die Gründe zum Bösen findet man nicht in den Naturanlagen des Menschen. Das nur ist die Ursache des Bösen, dass die Natur nicht unter Regeln gebracht wird. Im Menschen liegen nur Keime zum Guten."[15]

Diese „Regeln" müssen sich auf die Disziplinierung, Kultivierung und Moralisierung des Menschen beziehen, und sie basieren zum einen auf *Tugenden* (Großmut, Wohltätigkeit, Selbstbeherrschung; Redlichkeit, Anständigkeit und Friedfertigkeit; Ehrlichkeit, Sittsamkeit und Genügsamkeit[16]), also auf Sozialisation, zum andern auf der Entwicklung von *Moralität*, d.h. der reflektierten *Einsicht in das Sittengesetz*.

---

13 Über Pädagogik. In: Werke VI, Darmstadt 1964 (u.ö.), S. 695-761, hier S. 711.
14 Ebd., S. 705. – Ulrich Herrmann: „Wo soll der bessere Zustand der Welt nun aber herkommen?" Erziehung und gesellschaftlicher Fortschritt im Denken der deutschen Spätaufklärung bei Immanuel Kant. In: Eberhard Müller (Hrsg.): „...aus der anmutigen Gelehrsamkeit". Tübinger Studien zum 18. Jahrhundert. Dietrich Geyer zum 60. Geburtstag. Tübingen 1988, S. 41-51.
15 Ebd., S. 704f.
16 Ebd., S. 753

Nun ist in unserem Zusammenhang bemerkenswert, dass der Kant'sche Tugendkatalog im Wesentlichen nichts anderes formuliert als den Tugendkatalog des Bürgers als Mit- und Wirtschaftsbürgers. Er muss ergänzt werden durch den Tugendkatalog des *politischen* Bürgers, des aktiven Bürgers der – wie man sagt – „Zivilgesellschaft" (was die falsche Übersetzung ist von „civil society" = „bürgerlichen" Gesellschaft), entsprechend dem eingangs explizierten Verständnis von Demokratie.

Der „politische" Bürger ist derjenige, der Engagement mit Urteilsfähigkeit verbindet, über Konfliktfähigkeit zugleich mit Konsenswillig- und -fähigkeit verfügt, der Eigennutz und Gemeinwohl abzuwägen und Verantwortung zu übernehmen gewillt und imstande ist.

Erziehung zur Verantwortung: einige geschichtliche Kontexte

Erziehung zur Verantwortung ist dann unerlässlich, wenn Staat und Gesellschaft auf bürgerliches Engagement angewiesen sind: das Eintreten für das Gemeinwohl. Erziehung zur Verantwortung ist mithin das Programm politisch-demokratischer Erziehung in republikanischen bzw. demokratischen bzw. sich demokratisierenden Staaten und ihrer *civil society*: in den Vereinigten Staaten von Amerika, in Frankreich, der Schweiz und England, insgesamt in den westlichen Demokratien des 19. und 20. Jahrhunderts.

So wie der Amerikaner Dewey – und nicht nur er – in einem Einwanderungsland eine Pädagogik des *nation-building* entwirft[17], entwickelt in einer europäischen (der französischen) Klassengesellschaft Célestin Freinet eine Pädagogik der schulischen Einübung von Verhaltensweisen und Aktionsformen für die politisch-soziale Emanzipation der Unterschicht – „eine Methode befreiender Volksbildung"[18]. Es handelt sich um die Erweiterung und Radikalisierung des Arbeitsschulprinzips,

---

17 Jürgen Oelkers: John Dewey und die Pädagogik. Weinheim 2009. – Ders.: Reformpädagogik. Entstehungsgeschichten einer internationalen Bewegung. Seelze-Velber/Zug CH 2010, dort S. 185ff. zu Deweys „Laborschule" in Chicago. Im übrigen blendet Oelkers in seiner überaus selektiven Wahrnehmung der internationalen Reformpädagogik deren politische Dimension fast gänzlich aus. – Zu empfehlen ist das systematisch angelegte Standardwerk von Ehrenhard Skiera: Reformpädagogik in Geschichte und Gegenwart. München/Wien 2003. – Eine pointierte Zusammenfassung der US-amerikanischen *Progressive Education* bietet Michael Knoll: Zwischen bürgerlicher Demokratie und demokratischem Kollektivismus. Die amerikanische ‚progressive education' in ihren politischen Optionen. In: Tobias Rülcker/Jürgen Oelkers (Hrsg.): Politische Reformpädagogik. Bern (usw.) 1998, S. 349-378. – Vgl. auch Heinz Rhyn: Geteilte Erfahrungen, gemeinsames Wissen. Anmerkungen zum Verhältnis von Demokratie und Erziehung bei John Dewey. In: Ebd., S. 299-319.

18 So der Untertitel des Buches von Renate Kock (Die Reform der laizistischen Schule bei Célestin Freinet. Frankfurt/M. usw. 1995), das Theorie und Praxis von Freinet in den Kontext seines antikapitalistischen und antifaschistischen Denkens stellt.

das nicht nur die bekannte didaktisch-methodische Grundform des schulischen Lernens durch Arbeiten bildet, sondern den Arbeitsprozess einlagert in Sozialerfahrungen innerhalb der Schulgemeinde als eines sozialen Körpers, wodurch sich auch ein wichtiger Teil des Schullebens an der Beschäftigung mit der Lernarbeit, d.h. mit *Arbeit* orientiert[19].

> Die Schulgemeinde „steht im Dienst einer neuen, selbstbestimmten, eigenverantwortlichen und effizienten Arbeitsdisziplin. [...] Demokratische Strukturen, vor allem in Form der Wandzeitung, der wöchentlichen Vollversammlung und der wöchentlichen Wahl eines(r) Präsidenten(in), der (die) traditionelle Lehrertätigkeiten übernimmt wie Begrüßung von Gästen, Gesprächsleitung, Worterteilung lösen den üblichen Moral- und Staatsbürgerkundeunterricht ab. Regeln menschlichen Zusammenlebens werden den Kindern nicht von außen vorgegeben, sondern sie werden mit ihnen gemeinsam entwickelt und praktiziert. Auch diese Praxis darf für Freinet nicht von der Arbeit und dem ihr zugrunde liegenden Gedanken der Bildung abgekoppelt werden. So wird z.B. auf den Vollversammlungen anhand der Wandzeitung das Arbeitsverhalten der Kinder besprochen. Weiter werden Arbeitsergebnisse kontrolliert oder fertig gestellte eigene Arbeiten ausgestellt. Die Schulgemeinde als Gruppe oder Verband muss für Freinet eine Funktion der Arbeit sein. Freinet lehnt jeden Versuch, das Kind durch von der Arbeit abgekoppelte Techniken wie Gruppendynamik oder Klassenrat von außen zu öffnen, als neue Form versteckter Manipulation und Herrschaft entschieden ab."[20]

Am Beispiel des Klassenrats (der nicht auf Freinet zurückgeht[21]) sollen gleichwohl die sozialen Grundzüge demokratischen Verhaltens eingeübt werden:
- „einen gruppenzentrierten Führungsstil entwickeln
- Interessen und individuelle Qualitäten zur Geltung bringen
- Streitkultur entwickeln
- Öffentlichkeit herstellen."[22]

---

19 Aufschlussreich ist eine Bemerkung des (sozialistischen) Schweizer Pädagogen Robert Seidel, der die Arbeitsschule als wesentlichen *politischen* Beitrag zur Sozialen Reform verstand. 1906 schrieb er: „Je freier ein Staat ist, desto stärker empfindet er das Bedürfnis nach Arbeitsbildung, und so sehen wir denn auch, dass der pädagogische Handarbeitsunterricht in Frankreich, Nord-Amerika und der Schweiz einen hervorragenden Teil der öffentlichen Erziehung bildet. Nur Deutschland, das klassische Land der Pädagogik, steht in dieser großen Frage noch sehr zurück, wohl deshalb, weil seine wirtschaftliche und freiheitliche politische Entwicklung noch sehr jung und seine pädagogische Tradition zu alt und mächtig ist." Zit. nach: Philipp Gonon: Die politische Seite der Arbeitsschulbewegung: Fischer contra Seidel. In: Rülcker/Oelkers (wie Anm. 10), S. 219-238, hier S. 224.
20 Kock (wie Anm. 11), S. 211f.
21 Ebd., S. 211, Anm. 48.
22 Brigitta Kovermann: Der Klassenrat: Demokratie mit Jugendlichen im Schulalltag vorbereiten. In: Inge Hansen-Schaberg/Bruno Schonig (Hrsg.): Freinet-Pädagogik. (Basiswissen Pädagogik. Reformpädagogische Schulkonzepte, Bd. 5) Hohengehren 2002, S. 249ff., hier S. 251.

Kurt Hahn – ganz richtig auch als „politischer Pädagoge" bezeichnet[23] – hat in seinen „Salemer Regeln" formuliert, welchen über die Schule hinausweisenden Sinn solche Einübungen demokratischen Verhaltens beinhalten. Diese „Regeln" stehen im Zusammenhang mit Überlegungen zur „nationalen Aufgabe der Landerziehungsheime"[24]. Was Hahn hier ausführt, kann auch gelesen werden als jener Bereich von Werten, Haltungen und Einstellungen, auf denen Demokratie aufruht. Nicht die für Hahn nachrangigen schulischen Leistungen sind wichtig, sondern[25]:

„Gemeinsinn
Gerechtigkeitsgefühl
Fähigkeit zur präzisen Tatbestandsaufnahme
Fähigkeit, das als Recht Erkannte durchzusetzen
    gegen Unbequemlichkeiten
    gegen Strapazen
    gegen Gefahren
    gegen Hohn der Umwelt
    gegen Langeweile
    gegen Skepsis
    gegen Eingebungen des Augenblicks
Fähigkeit des Planens
Fähigkeit des Organisierens
    Einteilung von Arbeiten
    Leitung von Jüngeren
Fähigkeit, sich in unerwarteten Situationen zu bewähren
Geistige Konzentrationsfähigkeit
    bei Arbeiten aus dem eigenen Interessenkreis
    bei Arbeiten außerhalb des eigenen Interessenkreises
Sorgfalt
im täglichen Leben
bei der Erfüllung besonderer Pflichten […]"

---

23 Michael Knoll (Hrsg.): Kurt Hahn. Erziehung und die Krise der Demokratie. Reden, Aufsätze, Briefe eines politischen Pädagogen. Stuttgart 1986. – Ders.: Kurt Hahn. Reform mit Augenmaß. Ausgewählte Schriften eines Politikers und Pädagogen. Stuttgart 1998. – Kurt Hahn: Erziehung zu Verantwortung. Reden und Aufsätze. Stuttgart 1958. – Die „Salemer Regeln" (in: Hahn 1986, S. 32f.; Hahn 1998, S. 125f.) sind nicht zu verwechseln mit den Hahn'schen Erziehungsgrundsätzen, niedergelegt in den „Sieben Salemer Gesetzen" (Hahn 1998, S. 151ff.). Die „Regeln" hingegen benennen – wie man heute sagt – die „Kompetenzen" (Haltungen und Einstellungen), die sich ein „Salemer" aneignen soll.

24 Hahn 1998, S. 124. Deshalb zitiert Hahn hier, wie vor ihm Lietz und Geheeb und viele andere, Fichtes „Reden an die deutsche Nation" (S. 136f.). *„Vor allem aber hat Lietz bewiesen, dass man in einem bisher nie geahnten Umfang Kinder zu Trägern der Verantwortung machen kann.* Jedes Landerziehungsheim weist seinen führenden Schülern Aufgaben zu, bei denen zu *versagen ‚den Staat gefährden'* heißt, und bei denen jeder schlampige Organisator und ungenaue Planer *versagen muss."* (S. 135, Hervorheb. im Orig.)

25 Hahn 1998, S. 125f.

Die Alt-Salemerin Hildegard Hamm-Brücher hat auf diesem Hintergrund die Pädagogik Kurt Hahns als „Erziehung zur Verantwortung in der Demokratie" gewürdigt[26] und auch in Erinnerung gerufen, dass Hahns Nachfolger in der Nazi-Zeit, Heinrich Blendinger, in den Trainingsplan „Zivilcourage" aufnahm, als – wie Hahn sagte – „Gegenwehr gegen den Gewissenszwang [...], den die Naziumwelt täglich ausübte"[27]. Auch die Nazis betrieben in ihren Elite-Einrichtungen Willenserziehung, jedoch mit dem gegenteiligen Ziel der Unterordnung. Bernhard Bueb, langjähriger Leiter von Salem, konnte daher mit Recht sagen, wenn Elite-Schule bedeute, dass aus ihr junge Menschen hervorgehen sollen, denen man später mehr Verantwortung zumuten könne als anderen, nun gut, dann solle Salem eben eine Elite-Schule sein.

Die Gründung von Salem nach dem Ersten Weltkrieg als Pflanzstätte einer „Verantwortungs-Elite" fällt am Beginn der ersten deutschen Republik zusammen mit dem umfassenderen Versuch der Demokratisierung der preußischen Staatsschulen durch deren Umwandlung in Schulgemeinden, d.h. in Selbstverwaltungskörper der Eltern, Schüler und Lehrer. Die Initiative ging bereits im November 1918 vom preußischen Kultusminister Konrad Haenisch aus; Ideengeber war sein Berater Gustav Wyneken[28], dessen Freie Schulgemeinde Wickersdorf das Vorbild abgab: „Schulgemeinde" „nach Analogie der Schweizerischen ‚Landsgemeinde'" als „souveräner Volksversammlung" und eben nicht „Volksvertretung"[29]: der Leiter, alle Lehrer und alle Schüler, alle gleichberechtigt mit einer Stimme.

> „Die ganze ‚Gemeinde', alle vollberechtigten Mitglieder unserer Ordens[!]gründung, sollte zusammenkommen und sich selbst ihre Gesetze geben. [...] Alle Staatsspielerei haben wir in unserem Gemeinwesen aber stets gefühlsmäßig vermieden. Die Schulgemeinde ist weder ein kleiner Staat und ein Spiel [...] Es gibt kein Gesetz und kaum ein Gewohnheitsrecht, das die Zuständigkeit der Schulgemeinde feststellte oder einschränkte.[30] Sie kann alles in ihren Bereich ziehen, was das öffentliche Interesse erregt, worüber sich die öffentliche Meinung oder worin sich mindestens eine einheitliche Praxis in der Gemeinschaft bilden sollte. [...] Die Schulgemeinde ist ehrlich gemeint, es lauert keine pädagogische Hinterlist hinter ihr, sie will nichts sein als die natürliche Selbstregierung der Gemeinschaft. [...] Ganz gewiß ist nicht formale Demokratie und Gewöhnung an formale Demokratie der Sinn der Schulgemeinde." Vielmehr geht es darum, dass die gemeinschaftliche Beratschlagung und Beschlussfassung der gemein-

---

26 So der Titel ihres Beitrags in: Jörg Ziegenspeck (Hrsg.): Kurt Hahn. Erinnerungen – Gedanken – Aufforderungen. Beiträge zum 100. Geburtstag des Reformpädagogen. Lüneburg 1987, S. 35-61.
27 Ebd., S. 45.
28 Heinrich Kupffer: Gustav Wyneken. Stuttgart 1970, S. 106ff., dort auch zu Wynekens weiterem politischen Engagement nach der Revolution von 1918.
29 Gustav Wyneken: Wickersdorf. Lüneburg 1922, S. 37ff.: Die Schulgemeinde, Zitate S. 38ff.
30 Mit zwei Ausnahmen: sie konnte nicht die Auflösung der Schule oder die Entlassung des Leiters beschließen.

samen Angelegenheiten allen Beteiligten „das Erlebnis der Veredelung ihres Willens" vermittelt, nämlich in die Mitverantwortung für die gemeinsamen Angelegenheiten hineingezogen zu sein.

Nach Wickersdorfer Vorbild erließ Haenisch den Schulgemeinde-Erlass vom 27.11.1918 für die Höheren Schulen Preußens, der besonders wegen der vorgesehenen Einrichtung von Schülerräten und der Zulassung „unpolitischer Vereine" – „z.B. Wandervogelgruppen, Sportvereine, Sprechsäle, Vereine zur Pflege geistiger Interessen oder künstlerischer Betätigung usw." – auf den erbitterten Widerstand von Eltern und Schulleuten stieß – so weit sollte die Demokratisierung der Schule denn doch nicht gehen! „Rätedemokratie" in der Schule? Bereits mit Erlass vom 14.12.1918 wurde das Konzept abgeschwächt, übrig blieb in Preußen (mit Verordnung vom 21.4.1920) eine gemäßigte Form der Schülermitverantwortung. „Aus der ursprünglichen Verflochtenheit mit politischen Motiven, aus Gleichgültigkeit und Interesselosigkeit weiter Lehrer- und Schülerkreise erklärt sich auch der fernere Widerstand gegen die allgemeine Durchführung des Schulgemeindegedankens"[31] in Deutschland. Ein schweizer Sozialist formulierte prinzipielle demokratie-soziologische Einwände gegen Wyneken und sein Schulgemeindekonzept[32]:

„Den Maßnahmen Wynekens als Beirat des preußischen Kultusministeriums zur Regeneration des höheren Schulwesens liegt der Irrtum des bürgerlichen Parlamentarismus zu Grunde: die Vorstellung, dass sich das Gemeinwesen oder eine Institution am eigenen Schopf aus dem Sumpfe ziehen könne. Durch das Bestreben, eine, übrigens in ihren Funktionen äußerst beschränkte, ‚Schulgemeinde' in den höheren Schulen einzuführen, tauschte Wyneken die grundlegende große Idee vom Selbstbestimmungsrecht der Jugend, von der eigenen Lebens- und Arbeitsbestimmung der neuen Generation, gegen einen nichtssagenden und gefährlichen Kompromiss ein. Dieser Kompromiss zerreißt in seinen Folgen die Jugend nur noch mehr als bisher in verschiedene Lager. Ein auf die höhere Schule beschränktes formales ‚Recht' der bürgerlichen Jugend erhöht nur ihren Standesdünkel und verschließt sie daher von vornherein dem gemeinsamen Interesse der Jugend aller Klassen und aller Länder. Gymnasiasten-Vertretungen und -Vereine sind verdammt, zu reaktionären Standesorganisationen auszuwachsen, wie es im Extrem die Korpsstudentenschaften sind. Schließlich, aus welchen Gründen soll

---

31 B. Bergmann: Art. Schulgemeinde und Schülerselbstverwaltung. In: Lexikon der Pädagogik der Gegenwart. 2. Bd., Freiburg i.Br. 1932, Spp. 841-845, hier Sp. 843. – Dort Sp. 841f. der wichtige Hinweis, dass das Schulgemeinde-Konzept von Friedrich Wilhelm Dörpfeld die gemeindliche Schulverfassung und -trägerschaft meint (Eltern, Kirchengemeinde usw.).

32 Georg Gretor: Wyneken in der Schweiz. Sozialisten und Katholiken. In: Die junge Schweiz, 1. Jg., H. 11, April 1920, S. 310-316, hier S. 310f. – Der Student Georg Gretor war Schüler in Wickersdorf gewesen und hatte unter dem Pseudonym Georges Barbizon zusammen mit Siegfried Bernfeld die Zs. „Der Anfang" (1913/14) herausgegeben. – „Die junge Schweiz" erschien in Basel als Zeitschrift der schweizerischen Studentenschaft; sie hatte Wyneken zu einer Vortragsreise im Januar 1920 durch mehrere Städte der Nordwestschweiz eingeladen.

diese Art der Schuldemokratie weniger in Selbstbetrug und Volkstäuschung ausarten, als das ganze System der bürgerlichen Demokratie und des Parlamentarismus? Die Schulgemeinden bewirken praktisch ja nichts anderes, als dass sie eine neue Kategorie von Menschen – die Gymnasiasten der oberen drei Jahrgänge – innerhalb der kapitalistischen Gesellschaft in das parlamentarische System einbeziehen."

Zweifellos hat dieser unbekannte schweizer Sozialist grundsätzliche Dilemmata erkannt, oder vielleicht richtiger: die unaufhebbare Ambivalenz von Partizipation als Erhalt und als Transformation von Macht; dass die Wahrnehmung von Befugnissen auch die Möglichkeit ihres falschen Gebrauchs einschließt. Seine Fundamental-Kritik bleibt jedoch vor der demokratie-pädagogischen Herausforderung stehen: Wie kann der freiheitliche und Freiheit bewahrende Gebrauch von Macht und Einfluss durch Anleitung erfahren und gelernt werden? Wie kann der künftige selbstverantwortliche Staatsbürger dazu bewegt werden, den Schritt vom Wissen zum Handeln auch zu tun?
Jedenfalls war die Resonanz auf die Demokratisierungschancen und -angebote bei den höheren Schülern in Basel und Zürich offenbar beträchtlich[33], und auch die Wiener Mittelschüler[Gymnasiasten]bewegung 1918ff., bei der Siegfried Bernfeld eine Führerrolle zugesprochen bekam, war davon inspiriert[34]. Bernfeld selber

---

33 Guido Looser: Die Schülerbewegung an der Kantonsschule Zürich. In: Die junge Schweiz, 1. Jg., H. 2, Juli 1919, S. 54-56. – F. Preiswerk: Erziehung am Basler Gymnasium. Tatsachen und Gedanken zur Schülerbewegung. In: Ebd., H. 6, Nov. 1919, S. 166-169. – Der Beitrag von Looser veranlasste den „Junge Schweiz"-Redakteur Paul Dubi zu folgendem Kommentar (in: Ebd., H. 2, S. 56): Dem Aufsatz fehle ein grundlegendes Verständnis der Jugendbewegung. „Es ist nicht das Ziel der Jugendbewegung, dass den Schülern eine Art organisierten Petitionsrechtes (gar von Rektors Gnaden) gewährt werde: vielmehr muss grundsätzlich der *Eigenwert der Jugend* anerkannt und ihr das Recht zugestanden werden, ihr eigenes Leben zu leben, sich selbst, in Verbindung mit ihren Führern die Formen zu geben, in denen sie leben will." Die Redaktion erbat zustimmende oder ablehnende Zuschriften. Eine Zuschrift (?) im Sinne Wynekens – der herausgehobene Anspruch einer Gemeinschaft in seinem Sinne, mit einem George-Zitat unterstützt – von Felix Oehler: Zur Anwendung der Freien Schulgemeinde. In: Ebd., H. 10, März 1920, S. 280-285.
34 Hans Jung (Wien): Die politische und wirtschaftliche Bewegung der Wiener Mittelschüler. In: Die junge Schweiz, 1. Jg., H. 8, Jan. 1920, S. 230-233. – Ders.: Wiener Mittelschülerräte. Einfluss der Jugendkulturideen. In: Ebd., H. 10, März 1920, S. 289-295. – Ders.: Studenten, Krieg und Revolution in Wien. In: Ebd., H. 11, April 1920, S. 319-322. – Friedrich Scheu: Ein Band der Freundschaft. Schwarzwald-Kreis und Entstehung der Vereinigung Sozialistischer Mittelschüler. Wien 1985. – Zu verweisen ist auf die zeitgenössischen Zeitschriften sozialistischer Schüler:
- Sozialistische Jugend. Organ der [Wiener] sozialistischen Mittelschüler. Hrsg. von Karl Frank. Wien, Jan.-Juni 1919.
- Mitteilungen an alle Mittelschüler. Vom Komitee zur Bildung eines zentralen Mittelschülerausschusses. Hrsg. von Wilhelm Börner. Wien, Nr. 1, 24.12.1918ff.; ab Nr. 9, 14.2.1919 mit dem Untertitel: Vom Zentralausschuss der Wiener Mittelschüler; ab Nr. 11, 28.2.1919 u.d.T.: Mittelschüler-Zeitung. Hrsg. vom Zentralausschuss...; bis Nr. 15, 28.3.1919. Mehr nicht erschienen? – Nr. 1-15 im Bernfeld-Archiv Ulrich Herrmann, Tübingen.
- Der Schulkampf. Organ des Bundes sozialistischer Mittelschüler Österreichs. Wien 1 (1915)–

hat später – im Rahmen seiner eigenen radikalen schulkritischen Position – den oben zitierten sozialistisch-kritischen Standpunkt eingenommen.[35] Eine demokratie-*pädagogische* Position jedoch formulierte Kurt Löwenstein, der Führer der „Kinderfreunde"[36]:

> Demokratie ist „eine gesellschaftliche Notwendigkeit, und in diesem Zusammenhang bekommt sie ihre Bedeutung in dem Erziehungssystem für das werdende Geschlecht. In diesem Zusammenhang bedeutet sie etwa folgendes: das Autoritätsideal, das Ideal der Unter- und Überordnung, dieses Ideal der Vergangenheit wird abgelöst durch ein Ideal der sozialen Verantwortung. Um dieses Ideal begreiflich zu machen, bedarf es keiner weit hergeholten Vorstellung, sondern es genügt einfach das Lebendigmachen unseres gesellschaftlichen Seins." Damit ist gemeint die allseitige Verflochtenheit aller Staatsbürger in das Wirtschaftsleben, so dass Staat und Gesellschaft der Austragungsort des Klassenkampfes geworden sind: er geschieht in der Republik nicht *gegen* ihn, sondern *in* ihm. Die Schule in der Demokratie und für die Demokratie hat keine geringere Aufgabe als die, auf diesen Umstand Rücksicht zu nehmen, d.h. konkret: ihn zum Gegenstand einer demokratischen Erziehung zur Verantwortung für das Gemeinwesen zu machen.

So blieb das Schulgemeindekonzept fester Bestandteil der sozialdemokratisch-sozialistischen Schulpolitik – Einführung in Österreich im Jahre 1925 –, insonderheit des Bundes Entschiedener Schulreformer[37], im Hinblick auf die „Selbstregierung" und „Selbstgerichtsbarkeit" innerhalb der Einheitsschule:

> „Wenn das spätere Leben von jedem einzelnen verlangt, dass er mit Tat und Verständnis mitarbeitet an dem Betriebe, wo er angestellt ist, an der Gemeinde, am Staate, wenn er

---

    9 (1933).
- Der Schulkampf. Organ der sozialistischen höheren Schüler. Hrsg. vom Sozialistischen Schülerbund. Berlin 1 (1928) – 5(1932).

    Die österreichischen Schulreformen unter Otto Glöckel am Beginn und in den ersten Jahren der Republik sind in zahlreiche Studien eingehend darstellt worden.

35 Siegfried Bernfeld: Die Schulgemeinde und ihre Funktion im Klassenkampf. Berlin 1928. Wiederabgedr. in: Lutz von Werder/Reinhart Wolff (Hrsg.): Siegfried Bernfeld: Antiautoritäre Erziehung und Psychoanalyse. Frankfurt/M. (März-Verlag) 1969, S. 388-467; Neuausg. ebd. (Ullstein) 1974, S. 14-105.

36 Besonders in den „weltlichen Schulen", d.h. den sozialdemokratischen konfessionslosen Gemeinschaftsschulen. – Vgl. Soziologische und schulpolitische Grundfragen der weltlichen Schule. Vorträge von Univ.-Prof. Max Adler (Wien) und Stadtrat Dr. Kurt Löwenstein, M.d.R. (Neukölln), gehalten auf der Vertreterversammlung des Bundes der freien Schulgesellschaften Deutschlands zu Dortmund am 17. und 18. Oktober 1925. Darin: Max Adler: Die soziologischen Grundlagen der weltlichen Schule, S. 3-26; Kurt Löwenstein: Schulpolitische Grundlagen der weltlichen Schule, S. 27-53. – Zu Löwenstein vgl. unten Anm. 32.

37 Armin Bernhard: Politische Optionen und demokratische Erziehungsansätze im Bund Entschiedener Schulreformer. In: Rülcker/Oelkers (wie Anm. 10), S. 201-217. – Heike Neuhäuser/Tobias Rülcker (Hrsg.): Demokratische Reformpädagogik. Frankfurt/M. 2000.

nicht mehr geführte Masse, sondern auch mitbestimmende Kraft sein soll, so wäre es doch ein unverzeihlicher Widerspruch, wenn die Schule sich dem nicht anpasste..."³⁸ „Auch die Freiheit muss erlebt werden. [...] Und grade unser *staatliches Gemeinschaftsleben* muss der Jugendliche erleben. Deswegen muss als [...] Forderung postuliert werden, dass die Gemeinschaft der Schule *sich selbst regiert und verwaltet*. Der neue Staat fordert von jedem, dass er Pflichten übernimmt und Verantwortungen trägt. [...] *Pflicht und Verantwortungsgefühl*, das sind die Grundpfeiler, auf denen die neue staatliche Gemeinschaft ruht"³⁹ (Hervorheb. im Orig.).

Soziale Verkehrsformen als demokratische Verhaltensnormen – Soziale Verhaltensnormen als demokratische Verkehrsformen

Das herausragende Beispiel für die Verwandlung von Verkehrsformen in Verhaltensnormen (et vice versa) sind die „Kinderfreunde" (bzw. die „Roten Falken") und ihre „Kinderrepubliken"⁴⁰, insonderheit die Kinderrepublik Seekamp an der Ostsee im Jahre 1927⁴¹. Kurt Löwenstein bringt deren Anliegen auf die Formel „demokratische Disziplinierung", die er in England beobachtet hat⁴²: die emotionale „Macht", die die „neuen gesellschaftlichen Formen auf die Gemüter der Kinder ausüben." Nämlich: Die Zeltstadt für 2.000 Kinder wurde von diesen selber errichtet; die Gliederung in Dorfgemeinschaften wurden arrangiert (Wahlen von Bürgermeister und Dorfparlament); die Obleute der einzelnen Zeltgemeinschaften wurden ebenfalls gewählt, desgleichen das Lagerparlament und der Lagerpräsident; verabredet wurden die Prozeduren für Konfliktschlichtungen.

---

38 Rudolf Umbsen: Vom neuen Geist der Schule. In: Paul Oestreich (Hrsg.): Entschiedene Schulreform. Vorträge, gehalten auf der Tagung Entschiedener Schulreformer am 4. und 5. Oktober 1919 im „Herrenhause" zu Berlin. Berlin 1920, S. 10-16, hier S. 13f.
39 Arno Wagner: Erziehung zur Gemeinschaft. In: Oestreich (wie Anm. 31), S. 28-34, hier S. 31f. – Vgl. in diesem Sinne auch Fritz Karsen: Die Schulgemeinde. In: Ebd., S. 134-142.
40 Kurt Löwenstein: Die Kinderfreundebewegung. In: Herman Nohl/Ludwig Pallat: Handbuch der Pädagogik. 5. Bd.: Sozialpädagogik. Langensalza 1929, S. 141-146. – Ders.: Sozialismus und Erziehung. Eine Auswahl aus den Schriften 1919-1933. Neu hrsg. von Ferdinand Brandecker und Hildegard Feidel-Mertz. Berlin/Bonn 1976. – Heinrich Eppe/Ulrich Herrmann (Hrsg.): Sozialistische Jugend im 20. Jahrhundert. Studien zur Entwicklung und politischen Praxis der Arbeiterjugendbewegung in Deutschland. Weinheim/München 2008; darin: Heinrich Eppe: Die „Kinderfreunde"-Bewegung, S. 160-188; Bodo Brücher: Modelle der Selbstverwaltung und der Partizipation von Kindern: die Kinderrepubliken der „Falken", S. 189-200.
41 Kurzer Bericht bei Brücher (wie Anm. 33), ausführlich bei Löwenstein 1976 (wie Anm. 33), Kap. I: Demokratie in der Erziehung, Abschn. C: Demokratisierung in der inneren Ausgestaltung, S. 137ff., dort die ff. Zitate.
42 Er ist damit übrigens nicht weit von Kant entfernt und vermittelt den Antagonismus von Einzelinteresse, *volonté des tous* und *volonté générale* (Rousseau) durch die Figur der gemeinschaftlich vermittelten Selbstdisziplinierung.

Wenn von einem pädagogischen Arrangement *polis* (Hartmut von Hentig) ernsthaft die Rede sein kann, dann gilt es für die Kinderrepubliken der „Kinderfreunde" und der „Roten Falken". Und wenn es um das Einüben von (Mit-)*Verantwortung* und die *Erfahrung der Bewährung* geht, dann hier, in abgeschwächter Form in den deutschen Landerziehungsheimen mit ihren Parlamenten, Ausschüssen und Ämtern. In der Satzung der Schülervertretung der Odenwaldschule heißt es u.a.

> „Der Erziehung[43] zu Selbstverantwortung und zu politischer Selbstverantwortung dient eine demokratische Mitwirkung der Schülerinnen und Schüler. Die Schülervertreter nehmen die Interessen der Schülerinnen und Schüler in der Öffentlichkeit wahr. Sie schaffen die organisatorischen Voraussetzungen für die Mitarbeit und Mitbestimmung der Schülerinnen und Schüler in der Schule. […] Das Parlament formuliert die Interessen der Schülerinnen und Schüler und vertritt sie in der Konferenz, gegenüber einzelnen Gruppen und der Gesamtschülerschaft und nach außen. Sein Auftrag ist, aus den Interessen Einzelner oder von Gruppen und dem Interesse aller verwirklichbare Lösungen zu entwickeln."

Das klingt nach viel *Mit*bestimmung und nach zu wenig *Selbst*bestimmung, wie es eine autonome Einrichtung wie ein Landerziehungsheim ja eigentlich praktizieren könnte (und auch sollte).
Wichtig für die „Kinderfreunde" war die Übertragung der Kinderrepublik-Erfahrung in den Alltag der jungen Menschen, und das heißt vor allem in ihre Schule – was an deren damaligen Strukturen scheitern musste. Löwenstein ergänzt seinen Seekamp-Bericht mit Forderungen an die „demokratische Schule" und deren Verkehrsformen aufgrund eigener Schulbesuche:

> Schule ist auf Selbstverantwortung und Selbstdisziplin umzustellen. „Eines Tages wollte ich den Lehrer einer solchen Klassengemeinschaft aufsuchen. Als ich vor der Klassentür stand, fiel mir die außergewöhnliche Ruhe auf. […] Ich öffnete die Tür, und da saßen Knaben und Mädel, etwa 50 an der Zahl, in Gruppen beieinander. Die einen zeichneten, die anderen schrieben, einigen stickten, andere rechneten oder lasen. Niemand war unbeschäftigt. Kein Aufpasser störte die Ordnung. Auf meine Anfrage antwortete ein mir zunächst sitzendes Mädel, dass der Lehrer nicht erschienen sei. Warum, wüsste sie nicht, es käme wohl eine Erkrankung in Frage, da er in der letzten Zeit so schlecht ausgesehen habe. Einige hätten die Absicht, den Lehrer am Nachmittag aufzusuchen und sich nach seinem Befinden zu erkundigen. – In der Obrigkeitsschule habe ich diesen Grad an Selbstdisziplin nie gefunden. Der leere Ordnungsformalismus in der alten Schule gewöhnt nicht an Selbstverwaltung und Demokratie."
> „Exerzieren kann man nur mit Hilfe militärischen Drills. Aber anmutige Umgangsformen erwirbt man nur durch innere Leichtigkeit und Freiheit des Handelns."
> Daraus folgt für Löwenstein: Die Schule in der Demokratie und für die Demokratie unterscheidet sich von der Schule im und für den Obrigkeitsstaat dadurch, dass sie den

---

43 Richtig müsste es heißen „Selbsterziehung".

gesamten Schulformalismus des Lehrplans, der Zensuren, der Leistungsüberprüfung, Jahrgangsklassen, Versetzung usw. abschafft und ersetzt durch „Aufgaben aus der Arbeit selbst heraus [...], sie weitend und vertiefend, wenn ein reiferes Können es verlangt, sie einengend und beschränkend, damit auch das schwächere Können an ihnen gedeihlich wachsen kann. Es ist daher eine Forderung der Demokratie, dass der Schematismus der Jahrgangsklasseneinteilung durch die lebendige und elastische Einrichtung von Arbeitsgruppen und Arbeitsgemeinschaften ersetzt wird, die bei allem Ernst der Aufgabenstellung und Aufgabenlösung nicht vergessen lassen, dass doch das Wesentliche der Erziehung das Heranwachsen zur *Selbständigkeit* und zur freudigen *Leistungsbejahung* ist" (Hervorheb. im Orig.). So wie es die Schulkultur der Hamburger Reformlehrer praktiziere.[44]

Der konsequenteste Versuch einer demokratischen Schule nach dem Ersten Weltkrieg war Bernhard Uffrechts Freie Schul- und Werkgemeinschaft in Schloss Letzlingen (bei Magdeburg), einer „Schulgemeinschaft ohne Erziehung". Wie das? Als konsequente *Selbst*erziehung. „Nicht neue Tugenden anzuerziehen", schreibt Uffrecht[45], der vor der Gründung seiner Schulgemeinde Lehrer in Wickersdorf gewesen war, „sondern der Jugend das Recht zu geben, sich ihre eigenen Tugenden auf Grund eigener Erfahrungen und eigener Einsichten in die Notwendigkeiten des Lebens zu erwerben, auf Erziehung also grundsätzlich zu verzichten, dies ist es, was Zeit und Geist zugleich erfordern." Um dies zu erreichen, gab es in Letzlingen außer Lehrkräften und Hilfskräften in Küche und Wäscherei kein „Personal": von der Pflege des Gebäudes und Geländes bis zur Buchführung wurde alles von den Schülerinnen und Schülern selber erledigt. Zusammen mit der Stiftung Deutsche Landerziehungsheime (das sind die Lietz-Schulen), der Freien Schulgemeinde Wickersdorf, der Odenwaldschule, dem Landheim Schondorf, dem Landschulheim am Solling, Martin Luserkes „Schule am Meer" auf Juist und der Bergschule Hochwaldhausen in der Rhön bildete die Freie Schul- und Werkgemeinschaft 1922 die Vereinigung der Freien Schulen in Deutschland.

Heute sind es die Freien Alternativschulen, die nicht das radikale Schulgemeinde-Konzept verwirklichen, sondern *das Lernen selber* „entbürokratisiert" und in eine eigenverantwortliche Tätigkeit der Schülerinnen und Schüler überführt haben, so

---

44 Und von Alt-Bundeskanzler Helmut Schmidt, der eine solche Reformschule in Hamburg besuchte, in einem ZEIT-Gespräch dankbar bestätigt wurde. – Heiner Ullrich: Schulreform aus dem Geiste der Jugendbewegung: der Hamburger „Wendekreis". In: Ulrich Herrmann (Hrsg.): „Mit uns zieht die neue Zeit…" Der Wandervogel in der deutschen Jugendbewegung. Weinheim/München 2006, S. 377-402.

45 Freie Schul- und Werkgemeinschaft. Blätter zum Gedankenaustausch Nr. 1, Juli 1925, hier S. 6. – Ulrich Uffrecht: Von der Freien Schulgemeinde Wickersdorf zur Freien Schul- und Werkgemeinschaft Letzlingen. Bernhard Uffrechts Radikalisierung des Schulgemeinde-Konzepts. In: Historische Jugendforschung. Jahrbuch des Archivs der deutschen Jugendbewegung NF 3/2006: Die Freie Schulgemeinde Wickersdorf. Hrsg. von Hartmut Alphei und Ulrich Herrmann. Schwalbach 2007, S. 160-183.

wie es Geheeb mit seinem Kurs-System in der Odenwaldschule praktiziert hatte.[46]

* * *

Diese Erinnerungen auf die weitgehend vergessene *politischen* Tradition der Landerziehungsheime und Freien Schulen in Deutschland, vor allem aber auch der reformorientierten weltlichen Schulen der Sozialdemokraten und Sozialisten als Schulen für die Demokratie und in der Demokratie sollten nicht dazu dienen, alte Bilder abzustauben oder „Randerscheinungen" oder „Sonderwege" von „Außenseitern" zu glorifizieren (oder wie sonst die Anwürfe ihrer Verächter lauten mögen), sondern daran zu erinnern, dass sie eine Vorreiterrolle hatten und haben und dass sie diese heute mit größerer Entschiedenheit wieder wahrnehmen sollten.

---

46 Vgl. Skiera (wie Anm. 10), S. 331-353, bes. S. 337 das politische Selbstverständnis.

Jürgen Oelkers

Kritische Fragen an die Geschichte der Reformpädagogik

Problemstellung

Wer von der deutschen „Reformpädagogik" spricht, bezieht sich auf ein historiographisches Konstrukt, mit dem sich mindestens vier Probleme verbinden:

- Der diffuse Gegenstand,
- die nationale Sicht,
- der Personenkult
- und die Neigung zu einem affirmativen Verständnis.

Auf was sich der Ausdruck „Reformpädagogik" genau beziehen soll, ist unklar. Es ist ein Sammelbegriff mit vagen Rändern, der gleichwohl für normative Unterscheidungen sorgen kann. Das literarische Feld besteht aus ausgewählten Autoren, denen grosse historische Bedeutung zuerkannt wird und deren Texte so gelesen werden, dass sie Überzeugungscharakter annehmen können. Die wenigen ausländischen Autoren werden verstanden, als seien sie Teil der deutschen Reformpädagogik, die keine eigenen Kontexte benötigen. Aufgebaut werden Vorbilder, also Personen, mit denen sich geschichtliche Grösse verbinden lässt und die reflexive Verbindlichkeit beanspruchen können.

Mit diesem Konstrukt „Reformpädagogik" sind Dualismen verbunden, die die Sicht der historischen Akteure geprägt haben, weil seinerzeit Kampflinien beachtet werden mussten, die aber die heutigen Reflexionen über Erziehungsreformen unnötig belasten, weil damit automatisch zwischen „gut" und „schlecht" unterschieden wird. Ohne ständigen Rückgriff auf „die" Reformpädagogik könnte vermieden werden, in der Reflexion zwei Welten anzunehmen, die sich mit Dualismen wie „fortschrittlich" und „reaktionär" oder „modern" und „unmodern" beschreiben lassen.

Das ist nicht nur ein sprachliches Problem. Die progressive Pädagogik hat von ihrem Modernitätsversprechen ebenso gelebt wie von ihrem Feindbild; wer in der Pädagogik „fortschrittlich" sein wollte, konnte das nur, wenn und soweit die „Reaktionäre" benannt wurden und das mussten alle sein, die pädagogisch etwas Anderes wollten. Aber irgendwann sind die Feinde nicht mehr vorhanden, weil sich das historische Problem aufgelöst hat, während die Dualismen weiter gebraucht werden können. Die „verwaltete Schule" kann auch der besten Administration zum Vorwurf gemacht werden, wenn die pädagogische Erwartung auf eine Schule setzt, die ohne Berechtigungen direkt dem Leben dienen soll.

Statt von der Reformpädagogik auszugehen, also von geschlossenen Überzeugungen, kann man auch eine ganz andere Optik wählen, die von der Praxis und den Lernprozessen in den Schulen bestimmt wird. Schulen haben immer gelernt und neue Formen des Unterrichts oder des Zusammenlebens erprobt, ohne auf eine Reformpädagogik angewiesen zu sein, die mehr wäre als eine eklektische Sammlung praktikabler Ideen. Dieses „mehr" erwartet man, wenn von „Reformpädagogik" die Rede ist; aus der Lebensreform der Jahrhundertwende heraus ist sie mit einer Aura des Neuen, Wagemutigen und sogar Unerhörten umgeben, also hat eine eigene Legende, die bis heute überzeugend klingt.

Worauf man dann aber stösst, ist eine pädagogische Dogmatik, die auf Gründer zurückgeführt wird und durch Autoritäten sowie einen Kanon abgesichert wird. Die „Montessori-Pädagogik" zählt zum Kanon, aber nicht die Pädagogik der Geschwister Agazzi,[47] was konsequent ist, denn jeder Kanon wäre überfordert, sollte er jede Person aufnehmen, die in der Praxis mit einer guten Idee Erfolg hatte. Der reformpädagogische Kanon bezieht sich auf ein besonders hervorgehobenes und so hoch selektives Personal, das sich genau damit der Kritik entzieht.

Was aber Entwicklungen in den Schulen tatsächlich befördert und voranbringt, ist ein Repertoire von praktischen Konzepten und so weder eine Aura noch ein Kanon. Das lässt sich an einem Beispiel aus dem Jahre 1955 zeigen, das wohl national ausgerichtet ist, aber ganz ohne Personenkult auskommt und in dem keine unkritische Zustimmung zu Dogmen verlangt wird. Das Beispiel bezieht sich in sachlicher Hinsicht auf Ideen, Modelle und Entwicklungen, die sich auch in internationalen Vergleichen finden lassen. Sie verlangen keinen deutschen Sonderweg der Reflexion oder anders gesagt: Man muss nicht Hermann Lietz oder Ludwig Gurlitt gelesen haben, um dorthin zu gelangen.

Logik und Pragmatik von Schulreformen

Das Beispiel, auf das ich ausführlicher eingehe, heisst *Schulversuche in der Bundesrepublik Deutschland*. Es handelt sich um eine der ersten Buchveröffentlichungen der „Hochschule für Internationale Pädagogische Forschung", die im November 1950 mit amerikanischen Geldern gegründet worden ist und die zum Re-Educa-

---

47 Rosa Agazzi (1866-1951) und Carolina Agazzi (1870-1954) entwickelten von 1892 an im Kindergarten Mompiano in Brescia eine eigene Methode der frühkindlichen Erziehung, die auf Aktivierung beruht und davon ausgeht, dass sich jedes Kind erproben will.

tion-Programm gehörte. Im Geleitwort zu dieser Studie schrieb Walter Schultze,[48] der spätere Direktor des DIPF: Die Untersuchung sei in Auftrag gegeben worden, damit in „grossem Umfang eine Bestandesaufnahme aller Schulversuche" vorgenommen und so ermittelt werden kann, wo zehn Jahre nach dem Krieg in der Praxis „wirklich neue tragende Ansätze" der demokratischen Schulreform vorhanden sind und wo „nur alter Wein in neuen Schläuchen angepriesen wird" (Schultze 1955).

Verfasser der Studie war der Kasseler Pädagoge Herbert Chiout,[49] der in den Jahren 1953 und 1954 Mitarbeiter der Hochschule gewesen ist und während dieser Zeit die Untersuchung durchgeführt hat. Es handelt sich um die erste grosse empirische Erhebung über den Stand der Schulreform nach dem Krieg, die heute gelegentlich zitiert wird, aber gesamthaft nie ausgewertet wurde.[50] Insbesondere hat sie keine Rolle gespielt bei der späteren Konstruktion der fünfziger Jahre und so der „Adenauer-Ära" als Zeit der Restauration, die Schulreformen erst nach dem Gutachten des Deutschen Bildungsrates von 1970 erwarten liess. Zu diesem Zeitpunkt war Chiouts Studie vergessen.

Die Methode der Untersuchung wird so beschrieben: Zu Beginn wurden Kultusbehörden, Hochschulen der Lehrerbildung und Lehrerverbände aufgefordert, „Volksschulen zu nennen, die Versuchsarbeit leisten" (Chiout 1955, S. 18). Diese Schulen erhielten die Bezeichnung „Versuchsschulen", die von den „Normalschulen" unterschieden wurden. Die „Versuchsschulen" wurden aufgelistet und angeschrieben. An sie wurde ein Fragebogen verschickt, der zur Datenerhebung diente. Den Rücksendungen lagen oft umfangreiche Unterlagen der Schulen bei, die zusammen mit dem Fragebogen ausgewertet wurden.

In der zweiten Hälfte des Jahres 1953 konnte eine grössere Zahl von Schulen besucht werden. Die Hospitationen wurden realisiert in Form von direkten Unterrichtsbesuchen, Gesprächen mit den Lehrkräften, den Eltern und den Schülern sowie mit den Initianten der Schulversuche, also meistens mit den Schulleitungen. Nach Auswertung der Daten wurden sogenannte „Charakterisierungen" der Schulen vorgenommen, die den Schulen zur Stellungnahme weitergeleitet wurden. Erst danach wurden die Befunde der Studie dargestellt (Chiout 1955, S. 18ff).[51]

---

48 Walter Schultze (1903-1984) war von 1964 bis 1970 Direktor des Deutschen Instituts für Internationale Pädagogische Forschung.

49 Herbert Chiout (1910-2010) ist an der Pädagogischen Akademie in Kassel zum Volksschullehrer ausgebildet worden und hat danach in Göttingen studiert. Er war später als Studiendirektor am Lehrerfortbildungswerk in Kassel tätig. Chiout war elf Jahre lang Soldat und in Kriegsgefangenschaft.

50 Auszüge finden sich in Kemper (2008), S. 103-113.

51 Der Aufwand wird wie folgt dargestellt: 978 Briefausgänge, 556 Briefeingänge, 63 Besuche in Versuchsschulen, 13 Pädagogische Gespräche bei Konferenzen an Versuchsschulen, 38 Besichtigungen von Schulneubauten und 29 orientierende Aussprachen bei Schulaufsichtsstellen, ein-

In einem Memorandum für die Hochschule für internationale Pädagogische Forschung schreibt Herbert Chiout am 6. Februar 1954 folgende Einschätzung über die Schulreform in der Weimarer Republik:

> „Die deutsche Lehrerschaft der zwanziger Jahre trug eine pädagogische Bewegung, wie sie in diesem Umfang die deutsche Schule weder vorher noch nachher gekannt hat. An dieser Bewegung hatten mehr oder weniger alle Schulen lebendigen Anteil. Darüber hinaus wurden neue Inhalte und Formen erprobt von einer Elite der Lehrerschaft, die – organisiert oder in persönlicher Bindung – Kontakt untereinander hatte, die voneinander wusste" (ebd., S. 226).

Diese Einschätzung mag im Blick auf die Breite und die Tiefe der tatsächlichen Entwicklung nach dem ersten Weltkrieg übertrieben erscheinen, weil sich die Schulreform in der ersten deutschen Republik vor allem auf Grossstädte wie Hamburg, Leipzig oder Berlin beschränkte und grosse Unterschiede zwischen Stadt und Land bestanden. Aber es kann kein Zweifel sein, dass die Anstrengungen zur Schulentwicklung von erheblichen Teilen der Volksschullehrerschaft getragen wurden und die Lehrerverbände hinter diesen Anstrengungen standen. Auch die Ausbildung der Lehrkräfte war davon geprägt, die Reform kam in diesem Sinne aus der Mitte des Systems. Die später so berühmten Landerziehungsheime waren Randerscheinungen.

Neun Jahre nach dem Krieg sieht Chiout keine neue „Bewegung" in der Grössenordnung der zwanziger Jahre. Das Ergebnis seiner Untersuchung zeigt aber Ansätze zur Schulreform in verschiedenen deutschen Bundesländern, die an die Schulentwicklung der Weimarer Republik anschliessen sollte. Die Versuche sind durch unterschiedliche Merkmale gekennzeichnet, aber sie berufen sich nicht auf eine „Reformpädagogik", die kanonisch wäre. Vielmehr wird Anschluss gesucht an Entwicklungen im eigenen Feld. Die einzig notwendige Unterscheidung ist die zwischen „Normalschulen" und „Versuchsschulen", für die keine ideologische Differenz benötigt wird. Der Zugriff auf Ideen und Modelle ist eklektisch, was zu einem Vorhaben passt, wird aufgegriffen, egal, wo es herkommt.

1955 ging es um Reformvorhaben in einzelnen Schulen, die stark von lokalen Akteuren abhängig gewesen sind, wenngleich sie in der zeitgenössischen Literatur erwähnt wurden und Unterstützung fanden.

> „Eine ... allgemeine Reformbewegung besteht heute nicht. Das hat die von mir seit geraumer Zeit vorbereitete und seit nun fast einem Jahr intensiv durchgeführte Untersuchung über die laufenden Schulversuche in der Bundesrepublik gezeigt. Das Bild der gegenwärtigen Schule ist so, dass wir – mit geringen Ausnahmen – in fast allen Bundesländern von einer Normalschule sprechen können, die gekennzeichnet ist durch konventionelle Formen und Inhalte; aus dieser verhältnismässig gleichförmigen Menge

schliesslich der Ministerien (Chiout 1955, S. 21).

der Normalschulen ragen hier und da einzelne Versuchsschulen heraus, an denen in verantwortungsbewusster Weise die Möglichkeiten einer Erziehung erprobt werden, die für die Aufgaben der Gegenwart und der nahen Zukunft bereit macht" (ebd.).

Die seinerzeit vorliegende Literatur ist davon geprägt, Versuchsschulen vor dem Hintergrund des gesellschaftlichen „Neuaufbaus" zu verstehen und besonders herauszustellen (Ganzenmüller 1950,[52] Musolf 1950[53]). Dabei wurden einzelne Methoden wie der Gruppenunterricht in den Mittelpunkt gerückt (Fuhrich/Gieck 1952)[54], das Anliegen der „inneren Schulreform" bis hin zu Ideen der „Selbstregierung" gestärkt (Colmar 1952)[55], die später so verrufene musische Bildung unterstützt (Haase 1951)[56] und Reformen lanciert, die einen Unterricht auf „werktätiger Grundlage" befördern sollten (Stieger 1951).[57] In diesem Sinne sprach Renate Riemeck[58] 1954 von „Reformpädagogik". Es ist die Formel für eine „ganzheitliche Bildung" in der staatlichen Volksschule.

Die Studie von Chiout listet am Ende 314 Reformschulen auf, die unterteilt werden in sieben unterschiedliche Reformanliegen. Diese Anliegen werden wie folgt beschrieben:
- Volkstümliche Bildung – standortgebundener Unterricht – dorfeigene Erziehung.
- Lebensgemeinschaftsschule – Jenaplanschule.
- Schülermitverwaltung – Schülermitgestaltung.
- Musische Erziehung – musisches Tun – musisch-manuelles Tun – Erziehung auf werktätiger Grundlage.
- Schaffung der Schulgemeinde – Mitarbeit der Elternschaft – Schulverein.

---

52 Wilhelm Ganzenmüller, Mitglied des Bundes Entschiedener Schulreformer, forderte schon in den zwanziger Jahren die Einführung von „Tagesschulen" zur ganztäglichen Betreuung.

53 Anna Mosolf (1895-1974) war Volksschullehrerin und Schulleiterin in Hannover. 1945 wurde sie Schulrätin und seit 1950 war sie im Niedersächsischen Kultusministerium tätig. Dort war sie von 1954 an für die Entwicklung der Volks- und Sonderschulen zuständig.

54 Die methodische Schrift zum Gruppenunterricht erhielt die Anerkennung als Preisschrift des Bayerischen Lehrervereins. Der Schlesier Hermann Fuhrich (1904-1980) war nach dem Krieg Hauptlehrer in Stephanskirchen bei Rosenheim. Georg Gick war Volksschullehrer und Rektor in München, ein bekannter Schulbuchautor und zudem Mitherausgeber der Zeitschrift „Welt der Schule".

55 Karl Colmar war Volksschullehrer in Lichtenberg in Hessen.

56 Otto Haase (1893-1961) war ausgebildeter Gymnasiallehrer und von 1921 bis 1923 Lehrer am Deutschen Landerziehungsheim in Haubinda. 1930 wurde er Professor für Pädagogik und Direktor der neu gegründeten Pädagogischen Akademie in Frankfurt/Oder und später in Elbing. Im Nationalsozialismus wurde er seines Amtes enthoben und arbeitete seit Oktober 1933 als Volksschullehrer in Hannover. Nach dem Krieg war er erster Direktor der Pädagogischen Hochschule Hannover und war von 1946 an im Niedersächsischen Kultusministerium tätig.

57 Der Heilpädagoge Karl Stieger lehrte in Freiburg in der Schweiz.

58 Renate Riemeck (1920-2003) lehrte seit 1955 an der Pädagogischen Akademie in Wuppertal.

- Volksschule und Volksbildungsarbeit.
- Arbeitsmittel.
- Volksschulabschlussjahr – Neuntes Schuljahr
- (ebd., S. 137ff).

Im Einzelnen wurden sehr unterschiedliche Schulen und Reformansätze beschrieben. Die Beispiele reichen von der Verbesserung der Lernmedien über neue Unterrichtsmethoden bis hin zur Schulstruktur. So berichtet Chiout über die letzte noch existierende Einheitsschule in Berlin, die auf Antrag der Elternschaft zustande kam und von den Behörden auch genehmigt wurde, obwohl 1951 in Westberlin die achtjährige Einheitsschule zugunsten der heute noch bestehenden sechsjährigen Grundschule abgeschafft worden war (ebd., S. 42f.). Eine solche Berücksichtigung des Elternwillens wäre heute sicher nicht mehr möglich.

Eine dieser Grundschulen in Berlin[59] arbeitete mit individuellen Stundenplänen für jeden Schüler durch gelenkte Fachwahl mit Hilfe von Leitplänen, kannte Strategien zur Vermeidung des Sitzenbleibens und wendete ein Verfahren zur Diagnose von mangelnder Schulreife an. Bemerkenswert sind auch noch weitere Aktivitäten:

- Die Schule richtete in Kooperation mit der Volkshochschule Elternseminare ein,
- bot mit Unterstützung der Volksmusikhochschule für alle Schüler Instrumentalunterricht an,
- hatte eine Aktion „Hausarbeiten in der Schule" veranstaltet, die mit Hilfe von Eltern durchgeführt wurde,
- und richtete neben dem Unterricht in den Volksschulfächern Neigungskurse für freie Arbeitsgemeinschaften ein (ebd., S. 45).

In Berlin Tegel gab es wieder Montessori-Klassen, aber auch die städtische Schulfarm Insel Scharfenberg, die „förderungswürdige Kinder aus sozial schlechtgestellten Kreisen bevorzugte" (ebd., S. 46). Das Zusammenleben wird als „Schülerrepublik" bezeichnet, weil die Schulen selbstgesteckten Zielen folgt. Schülerselbstverwaltung wurde praktiziert, Arbeit in Kursgruppen erteilt und ebenfalls grosser Wert gelegt auf musische Erziehung. Neben der wissenschaftlichen und künstlerischen Ausbildung konnte ein Handwerk gelernt werden (ebd., S. 46/47). In der neunten Klasse der Volksschule wurden 14 Wochenstunden ungefächerter Kursunterricht erteilt, 8 Stunden Kursunterricht, 8 Stunden Handwerk und 8 Stunden musische Bildung. Der Unterricht konzentrierte sich auf eine praktische Aufgabe oder ein Projekt (ebd., S. 47).

---

59 Die Hermann-Schulz-Schule in Berlin-Reinickendorf, die 1.100 Schüler umfasste. Schulleiter war Karl Wagner.

Leiter der Schule war von 1949 bis 1969 Wolfgang Pewesin (Keim 1987, S. 133), der heute wie das gesamte Personal in Chiouts Studie vergessen ist. Das gilt für so unterschiedliche Namen wie Karoline Dengg, Rektorin der 13. Grundschule in Berlin-Tegel, den Hamburger Landesschulrat Ernst Matthewes, der die Schulreform nach dem Krieg auf den Weg gebracht hat, Rektor Heinz Glossner von der Albert-Schweitzer-Schule in Frankfurt am Main oder Artur Dumke, Rektor der Volksschule Hänigsen bei Lehrte, der sich in den fünfziger Jahren als pädagogischer Schriftsteller einen Namen machte und später in der niedersächsischen Lehrerfortbildung tätig war.

Die Frankfurter Albert-Schweitzer-Schule berichtete, dass sie seit Ostern 1952 mit Schulreformen begonnen habe, als der Unterricht noch in Baracken stattfinden musste. Ein Schulneubau war in Aussicht gestellt, ein Teil davon bereits fertig. Die Schule legte Wert auf die Schaffung einer guten Schulatmosphäre im Namen des Schulpaten Albert Schweitzer, der Unterricht in allen zwölf Klassen war auf Kern-Kursunterricht und so Leistungsdifferenzierung umgestellt, die Eltern nahmen aktiven Anteil am Schulleben, monatlich erschien ein „Elternrundbrief" und es gab für die Schüler bereits eine Verbindung zu Schulen im Ausland, was die wenigsten Schulen kannten (Chiout 1955, S. 60).

Die Kirchner-Schule in Frankfurt, die eine Frau, nämlich Elisabeth Mandel, leitete, hatte sich 1951 entschieden, eine elastische Form der Unterrichtsorganisation für die Volksschuloberstufe einzuführen. Beschrieben wird diese Veränderung so:

> „Es werden wöchentlich 12 Stunden *Kernunterricht* im Klassenverband erteilt. Daneben gibt es unter Auflockerung der Jahresklassen *Kurse*, hier „Arbeitsgemeinschaften" genannt; diese Kurse dauern 4 Wochen, das ergibt für 40 Schulwochen 10 Kursperioden. Jedem Kurs stehen wöchentlich 5 x 2 Std. zur Verfügung, also in 4 Schulwochen insgesamt 40 Std., so dass bei der Stundenverrechnung jeder Kurs einer Jahresstunde gleichkommt" (ebd., S. 64).

Sehr viel anders gehen heutige Reformen der Stundentafel und so der Zeitverteilung auch nicht vor. Der Ansatz einer flexiblen Zeitorganisation kennzeichnet viele Schulen, die sich heute als „Reformschulen" von „Normalschulen" unterscheiden, ohne einer besonderen Pädagogik zu bedürfen. Die Frage ist, wie die Ziele der Schule besser erreicht werden können; wenn die Freinet- oder die Petersen-Pädagogik dabei hilfreich ist, wird sie benutzt, aber nicht als „Pädagogik" mit der Autorität ihres Gründers, sondern als Steinbruch für wechselnde Zwecke und so eklektisch. Man muss nicht Anhänger einer Pädagogik sein, um mit ihr arbeiten zu können und praktisch ist es unwichtig, wo die Konzepte herkommen.

Chiout beschreibt auch Ideen, die mit Leistungsdifferenzierung zu tun hatten. Ein Beispiel ist die Karlschule in Bonn, eine evangelische Volksschule, die seit 1950 die Unterrichtsarbeit auf der Oberstufe so weiterentwickelt hatte, dass überdurchschnittlich begabte Schüler in einer besonderen Klasse aufgenommen werden konnten. Unterschieden wurden A- und B-Klassen, in den B-Klassen wurde auch Englisch unterrichtet, was für fast alle Volksschulen zu dieser Zeit ein unerreichbares Ziel war (ebd., S. 114). Für die Schüler war damit ein starker Leistungsanreiz verbunden, zumal nur Lehrkräfte „mit Fakultas in Englisch" unterrichten durften (ebd.).

Die Volksschule Sedanstrasse in Wuppertal-Barmen, die eine Übungsschule der Pädagogischen Akademie Wuppertal war, führte seit 1949 innere Schulreformen durch. Der Kern dieser Reformen war das „Aufgeben des frontalen Unterrichts" zugunsten der Arbeit in Gruppen, die als Verbesserung des Sozialverhaltens verstanden wurde und der Aktivierung der Schüler dienen sollte. Bemerkenswert ist auch die „Bejahung des Bildungsgefälles innerhalb der Klasse" (ebd., S. 123), das kein Unterricht aufheben kann. Zur Bearbeitung des Problems richtete die Schule Stammgruppen und Leistungsgruppen ein und arbeitete für bestimmte Vorhaben auch mit freiwilligen Gruppen (ebd.). Ungefähr so ist die viel gelobte neue Schulstruktur im Schweizerischen Kanton Thurgau beschaffen, die das Prinzip der Gliederung abgeschafft hat.

Aus der Sandkrugschule in Eckernförde wurde über einen Versuch mit zwei Klassen des ersten Schuljahres berichtet, der Ostern 1953 begonnen hatte. Grundlegend dafür war das sogenannte „aktivierende und individualisierende Bildungsverfahren", mit dem folgende Reformen möglich wurden:

- „Gewissenhafte Feststellung und Überprüfung des Arbeitstempos und der Einzelleistungen jedes Kindes in Lesen, Schreiben und Rechnen;
- Registrierung der Leistungsstreuung in der Klasse;
- Überprüfung, ob die vorhandenen Arbeitsmittel genügen.
- Feststellung der Eignung des Bildungsverfahrens für vollausgebaute Schulen.
- Dreifache Kontrolle: Einzel-, Gruppen- und Lehrerkontrolle" (ebd., S. 125).

Die Jahnschule in Kiel begann 1950 mit der Schulreform. Ein besonderes Merkmal war die demokratische Schülerorganisation, die nicht nur einen Schülerrat kannte, sondern auch eine Abgeordnetenversammlung von zehn Schülern pro Klasse ab dem 6. Schuljahr, die pro Woche zwei Stunden Beratungszeit zur Verfügung hatte. Die untere Ebene demokratischer Beratungen bildeten Schülergruppen, die von einem Lehrer geleitet wurden und die je eine Wochenstunde nutzen konnten. Die Stundentafel sah das vor, Demokratie in der Schule war keine Zusatzveranstaltung (ebd., S. 129).

Ebenfalls in Kiel ist ein in der damaligen Literatur viel zitierter Schulneubau realisiert worden, nämlich in der Goetheschule, die als Volks- und Mittelschule geführt wurde und zum Zeitpunkt der Erhebung 1.800 Schüler umfasste. Die Merkmale des Neubaus werden so beschrieben:

- Es gab gut gegliederte Bautrakte, die nur wenige Klassen pro Trakt umfassten,
- einen umfriedeten Freiluftplatz für jede Klasse,

- eine Garderobe- und Ranzenablage, die von der Klasse aus zu kontrollieren war,
- sowie Vitrinen auf den Fluren (ebd., S. 126).

Auf bauliche Innovationen wird an verschiedenen Stellen in Chiouts Studie hingewiesen. Viele Schulen litten unmittelbar nach dem Krieg unter Raummangel, daher wurden in vielen Städten und Gemeinden Bauprogramme aufgelegt. Die Neubauten sollten zu den Anliegen der Schulen passen und Schulreformen, die sich etwa auf musische und werktätige Bildung richteten, brauchten dafür geeignete Räume.

Ein weiteres Reformanliegen war es, auch in den Oberklassen der Volksschule Epochalunterricht in dafür passenden Bildungseinheiten durchzuführen, was sich etwa in der Volksschule I in München realisieren liess. Der Rektor der Schule, Kurt Seelmann,[60] war vor der Zeit des Nationalsozialismus Lehrer an der Kerschensteiner-Versuchsschule in München und setzte das dort praktizierte Konzept fort (ebd., S. 37). Mit „Epochalunterricht" war gemeint ein Unterricht über eine grössere Zeitspanne, der thematisch von nur einem Fach geführt wurde. Auch auf diese Weise liess sich die Zeit über die Grundschule hinaus anders verteilen und besser konzentrieren.

Die Volksschule Neustadt an der Aisch in Mittelfranken nahe bei Nürnberg berichtet über
- die weitgehende Aufhebung der Fächerung,
- Gruppenarbeit mit selbstgestellten Zielen,
- die freie Arbeit der Schüler
- sowie die neue Rolle des Lehrers als Helfer.

In der Schule gab es zu diesem Zeitpunkt keine verpflichtenden Hausaufgaben mehr. Im Rechenunterricht wurde Wert darauf gelegt, dass der vorgeschriebene Lehrstoff selbstständig erarbeitet wurde, zu diesem Zweck wurden Leistungsgruppen eingerichtet und ein Testat auf einem Prüfungsblatt erteilt. Interessant ist an der Schule in Neustadt die Einrichtung einer Schuldruckerei während des Schulunterrichts. Das Projekt wird wie folgt beschrieben: „Alle Kinder kommen in der Schülerzeitung zu Wort; jeder „Autor" setzt seinen Beitrag selbst. – „Schulzeitung aus Neustadt an der Aisch" erscheint monatlich. Auflage: 80 Stück. Verbindung zu Schulen im In- und Auslande, die ebenfalls in einer eigenen Schuldruckerei ihre Schulzeitung drucken" (ebd., S. 38).

Der Schulleiter Gerhard Rauh berief sich auf „Schuldruckerei-Bewegung" in Frankreich und Belgien, er kannte Célestin Freinet, der ihm eine Handhebelpres-

---

60 Kurt Seelmann (1900-1987) war 35 Jahre lang Lehrer und Rektor der Volksschule an der Situlistrasse in München. Seelmann war Individualpsychologe und auch Direktor des Jugendamtes München.

se geschenkt hatte (ebd.). Das findet praktische Erwähnung, um das eigene Anliegen zu unterstützen. Die Pädagogik Freinets wird nicht erwähnt, die Schule hätte auch von selbst auf die Idee kommen können. Sie war eine von vier Volksschulen mit Schuldruckereien, die in Chiouts Studie erwähnt werden.[61]
In seiner Beschreibung der Versuchsschulen sind auch verschiedene Landerziehungsheime wie die Odenwaldschule oder das Landschulheim Burg Nordeck einbezogen worden (ebd., S. 77ff.), ohne sie auf die Reformpädagogik zu beziehen und dadurch besonders hervorzuheben. Die Schulen wurden auch nicht von den Selbstbeschreibungen der Schulgründer her gedeutet,[62] sondern waren einfach „Versuchsschulen" wie alle anderen auch. Die Markenbezeichnung „Reformpädagogik" entstand erst danach, eine historiografische Hervorhebung war noch gar nicht vorhanden.
Chiout war sich bewusst, dass die Unterscheidung von „Normalschulen" und „Versuchsschulen" problematisch ist. Es kann nicht die Absicht sein, heisst es, den Versuchsschulen „eine besondere Stellung um ihrer selbst willen zu geben". Sie dienen nicht sich selbst, sondern der Schulentwicklung in der Demokratie. „Die Versuchsschule hat die Pionierarbeit so zu leisten, dass sie bei allen Massnahmen die Möglichkeit der Verwirklichung in der gesamten Breite der Volksschule mit bedenkt, so dass ihr also alle Schulen in allmählicher Entwicklung nachfolgen können. So gesehen ist die Versuchsschule der notwendige und anerkannte Prüfstand für die Schule der Zukunft" (ebd., S. 182).
Schulische Reformanliegen setzen gelungene Beispiele voraus, keine spezifische Reformpädagogik, es sei denn, damit verbinden sich bestimmte Problemlösungen, die für die Schulen brauchbar sind, und dann ist nicht die Pädagogik entscheidend, sondern die eigene Entwicklungsarbeit. Lernprozesse in den Schulen orientieren sich am erwartbaren Nutzen, und der wird abgelesen am guten Beispiel, mit dem sich praktikable Ideen verbinden lassen und das von Akteuren vor Ort übernommen werden kann.
Ein solches Beispiel und so Reformthema der fünfziger Jahre war der „Kernunterricht". So wurde ein ungefächerter Unterricht genannt, bei dem die Stunden zu einem Kern gebündelt sind. Die Stunden wurden also nicht auf starre Weise einzelnen Fächern zugewiesen, vielmehr wird ein Teil der Stundentafel zu einem bestimmten Vorhaben oder einer inhaltlichen „Bildungseinheit" zusammengefasst.

- Bildungseinheiten bestehen aus Stoffzusammenfassungen, die der unterrichtende Lehrer geplant hat und die die Aufhebung der Fächerung voraussetzen.
- Diese Einheiten entstehen aus konkreten Fragen aus dem kindlichen Lebenskreis.

---

61 Die anderen Schulen befanden sich in Wackersdorf in der Oberpfalz, in Bartenstein-Ettenhausen im Kreis Crailsheim und in Döhlen in Oldenburg (Rauh 1951).
62 Leiter der beiden Schulen zu diesem Zeitpunkt waren Alfred Zander (1905-1997) und Kurt Zier (1907-1971). Zier hatte im Exil die Werkkunstschule in Island geleitet.

- Eine solche Arbeit geschieht mit dem Ziel, ein vorweisbares Ergebnis zu schaffen (ebd., S. 24).

Die Terminologie ist in der heutigen Diskussion nicht mehr üblich, aber der Reformansatz heutiger Schulentwicklung ist ganz ähnlich, bezeichnet mit Begriffen wie „Individualisieren", Weiterentwicklung „vom Ergebnis aus" oder Ausgang von der „Lebenswelt" der Schüler. Volksschulen wie in den fünfziger Jahren gibt es nicht mehr, aber neue Schulformen verändern nicht das Problem der Schulentwicklung und das ist auch mit dem Ressourcenschub nach 1970 nicht anders geworden.

Das lässt einen Schluss zu: Versteht man Schulgeschichte als historischen Erfahrungsraum, dann bietet dieser Raum eine Fülle von Handlungsmöglichkeiten, auf die immer wieder zurückgegriffen worden ist, sofern damit Reformanliegen nachfolgender Lehrergenerationen oder Schulepochen realisiert werden konnten. Dieser Fundus brauchbarer Lösungen kann in Teilen vergessen oder auch durch neue Erfahrungen angereichert werden, ohne je zu verschwinden oder komplett neu geschaffen zu werden. Die Varianz für Schul- und Unterrichtsentwicklung ist nicht unbegrenzt und es schadet nicht, wenn viele Versuche unbekannte Wiederholungen sind. Neue Lösungen können gut sein, auch wenn sie gar nicht neu sind.

Schon in den fünfziger Jahren wurden Leistungskurse, in denen Schüler mit ungefähr gleicher Leistungsfähigkeit zum Erlernen einer bestimmten Fähigkeit zusammengefasst waren, als Möglichkeit angesehen, die Jahrgangsklasse „zu sprengen" (ebd.). Das arbeitsgleiche bzw. arbeitsteilige Gruppenunterrichtsverfahren war in den von Chiout untersuchten Reformschulen fest verankert. Das gilt ebenso für die Unterscheidung einer horizontalen und einer vertikalen Differenzierung, also in der Klasse und zwischen den Jahrgängen. Auch der Kern-Kursunterricht ist fester Bestandteil der Schulreform. Gemeint ist das Neben- und Ineinander von Kernunterricht und Kursen, die über das Schuljahr aufeinander abgestimmt sind (ebd., S. 25).

Über die Unterrichtsgestaltung hinaus und unabhängig von den curricularen Strukturen ist auch Schulentwicklung im heutigen Sinne betrieben worden. Ein Beispiel ist die sogenannte „Weisse Schule" in Göttingen,[63] die eng mit der Pädagogischen Hochschule in Göttingen zusammengearbeitet hat. Die Schule ist 1950 als siebte Volksschule in Göttingen gegründet worden. Die Anliegen dieser Schule betrafen mehr als nur Reform des Unterrichts.

- Es gab besondere „Lebenskundestunden" für die Schulabgänger, die in enger Zusammenarbeit mit den Eltern auf das Leben nach der Schule vorbereitet wurden.

---

63 So wurde die Schule in der Lüttichkaserne genannt.

- Diesem Zweck diente auch die sozialpädagogische Arbeit, die sich etwa auf die Freizeitgestaltung mit Schulentlassenen richtete.
- Vorhanden war auch eine besondere Kinderlesestube, in der die Kinder nachmittags lesen konnten, betreut durch Studierende der Pädagogischen Hochschule.

Die Schule stellte die Arbeitsmittel zum Teil selber her und kannte bildnerisches Gestalten vom ersten Schuljahr an. Bei den Schulanfängerklassen wurde mit verschiedenen hohen Klassenstärken gearbeitet; grössere Klassen konnten geteilt und nach einem Verfahren, das der Göttinger Pädagoge Erich Lehmensick[64] „chorischen Unterricht" nannte, zusammengeführt werden. Gemeint war damit, dass verschiedene Aufgaben in beiden Abteilungen unterrichtet werden (ebd., S. 93/94).

Auch diese frühen Versuchsschulen in der Bundesrepublik wurden historisch verortet, allerdings nicht im Blick auf reformpädagogische „Bewegungen", sondern in eine eigene Kontinuitätslinie, die auf dazu passende Vorgänger führt und nicht auf Sonderfälle oder Randerscheinungen, die gar nicht vergleichbar sind. Das staatliche System in Gestalt der damaligen Volksschule sollte verbessert werden und dafür wurden Anschlüsse gesucht. Die Schulen wurden nicht an der Odenwaldschule gemessen, die noch gar kein leuchtendes Beispiel war.

Historischer Bezug

Herbert Chiout ging seinerzeit davon aus, dass die von ihm erfassten Reformschulen lediglich eine aufwändige Sammlung von Beispielen darstellen. Es handelte sich nicht um eine Vollerhebung. „Die Arbeit kann weder den Anspruch, noch die Absicht haben, für die Dauer Gültiges über die einzelnen Schulen ausgesagt zu haben" (ebd., S. 185). Wie viele Reformschulen es in der frühen Bundesrepublik gegeben hat, kann auf dieser Datenbasis nicht gesagt werden, vermutlich aber waren es wesentlich mehr als die 314 Beispiele, die Chiout gesammelt und ausgewertet hat.

Was die Studie zeigt, ist noch etwas anderes, nämlich die gezielte Anknüpfung an die Schulreformen der Weimarer Republik, die als wegweisende historische Vorgabe verstanden werden, ohne damit eine besondere „Reformpädagogik" in Ver-

---

64 Erich Lehmensick (1898-1984) promovierte 1926 bei Herman Nohl in Göttingen mit einer Arbeit zur Theorie der formalen Bildung. 1942 erfolgte die Habilitation in Giessen bei Otto Friedrich Bollnow.
Lehmensick war von 1926 bis 1928 Lehrer am Landschulheim am Solling und wurde 1930 an die Pädagogische Hochschule Kiel berufen. Er war Mitglied des NS-Lehrerbundes und von 1937 an auch der NSDAP. Im Krieg war er als Wehrmachtspsychologe tätig und 1946 bis 1966 war er Professor für Psychologie und Pädagogik an der Pädagogischen Hochschule Göttingen.

bindung zu bringen. Was in der pädagogischen Historiografie so genannt wird, die Montessori-Pädagogik, die Pädagogik der Landerziehungsheime oder auch die Pädagogik der Waldorf-Schulen, bezeichnete Chiout einfach als „Versuche", die in „mehreren Bundesländern" anzutreffen sind, während ansonsten in seiner Studie nur Einzelschulen betrachtet werden (ebd., S. 133ff.). Aber die Montessori-Klassen oder die Landerziehungsheime waren auch nur Versuche, die nicht von ihrem Programm, sondern von ihrem Ertrag her verstanden werden müssen.

Der historische Anknüpfungspunkt ist ein anderer. Zu Beginn der Studie erwähnt Chiout den berühmten Vortrag, den der Karlsruher Seminarlehrer Wilhelm August Lay[65] Pfingsten 1910 anlässlich der deutschen Lehrerversammlung in Strassburg gehalten hat. Der Vortrag begründete eine „natur- und kulturgemässe Unterrichts- und Schulreform", die Lay mit dem Begriff „Tatschule" bezeichnet hat.[66] Gemeint war die Weiterentwicklung des Unterrichts in Richtung aktiver Formen des Lernens seitens der Schülerinnen und Schüler. Der andere Ausdruck für diesen Zusammenhang stammt aus dem frühen neunzehnten Jahrhundert und heisst „Arbeitsschule" (ebd., S. 9).[67] „Lernen" sollte wie *Arbeiten* verstanden werden, also selbsttätig erfolgen und auf ein Produkt abzielen.

„Arbeitsschule" war nicht der Ausdruck für eine bestimmte Schulform, sondern ein Prinzip für die Veränderung des Unterrichts, das vielfältige Formen annehmen konnte, auf die Chiout und somit die Schulen, die er beschreibt, fraglos zurückgegriffen haben. Dazu war weder eine besondere Erziehungsphilosophie noch eine bestimmte Form von Reformpädagogik nötig. Der Bezug auf Wilhelm August Lay verwies auf ein ganz anderes Bündnis, nämlich das von empirischer Forschung, experimenteller Didaktik[68] und den Organisationen der Lehrerschaft, das für die Schulentwicklung weit mehr versprach als die wenigen und exotischen Schulen der Lebensreform.

Daten und Befunde einer Untersuchung aus dem Kanton Zürich im Zeitraum von 1880 bis 1930 zeigen, wie die Lehrerschaft mit der Idee der „Arbeitsschule" umgegangen ist.

- Die Propagandisten der Idee mussten Anhänger gewinnen und Skepsis überwinden.
- Sie waren solange ohne Einfluss, wie sie keinen praktischen Beweis vorweisen konnten.

---

65 Wilhelm August Lay (1862-1926) war seit 1886 Seminarlehrer in Karlsruhe, nachdem er zuvor als Volksschullehrer in Schriesheim tätig gewesen war und an der Mädchenschule in Freiburg/Br. unterrichtet hatte.

66 Der Vortrag fand statt im Verein für philosophische Pädagogik, der in Strassburg tagte. Der genaue Titel lautete „Das pädagogische Grundprinzip der Handlung als Grundlage einer natur- und kulturgemässen Unterrichts- und Schulreform".

67 Lay (1911, S. 45ff.) kritisierte die Reduktion der „Arbeitsschule" auf Handarbeit und so Werkunterricht. Die Wort- und Buchschule soll generell zur Tatschule werden (ebd., S. 48/49).

68 Lay hatte im Frühjahr 1903 in Halle bei Alois Riehl zum Thema „experimentelle Didaktik" promoviert.

- Der Beweis der Tauglichkeit des Prinzips der „Arbeitsschule" musste im normalen Unterricht der staatlichen Schulen erbracht werden.
- Die Beurteilenden waren andere Lehrkräfte, die sich auf keine „Bewegung" bezogen, sondern sich auf ihre Beobachtung verlassen haben.

Und es war immer klar, dass nicht der gesamte Unterricht so organisiert werden konnte; daher war die „Arbeitsschule" kein Prinzip, sondern eine Hypothese, die je nach praktischer Bewährung plausibel war oder nicht. Je länger, je mehr hing die Adaption nicht von der Gesinnung ab (Kull 2010).

Chiouts Befunde sind nicht ohne Schwächen, etwa im Blick auf die nicht thematisierte Betreuung der Versuchsschulen durch Dozenten der Lehrerbildung, die aus der NS-Zeit belastet waren. Gleichwohl erlauben die Befunde einige Schlussfolgerungen, die sich auf die Logik von Schulreformen beziehen.
- Versuche sind nie einzigartig, sondern benötigen immer Bezugnahmen.
- Die Anschlüsse werden praktisch gesucht, sofern Modelle und Lösungen vorhanden sind, die auf das Anliegen verschiedener Schulen passen.
- Die Reform geht von unten aus und betrifft je einzelne Schulen.[69]

Reformen, wie Chiout sie beschreibt, sind punktueller Natur. Die Schulen sind zu Beginn der Bundesrepublik noch nicht vernetzt und sie haben stets ein individuelles Programm, das vor Ort realisiert wird. Die Unterstützung ist ebenfalls lokal, sowohl was die Behörden, als auch was die Eltern betrifft. Die noch nicht sehr entwickelte Kultusbürokratie erweist sich nicht als Hindernis, auch weil sie ihrerseits die Anschlüsse an die Weimarer Republik vor Augen hat. Kontinuitätslinien dürfte es darüber hinaus auch im Nationalsozialismus gegeben haben, der für die Volksschule in methodischer Hinsicht kaum einen radikalen Bruch dargestellt hat.

Heutige Studien zeigen, dass Ansätze zur Schulreform und zur Reformpädagogik der Volksschule in der frühen Bundesrepublik Verbreitung gefunden haben, was auch damit zusammenhängt, dass die Lehrerbildung von solchen Konzepten geprägt war (Dühlmeier 2004, Pieper 2009). Eine scharfe Trennung zwischen Reformpädagogik und Normalschule gab es praktisch nicht. Schulen wie die Odenwaldschule wurden wenn, dann als Arbeit am gleichen Problem der Reform wahrgenommen. Begründungen der Besonderheit der Landerziehungsheime, wie die Berufung auf den „pädagogischen Eros", finden sich in der Schulreformliteratur der fünfziger Jahre so gut wie nicht mehr.

---

69 Auch die Landerziehungsheime folgten nicht einfach ihrer Ideologie, sondern sind je als singuläre Entwicklungsarbeit zu verstehen.

- Eine erfolgreiche „Schulreform" heisst Verankerung von neuen Formen der Schul- und Unterrichtsgestaltung in der Praxis, ausgehend von einzelnen Einheiten.
- Eine neue Form ist eine neue Problemlösung, die eine alte ersetzt.
- „Reformpädagogik" ist die Vor- und Nachreflexion dieses Prozesses.
- Je näher die Reflexion an den konkreten Problemen bleibt, desto wirksamer ist sie.
- Umgekehrt, je abstrakter und postulativer sie wird, desto weiter entfernt sie sich vom Geschehen.

Sie ist dann nur noch zu Zwecken der Legitimation nützlich, die mit ebenso einprägsamen wie praxisfernen Formeln erfolgt. Diese Formeln verselbständigen sich und werden zu Slogans ohne Bodenhaftung. Jeder benutzt sie und keiner kann sagen, was sie bedeuten.

Warum wirkt die Sprache der Reformpädagogik bis heute? Die Deutungshoheit ist durch festsitzende Assoziationen und Slogans gesichert. „Wir unterrichten Kinder, nicht Fächer" sorgt für das gute Gewissen und die öffentlichkeitswirksame Parole, obwohl jeder Unterricht ein Thema und meistens auch ein Fach hat. Kein Lehrer und keine Lehrerin holt die Kinder „dort ab, wo sie stehen", weil das niemand wissen kann, und doch fällt dieser Spruch vermutlich auf jedem Elternabend. Und die „Fehlertoleranz" wird am Anfang der Schulzeit beschworen, während es darauf ankommt, keine Fehler zu machen. Gestützt wird diese Art Semantik durch die Kindzentrierung der Theorie, die als die eigentliche Leistung der Reformpädagogik angesehen wird, aber darum noch nicht schultauglich ist.

Ein Beispiel ist die „ganzheitliche" Bildung, die fester Bestandteil der reformpädagogischen Postulatorik ist und doch eigentlich nicht mehr gemeint hat als die Erweiterung des Unterrichtsangebotes um musische, handwerkliche und körperorientierte Elemente. Die schulische Betonung der „Ganzheitlichkeit" soll Fächer wie Musik, Handarbeitsunterricht und Sport vor Abwertung bewahren, was im Zeitalter des PISA-Tests zu sagen notwendig ist, aber auch nicht mehr meint als das. Und ihre Randstellung haben diese Fächer dadurch noch nicht überwunden.

„Ganzheitlichkeit" hat also nichts mit Gestaltpsychologie zu tun und macht nur als schul- und unterrichtsnahe Formel in der Sprache der Lehrerschaft Sinn. „Kopf, Herz und Hand" hätte sonst keine Referenzgrösse und wäre als abstrakte Metapher leicht lächerlich zu machen. Eine Berufung auf Pestalozzi hilft heute vermutlich kaum noch weiter oder wäre sofort als Namedropping erkennbar. Welche Folgen damit für die Geschichtsschreibung verbunden sind, interessiert mich in einem nächsten Schritt.

Probleme mit der Geschichtsschreibung

Das historische Konstrukt „Reformpädagogik" bezeichnet eine Epoche, die wohl einen Anfang, jedoch kein definitives Ende haben soll, weil die Errungenschaften dieser Epoche immer neu angeeignet werden können. Daher kann von der „historischen" und der „neuen Reformpädagogik" gesprochen werden; die Gegenwart setzt fort, was in der Vergangenheit irgendwann einmal abgebrochen wurde und doch anschlussfähig ist. Die Fortsetzung ist möglich, weil die gleiche Sprache gesprochen wird und ähnliche Absichten vertreten werden, was über die Praxis noch nichts aussagt, aber die Akteure begünstigt, die sich auf eine Kontinuitätslinie berufen und sich damit rechtfertigen können.

Die Errungenschaften der Epoche werden vor allem aus der Kindzentrierung der Pädagogik abgeleitet, die gemäss der bekannten Metapher von John Dewey eine „kopernikanische Wende" der Erziehungstheorie gewesen sein soll. Doch die „Wende" war wenn, dann ein langwieriger Prozess, kein mentaler Akt, der einem bestimmten Autor zugeschrieben werden kann. Und nur weil Dewey das gesagt hat, muss es ja nicht schon stimmen. Auch Autoren wie er müssen in ihrer eigenen Geschichte betrachtet werden, also nicht nur von dem her, was sie zu einem bestimmten historischen Zeitpunkt geschrieben haben.

Öffentliche Vorstellungen über einen so sensiblen Bereich wie Kindheit und Erziehung verändern sich nicht über Nacht und müssen kulturell verankert werden, wenn sie stabil sein sollen. Einzelne Akteure, Autoren oder Trägergruppen reichen dafür nicht aus. Das „aktive Kind", also die Grundforderung der internationalen Reformpädagogik vor und nach dem Ersten Weltkrieg, brauchte kulturellen Rückhalt, um überhaupt plausibel erscheinen zu können und nicht von vornherein abgewertet zu werden.

- Dafür müssen Prozesse unterschiedlicher Dauer angenommen werden,
- die auf verschiedenen Ebenen spielten
- und je eigenes Personal beansprucht haben,
- mithin nicht auf eine bestimmte Gruppe reduziert werden können,
- die nachträglich als „Reformpädagogen" – weit mehr Männer als Frauen – bezeichnet worden sind.

Zu dieser Geschichte gehören die sich wandelnden Kinderkulturen ebenso wie die allmähliche Säkularisierung der Erziehung, auch die Veränderung der Lernmethoden einschließlich der des Schulunterrichts sind Teil der Geschichte, weiterhin die Überwindung der Kinderarbeit und eine neue Rechtsstellung des Kindes, der Wandel der Familie, die neuen akademischen Eliten, die wachsende Bedeutung der schulischen Bildungsabschlüsse, die damit einhergehende Schulkritik und nicht zuletzt die praktischen Versuche, die von den Rändern ausgingen und die allmählich die Mitte des Systems erreichten, dies in einem Zeitraum von rund zweihundert Jahren, mit einem langsamen Beginn und zunehmender Beschleunigung.

Eine Skizze dieser Geschichte sieht so aus: Mitte des 18. Jahrhunderts entstand in England eine neue Form der Literatur, nämlich Lesebücher für Kinder, die der Verleger John Newbury mit dem Motto versah „Instruction with delight". Damit veränderte sich nicht nur das Leseverhalten, sondern die gesamte Kinderkultur. Zuvor sind bereits Gesangsbücher für Kinder erschienen, nunmehr konnten Kinder, wenn die Eltern sie liessen, zu ihrem Vergnügen Bücher lesen, die für sie bestimmt waren. Und mehr als das: Oliver Twist war der erste Roman der englischen Literatur, in dem ein Kind die Hauptrolle spielte und der von Erwachsenen gelesen wurde.

Aber auch die Lernmethoden änderten sich. 1798 veröffentlichten der irische Grossgrundbesitzer Richard Lovell Edgeworth und seine Tochter, die Schriftstellerin Maria Edgeworth, das Buch *Practical Education*, in dem die Grundsätze einer „kindzentrierten" Praxis des Lehrens und Lernens beschrieben werden und das im ganzen 19. Jahrhundert im Handel war. Die Grundsätze entstanden aus eigenen Erfahrungen, sie waren keine Dogmen „natürlicher Erziehung", wie sie Anhänger Rousseaus vertraten, deren pädagogische Experimente sämtlich scheiterten. Ansätze, mit den Grundsätzen „praktischer Erziehung" auch in den Schulen und nicht nur im Haus zu arbeiten, gab es in den dreissiger Jahren an der amerikanischen Ostküste.

Zu einem linken Projekt wurde die „neue Erziehung" durch amerikanische Quäker und europäische Anarchisten. Die Quäker bekämpften die Segregation und setzten in den Nordstaaten zusammen mit anderen Gruppen egalitäre Schulgesetze durch. Und es war Michael Bakunin, der 1869 in der Genfer Zeitschrift *Egalité* für jede Gesellschaft eine gemeinsame Verschulung aller Kinder forderte, die der Forderung nach Chancengleichheit gerecht werden würde. Die erste Deklaration der Kinderrechte erschien 1892 in der amerikanischen Zeitschrift Scribner's Magazine. Verfasserin war die Schriftstellerin Kate Douglas-Wiggin, die aus dem amerikanischen Kindergarten stammte und unmissverständlich die Gleichstellung der Kinder forderte, zu einer Zeit, als Juristen darüber so gut wie noch nie nachgedacht hatten.

Ohne die Kindergartenbewegung und ihre Publizistik hätte das Bild des von Beginn seines Lebens an lernenden und so „aktiven" Kindes kaum Verbreitung gefunden. Deweys Metapher der „kopernikanischen Wende" war das Resultat seiner Auseinandersetzung mit der Kindergartenbewegung. Ihre Anliegen wurden insbesondere von der Frauenbewegung und den neuen akademischen Eliten aufgegriffen, aus deren Mitte vor dem Ersten Weltkrieg zahlreiche private Reformschulen

entstanden, die zum Teil noch heute bestehen. Gleichzeitig veränderten sich – nach massiver Kritik und auf der Basis erster Evaluationen – auch die Staatsschulen. Ihr Hauptmerkmal, der rezitative Unterricht, in dem abgefragt wurde, was zuhause gelernt worden war, verschwand, eine Reformleistung, die nur mit der Überwindung der Katechese verglichen werden kann (Oelkers 2010).
Rezitation und die Reduktion des Unterrichts auf Auswendiglernen war ein Missstand, den die preussische Volksschulmethodik nach 1815 allmählich überwunden hatte. Die Alternative war nicht ein scheinbar effizienter Unterricht in Grossgruppen nach den Methoden von Bell und Lancaster, obwohl sich die in Europa und Übersee durchzusetzen schienen. Was dagegen etabliert werden sollte, waren Lernverfahren, die bei allmählich sinkenden Klassenfrequenzen auf das Interesse der Lernenden Rücksicht nehmen und auf verstehende Aneignung eingestellt werden sollten. Nachhaltigkeit über die Lernsituation hinaus wurde vom gefestigten Verstehen abhängig gemacht für das Auswendiglernen, bislang der Garant für Wirksamkeit, wurden so professionelle Grenzen gezogen, die allmählich, wenngleich nie flächendeckend, den Unterricht verändert haben.
In den dreissiger und vierziger Jahren des 19. Jahrhunderts war die Organisation der preussischen Volksschulen das Modell für nicht wenige amerikanische Schulreformer; bevor sie eigene Ideen entwickeln konnten, mussten sie sich an einem guten Beispiel oder einem Standard orientieren. Das gilt generell.

- In Schulreformen wird selten etwas wirklich neu entwickelt, vielmehr werden Ideen, die praktikabel erscheinen, auf eine bestimmte Situation hin angepasst, unter den gegebenen Umständen erprobt und so gut es geht weiterentwickelt.
- Vom Ergebnis können wiederum andere lernen.
- Die Bedingung für diese pragmatische Sichtweise ist, dass sich die Schule nicht neu erfinden, sondern nur weiterentwickeln lässt, ohne dafür herausgehobene Namen zu benötigen.

Der Kanon der Reformpädagogik ist parallel zur Akademisierung der Lehrerbildung entstanden und so der Lehrbarkeit geschuldet. Die reformpädagogischen „Bewegungen", die nie eine Einheit bildeten, sind aus diesem Grunde entstanden. Sie sollten als wirkmächtige und beispielgebende Grössen der unmittelbaren Vergangenheit die Lehrerbildung bestimmen. Die Geschichte der Pädagogik hatte in der Lehrerbildung immer eine Randstellung inne, in der Folge mussten die Ausbildungsformate auf das Zeitdeputat zugeschnitten werden. Und in diesem Rahmen haben „pädagogische Bewegungen" mit einigen wenigen Namen tatsächlich einen Vorteil, sie sind leicht lehrbar, um den Preis allerdings, dass sie nicht angetastet werden dürfen.
Geht man nicht von „Bewegungen" und einem dazu passenden Personal aus, wie dies die deutsche Historiografie seit Herman Nohl getan hat, sondern einfach von der anhaltenden Reformgeschichte der Schule, dann verliert die Reformpädago-

gik ihren Sonderstatus, der sich ja aus der Annahme einer ebenso grundsätzlichen wie überlegenen Opposition hergeleitet hat. Die Bewegungen, so schien es, gaben den Blick frei auf die bessere pädagogische Welt, und nur durch sie konnten auf der anderen Seite die Defekte der herkömmlichen Erziehung sichtbar und dann auch gleich noch mit einer überzeugenden Alternative versehen werden.

Der Preis für einen solchen Dualismus ist hoch, man sieht nur das als gut an, was sich auf der richtigen Seite befindet. Gruppenarbeit ist besser als Frontalunterricht, die Projektmethode ist dem fragend-entwickelten Fachunterricht überlegen, nur Selbsttätigkeit führt zu nachhaltigen Resultaten, passive Teilnahme ist dagegen keine weiterführende Option, Lernen in altersdurchmischten Gruppen ist ertragreicher als Lernen nach Jahrgängen, etc. Das Problem sind nicht die Methoden, sondern der Dualismus der Bewertung.

Dahinter steht der politische Code von „progressiv" und „konservativ", der die Pädagogik weiterhin stark prägt, während er in der Politik nur noch als „Lagerwahlkampf" eine inszenatorische Bedeutung findet. Sich auf diesen Code zu beziehen, der die pädagogischen Glaubenssätze ordnen soll, führt auch in historiographischer Hinsicht nicht weiter, weil damit nur einer moralisch hoch besetzten Zweiweltenlehre das Wort geredet werden kann, mit der sich die Welt einzig als Gegensatz ordnen lässt und alle Evidenzen, auch die der Forschung, darauf bezogen werden müssen. Und es ist immer der beste Fall, der die Erwartung leitet, während schlechte Fälle auch in der besten pädagogischen Welt immer vorkommen können.

Eine Idealisierung der Erziehung ist notwendig, aber sie muss auch korrigiert werden können, dann nämlich, wenn Ziele verfehlt und Ideale enttäuscht wurden. Sie verschwinden nicht, sondern werden im Lichte der Erfahrung erneuert. Die Reformpädagogik stellt eher ein historisches Versprechen dar, das sich nicht ein zweites Mal bewähren muss. Die mit ihr in Verbindung gebrachten Texte sind diskursiv vermessen, sie werden auf eine bestimmte Geschichtsschreibung hin geordnet und ausgelegt, was zugleich heisst, dass viele Texte gar nicht erst berücksichtigt werden, sei es, weil sie nicht bekannt sind oder aber weil sie das Bild stören.

- Das Problem ist nicht nur die Auswahl der Texte, sondern auch die hermeneutische Lesart.
- Man erkennt Sinn, ohne ihn kontrollieren zu können.
- Doch andere Quellen erlauben andere Evidenzen.

Nehmen wir Hermann Lietz, der lexikalisch fest verordnet ist als „Gründer der Landerziehungsheime" und so auch Gründer der entsprechenden reformpädagogischen Bewegung in Deutschland. Allein das, die Stilisierung zur Gründerfigur, verleiht dem Namen Klang, Grösse und Bedeutung, die sich steigern lässt, wenn Lietz auch noch als Visionär einer „Deutschen Nationalerziehung" erscheinen und als Kritiker der Staatsschule hingestellt werden kann, der sein privates Unternehmen ohne staatliche Subventionen geführt hat. Aus heutiger Sicht wäre das wirklich heroisch. Aber dieses Bild des „bedeutenden Pädagogen" ist nur so lange überzeugend, wie es keine Gegenevidenzen gibt, die jedoch leicht gefunden werden können.

Testfragen und Gegenevidenzen

Hermann Lietz, der Kritiker der Staatsschule arbeitete mit einem Feindbild, das ihm nützte, weil es ihm die Kunden zuführte. Das erste „Landerziehungsheim" im deutschen Sprachraum war das Philanthropin von Martin Planta und Peter Nesemann in Graubünden, Lietz hat nur den Namen erfunden. Das Prinzip der inneren Schulorganisation, die Aufteilung in „Familien" oder „Kameradschaften", stammt aus der evangelischen Alumnatenbewegung des 19. Jahrhunderts und ist in schulischer Form erstmalig von Otto Kühne im Pädagogium Godesberg realisiert worden, zehn Jahre vor Lietz. Das Unternehmen „Deutsche Land-Erziehungs-Heime" hätte ohne die Gesundheitstheorien der zeitgenössischen Medizin kaum Beachtung gefunden, und das Produkt, die Landerziehungsheime, waren exklusive Reichenschulen ohne Relevanz für die Schulentwicklung.
Damit zerfällt die Gründungslegende und verringert sich der Originalitätsbonus. Bleibt die Person – Hermann Lietz kann trotz – oder vielleicht wegen – der Randstellung seiner Heime immer noch ein vorbildlicher Pädagoge gewesen sein, immerhin ist er 1924 in einer Dankesschrift *Der Pestalozzi der Deutschen* genannt worden, was damals die höchste denkbare Auszeichnung für einen Pädagogen gewesen ist. Es war die Ehrung seiner Anhänger, die ihn so sehen und aktuell halten wollten; das Bild „Pestalozzi" – zu unterscheiden von der historischen Person – sollte für ein beispielhaftes, selbstloses und dabei schweres Leben als Erzieher stehen, das für die Nachwelt als Vorbild dienen kann.[70]
Wer die Geschichte der Pädagogik von Gründern und Vorbildern her konstruiert, kann sich nur auf das Gute und moralisch Zulässige beziehen, das jede Biografie idealisiert und keinem Leben gerecht wird. Jedes Vorbild lässt sich entlarven und es ist daher leichtsinnig und gefährlich, die Identität eines Faches von Vorbildern, statt von Forschung und Methode abhängig zu machen. Im Blick auf die Reformpädagogik fragt sich, wie viele und welche Belastungen ein Vorbild verträgt, ohne beschädigt zu werden. Historische Vorbilder beziehen sich auf Nachwelten, die mit ihrem Leben nichts zu tun haben und daher fremd sind. Vorbilder sind zeitlos, sie haben kein Verfallsdatum, also enden nicht an einem bestimmten Termin. Dagegen kann ihre Konstruktion angegriffen werden, mit Daten, die der Vorbildfunktion aus heutiger Sicht abträglich sind.

---

70 Es gibt nur positive und keine negativen Vorbilder, die zur falschen Erziehung anleiten könnten.

Die Daten in Gegenevidenzen erwachsen aus dem dokumentierten Verhalten der Person, in Kontrast zu den ihr zugeschriebenen pädagogischen Ideen. Eine Variante bezieht sich auf den Militarismus von Hermann Lietz, der zeitgenössisch nicht sehr auffällig war, aber heute ein Testfall dafür ist, wie Lietz gesehen werden soll. Wenn der grosse Pädagoge im Kaiserreich ein Militarist war, dann kann er kaum ein Vorbild für die Schulentwicklung in der Demokratie sein. Andere Testfragen wären, wie die Herrschaft in den frühen Landerziehungsheimen organisiert war, nämlich durch Präfekten und Spitzeldienste, oder ob die Strafpraxis gegenüber einzelnen Schülern auch Gewalt einschloss, was sie bei Gelegenheit tat (Oelkers 2010a).

Ich konzentriere mich auf den Aspekt des Militarismus. Die Landerziehungsheime von Hermann Lietz sind nicht nur von der Medizin wahrgenommen worden, sondern fanden Beachtung auch bei den deutschen Militärs. Das galt insbesondere für die Körperschulung und die paramilitärische Ausbildung in den Heimen. Der Ernstfall dafür war der Erste Weltkrieg. Im August 1914 meldeten sich im Deutschen Reich rund 140.000 junge Männer freiwillig zum Kriegsdienst, darunter viele ältere Schüler der höheren Schulen und Studenten. Die Jüngsten waren gerade sechzehn Jahre alt und wurden, wenn sie kräftig und gesund waren, für tauglich erklärt.

Hermann Lietz (1914) hatte Anfang August 1914 alle „felddienstfähigen Schüler von Haubinda und Bieberstein" aufgerufen, sich zum Kriegsdienst zu melden. Am 13. Oktober doppelte er in einem „Aufruf an die Eltern meiner Schüler" nach und teilte mit, dass er selbst „als Krieger dem Vaterland an der Seite (seiner) jetzigen und ehemaligen Schüler dienen werde". Er sagte „Krieger" und nicht „Soldat". Weiter schreibt der Schulleiter den Eltern, er sei davon „durchdrungen", mit dem Appell an die Schüler und seinem Dienst als Kriegsfreiwilliger „richtig gehandelt zu haben" (Lietz 1914a, S. 109).

Von den 60 Schülern, die zu dieser Zeit in Bieberstein zur Schule gingen, traten 28 im August 1914 in das deutsche Heer ein. 11 von ihnen bestanden vorher noch die Reifeprüfung. Etwa 150 Ehemalige teilten Lietz mit, dass sie als Soldat dienten.

„Man kann wohl sagen", schrieb Lietz voller Stolz den Eltern,
dass „alle nur irgend Dienstfähigen am grossen Kampfe" teilnehmen (ebd., S. 107).

Im vierten Heft des Jahrgangs 1915 von „Leben und Arbeit", der Hauszeitschrift der Landerziehungsheime, musste er Nachrufe veröffentlichen, die seine drei gefallenen Schüler Hans Feustel, Philipp Sonntag und Günther Kullrich betrafen (Lietz 1915). Bis zum Ende des Krieges schrieb er insgesamt dreizehn solcher Nachrufe, kein einziger bedauerte den Krieg. Dafür sollte „deutschen Müttern, deren Kinder gefallen" sind, in einem seiner Artikel „Trost" zuteil werden (Lietz

1915a) – ausgerechnet durch den Mann, der diese Kinder in den Krieg geschickt hatte.
- Der Tatbestand, dass „deutsche Jünglinge", von denen manche noch „Knaben" waren, im Kampf „gefallen" sind,
- ist für Lietz Anlass, sie als „Lichtgestalten" seiner Landerziehungsheime weiterleben zu lassen.
- Ein solches „Schicksal" darf für eine „treue, hingebende, echte, deutsche Mutter" niemals „sinnlos" oder „trostlos" sein (ebd., S. 305).

Alle Opfer wurden gerechtfertigt und Lietz (1923) versuchte auch, in einem Brief seinen Sohn Hermann auf den Krieg einzustellen und ihm den Sinn des Krieges nahezubringen. Dieser Brief ist 1923 veröffentlicht worden. Der Junge war noch keine vier Jahre alt. Am 18. Juli 1915 schreibt der Vater ihm folgende Zeilen:

> „Lieber kl. Hermann!
> Heut will Vater seinem lieben kleinen Jungen mal wieder einen Brief schreiben. Denn er kann noch nicht so schnell zu ihm kommen. Vater hat es gefreut zu hören, dass kl. H. schon so tapfer klettert und ins Wasser geht und tüchtig läuft und arbeitet. Dann wird kl. H. auch ein guter Soldat werden und, wenn er grösser geworden ist, mit Vater in den nächsten Krieg ziehen können" (ebd., S. 26).

Eine Kernfrage des Problems Geschichte der deutschen „Reformpädagogik" ist, ab wann ein Autor oder eine Autorin so belastet ist, dass er oder sie nicht länger herausgestellt oder gar bewundert werden darf. Natürlich kann jeder Leser bewundern, wen er will, aber für eine wissenschaftlich fundierte Lesart gelten Ausschlussregeln, die die freie Lektüre beschränken, auch wenn das mit Streit verbunden ist. Doch was genau ist eine Belastung?
Die Frage lässt sich mit drei Kriterien näher fassen: Ausschluss ist geboten, wenn pädagogische Positionen vertreten werden, die nicht verträglich sind mit der modernen Demokratie. Ausschluss ist auch geboten, wenn die Erziehungstheorie sich nicht überprüfen lässt und nicht mit Gegenevidenzen belastet werden kann. Ausschluss ist schliesslich geboten, wenn die heute erkennbare Praxis in deutlichem Widerspruch zum selbst gewählten Anspruch steht.
Das erste Kriterium ist politischer Natur, das zweite ist empirisch und das dritte historisch. Das Verfahren insgesamt ist pragmatisch, Theorien sind Hypothesen, die sich an der Erfahrung überprüfen lassen und so auch verworfen werden können. Es sind nicht die sakrosankten Sätze einer grossen pädagogischen Tradition, auf die man sich fraglos berufen könnte. Was immer eine solche Tradition ausmacht, sie kann nicht ausserhalb der Forschung stehen, aber dann ist sie prinzipiell und je nach Datenlage revidierbar.
Ein weiterer Testfall für die deutsche Reformpädagogik ist der „pädagogische Eros". Im internationalen Vergleich gibt es dazu keine Parallele. Nirgendwo ist so

stark auf das Konzept der Platonischen Liebe und davon abgeleitet auf den „pädagogischen Eros" rekurriert worden wie in der deutschen Reformpädagogik. Die Bezugspunkte der „neuen Erziehung" in der internationalen Pädagogik wurden selten in der antiken Philosophie gesucht. Die hauptsächlichen Bezüge waren die sich entwickelnde Kinderpsychologie,
- die Philosophie des Pragmatismus,
- die Kindergartenbewegung,
- verschiedene Demokratisierungsbewegungen
- und die Entwicklung neuer Schul- und Unterrichtsformen.

Von einem besonderen „pädagogischen Eros" war nur in der deutschen Reformpädagogik die Rede, Ausnahmen wie Cecil Reddie und das Konzept der „love of comrades" in der New School of Abbotsholme bestätigen die Regel. „Kameradenliebe" war sonst nie ein Thema, auch weil kein Netzwerk von Autoren vorhanden war, die sich an Platons Philosophie orientieren. In Deutschland werden einschlägige Positionen von Herman Nohls Theorie des „pädagogischen Bezuges" (1930) bis hin zu Hartmut von Hentigs „Platonisches Lehren" (1966) noch immer zustimmend zitiert.

Von der grössten Nähe sollte der stärkste pädagogische Effekt ausgehen, in einem Setting, das den christlichen Topos der „Liebe zu den Kindern" aus der Besetzung mit Familienrollen herauslöste und Eros als generelle Erwartung an pädagogische Beziehungen verstehen wollte. Gemeint war damit seit der Antike eine Beziehung, die ältere Knaben von erwachsenen Führern abhängig macht, die im Gegenzug für geistige Bildung sorgen und so dem göttlichen Eros dienen, was bei Platon sexuelle Handlungen ausschloss, die in der antiken Praxis aber die Regel waren. Gustav Wyneken schreibt in seinem Erfahrungsbericht über die Freie Schulgemeinde Wickersdorf, der 1922 veröffentlicht worden ist:

> „Die ernstesten und stärksten Freundschaften, die ich beobachten konnte, waren immer die zwischen Lehrer und Schüler. Es kann ja nun kein Geheimnis mehr sein, dass wir hier keine andere Erscheinung vor uns haben, als sie uns Platon schildert, im Gastmahl und im Phaidros, und eine durch den platonischen Eros mit ihrem Führer verbundene Knaben- und Jünglingsschar kann der innerste Kern des heiligen Ordens der Jugend werden, der die Freie Schulgemeinde sein will" (Wyneken 1922, S. 58/59).

Mädchen waren da nicht gefragt. Wyneken schreibt weiter: Durch die „Zugehörigkeit von Mädchen (und Frauen)" hat die Schulgemeinde „an spartanischer Straffheit und Herbheit" verloren, die sie in der Anfangszeit, „als noch kaum Mädchen da waren", besessen hat (ebd., S. 57).

Es bleibt ein Geheimnis der deutschen Reformpädagogik, warum ein Topos wie der „pädagogische Eros" überhaupt so wirkmächtig hat werden können, dort jedenfalls, wo sich eine Philosophie der Freundschaft und der sozialen Nähe oder

Unmittelbarkeit durchsetzen konnte. Dabei ist nicht so sehr die Nähe selbst das Problem, sondern die Erotisierung des Verhältnisses, die Phantasien im Geiste Platons, die auch ein Gegner Wynekens wie Eduard Spranger (1928) hochhielt.[71] So etwas hat in einem pädagogisch-professionellen Verhältnis nichts zu suchen, das Kinder nicht einseitig und schon gar nicht emotional abhängig machen darf, nur weil Platon eine Theorie in die Welt gesetzt hat.

Quellen

Chiout, H.: Schulversuche in der Bundesrepublik Deutschland. Neue Wege und Inhalte in der Volksschule. Dortmund: W. Crüwell Verlagsbuchhandlung 1955.

Colmar, K.: Was der Schulreform not tut. In: Die Neue Landschule Band 3, August (1952), S. 193ff.

Der Pestalozzi der Deutschen. Hermann Lietz in Anekdoten, Briefstellen, Kernworten dem deutschen Volke ein Führer aus der Erniedrigung. Denk- und Dankschrift zum 28. April 1924. Veckenstedt am Harz: Verlag des Land-Waisenheims 1924.

Fuhrich, H./Gick, G.: Der Gruppen-Unterricht, seine Bedeutung, seine verschiedenen Formen, seine schulpraktische Erprobung und seine Grenzen. Ansbach: Michael Prögel Verlag 1952.

Ganzenmüller, W.: Neuaufbau und Schulreform. In: Schola Jahrgang 5 (1950), S. 415ff, 483ff.

Haase, O.: Musisches Leben. 2. Auflage. Hannover: Hermann Schroedel Verlag 1951.

Kemper, H. (Hrsg.): Quellentexte zur Theorie und Geschichte der Reformpädagogik. Teil 3.2.: Staatliche Schulreform und reformpädagogische Schulversuche in den westlichen Besatzungszonen und in der BRD. Weineheim/Basel: Beltz Verlag 2008.

Lay, W.A.: Die Tatschule. Eine natur- und kulturgemässe Schulreform. Osterwieck, Harz/Leipzig: Verlag von A.W. Zickfeldt 1911.

Lietz, H.: Aufruf an alle felddienstfähigen Schüler von Haubinda und Bieberstein. Ilsenburg, Anfang August 1914. In: Leben und Arbeit 6. Jahrgang, Heft 3 (1914), S. 105.

Lietz, H.: An die Eltern meiner Schüler. Haubinda, d. 13. Oktober 1914. In: Leben und Arbeit 6. Jahrgang, Heft 3, (1914a), S. 107-109.

Lietz, H.: Nachrufe auf Hans Feustel, Philipp Sonntag, Günther Kullrich. In: Leben und Arbeit 7. Jahrgang, Heft 4 (1915), S. 296-303.

Lietz, H.: Deutschen Müttern, deren Kinder gefallen, zum Troste! In den Tiroler Bergen, 20. Juli 1915. In: Leben und Arbeit 7. Jahrgang, Heft 4 (1915a), S. 305-308.

Lietz, H.: Aus Feldpostbriefen an Klein-Hermann (1915). In: Leben und Arbeit 14. Jahrgang, Heft 1 (1923), S. 22-27.

Mosolf, A.: Schulversuche und Reformschularbeit. In: Schulverwaltungsblatt des Landes Niedersachsen Jahrgang 1950, S. 13ff.

Rauh, G.: Von Schuldruckerei und freiem Schaffen. In: Schola Jahrgang 6 (1951).

Rimeck, R.: Reformpädagogik. In: Ganzheitliche Bildung Heft 1 (1954).

Schultze, W.: Zum Geleit. In: H. Chiout: Schulversuche in der Bundesrepublik Deutschland. Neue Wege und Inhalte in der Volksschule. Dortmund: W. Crüwell Verlagsbuchhandlung 1955. S. 5/6.

Spranger, E.: Eros. In: E. Spranger: Kultur und Erziehung. Gesammelte pädagogische Aufsätze. 4., verm. Aufl. Leipzig: Quelle&Meyer 1928, S. 256-267.

Stieger, K.: Unterricht auf werktätiger Grundlage. Ein Beitrag zur Psychologisierung des Primarschulunterrichts. Freiburg/CH: Walter Verlag 1951.

Wyneken, G.: Wickersdorf. Lauenburg (Elbe): Adolf Saal Verlag 1922.

---

71 Der Aufsatz „Eros" erschien zuerst im Jahrgang 1922 der Zeitschrift „Kunstwart".

Literatur

Dühlmeier, B.: Und die Schule bewegte sich doch. Unbekannte Reformpädagogen und ihre Projekte in der Nachkriegszeit. Bah Heilbrunn/Obb.: Klinkhardt Verlag 2004.

Keim, W.: Kursunterricht. Begründungen, Modelle, Erfahrungen. Darmstadt: Wissenschaftliche Buchgesellschaft 1987.

Kull, H.: Arbeitsschule und Arbeitsprinzip als Aspekte der Reform der Volksschule des Kantons Zürich von 1880 bis 1930. Schulreform als Unterrichtsreform – nachgezeichnet anhand der Berichte über die Verhandlungen der Zürcherischen Schulsynode. Diss. phil. Universität Zürich, Institut für Erziehungswissenschaften (Lehrstuhl Allgemeine Pädagogik). Ms. Zürich 2010.

Oelkers, J.: Reformpädagogik. Entstehungsgeschichten einer internationalen Bewegung. Seelze-Velber/Zug: Klett/Kallmeyer, Klett und Balmer 2010.

Oelkers, J.: Eros und Herrschaft. Vorlesung an der Universität Zürich. Ms. Zürich: Institut für Erziehungswissenschaft 2010a.

Pieper, W.: Niedersächsische Schulreformen im Luftflottenkommando. Von der Niedersächsischen Erziehungsstätte zur IGS Franzsches Feld. Bad Heilbrunn/Obb.: Klinkhardt Verlag 2009.

Theodor Schulze

Gute Gründe für Reformpädagogik – damals und heute

Vorbemerkung

Es gibt gute Gründe für Reformpädagogik – damals und heute.
In den folgenden Überlegungen und Argumenten, mit deren Hilfe ich diese Behauptung begründen und konkretisieren werde, greife ich auf meine „Thesen zur deutschen Reformpädagogik" zurück, die ich seinerzeit als Antwort auf einen Artikel von Jürgen Oelkers in der FAZ mit der Überschrift „Was bleibt von der Reformpädagogik?" formuliert habe, immer wieder umgearbeitet, hier gekürzt und zugleich durch eine neue Eingangs- und eine neue Abschlussthese ergänzt.

These 1: Begriff der „Reformpädagogik"
Vielleicht ist es ja nur ein Streit um Worte. Aber zumeist verbirgt sich in einem Streit um Worte ein Streit um Sachverhalte und Zusammenhänge, ein Streit um ihre Benennung, Beachtung und Bewertung, um Unterscheidungen und Zuordnungen. „Reform" kann man selbstverständlich alle möglichen Bemühungen um Veränderungen und Verbesserungen nennen, so kann man auch alle möglichen Bemühungen um eine Veränderung und Verbesserung von Schulen „Schulreform" nennen. Ja, man kann sogar die Entstehung und ständige Weiterentwicklung des öffentlichen Schulwesens insgesamt als einen Vorgang ständiger Reformen auffassen und mit gutem Recht als „Schulreform" bezeichnen. Doch wenn wir uns hier mit Reformpädagogik beschäftigen, dann meinen wir eine speziellere Erscheinung. Meine Ausgangsthese heißt: *Reformpädagogik ist eine besondere Erscheinung innerhalb der staatlich gelenkten Entwicklung des öffentlichen Schulwesens.* Diese Erscheinung ist in der pädagogischen Geschichtsschreibung in einem umfassenderen Sinne historisch zum ersten Mal in der Zeit zwischen 1900 und 1950 ins Bewusstsein getreten und damals in der deutschen Pädagogik als „Reformpädagogik" benannt worden. Diese Erscheinung ist aber keineswegs auf diese Zeit und auf Deutschland beschränkt gewesen und geblieben. Es hat Vorläufer und vergleichbare Erscheinungen in anderen Ländern gegeben, und vor allem es gibt in größerem Umfang Nachfolger, und es wird sie immer wieder geben. Um diese Erscheinung genauer charakterisieren zu können, beziehe ich mich in den folgenden Thesen nur auf die historische Reformpädagogik im engeren Sinne

– „Reformpädagogik" in Anführungszeichen. Erst in den letzten beiden Thesen werde ich dann über Reformpädagogik in der Gegenwart und im Allgemeinen sprechen.

These 2: Basis der „Reformpädagogik"
Die historische „Reformpädagogik" in Deutschland ist primär Praxis. Sie ist primär weder eine Erscheinung der Publizistik und ihrer Rhetorik, noch eine Ansammlung von Dogmen oder Legenden, auch kein theoretisches Konstrukt oder ein „konzeptionelles Gemisch" (Oelkers 2005 und 2010), sondern eine Realität. Die Erscheinungen der „Reformpädagogik" sind zunächst auf der Ebene der Erziehungswirklichkeit angesiedelt. Sie bestehen vornehmlich aus Handlungszusammenhängen und aus der Veränderung von Handlungszusammenhängen, aus der Neu-Gestaltung von Gegenständen und Räumen, aus einer andersartigen Auswahl und Darstellung von Inhalten und aus der Nutzung anderer Methoden und Medien, aus der veränderten Organisation von sozialen Beziehungen und Gruppierungen und aus der Entwicklung neuer Institutionen. Der tragende Gehalt der „Reformpädagogik" lässt sich nicht aus den begleitenden Texten, sondern an den Veränderungen der realen Gegebenheiten ablesen (siehe dazu auch Schonig 1989).
Sie ist auch keine Erfindung einzelner, bedeutender Autoren – keine Erfindung Herman Nohls oder Peter Petersens und auch keine Erfindung Hartmut von Hentigs. Sie haben eingesammelt, zusammengefasst, benannt und gedeutet oder neu inszeniert und integriert, was sie vorfanden, was viele andere an vielen Orten und in vielerlei Gestalt entworfen und versucht, hervorgebracht und erprobt haben. Die „Reformpädagogik" wurde nicht allein von einigen wenigen bestimmt und gestaltet, deren Namen zurzeit immer wieder genannt und diskutiert werden, sondern von vielen. Wikipedia führt allein an 50 Namen auf. Ihre Zahl lässt sich bei Durchsicht der einschlägigen Lexika und Geschichtsdarstellungen zur Pädagogik auf ein Vielfaches erhöhen. Und die Zahl derer, die als Lehrer und Lehrerinnen, als Erzieher und Erzieherinnen, als Schulräte und Dozenten, als Anreger und Berater an reformpädagogischen Versuchen und Vorhaben mitgewirkt haben, ohne dass sie in der Literatur erwähnt werden, ist noch ungleich größer.

These 3: Breite der „Reformpädagogik"
Die „Reformpädagogik" besteht auch nicht nur aus Landerziehungsheimen. Sie haben einen wichtigen Anteil an der „Reformpädagogik"; sie waren in ihren Lernangeboten in vieler Hinsicht Erfinder und Anreger, weil sie über mehr Freiräume und eigene Ressourcen verfügten. Aber sie waren es nicht allein und auch nicht die symbolischen Repräsentanten, für die sie ausgegeben werden. *Die in der „Reformpädagogik" intendierten Veränderungen fanden an vielen Stellen statt, vor allem in Schulen.* Sie fanden statt in der Lebensgemeinschafts-Schule in Ham-

burg, in der Arbeitsschule in Bremen, in der Aufbauschule in Berlin/Neukölln, im Gesamtunterricht des Leipziger Lehrervereins und in den Versuchsschulen mit Gesamtunterricht im Sinne Berthold Ottos in Berlin und Magdeburg, in den Jena-Plan-Schulen und in den Waldorfschulen, in der „Schule am Meer" auf Juist, in der Schulfarm auf der Insel Scharfenberg, im „Schaffenden Schulvolk" in Tiefensee und an vielen anderen Orten. Dazu gehören die Bemühungen um einen lebensnahen und kindgemäßen Anfangsunterricht: mit Satzbaukästen, Rechenbrettern und Texten in Altersmundart und Kinderdeutsch, die Bemühungen um eine sinnvolle Konzentration und tätige Aneignung des Lehrstoffs: exemplarisches Lernen, Kurs-, Epochen- und Projektunterricht, Selbsttätigkeit und Gruppenarbeit, Schülerprotokolle und Lernberichte statt Zensurenzeugnisse, die Bemühungen um einen anderen, freieren und freundlicheren Umgang der Lehrer mit Schülern und Eltern: Verzicht auf körperliche Strafen als Disziplinierungsmittel, Einrichtung von Elternabenden und Schülerberatung, und die Bemühungen um die Gestaltung eines reichen Schullebens: Werkpräsentation, Theaterspiel und Schulfeste, Wanderungen und Landheime, Schulgemeinden, Schülermitverwaltung und Koedukation. Dazu gehört auch das Streben nach einer Einheitsschule für alle, die Versammlung des Deutschen Lehrervereins in Kiel 1914 und die Reichsschulkonferenz 1920, der „Bund für Schulreform" und der „Bund der entschiedenen Schulreformer", und die Einrichtung einer neuen Art Lehrerbildung in den preußischen Pädagogischen Akademien.

Zur „Reformpädagogik" gehören aber ebenso viele Unternehmungen und Einrichtungen neben und außerhalb der Schule wie zum Beispiel das Heilerziehungsheim auf der Sophienhöhe bei Jena, die Erziehungsstätte im Therapeutikum der Jenaer Universitätsklinik und das Kinderheim Baumgarten bei Wien, das Hamburgische Jugendgefängnis Hahnöfersand, die Erziehungsanstalt in Oberhollabrunn und der Lindenhof in Berlin, das Musikheim in Frankfurt an der Oder und die Folkwangschule in Hagen, später Essen, und in gewissem Sinne auch das Bauhaus in Weimar, Dessau und Breslau, das Volkshochschulheim in Dreißigacker, das Boberhaus in Löwenburg/Schlesien und der Hohenrodter Bund. Und dazu gehören auch die Kunsterziehertage in Dresden, Weimar und Hamburg, das Treffen der Freideutschen Jugend auf dem Hohen Meißner und vieles andere mehr.

These 4: Charakteristik der „Reformpädagogik"
Die Reformpädagogik ist eine kollektive Bewegung – vergleichbar der Arbeiter-, der Frauen- und der Jugendbewegung. Für diese Art kollektiver Bewegungen ist charakteristisch, dass viele Menschen, die Mitglieder einer bestimmten sozialen Gruppierung sind, unabhängig voneinander ihre Vorstellungen, Interessen und Aktivitäten in dieselbe Richtung lenken, um eine bestehende Wirklichkeit, die für sie bedeutsam ist, zu problematisieren und zu verändern.
Diese Bewegungen sind nicht organisiert oder nur auf einem sehr niedrigen Ni-

veau der Größe, Reichweite und Formalisierung. Einzelne schließen sich zu Gruppen zusammen – zu Bünden, Vereinen und Initiativen, und natürlich findet im Verlauf der Bewegung auch zwischen diesen eine Vernetzung statt. Man trifft sich, tut sich zusammen, redet miteinander, informiert sich gegenseitig, bringt „Blätter" und Zeitschriften heraus und sucht sich über gemeinsame Ziele und Aktionen zu verständigen. Aber es gibt kein einheitliches organisierendes Zentrum und keine durchgängige Organisationsstruktur.

Die Soziologen sprechen von „Sozialen Bewegungen" oder „Protestbewegungen" (Luhmann 1996). Ich bevorzuge hier den Ausdruck „Veränderungsbewegung" oder „Erneuerungsbewegung". Zwar kommt in diesen Bewegungen immer auch Protest und Kritik an bestehenden, von gesellschaftlichen Mächten, öffentlicher Meinung und herrschenden Gewohnheiten gestützten Verhältnissen zum Ausdruck. Aber der Schwerpunkt des Engagements liegt bei der Reformpädagogik nicht im Protest, sondern in der tatkräftigen, kreativen Veränderung und Verbesserung. Der grundlegende Zusammenhalt dieser Bewegungen ergibt sich nicht aus einer Organisation oder Ideologie, sondern aus der immer neuen gemeinsamen Erfahrung einer als problematisch und unannehmbar empfundenen Wirklichkeit, aus der Problematik der zu verändernden Zustände. Diese Zustände sind nicht irgendwelche Problembereiche des menschlichen Lebens, sondern solche, die durch Menschen geschaffen wurden, Zustände, die sich aus einschneidenden und durchgreifenden gesellschaftlichen Veränderungen ergeben. Die hier gemeinten kollektiven Bewegungen reagieren auf Veränderungen im Zusammenleben; sie zielen somit auf die Veränderung von Veränderungen, auf die Beseitigung von Missständen.

These 5: Gemeinsame Frontstellung der „Reformpädagogik"
Die „Reformpädagogik" zielt in erster Linie auf eine Veränderung der Schule. Die an ihr Beteiligten sind vornehmlich in Schulen tätig, sie sind Lehrerinnen und Lehrer, und ihre Aktivität richtet sich gegen die Verschulung des Lernens im öffentlichen Schulwesen. Um die Gründe, Wirkungen und Grenzen der „Reformpädagogik" richtig zu verstehen, muss man sich Folgendes klar machen:
Die Schule, die „Pflichtschule", wie wir sie kennen, war gerade erst erfunden. Genauer: das öffentliche Schulwesen, auf das die „Reformpädagogik" reagiert, war selbst etwas Neues, eine neue Art des Lernens, die sich im Laufe des 19. Jahrhunderts herausgebildet hatte und jetzt immer deutlichere Konturen annahm. Diese neue Art des Lernens – ich bezeichne sie als die „Formation des schulischen Lernens" (Schulze 1980) – unterscheidet sich von anderen Formationen des Lernens durch einige, wesentliche Strukturmerkmale: Das Lernen findet in einem besonderen, abgetrennten Raum, in einem Klassenzimmer statt und zu einer bestimmten Zeit, in einer Unterrichtsstunde – Lernen „out of context" und Lernen nach der Uhr. Es findet statt außerhalb der Lebenszusammenhänge, in denen

das Zu-Lernende entsteht, vorkommt, gebraucht und informell gelernt wird. Es stützt sich auf vornehmlich verbale Repräsentationen in Büchern, im Sprechen und Zuhören und in der Vorstellung. Es basiert auf dem gelernten und eingeübten Umgang mit Zeichen, Zahlen, Bildern, Karten und Lernhilfen. Das Lernen erfolgt unter Anleitung einer Lehrperson und zusammen mit anderen Kindern in größeren Gruppen, in einer Klasse. Die Lehrinhalte sind vorausgeplant und fremdbestimmt. Die Lernergebnisse werden überprüft und vergleichend mit Noten bewertet. Das alles zusammen verändert tief eingreifend die bis dahin gegangenen Wege des Lernens und Aufwachsens. (Vgl. Herrlitz/Hopf/Titze 1995, S.57-60)

Eine solche Art des Lernens hatte es vereinzelt schon lange gegeben – in Palast- und Klosterschulen, in städtischen Schreib- und Rechenschulen. Neuartig und folgenreich ist, dass sie sich im 19. Jahrhundert in einem weiten Netz von Schulen in Dörfern und Städten, verbindlich für alle Heranwachsenden, ausgestattet mit einem umfangreichen Programm allgemeiner Bildung, realisiert von einem Heer ausgebildeter und beamteter Lehrerinnen und Lehrer, Flächen deckend und Laufbahn bestimmend formiert – Erziehungswissenschaftler sprechen von der „Institutionalisierung des öffentlichen Schulwesens" (Herrlitz/Hopf/Titze 1995), Soziologen von der „Ausdifferenzierung eines Erziehungssystems für die Gesamtbevölkerung" (Luhmann/Schorr 1979, S.24). Die Einrichtung einer so umfassenden Lehr- und Lernorganisation war eine gewaltige Leistung, die nur in der Regie und mit den organisatorischen und finanziellen Mitteln eines Staates erfolgreich bewältigt werden konnte.

Natürlich treten die Strukturelemente des schulischen Lernens nicht rein, gleichsam unbekleidet, und überall in gleicher Weise in Erscheinung. Im Zuge ihrer Realisierung nehmen sie je nach Schulstufe, Schulart und Schulort eine unterschiedliche Gestalt an; Schultraditionen und Unterrichtsstile modifizieren das Erscheinungsbild, die Umgangsformen, die Zustimmung oder Ablehnung der Schüler. Doch im Zuge ihrer Realisierung treten auch die strukturbedingten Schwächen und Schwierigkeiten des schulischen Lehrens und Lernens in Erscheinung. Isolierung, Wirklichkeitsferne, Abstraktion und einseitige Betonung der kognitiven Dimension des Lernens erweisen sich als Probleme. Formalisierung, Regulierung und Uniformierung stoßen bei den Lernenden auf Widerstände. Die Formen schulischen Lehrens- und Lernens werden als reformbedürftig erfahren. Es gibt Lehrerinnen und Lehrer, die diese Probleme und Widerstände von Schülern erkennen und zu überwinden suchen, indem sie die Schule und den Unterricht verändern.

These 6: Wirksamkeit der „Reformpädagogik"
Wie wirksam war die „Reformpädagogik"? Wieweit hat sie die Schule tatsächlich verändert? Das ist eine wichtige Frage, die im Rückblick immer wieder gestellt wird. Die Antwort hängt davon ab, was man unter „Reformpädagogik" und „Schulreform" und unter „alter" und „neuer" Schule versteht und was man mit „Veränderung der Schule" meint.
Wenn man davon ausgeht, dass die „Reformpädagogik" vorwiegend aus Absichtserklärungen besteht und dass ihre erklärte Absicht darauf zielt, die „alte" Schule durch eine völlig „neue" zu ersetzen oder gar das öffentliche Schulwesen gänzlich abzuschaffen, dann kann man sie mit Recht als illusorisch oder als unwirksam und gescheitert ansehen. Und wenn man zugleich annimmt, dass es weder eine „alte" noch eine „neue" Schule gibt, sondern nur die „normale" und dass diese „normale" Schule sich von selbst reformiert, dann ist „Reformpädagogik" lediglich eine Fiktion und überflüssig. Jürgen Oelkers behauptet beides; ich halte beides für unzutreffend.
Die meisten Reformer waren sich darüber im Klaren, dass so etwas wie die „Entschulung der Gesellschaft" (Illich) oder auch nur die „Entschulung der Schule" (Hentig) unmöglich zu erreichen ist und darüber hinaus nicht einmal wünschenswert. Ihre Überlegungen und Bemühungen galten nicht der Abschaffung der Schule, sondern einer Veränderung der Lernbedingungen, Lernformen und Lerninhalte im Rahmen des bestehenden öffentlichen Schulwesens.
Es ist auch nicht zutreffend, dass sich die normale Schule von selbst reformiert habe ohne den Einfluss und die Mitwirkung vieler Reformpädagogen. Zum Beispiel: Die Schulbank. Sie war eine typische Erfindung des „schulischen Lernens" in der „alten Schule" – ein spezielles Schulmöbel, vielleicht der Kirchenbank nachempfunden, aus massivem Holz, schwer beweglich und verschraubt, kathederorientiert, ausgestattet mit Tintenfässern und Ablagen für Griffel, Stifte und Federhalter, gut geeignet eine große Zahl von Schülern in einem begrenzten Raum zum Stillsitzen, Zuhören, Lesen und Schreiben zu bringen, ohne lebhafte Bewegung und Unruhe. Dieses Möbel füllt die Klassenzimmer fast aller öffentlichen Schulen zwischen 1850 und 1950. – In solch einer Schulbank bin ich 1932 in einem Dorf zur Schule gekommen. Doch dann, nach einem halben Jahr, zogen wir nach Magdeburg, und dort ging ich in die Anfangsklasse der Berthold-Otto-Versuchsschule. Dort saßen wir auf beweglichen Stühlen an kleinen Tischen, die man auch im Kreis oder in Gruppen zusammenstellen konnte. Das gab es zu der Zeit in keiner anderen Schule in Magdeburg. Selbst die Primaner des renommierten Dom- und Klostergymnasiums saßen noch in Schulbänken. – Diese Erfahrung finde ich bestätigt in einer Dokumentation zur Schule in Lippe (Wehrmann 1980, S.150). Dort antwortet 1935 der Kreisrektor Süvern auf eine Anfrage des Schulvorstandes in Lockhausen, ob man an Stelle der nicht mehr zu gebrauchenden Schulbänke – morsch und wurmstichig – auch Tische und Stühle anschaffen

dürfe, in folgender Weise: „Die alten Schulbänke gestatten eine sehr große Raumnutzung. Je länger sie sind, desto mehr Schüler lassen sich in den Klassen unterbringen..." Und dann etwas weiter im Brief: „Die Einführung von Tischen und Stühlen stellt nun einen Abschnitt in dieser Entwicklung dar. Es handelt sich um eine Forderung der Arbeitsschulbewegung, und die Durchführung des Jenaplans dringt geradezu auf eine neue Raumverteilung im Schulzimmer hin..." Tische und Stühle werden für das 7. und 8. Schuljahr in Lockhausen genehmigt. Und schon zu Anfang des Jahrhunderts hatte Johannes Trüper für sein neu gegründetes Heilerziehungsheim geworben mit dem Hinweis auf „die Einführung frei beweglicher Tische und Stühle an Stelle der in Reih und Glied aufgestellten Schulbänke als Voraussetzung für eine neue Art des Unterrichts" (nach Näf 1998, S.146). Ohne die „Reformpädagogik" keine Tische und Stühle in der Schule.

Dies ist ein sehr signifikantes Beispiel. Viele andere ließen sich hinzufügen: die Architektur der Schulhäuser, die Abschaffung der Körperstrafen, die Koedukation von Jungen und Mädchen und viele Neuerungen im Unterricht. Das ist sicher nicht allein ein Erfolg der „Reformpädagogik". Viele Faktoren wirken da zusammen. Aber es ist auch und vor allem ihr Erfolg. Somit lässt sich feststellen: *Die „Reformpädagogik" ist wirksam geworden; sie hat das Gesicht der Schulen verändert.* Aber auch das muss man einräumen: Vieles von dem, was sie angestrebt hat, konnte bis heute kaum oder gar nicht im öffentlichen Schulwesen umfassend verwirklicht werden.

These 7: Überbau der „Reformpädagogik"

Die Basis der reformpädagogischen Bewegung ist eine vielgestaltige Praxis, die auf Veränderungen im öffentlichen Schulwesen gerichtet ist. Doch diese Basis hat selbstverständlich auch einen kommunikativen und intellektuellen Überbau. Dabei ist aber entscheidend, dass nicht der Überbau die Praxis bestimmt und anleitet, sondern dass die Praxis den Überbau hervorbringt. Dieser Überbau ist ebenso vielgestaltig wie die Praxis, aber weniger einheitlich ausgerichtet und auch weniger eindeutig. Da gibt es ganz unterschiedliche Äußerungen, Programme und theoretische Rechtfertigungen, und die gemeinsam gebrauchten Begriffe sind vieldeutig und missverständlich. Mehr noch: Es gibt da erhebliche Selbsttäuschungen und Fehleinschätzungen, es gibt überzogene Ansprüche, verschwommene Vorstellungen und falsche Zuordnungen. Insgesamt muss man feststellen: *So eindeutig und klar die Basis der „Reformpädagogik" ist, so verschwommen und schwach erscheint ihr Überbau.* Um es aber nicht bei einer so pauschalen Kritik bewenden zu lassen, ist es notwendig, zwischen drei Ebenen zu unterscheiden: es sind die Ebenen der Kommunikation und Publizistik, die der Ideologien und die der Theorie.

Auf der Ebene der Kommunikation und Publizistik geht es um den Austausch der vielen Akteure untereinander und deren Wendung an die Öffentlichkeit. Dabei geht es vor allem auch darum, eine gemeinsame Sprache zu finden und sich über die orientierenden Leitbegriffe zu verständigen. Als solche Leitbegriffe galten vor anderen: der Gegensatz „alt" und „neu" und die Kennzeichnungen „kindgemäß", „natürlich", „ganzheitlich" und „organisch". Diese Begriffe sind verständlich und Richtung weisend und zugleich missverständlich und irreführend. Wenn man etwas verändern will, muss man das, was war, und das, was sein soll, unterscheiden – „alt" und „neu". Aber das „Alte" ist hier nicht einfach das Überholte, Erledigte, Abzuschaffende, sondern das gesellschaftlich Notwendige und Vorgegebene, und das „Neue" nicht das ganz Andere, sondern das Verbesserte, Erweiterte und Ergänzte. „Kindgemäß" meint nicht Infantilisierung oder Verklärung des Kindes und „natürlich" nicht Rückkehr zu einem Naturzustand, wie man aus manchen Formulierungen Ellen Keys oder Jean Jaques Rousseaus hätte schließen können. Ich denke vielmehr, dass mit „Kind" hier der individuelle Lernende, seine Art zu lernen und seine Lerngeschichte gemeint sind und mit „Natur" die außerschulischen Lernumwelten, in denen die Lerngegenstände normalerweise vorkommen. Und „ganzheitlich" und „organisch" lenken den Blick auf die größeren Sinn- und Entwicklungszusammenhänge des Lernens, aus denen nach Meinung der Reformpädagogen die isolierten Unterrichtsstoffe in den öffentlichen Schulen herausgelöst wurden. Das ist alles gut nachvollziehbar.

Auf erheblich größere Schwierigkeiten stoßen wir auf der Ebene der Ideologien. Zunächst ist festzustellen, dass viele Reformpädagogen sich ohne ideologische Verlautbarungen zurechtfinden und verständigen. Aber es gibt einige, und das sind gerade die Wortführer, die meinen, ohne explizite ideologische Orientierung, Überhöhung und Rechtfertigung nicht auskommen zu können. Die Ideologien sind unterschiedlicher Art: umfassendere politische oder religiöse oder selbst gestrickte bildungsbürgerliche und pädagogische. Jürgen Oelkers greift ausdrücklich „Platonismus", „Lebensreform", eine „reaktionäre Gesellschaftstheorie", „Theosophie" und „Anthroposophie" an. Dazu ist zu sagen: Viele der ideologischen Orientierungen sind zeitbedingt, und die benannten Ideologien werden jeweils nur von einer sehr begrenzten Gruppe vertreten oder ihnen unterstellt. Und insgesamt kann man feststellen, dass die Tendenz auf transzendentale, metaphysische, altertümliche oder gerade vorherrschende Vorstellungen und Ideen zurückzugreifen – gelegentlich mit höchst problematischen Folgen – offenbar darin begründet ist, dass es zu der Zeit und auch danach an einer schlüssigen und empirisch begründbaren pädagogischen Theorie gefehlt hat, die den Zusammenhang der reformpädagogischen Bewegung mit der gesellschaftlichen Entwicklung sinnvoll erklären konnte.

Damit befinden wir uns auf der theoretischen Ebene. Es gibt Versuche das Phänomen der „Reformpädagogik" theoretisch zu erklären und zuzuordnen – am bekanntesten Herman Nohl: „Die pädagogische Bewegung und ihre Theorie". Diese der Reformpädagogik unterstellte Theorie ist in mehrfacher Hinsicht eine kühne Konstruktion mit fatalen Konsequenzen. Er konstruiert jenseits der gemeinsamen Problemfront der „Reformädagogik" so etwas wie eine ideelle, eine „letzte" Einheit – „die Einheit eines neuen Ideals vom deutschen Menschen und von einer höheren geistigen Volkskultur" (nach Schonig 1989, S.1303). Und er konstruiert weiter einen weit über die pädagogische Reformbewegung hinausreichenden Zusammenhang mit der von ihm so genannten „Deutschen Bewegung" des 18./19. Jahrhunderts, in der sich, wie er meint, eine besondere deutsche Geistigkeit konstituiert habe. Er verlängert diese Linie noch zurück bis in die Antike als eine Entwicklung, in der das Wesen der Erziehung gleichsam zu sich selbst gekommen sei. Außerdem konstruiert er auch noch ein allgemeines Drei-Stadien-Gesetz für den Verlauf pädagogischer Bewegungen. Danach ist das leitende Schlagwort des dritten Stadiums „…nicht mehr Persönlichkeit und Gemeinschaft sondern ‚Dienst', d.h. die tätige Hingabe an ein Objektives" (Nohl 1949, S.219). Mit diesen Konstruktionen bietet er den Nationalsozialisten den „Dienst" der „Reformpädagogik" an, wie es scheint – ungewollt, wie er richtig zu stellen sucht (siehe Nachwort 1948, a. a. O. S.229). Alle diese Konstruktionen sind historisch unhaltbar und irreführend. Zum einen historisch: Eine solche einheitliche Theorie oder auch nur eine in dieser Hinsicht gemeinsame Vorstellung lässt sich nicht in den Texten der Reformpädagogen finden. Zum andern: In keiner pädagogischen Theorie dieser Zeit ist hinreichend geklärt, was eigentlich Erziehung ist. Bei Nohl zum Beispiel ist Erziehung ein „leidenschaftliches Verhältnis eines reiferen Menschen zu einem werdenden Menschen … um seiner höheren Form willen", bei Petersen eine „kosmologische Funktion der Wirklichkeit". Keine dieser Bestimmungen ist geeignet, genauer zu erklären, in welchem Verhältnis Erziehung zum Lernen, zur Schule und zur Gesellschaft steht, und damit auch nicht geeignet, den gesellschaftlichen Ort der „Reformpädagogik" genauer zu bestimmen.

These 8: Gegenwart und Zukunft der Reformpädagogik
Ich habe mich in den vorangegangenen Thesen zur Reformpädagogik bewusst auf das historische Phänomen der reformpädagogischen Bewegung in der Zeit zwischen 1900 und 1950 beschränkt. Dieses Phänomen war gegenüber den Entstellungen im Artikel von Jürgen Oelkers zu klären und zu diskutieren. Aber pädagogische Reformen und insbesondere Reformen im und am öffentlichen Schulwesen sind nicht auf die „Reformpädagogik" jener Zeit beschränkt. Reform kann jede Art von Neuerung sein. Die Frage ist: Was bedeutet Reformpädagogik in der Gegenwart und für die Zukunft?
Da sind zunächst die Errungenschaften und Einrichtungen der historischen „Reformpädagogik", die gegenwärtig weiter bestehen. Viele Errungenschaften sind eingegangen in die allgemeine Schulwirklichkeit, ohne dass da noch von „Reform" die Rede ist, wenn man zum Beispiel einen „Morgenkreis" bildet, in Gruppen zusammen sitzt und nach einem „Wochenplan" arbeitet. Andere Einrichtungen der „Reformpädagogik" bestehen erkennbar weiter, und manche haben sich sogar erfolgreich ausgebreitet – beispielsweise die Jenaplan-Schulen, die Waldorfschulen,

die Montessori-Schulen und die Landerziehungsheime. Natürlich ist auch an ihnen der Wandel der Zeit nicht spurlos vorüber gegangen. Aber sie haben ihre, die Schule verändernden Konzepte bewahrt und gelten weiter als attraktive Alternativen.
Dann sind da Schulen und Bestrebungen, die an die Errungenschaften und Modelle der historischen „Reformpädagogik" anknüpfen und sie in einer neuen Gestalt und angeleitet von neuen Erfahrungen und Ideen zur Geltung bringen – so etwa die Grundschule Gievenbeck, die Glocksee-Schule in Hannover, die Bielefelder Schulprojekte der Laborschule und des Oberstufen-Kollegs, die IGS Lichtenberg in Göttingen und die Kollegschulen in NW. Dazu gehören aber auch die Verbindungen von Reformschulen in „Blick über den Zaun", die „Akademie für Bildungsreform", die Initiativen der Bosch-Stiftung zum „Praktischen Lernen" und der Heuß-Stiftung zum „Demokratischen Handeln", die Initiativen der GEW „Im Stadtteil lernen", „Im Leben lernen – im Lernen leben" und der „Civil Courage" und vor allem die Vergabe des „Deutschen Schulpreises" an besondere Schulen, aber auch die Lehrerwerkstätten der „Lehrkunst" oder die Schule Mindenerwald zur Hilfe für Kinder in Problemsituationen oder die Neue Schule Wolfsburg. Diese Schulen und Initiativen nehmen jeweils die Intentionen der „Reformpädagogik" auf. Gruppen von Lehrerinnen und Lehrern suchen Formen und Orientierungen des Lernens in den öffentlichen Schulen zu ändern, begleitet, unterstützt und aufgerufen von Erziehungswissenschaftlern und Lehrerverbänden. Aber die Bedingungen sind andere: Das öffentliche Schulwesen ist inzwischen in einem viel stärkeren Maße durchorganisiert, und der gesellschaftliche Kontext, in dem die Initiativen der historischen „Reformpädagogik" entstanden sind, ist ein anderer. Das sind nicht mehr Jugendbewegung und Lebensreform, sondern Studenten- und Schülerbewegung der 68er und Bürgerinitiativen zur ökologischen und demokratischen Verbesserung der Gesellschaft. Konzepte der gesellschaftlichen Veränderung wie Friedenserziehung, Umweltschonung, Nachhaltigkeit, Chancengleichheit, Produktive Heterogenität, Internationalität und politische Aktionen spielen eine wichtigere Rolle als die pädagogischen Erfindungen und Überlegungen. Die Organisation und Realisierung reformpädagogischer Initiativen erfordert einen größeren Aufwand. Ausbreitung und Übertragung auf andere Schulen sind schwieriger geworden. Kann man noch von einer „pädagogischen Bewegung" sprechen?
Dietrich Benner und Herward Kemper sprechen im dritten Band ihrer „Theorie und Geschichte der Reformpädagogik" (2007) von einer „Dritten pädagogischen Bewegung" nach 1945. Unter diesem Titel fassen sie alle Veränderungen und Veränderungsbemühungen im Bereich der Schule innerhalb der letzten fünfzig Jahre zusammen. In ihrer breit angelegten Untersuchung erfassen sie auch die oben genannten Versuchsschulen und Reforminitiativen in einem gesonderten Kapitel. Aber der sehr viel größere Teil befasst sich mit den Plänen zu einer staatlichen Schulreform – vom „Fendt-Plan" des bayrischen Kultusministers 1945 bis zum

„Strukturplan" des „Deutschen Bildungsrats" 1973. Natürlich kann man alles, was in und am öffentlichen Schulwesen geändert wird oder geändert werden soll, unter einem Begriff zusammenfassen. Alles ist „Schulreform". Aber ist es auch „Reformpädagogik", und welchen Sinn macht es, das eine „pädagogische Bewegung" zu nennen?
Wenn man meine Thesen zur Erklärung der historischen „Reformpädagogik" akzeptiert, kommt man zu der Feststellung: *Schulentwicklungspolitik und Reformpädagogik sind nicht dasselbe.* Da agieren unterschiedliche Akteure auf unterschiedlichen Ebenen in unterschiedlichen Organisationsformen und Beziehungsnetzen an unterschiedlichen Problemfronten, mit unterschiedlichen Zielsetzungen und Produkten. Schulentwicklungspolitik ist auf die Fortentwicklung und Verbesserung des öffentlichen Schulwesens gerichtet, Reformpädagogik auf die Veränderung der Lernsituationen und Lernbedingungen innerhalb der einzelnen Schulen. Beides kann man „Schulreform" nennen. Doch wenn man das tut, sollte man deutlicher zwischen einer äußeren Schulreform von oben und einer inneren Schulreform von unten unterscheiden.

These 9: Schulentwicklung und Reformpädagogik
Die zuletzt entwickelte Gegenüberstellung bedarf einer differenzierenden Erläuterung. Selbstverständlich sind äußere und innere Schulreform, Schulreform von oben und Schulreform von unten, nicht unabhängig voneinander zu verstehen; sie sind aufeinander bezogen und aufeinander angewiesen. Schulreform insgesamt, verstanden vor allem als Entwicklung des öffentlichen Schulwesens, ist ein höchst komplexer Prozess, der über mehrere verhältnismäßig selbständige Ebenen der Realisierung verläuft und in einer Folge von Transformationsprozessen von Ebene zu Ebene. In diesen Transformationen und Umsetzungen ändert das Intendierte vielfach seine Bedeutung, und es muss jeweils immer wieder neu bestimmt, konkretisiert und ausgerichtet werden, verbunden mit Verlusten und Gewinnen. Wenn ich in meiner letzten These der Reformpädagogik die Schulentwicklungspolitik gegenübergestellt habe, dann habe ich mit dem Ausdruck „Schulentwicklungspolitik" eine Entwicklungslinie gemeint, die vom Staat ausgehend von oben nach unten führt: Bildungspolitiker formulieren generelle Zielsetzungen und Interessen; Bildungsökonomen schätzen die gesellschaftlichen Ressourcen ab, die benötigt werden und die zur Verfügung stehen. Die Zielsetzungen werden von Ausschüssen, Kommissionen und Konferenzen in Programmen, Rahmenplänen, Lehrplänen, Steuerungs- und Kontrollinstrumenten ausgelegt und ausdifferenziert. Diese Programme, Pläne und Instrumente werden von Kultusministerien und Schulverwaltungen mit verfügbaren Ressourcen abgestimmt, in Erlasse, Anweisungen und Vorschriften für Schulen und Lehrer übersetzt und ihre Umsetzung von der Schulaufsicht kontrolliert. Schul- und Fachkonferenzen müssen alle diese Vorgaben wieder in Schulprogramme und Stoffverteilungspläne übertragen, die

dann von einzelnen Lehrerinnen und Lehrern wieder in unterschiedlichen Situationen und Handlungen, in Form von Unterricht, Klassen- und Schulveranstaltungen, Prüfungen, Beurteilungen und Beratungen zu realisieren versuchen. Und am unteren Ende dieser Reihe sind die Schüler, die ja nicht nur Schüler sondern zugleich Heranwachsende sind, gefordert, die Lehrangebote und Anforderungen in von ihnen gewollte und zu bewältigende Lernprozesse zu verwandeln.

Das ist ein sehr langer Weg mit vielen Schwellen, Hindernissen, Unwägbarkeiten und Möglichkeiten für Abwege oder Entstellungen. Die Zielsetzungen am oberen Ende des Weges gehen aus von gesellschaftlichen Interessen – Sozialer Aufstieg, Chancengleichheit, Weltorientierung", „Wissenschaftsorientierung", Gesellschaftsfähigkeit" „Mehr-Demokratie-wagen", „Wirtschaftsstandort-Deutsachland", Steigerung des Bruttosozialproduktes, Qualifizierung von Facharbeitern und Ingenieuren, Exzellenz der Wissenschaften, oberster Rangplatz im Ländervergleich oder Deutsch für Einwanderer und kulturelle Integration, auf jeden Fall „mehr Bildung", was immer damit gemeint ist. Alle diese Ziele und Interessen stimmen nicht ohne weiteres überein mit den Interessen der lernenden Schüler am unteren Ende des Weges. Die sind vorerst daran interessiert, die Welt und sich selbst zu entdecken und ihren Platz in der Gesellschaft zu finden, ihr Leben zu leben.

Die Entfernung zwischen diesen beiden Enden ist ziemlich groß. Sie lässt sich meines Erachtens nur erfolgreich und für alle Beteiligten in befriedigender Weise bewältigen, wenn der Weg der Schulentwicklung nicht nur in einer Richtung gangbar ist, nicht nur in einer Richtung verläuft, und das nicht nur auf jeder Stufe zischen zwei Ebenen, sondern auch insgesamt in beiden Richtungen – also auch von unten bis nach ganz oben. Nur wenn die Schüler ihre Interessen und Stärken und die Lehrer ihre Erfahrungen und Kompetenzen in vollem Umfang in den Entwicklungsprozess einbringen können, kann er gelingen.

Für Schüler ist es schwer, ihre Interessen, Stärken und Schwächen zu artikulieren, weil sie sie noch nicht kennen, sondern erst dabei sind sie zu entdecken und weil sie den Gesamtzusammenhang noch nicht überschauen. Sie können letztlich nur zu leisten versuchen, was man von ihnen verlangt, oder sich verweigern und versagen. Doch an ihrer Stelle sind vor allem Lehrerinnen und Lehrer durch ihren unmittelbaren Umgang mit den Schülern in den schulischen Lernsituationen in der Lage, deren Interessen, Kräfte, Voraussetzungen, Probleme und Widerstände zu erkennen, und sie sind auch am besten in der Lage einzuschätzen und herauszufinden, wie man ihnen unter den gegebenen Bedingungen helfen und wie man sie unterstützen und fördern kann. „Reformpädagogik" ist nichts anderes als das Bemühen, die produktiven Erfahrungen, Erfindungen und Vorschläge von Lehrerinnen und Lehrer in Diskussionen, Projekten und Modellen zu artikulieren, zu bündeln, zu erproben und im umfassenderen Schulentwicklungsprozess zu Geltung zu bringen.

Auf jeden Fall: Es gibt weiterhin gute Gründe für Reformpädagogik!

Literatur

Benner, Dietrich/Kemper, Herwart (2007): Theorie und Geschichte der Reformpädagogik Teil 3.2. Beltz: Weinheim und Basel.

Flitner, Andreas (2001): Reform der Erziehung – Impulse des 20.Jahrhunderts. Mit einem Beitrag von Doris Knab. Beltz-TB: Weinheim und Basel, 3.Aufl.

Flitner, Wilhelm/Kudritzki, Gerhard (Hrsg.) (1961 und 1962): Die deutsche Reformpädagogik, 2 Bde. Küpper vormals Bondi: Düsseldorf und München.

Herrlitz, Hans-Georg/Hopf, Wulf/Titze, Hartmut (1995): Institutionalisierung des öffentlichen Schulwesens. In: Baethge, Martin/Nevermann, Knut (Hrsg.): Enzyklopädie Erziehungswissenschft, Bd.5: Organisation, Recht und Ökonomie des Bildungswesens. Klett: Stuttgart und Dresden. S. 55-71.

Luhmann, Niklas (1996): Protest. Systemtheorie und soziale Bewegung. Hrsg. und eingeleitet von Kai-Uwe Hellmann. Suhrkamp: Frankfurt a. M.

Luhmann, Niklas/Schorr, Karl-Eberhard (1979): Reflexionsprobleme im Erziehungssystem. Klett-Cotta: Stuttgart.

Näf, Martin (1998): Paul Geheeb. Seine Entwicklung bis zur Gründung der Odenwaldschule. Deutscher Studienverlag 1998.

Nohl, Herman (1949): Die pädagogische Bewegung in Deutschland und ihre Theorie. G.Schulte-Bulmke: Frankfurt a. M. 3. Aufl.

Oelkers, Jürgen (2004): Reformpädagogik. In: Benner, Dietrich/Oelkers, Jürgen (Hrsg.): Historisches Wörterbuch der Pädagogik. Beltz: Weinheim und Basel. S.783-806.

Oelkers, Jürgen (2005): Reformpädagogik. Eine kritische Dogmengeschichte. Juventa: Weinheim und München. 4. vollständig überarbeitete und erweiterte Aufl.

Oelkers, Jürgen (2010a): Was bleibt von der Reformpädagogik? In: FAZ vom 7. April

Oelkers, Jürgen (2010b): Eros und Herrschaft: ein neuer Blick auf die Reformpädagogik. FR vom 23. Juli.

Petersen, Peter (1926): Die neueuropäische Erziehungsbewegung. Weimar.

Petersen, Peter (1954): Der Mensch in der Erziehungswirklichkeit.

Ortmeyer, Benjamin: TAZ vom 5. Oktober 2009, S.15.

Scheibe, Wolfgang (1994): Die reformpädagogische Bewegung: 1900-1932. Eine einführende Darstellung. Beltz: Weinheim und Basel. 10. und erw. Aufl.

Röhrs, Hermann (Hrsg.) (1965): Die Reformpädagogik des Auslands. Küpper vormals Bondi: Düsseldorf und München.

Schäfer, Walter (1970): Paul Geheeb – Briefe. Klett: Stuttgart

Schonig, Bruno (1989): Reformpädagogik. In: Dieter Lenzen (Hrsg.): Pädagogische Grundbegriffe. Bd.2. Rowohlt: Reinbek b. Hamburg. S.1302-1310.

Schulze, Theodor (1980): Schule im Widerspruch – Erfahrungen, Theorien, Perspektiven. Kösel: München.

Schulze, Theodor (1993): Schule vor dem Horizont des Lernens. In: Deutsche Schule Jg.85/H.4. S.420-436.

Schulze; Theodor (2006): Im Horizont des Lernens. In: Ludwig, Heidrun/Beutel, Sivia-Iris/Kleinespel, Karin (Hrsg.): Entwickeln – Forschen – Beraten. Reform für Schule und Lehrerbildung. Beltz: Weinheim und Basel. S.122-128.

Schulze, Theodor (2008): Erziehung und Lernen. Plädoyer für eine mathetische Erziehungswissenschaft. In: Marotzki, Winfried/Wigger, Lothar (Hrsg.): Erziehungsdiskurse. Klinkhardt: Bad Heilbrunn. S. 29-50.

Schulze, Theodor (2009): Annäherung an eine Theorie komplexer und längerfristiger Lernprozesse. In: Strobel-Eisele, Gabriele/Wacker, Albrecht (Hrsg.): Konzepte des Lernens in der Erziehungswissenschaft – Phänomene, Reflexionen, Konstruktionen. Klinkhardt: Bad Heilbrunn. S.56-69).

Schwenk, Bernhard (1984): Reformpädagogik. In: Wulf, Christoph (Hrsg.): Wörterbuch der Erziehung. Piper: München und Zürich. S. 487-491.

Skiera, Ehrenhard (2003): Reformpädagogik in Geschichte und Gegenwart. Eine kritische Einführung. München.

Wehrmann, Volker (Hrsg.) (1980): Die Schule in Lippe von 1800-1945. Landesverband Lippe: Detmold.

Zudeick, Peter (1982): Alternative Schulen. Fischer: Frankfurt a. M.

Bei diesem Beitrag handelt es sich um die ursprüngliche Fassung des Vortrags in Bad Boll am 10.12.2010

Wolfgang Edelstein

Verantwortungspädagogik.
Eine reformpädagogische Perspektive

Die demokratische Lebensform als verantwortliche Gestaltung des gemeinschaftlichen Verkehrs, die das Miteinander aller Beteiligten normativ regelt, sowie Demokratie als Herrschafts- oder Regierungsform, welche die Verteilung der Verantwortung in den Institutionen bestimmt, sind unmittelbar relevant für die Schule. Im Rahmen reformpädagogischer Schulentwicklungsvorhaben müssen wir über die beiden Ebenen der Verantwortlichkeitserfahrung nachdenken: nämlich über die Gestaltung eines die Erfahrung von Verantwortung vermittelnden Miteinander in der alltäglichen Lebensform der Schule; und über die Teilung und Realisierung von Verantwortung im institutionellen Gefüge der Schule. Das ist noch immer eine Pionierleistung, weil im tradierten Autoritätsgefüge der Institution Schule Verantwortung im Prinzip hierarchisch und vordemokratisch geregelt ist. Der Übergang zur Form reziproker Verantwortung der Mitglieder, zu einer gemeinsamen Verantwortung der Beteiligten für einander sowie für die gemeinsamen Funktionen und Ziele und für ihr Wohlergehen in der durch die Institution definierten Lebenswelt ruft *neue* Fragen hervor, die *neu* beantwortet werden müssen, und ein Ergebnis dieses Prozesses wird dann ein Konzept der „eigenverantwortlichen Schule" sein, in der die Figur der verantwortlich handelnden Person einen besonderen Platz einnehmen wird, auch im professionellen Nachdenken über Schule. Denn diese Schule soll die an ihr beteiligten Schüler zu Verantwortlichkeit erziehen (was immer das heißt, und dazu später) und diesen Bildungsauftrag müssen die Lehrer einer verantwortlichen Schule im Blick auf seine funktionalen Voraussetzungen prüfen und gestalten. Das heißt: Sie müssen die verantwortungspädagogisch wirksamen Strukturen und Prozesse prüfen und gestalten, die in der *Lernwelt* der Schule die Bereitschaft fördern, Verantwortung zu übernehmen, und in der *Lebenswelt* der Schule den Habitus der Schüler begünstigen, verantwortlich zu handeln, d.h. zu Verantwortungsübernahme in Situationen des alltäglichen Lebens erziehen. Sie müssen darüber hinaus ihr eigenes professionelles Wissen und Handeln im Blick auf diese Ziele einer Prüfung unterziehen und gegebenenfalls Schlussfolgerungen daraus ziehen, die zu *mehr* Arbeit und *mehr* Fortbildung führen können, zu anderen als den überlieferten Formen der Kooperation, möglicherweise auch zu anderen Formen der Leitung und des Leadership („Führung"), sei es im Verhältnis zum Kollegium, sei es im Verhältnis zu Schulaufsicht und Verwaltung, sei es im Verhältnis zu Schülern und Eltern, den Partnern des „pädagogischen Vertrags".

Dabei sollten wir uns die Definition von Kompetenz in Erinnerung rufen, welche die OECD den PISA-Messungen zugrunde legt: Es geht dabei um *handlungsorientiertes* und *anwendungsbereites* Wissen, dessen Erwerb ein bewusst wahrgenommener Prozess ist, in dem das Lernen selbst gelernt wird. Handlungsorientiertes, anwendungsbereites und im Lernprozess reflektiertes Wissen im Kontext von Verantwortungslernen muss entsprechend vor allem als *Praxis der Verantwortungsübernahme* im Kontext des schulischen Lernens und Lebens erworben werden.

Als die Reformpädagogik dem Verantwortungslernen vor etwa einem Jahrhundert den hohen Stellenwert einräumte, von dem in Landerziehungsheimen und Leuchtturmschulen eine schulrepublikanische Schulverfassung und eine egalitäre Unterrichtspraxis Zeugnis ablegt, galt das als reichlich idealistisch und für liberal-pädagogische Eliten reserviert. Es wurde der Jugendbewegung zugerechnet und als Teil einer Emanzipationsbewegung der Jugend bewertet, die im Nationalsozialismus unglimpflich unterging. Über dieser Geschichte ist weithin vergessen worden, dass in der handlungsorientierten Erziehungstheorie Deweys und in der Entwicklungspädagogik Piagets eine demokratisch-handlungsorientierte Pädagogik der Verantwortungsübernahme in selbstgesteuerten Lernprozessen entstand. Diese Pädagogik verband anerkennungsfähige Lebensformen und eine entwicklungsangemessene Form des Lernens miteinander und forderte demokratisch strukturiertes und entwicklungsgemäß organisiertes Lernen als die dem Kind angemessene, dem gesellschaftlichen Prozess *adäquate* und deshalb zugleich *effiziente* und *erfolgreiche* Form des Lernens. Dewey und Piaget beschreiben Lernbedingungen, die wir, mit einem Ausdruck von Habermas, als „entgegenkommende Verhältnisse" bestimmen können, also eine das Lernen begünstigende Praxis. Damit können wir Verantwortungslernen in der Schule situieren: Die Schule soll in ihrer Alltagspraxis entgegenkommende Verhältnisse für das Erlernen verantwortlichen Handelns entwerfen.

Drei globale Prozesse werden die Verantwortungsbereitschaft der Menschen in neuer Weise herausfordern: *Globalisierung, Individualisierung und zivilgesellschaftliche Formen der Vergemeinschaftung*, die weniger fürsorglich als die überlieferten Formen sozialstaatlicher Organisation in viel höherem Maße als bisher auf Kompetenz, verantwortliche Handlungsbereitschaft und Selbstwirksamkeit der Individuen setzt. Die Wechselwirkung der globalen Prozesse fordert von jedem ein verantwortliches Handeln individueller Akteure, wie es dem bekannten Motto entspricht: global denken und lokal handeln. Gestaltungskompetenz und Verantwortungsfähigkeit sind folglich Merkmale einer Handlungskompetenz, die alle erwerben müssen, die aktive Teilhabe an der Zivilgesellschaft erlangen wollen. Genau dies ist die Verantwortung einer Schule, die beiden verpflichtet ist, den

Individuen, die sie auf das Leben in der Zukunft vorbereitet, und der Gesellschaft, deren Zukunft sie hierdurch sichert. Die Schule muss folglich aus ihren verantwortungspädagogischen Anfängen in der nachautoritären, posttraditionalen Gegenwart für das Ensemble ihrer Aufgaben erst im vollen Sinne des Wortes *reformpädagogisch* entwickelt werden.

Bereiten denn die Schulen die Schüler darauf vor, in einer so strukturierten Welt zu bestehen – das heißt: selbstwirksam und verantwortlich handeln zu können? Sind die Schulen selbst psychologisch, pädagogisch, professionell, organisatorisch und administrativ darauf hinreichend vorbereitet und ausgerüstet? Das ist die zeitgemäße Formulierung der reformpädagogischen Grundfrage nach schulischer Erziehung vom Kinde aus – das ein Recht auf die Chance hat, sich als Erwachsener zu bewähren.

Erziehung muss die Bedingungen berücksichtigen, welche die individuelle Entwicklung dem Lernen setzt. Wie alle Erziehungsprozesse setzt Verantwortungslernen eine altersangemessen organisierte Struktur von assimilierbaren Erfahrungsangeboten voraus, Passungen zwischen den Lerngelegenheiten und der Verarbeitungskapazität des Lernenden.

Wie also könnte eine verantwortungspädagogische Praxis der Schule aussehen, die Schüler auf ein Leben in Verantwortung vorbereitet –sie zu verantwortlichem Handeln erzieht? Dazu müsste die Schule den Schülern Handlungsoptionen und -alternativen eröffnen, und diese müssten lernen, solche Optionen verantwortlich zu nutzen, d.h. begründen, warum sie *eine* Option wählen, eine andere ausschlagen, welche begründete Präferenz sie für *eine* Option haben, warum sie eine andere kritisieren und ggf. ablehnen. Es ist eher ungewohnt, eine doch weitgehend hierarchisch organisierte Institution unter dem Gesichtspunkt zu betrachten, welche *Gelegenheiten zur Verantwortungsübernahme*, und das heißt zur Teilhabe an der Gestaltung der Institution, sie bietet. Noch anspruchsvoller ist die Zumutung, das Leben in der Schule so zu organisieren, dass es für *alle* eine entwicklungsangemessene Praxis der Verantwortungsübernahme verkörpert.

Trotzdem würde ein auf Verantwortung ausgelegtes Leben der Schule vielleicht eher mikroskopische als großformatige Änderungen der Institution anzeigen. Manche Grundschulen haben bereits ohne besondere Umwälzungen Erfahrung mit *Stuhlkreis* und *Klassenrat* gewonnen als dem Ort für Gespräche, die der Begründung und Rechtfertigung von *Regeln* dienen, die eine Klasse für ihren Umgang mit ihren Mitgliedern definiert und ggf. auch gegen andere verteidigt, um Verantwortung für die eigene Lebensform zu übernehmen und die eigenen Handlungspräferenzen (sprich: Werte) auf Dauer zu stellen. Eine solche Prozedur ist nicht revolutionär und scheint keine große Sache zu sein. Doch schon ein so operierender Klassenrat als Form des in einer gemeinsam verantwortlichen Gruppe institutionalisierten Dialogs macht die Teilnehmer am Prozess zu *Akteuren*, statt sie zu passiven Untertanen der Schule zu machen, die geltenden Regeln bloß unterworfen sind. Dabei wird man Anerkennung und Respekt der Akteure im Alltagsleben über gewisse Zeiträume als kontrafaktisch behauptete Idealnorm erst real durchsetzen müssen. Das wird gelegentlich nicht ohne Auseinandersetzung gelingen, für die man in einigen Fällen als Verkörperung des Geistes verantwortlicher Kooperation auch Konfliktschlichtung oder Mediation einsetzen muss. Trotzdem wird die Achtung der Norm das Klima der Schule bestimmen, trotzdem wird über Zeit sich die Gewohnheit durchsetzen, die Handlungsmotive der anderen als begründet anzuerkennen. Die Folgen sind weitreichend, weil die Schüler in diesem Prozess frühzeitig lernen, dass sie selbst für das Leben in der Klasse etwas zu sagen haben; dadurch werden Selbstwirksamkeit und Eigenverantwortlichkeit des Handelns miteinander verknüpft. Die Welt vieler Schüler würde sich verändern und der Botschaft widersprechen, die unser Schulsystem als Struktur aussendet: dass so viele von ihnen Versager sind, die nichts können, und diese Botschaft mit der Zeit auch widerlegen.

Mit dem Alter wächst der Radius der Verantwortungsübernahme über die Mikrowelt der eigenen Klasse hinaus. Schüler können, wenn sich ihre Wahrnehmung über die Kleingruppe hinaus erweitert, eine neue Basis für die Koordination arbeitsteilig arbeitender Gruppen aushandeln: Das kann die kooperative Verbindung von zwei Klassen sein, vielleicht eine Jahrgangsgruppe, eine ganze Schulstufe, vielleicht eine nach vereinbarten Regeln definierte *school within the school* oder aber ein Schulparlament, eine *just community*, oder auch ein funktional differenzierter, kooperativ begründeter, arbeitsteilig wirksamer Verbund von Sprecherkreisen mit definierten Verantwortungsbereichen und einer öffentlich verantworteten Agenda. Der gesamte Prozess und seine Erfordernisse müssen in jeder Schule neu ausgehandelt und über Zeit mit den sich entwickelnden innerschulischen Verhältnissen immer wieder reformiert, in gleichsam politischen Aushandlungsprozessen neu verhandelt werden.

Es wird Schulen geben, die einer solchen Organisation quasi politischer Verantwortung im Leben der *school community* ihre Zustimmung erteilen und dennoch den Kernbereich des *Unterrichts* vor einer Mitbestimmung durch die Schüler schützen wollen, die ihnen nicht verantwortbar erscheint. Diese Strategie enthält freilich das Risiko, den Bereich der gemeinsam verantworteten Praxis im Schulleben zu entwerten und den der Kooperation entzogenen Bereich als „das Kerngeschäft der Schule" ins Zentrum zu rücken. Handelnde Teilhabe an der Disposition und Gestaltung des *Unterrichts* ist in einer hierarchisch und zentral regulierten Schule eine komplizierte Angelegenheit und stößt schnell an die Grenzen einer schulischen Organisation, die Fach, Person, Gruppe und Zeit in den rigiden Panzer eines alles beherrschenden Stundenplans einsperrt. Zur Sprengung dieses Panzers ist die *Ganztagsschule* das wichtigste Angebot entgegenkommender Verhältnisse, das eine Pädagogik der Verantwortungsdelegation in Deutschland seit Jahrzehnten erhalten hat. Wie dem auch sei: Wenn wir an die Akteure in der Schule Verantwortung übertragen wollen, müssen wir, unabhängig davon, ob wir die Ganztagsschule oder eine Halbtagsschule haben, *didaktische* Wege suchen, um die organisatorisch manchmal minimalen, psychologisch aber maximal wirksamen Veränderungen eines autoritär strukturierten und kooperationsfeindlichen Frontalunterrichts herbeizuführen, der handlungsfern strukturiert Passivität erzeugt. Solche Veränderungen des Unterrichtsverlaufs sollten darauf zielen, einen Teil der Verantwortung für den Unterricht und für dessen Erfolg an die Schüler abzugeben. Dabei geht es naturgemäß um einen *altersabhängigen* und *entwicklungsangemessenen* Einsatz von Instrumenten, Prozessen und Organisationsformen – Reformpädagogik vom Schüler aus!. Ich nenne zehn konkrete, aber unterschiedlich komplexe reformpädagogisch erprobte und tradierte Beispiele:

- Themenauswahl und Kursinhalte begründen, ohne auf die abstrakte Autorität von Rahmenplänen oder auf die Überlieferung zurückzugreifen.
- Lernprozesse organisieren in kooperativen Gruppen von unterschiedlicher Art und Dauer mit unterschiedlichen oder parallelen Aufgaben, unterschiedlichen Präsentationsformen und unterschiedlichen Verantwortungsbereichen, für die die Gruppen jeweils angemessen Rechenschaft ablegen, aber auch durch spezifische Rückmeldung belohnt werden.
- Arbeitsteilige Arbeitsprozesse in den Gruppen einführen, dialogische Unterrichtsgestaltung und Arbeitsformen nutzen, in denen unterschiedliche Schüler mit unterschiedlichen Temperamenten und Fähigkeitsprofilen die Chance erhalten, Leistungen nachzuweisen.
- Ein fehlertolerantes Unterrichtsklima kultivieren, in dem Schüler die Möglichkeit erhalten, ihre eigenen Erkenntniswege und Verständnisweisen zur Geltung zu bringen und zu überprüfen, ohne dafür gedemütigt oder beschämt zu werden.
- Arbeitssituation und Situationen der Leistungsbewertung systematisch zu trennen und diese Trennung systematisch und für die Schüler einsehbar und verlässlich durchzuhalten.
- Eine multikriteriale Bewertung von Lernprozessen, die den Schülern Gelegenheit gibt zu prüfen und ggf. zu hinterfragen, was der Lehrer auf der anderen Seite des eigenen subjektiven Lernprozesses wahrgenommen und evaluiert hat; und gegebenenfalls eine Bewertung, die das Urteil des *Schülers* und der *Mitschüler* heranzieht, um andere Gesichtspunkte als die eigenen bei der Leistungsbewertung zu berücksichtigen oder auch nur zur Diskussion zu stellen.
- Ganz wichtig ist es, themenspezifische und themenübergreifende *Projekte* zu organisieren, die nicht marginal im Schuljahr platziert sind und bloß eine Lücke im Zeitbudget füllen, sondern eine zentrale Rolle im Lernprogramm der Klasse spielen. Projekte können gruppenspezifisch oder klassenübergreifend durchgeführt werden. Planung, Organisation, Durchführung, Verhandlungen mit anderen Akteuren, Präsentation und Evaluierung sollten jeweils entwick-

lungsangemessen vertretbar (aber durchaus kontrolliert) in die Hand der Schüler als verantwortliche Akteure gelegt werden, die über Prozesse und Produkte, Entscheidungen und Planungen, Verhandlungen und Ergebnisse funktional angemessen und ergebnisorientiert Rechenschaft ablegen. Projekte sind erfahrungsbasierte, situierte, interaktive Lerngelegenheiten. Sie stellen einen Königsweg verantwortungsintensiven Lernens dar. Eine besonders funktionale und zugleich prosozial und demokratiepädagogisch aufklärerische Form des Projektlernens ist heute das im kommunalen Umfeld organisierte *Service-Lernen*, dessen Besonderheit es ist, den projektdidaktischen Handlungsanteil mit einem eigenen Reflexionsteil im Unterricht der Projektgruppe zu verbinden. Dieser Reflexionsteil wird eigens dafür entwickelt, Implikationen der Projektarbeit, Voraussetzungen, Nebenfolgen und Kontingenzen der Reflexion zugänglich zu machen, zu evaluieren und die individuellen Leistungen und Gruppenbeiträge entsprechend zu bewerten. Service-Lernen eignet sich deshalb in besonderem Maße für verantwortungspädagogisch motivierte didaktische Zielsetzungen.

- Schließlich sollen an dieser Stelle noch die wichtigen, aber auch nicht einfach handhabbaren *diskursiven* Verfahren erwähnt werden, die von problemorientierten Deliberationsverfahren über rhetorisch orientiertes Argumentieren, positionsklärendes Diskutieren bis zur *Diskussion moralischer Dilemmata* reichen.
- Lernkontrakte, Tutorenverträge und Mentorenverhältnisse sind Lernbeziehungen, die mit Schülern unterschiedlicher Altersgruppen entwicklungsangemessen, fachlich differenziert, zielorientiert oder allgemein pädagogisch motiviert in besonderem Maße von der Verantwortungsübernahme der Beteiligten leben und als innerschulische Einrichtungen gleichsam der *Institutionalisierung* von Verantwortungsübernahme dienen.
- *Portfolios* schließlich dienen einer selbstreflexiv strukturierten Leistungsbewertung über Zeit, zu der notwendig die Bilanzierung in eigener Verantwortung vor geteilten (also gemeinsam verantworteten) Kriterien gehört.

Kollegien, die sich über eine solche Orientierung ihrer Praxis einig sind oder einig werden, dürften sich daher schnell darüber klar werden, dass sie eine, wie es in der Schweiz heißt, *schulhausspezifische Fortbildung* benötigen (für die es in der Schweiz Ressourcen aber auch Verpflichtung gibt).

Eine Aktivierung schuldemokratischer Strukturen durch eine Konferenzverfassung könnte dann die *Schulleitung* für eine Leadership-Funktion freisetzen, wie dies skandinavische und kanadische Schulen erfolgreich tun. Dafür werden dort freilich die Schulleiter auch speziell ausgebildet. Eine auf Verantwortung umgestellte Schule muss Funktionen der Beratung, Unterstützung, Diagnostik integrieren, die für eine differenzierte Förderung wie in Finnland unerlässlich, bei uns jedoch aus der alltäglichen Kooperation in den Kollegien unverantwortlich ausgeblendet ist. Auch hier würde die Ganztagsschule eine nachhaltige Veränderung bewirken können.

Eine besondere Chance dafür ist mir übrigens aus meiner Zeit als Lehrer an der Odenwaldschule in Erinnerung: das gezielte arbeitsteilig organisierte Lesen einschlägiger Literatur mit dem Auftrag, die Lektüre der Konferenz vorzustellen, die wöchentlich mit einer themenspezifischen Tagesordnung im Rahmen einer das Schuljahr umfassenden Schulentwicklungsagenda tagte.

Nicht den Unterricht sollte man als Kerngeschäft der Schule definieren, wie das allenthalben geschieht. Das Kerngeschäft der Schule ist vielmehr die *Herstellung von entgegenkommenden Verhältnissen für die Lernprozesse der Schüler.*

Literatur

Dewey, J. (1994). Erziehung durch und für Erfahrung. Stuttgart: Klett.
Edelstein, W./Frank, S./Sliwka, A. (Hrsg.), Praxisbuch Demokratiepädagogik. Weinheim: Beltz 2009
Fauser, P./Meyer-Drawe, K./Luther, H. (Hrsg.) (1992). „Verantwortung" – Jahresheft X des Erhard Friedrich Verlages, Seelze.
Heinrich-Böll-Stiftung und Bildungskommission der Heinrich-Böll-Stiftung (Hrsg.) (2004). Selbstständig lernen. Bildung stärkt Zivilgesellschaft. Sechs Empfehlungen der Bildungskommission der Heinrich-Böll-Stiftung. Weinheim: Beltz.
Himmelmann, G. (2005). Demokratie Lernen als Lebens-, Gesellschafts- und Herrschaftsform. Schwalbach/Ts: Wochenschau-Verlag.
Jonas, H. (1998). Das Prinzip Verantwortung. Frankfurt/Main: Suhrkamp.
Keller, M. (1996). Verantwortung und Verantwortungsabwehr. Zeitschrift für Pädagogik, 42, 71-81.
Münkler, H./Wassermann, F. (2008). Was hält eine Gesellschaft zusammen. Soziomoralische Ressourcen der Demokratie. In Bundesministerium des Innern (Hrsg.), Theorie und Praxis gesellschaftlichen Zusammenhalts, 3-23.
Piaget, J. (1999). Über Pädagogik. Weinheim und Basel: Beltz Verlag.
Sennett, R. (1998). Der flexible Mensch: die Kultur des neuen Kapitalismus. Berlin: Berlin Verlag.
Sliwka, A. (2008). Bürgerbildung. Weinheim: Beltz.
Stiftung Brandenburger Tor der Bankgesellschaft Berlin (Hrsg.) (2001). Konferenz „Lernziel Verantwortung". (Jahresheft 2000/2001 der Stiftung Brandenburger Tor).
Weinert, F. E. (2001). Concept of competence: a conceptual clarification. In D. S. Rychen/L. H. Salganik (Eds.), Defining and selecting key competencies. Seattle: Hogrefe & Huber, pp. 45-65.

Micha Brumlik

Jüdische Reformpädagogik?

I. Reformpädagogik – eine Skizze

Bevor dem jüdischen Weg der Reformpädagogik nachgegangen wird, ist zu klären, was „Reformpädagogik" überhaupt ist. Ihre Prinzipien sind schnell genannt: ein Lernen, das dem Zeitempfinden, den motorischen und spielerischen Bedürfnissen von Kindern und Jugendlichen entspricht; eine Bildung, die das künstlerische Ausdrucks- und Empfindungsvermögen ebenso fördert wie sprachliche und kognitive Fähigkeiten; Lernräume und -orte, die nach außen geschützt und nach innen durch einen starken emotionalen Zusammenhalt zwischen Pädagogen und Schülern gekennzeichnet sind. Indes: Pädagogische Prinzipien fallen nicht vom Himmel. Sie entstehen in bestimmten gesellschaftlichen Lagen und werden von Menschen in ihrer Lebensgeschichte verwirklicht. Die moderne Reformpädagogik wurzelt in der Kulturkritik. Vor dem Hintergrund romantischer Ideen vom Kind, wie sie von Friedrich Fröbel und dem Maler Philipp Otto Runge entworfen wurden, beginnt das zwanzigste Jahrhundert mit einem publizistischen Paukenschlag hier und einem zunächst kaum bemerkten Ereignis dort. 1900 legte die schwedische Autorin Ellen Key ihr von Friedrich Nietzsches Geist getragenes Buch „Das Jahrhundert des Kindes" vor, in dem sie nicht nur eine „Pädagogik vom Kinde" aus, sondern auch das Recht von Kindern auf gesunde und glückliche Eltern postulierte. Eine Forderung, die die Pazifistin und Feministin auf die Abwege eugenischer Politik führte: Nur physisch und psychisch gesunden Eltern sollte es gestattet sein, sich fortzupflanzen.

Drei Jahre zuvor, 1896, war an einem Gymnasium im bürgerlichen Berlin-Steglitz ein Stenografielehrer auf die harmlos anmutende Idee gekommen, mit Schülern Fußwanderungen durch die Wälder rings um Berlin zu unternehmen. Ein Unterfangen, das zur Initialzündung für die weltweit stilbildende deutsche Jugendbewegung wurde – zunächst des „Wandervogels", dann, nach dem Ersten Weltkrieg, der militarisierten „Bündischen Jugend".

Um die Attraktivität des Jugendwanderns zu verstehen, muss man sich die bedrückende, die bedrückte Lage zunächst junger Männer jener Zeit verdeutlichen. Von bürgerlichen Konventionen eingeschnürt, von Leistungsdruck beschwert und im Erleben ihrer Sexualität verängstigt, suchten sie nach Freiräumen, die sie in der freien Natur und Gruppen Gleichaltriger fanden. Die Literatur dieser Zeit, angefangen bei Thomas Manns „Buddenbrooks" über Hermann Hesses „Unterm Rad" bis zu Frank Wedekinds „Frühlings Erwachen" oder Franz Werfels „Abiturientag", bezeugt dies Elend eindrücklich. Die Reformpädagogik erwies sich zunächst als Ausdruck eines Unbehagens an seelenlosen, kasernenartigen Schulen, dann aber als Inbegriff einer Hoffnung: darauf, durch Erziehung einen neuen Menschen schaffen zu können, und zwar so, dass das Neue, das jedem Kind innewohnt, vor dem Zugriff der Mächte von Großstadt, Staat und Wirtschaft geschützt und in seiner Entwicklung gefördert wird. Doch nicht nur die männliche gymnasiale Jugend im Allgemeinen, sondern auch spezielle Gruppen des wilhelminischen Bildungsbürgertums standen in jener Zeit erheblichem Druck: Homosexuelle und Juden. Da die Frage nach dem Verhältnis von Reformpädagogik und Homosexualität anderweitig intensiv erörtert wurde, soll hier jener zweiten Gruppe und ihrem Verhältnis zur Reformpädagogik nachgegangen werden: der jüdischen Jugend.

II. Reformpädagogik und Politik

Die Reformpädagogik der jüdischen Jugendbewegung verlief als eine Form emanzipierender Erziehung parallel zur allgemeinen deutschen Jugendbewegung und Reformpädagogik – einer Reformpädagogik, die durchaus auch auf dem linken Flügel des politischen Spektrums, etwa bei den „Entschiedenen Schulreformern" ihre Anhänger fand. Es wundert nicht, dass Söhne und Töchter des assimilationswilligen jüdischen Bildungsbürgertums an beiden Formen der Bewegung, in der sozialistischen und der der Jugend intensiv partizipierten. Die sozialistische Reformpädagogik in Deutschland, für die sich nicht wenige Kinder des jüdischen Bildungsbürgertums begeisterten, nahm ihren Ausgang nach dem Ersten Weltkrieg in den sozialdemokratisch regierten Kommunen Hamburg und Berlin, wo sich unmittelbar nach der Novemberrevolution, nach intensiven Diskussionen eine Gruppe von mehr als zwanzig Personen aus dem Deutschen Philologenverband löste und schließlich 1919 den „Bund entschiedener Schulreformer" gründete. Zu seinen führenden Köpfen gehörten Fritz Karsen, 1885-1951 und Paul Oestreich 1878-1959 sowie Kurt Löwenstein. Kurt Löwenstein, 1885-1939 war mit seinen Konzepten weniger an einer Reform der Schulen, sondern des allgemeinen, vor allem des Volkshochschulwesens bzw. der Jugendarbeit interessiert. Kurt Löwenstein, der ursprünglich Rabbiner werden wollte, war zunächst 1919 Mitglied eines Soldatenrates und dann führender Bildungspolitiker der USPD, wirkte von 1921 bis 1933 als Stadtrat für Volksbildung in Berlin – Neukölln und saß für die SPD als Abgeordneter im Reichstag. Er war wesentlich für die Einrichtung von Abiturklassen an Volksschulen und die von Fritz Karsen gewollten „Arbeiter-Abiturienten" Kurse verantwortlich und engagierte sich intensiv in internationalen sozialistischen Erziehungsverbänden sowie in der sozialistischen „Kinderfreunde" Bewegung. 1933 ins Exil nach Frankreich gejagt, setzte er seine Bemühungen um eine sozialistische Kinder- und Jugendarbeit im Sinne einer auf Musik und Erlebnis bauenden außerschulischen Bildung auch in der Emigration fort und erlag 1939 in Paris einem Herzinfarkt.

III. Jüdische Reformpädagogik

Das, was derzeit als „Reformpädagogik" am Beispiel der Odenwaldschule und der Landerziehungsheimbewegung diskutiert wird, hat in den letzten Kapiteln des deutschen, des deutschsprachigen Judentums, dem auch Kurt Löwenstein, der zunächst an einem Rabbinerseminar studiert hatte, angehörte, eine bedeutende Rolle gespielt. Nicht nur war etwa Walter Benjamin eine Zeit lang Schüler in Gustav Wynekens „Freier Schulgemeinde Wickersdorf" und eine der wesentlichen Gestalten der Freideutschen Jugend, des linken Flügels der deutschen bürgerlichen Jugendbewegung, nicht nur war der später im Ausland von den Nationalsozialisten ermordete Kulturkritiker Theodor Lessing zunächst ein von Hermann Lietz angefeindeter Lehrer im Landerziehungsheim Haubinda, nein auch der spätere marxistisch – psychoanalytische Erziehungstheoretiker Siegfried Bernfeld begann seine Karriere im Rahmen des österreichischen „Haschomer ha Zair", der Jugendbewegung des sozialistischen, linken Zionismus, in dessen Rahmen er sich zunächst im Kindergartenprojekt Baumgarten unmittelbar nach dem Ersten Weltkrieg um jüdische Kriegswaisen kümmerte. Wenig bekannt ist, dass Einflüsse der Reformpädagogik wesentlich zur Entwicklung der Kibbuzerziehung und ihrer zunächst familienfeindlichen Theorie beitrugen. Es war aber nicht der aus Galizien stammende, zunächst in Wien wirkende Bernfeld, sondern ein junger deutschjüdischer Autor, der das Lebensgefühl einer tief von der deutschen Romantik geprägten, aber doch auch gesellschaftlich nur bedingt akzeptierten Gruppe 1914 als Autor der zionistischen „Jüdischen Rundschau" artikulierte:

> „Auch wir deutschen Zionisten sind mit Goethe und Schiller, mit Lessing und Herder, mit Kant und Fichte großgeworden" um dann zu bekennen: „Zionistische Turner wandern, wenn der Frühling kommt, hinüber nach Erez Israel und ziehen mit hebräischen Liedern durch die Ebene Saron und die Berge Judas. Auch wir sind im Begriff, eine jüdische Universität zu gründen wie Deutschland im Jahre 1810 als Zeichen nationalen Aufschwungs... Wir deutschen Juden haben die Glanzzeit Deutschlands erlebt und sind tief verwurzelt in unsere deutsche Kultur. Aber jenseits der Weichsel leben unsere Stammesgenossen im slawischen Barbarenlande und sehnen sich nach der neuen Freiheit im Ahnenlande... Mit den Waffen des Geistes, mit der hebräischen Sprache, führen wir unsere Befreiungskriege. Wenn dann stolz-jüdischer Geist und hebräische Sprache in

unsere Schulen und in unsere Jerusalemer Universität eingezogen sein werden, wenn in den Landerziehungsheimen und den Freien Schulgemeinden von Erez Israel hebräisch gesprochen werden wird, dann wird unser Düppel, Königgrätz und Sedan gekommen sein. Auch wir werden wohl ein Jahrhundert brauchen, bis unsere Träume in Erfüllung gegangen sein werden; ein jüdisches Zentrum im Ahnenlande, ein einiges Judentum, gefestigt durch das Band der Hebräischen Sprache." (Voigt, a.a.O.S. 28/29)

Man sollte sich durch die martialische Metaphorik, die mit den Ortsnamen der preußischen Schlachtfelder Düppeln, Königgrätz und Sedan aufgerufen werden, nicht irritieren lassen – der Autor denkt an dieser Stelle nicht an militärische, sondern an geistige Schlachten und Siege. Ihr Medium ist die hebräische Sprache – sie und der erneuerte Leib junger Juden zusammen sollen das Werk der Erneuerung des jüdischen Volkes vollbringen. Dieser Autor selbst sollte das Land Israel nie sehen, doch zeigt sich an manchen, aus der deutsch-jüdischen Jugendbewegung hervorgegangenen Kollektivsiedlungen im damaligen Palästina, wie sehr auch sie von diesem Geist geprägt waren. Das war vor allem in Hasorea – das ist hebräisch und bedeutet übersetzt „Der Sämann" – der Fall.

IV. Stefan George und Martin Buber

Von den Kibbuzim, die während der britischen Mandatszeit von Mitgliedern zionistischer Jugendbewegungen in Palästina gegründet wurden, unterscheidet sich Hasorea dadurch, dass es geradezu in Reinkultur ein authentischer Spross der in Deutschland um die Jahrhundertwende entstandenen jugendbewegt – bündischen Subkulturbewegung war. Gewiss: viele Kibbuzim entstanden aus zionistischen Jugendbewegungen vor allem Polens und Österreich-Ungarns, Jugendbewegungen, die ebenfalls die Formen der bündischen Jugendbewegung übernommen hatten, aber es dürfte nur Hasorea gewesen sein, dessen Gründer und Mitglieder ihr Ethos Leben und Werk Martin Bubers und Stefan Georges zugleich entlehnten. Hasorea wurde von der Jugendgruppe „Die Werkleute" gegründet, einer späten Abspaltung der 1932 an inneren Spannungen zugrunde gegangenen „Kameraden". Die Kameraden wiederum waren eine mehrere tausend jüdischer Jugendlicher zählende Jugendbewegung, die, 1916, im Jahr der Judenzählung im deutschen Heer gegründet, eine bewusst jüdische, wenn auch – wie man das damals nannte – assimilatorische Haltung mit den jugendkulturellen Formen der bündischen Jugend verband. Wie in allen – nichtjüdischen und jüdischen – Gruppen der Jugendbewegung üblich, gab es auch unter den Kameraden vielfältige Gruppen und Untergruppen, Arbeitsgruppen und weitere weltanschauliche Zirkel, so schon lange vor 1932 den von Hermann, später Menachem Gerson gegründeten „Kreis", dem es um eine Intensivierung eines religiös begründeten Gemeinschaftsdenkens ging. 1934, bereits in Palästina, in der Stadt Chedera, hielt Menachem Gerson am Grab eines wohl kürzlich verstorbenen Mitglieds der Gruppe, Sergej, eine Rede, in der er die innerjüdische Stellung der „Werkleute" zu charakterisieren suchte:

> „In unseren Elternhäusern fanden wir fast nichts Jüdisches vor, und von den öffentlichen Einrichtungen bekamen wir meist nur einen negativen Anstoß. Unsere jüdische Haltung begann und erwuchs aus einer persönlichen Fragestellung (...) wir stellten fest, dass es in uns drinnen eine große Zerrissenheit gab, dass bei uns das Intellektuelle in eine Abgelöstheit geraten konnte, die wir von vorneherein als furchtbar empfanden. Wir merkten, dass vieles von der edlen Haltung, die wir, vor allem unter dem Einfluß Stefan Georges, lieben lernten, uns gerade durch unsere jüdische Herkunft lebensmäßig fern lag." (Gerson 1935: 5)

Das im Rückblick zu verstehen, fällt auf den ersten Blick schwer. Denn: Stefan George, daran besteht seit langem kein vernünftiger Zweifel mehr, pflog nicht nur die Pose eines geistesaristokratischen Sehers, sondern war durchaus – auf den Spuren Nietzsches – ein Verächter der modernen Massendemokratie, gewiss kein Mörder der Weimarer Republik, wohl aber ein Nagel zu ihrem Sarg und ein Dichter, der der völkischen Ideologie keineswegs fernstand. Obwohl sich der Dichterfürst von jüdischen Jüngern anhimmeln, aus- und unterhalten ließ, obwohl er von fanatischen Judenhassern als „den Juden untertan" angesehen wurde, war er durchaus ein – wenn auch nicht besonders fanatischer – Antisemit. Schon 1905 war ihm die deutsche Hauptstadt – so im Brief an einen Buchillustrator – unsympathisch: „dieser Berliner mischmasch von beamten, juden und huren." (Karlauf 2008) Juden galten ihm als besonders geschäftstüchtig, nicht zuletzt in Erinnerung an seine Kindheit als Viehhändler, aber auch als Repräsentanten einer „geschäftigen Geistmacherei", als „andere Menschen", ja als „Fremdstämmige." In der für die deutsche Jugendbewegung maßgeblich gewordenen Gedichtsammlung „Der Stern des Bundes" aus dem Jahr 1914 hat George seiner Auffassung von Verhältnis von Juden und Nichtjuden dichterisch pathetischen Ausdruck verliehen:

> „Ihr äusserste von windumsauster klippe
> Und schneeiger brache ! Ihr von glühender wüste!
> Stammort des gott-gespenstes..gleich entfernte
> Von heitrem meer und Binnen wo sich leben
> Zu ende lebt in welt von gott und bild!..
> Blond oder schwarz demselben schooss entsprungene
> Verkannte brüder suchend euch und hassend
> Ihr immer schweifend und drum nie erfüllt!"

Das Gedicht enthielt in den Augen seiner jüdischen Anhänger beides: den Inbegriff der Hoffnung, dass auch Juden allen Rassenstereotypen zum Trotz gleichberechtigte Mitglieder einer geistesaristokratischen Gemeinschaft werden könnten: „demselben schoosse entsprungen" – aber eben auch ihre gleichsam ahasverische Kennzeichnung: „ ... immer schweifend und drum nie erfüllt." Enthält die eine

Verszeile jenes Versprechen, das nicht wenige assimilierte jüdische Intellektuelle in den Bannkreis Georges zog, so drückt die andere Zeile schon zwanzig Jahre vor der nationalsozialistischen Machtübernahme eine nie wirklich überbrückte und auch nie zu überbrückende Distanz aus.

VI. Hermann Gerson

Hermann Gerson, der Gründer und Chefideologe der „Werkleute", wurde 1908 in Frankfurt an der Oder in einem assimilierten, durch die Inflation verarmten Elternhaus geboren und näherte sich schon früh, in Reaktion auf den Mord an Walter Rathenau 1922, sozialistischen Ideen an. Als Leiter einer Ortsgruppe der Kameraden lud Gerson 1925 Gustav Wyneken nach Frankfurt/Oder ein und verfiel nach eigener Auskunft dessen Charisma. Innerhalb der „Kameraden" initierte Hermann Gerson den so genannten „Kreis", der als Antipode des von dem Frankfurter Rechtsanwalts, 1932 bei einem Unfall gestorbenen Rechtsanwalts Ernst Wolff nicht auf einen freiheitlichen Individualismus, sondern auf eine neue Formen religiös und jüdisch-national begründeter Gemeinschaftsbildung setzte (Gerson 1982). Geistiger Bezugspunkt dieser Gründung war Martin Buber, mit dem Gerson über lange Jahre einen intensiven Briefwechsel führte und bei dem er vor allem einen Begriff für das ihn quälende Problem der Zerrissenheit und des so genannten „Intellektualismus" fand. 1919 hielt Martin Buber vor jüdischen Jugendverbänden eine Rede über eine jüdisch verstandene Freiheit, in der es u.a hieß:

> „Unter Intellektualisierung verstehe ich die Hypertrophie des aus dem Zusammenhang des organischen Lebens herausgebrochenen, parasitär gewordenen Intellekts im Gegensatz zu einer organischen Geistigkeit, in der sich die Totalität des Lebens umsetzt. Diese Intellektualisierung macht einsam, denn nur von Mensch zu Mensch (...) nicht aber von Denkapparat zu Denkapparat führt die Brücke unmittelbarer Gemeinsamkeit, heiße sie nun Liebe, Freundschaft, Kameradschaft, Genossenschaft." (Buber 1919: 14)

Als der 1878 geborene Martin Buber diese Rede hielt, war er immerhin älter als vierzig Jahre und gerade dabei, sich vom überzeugten Befürworter eines deutschen Sieges im ersten Weltkrieg zum Pazifisten zu wandeln (Sieg 2001: 139-149). Martin Buber war darüber hinaus Zionist und – dem nur vermeintlich zum Trotz – einer der wichtigsten, wenn nicht gar der wichtigste Inspirator zumal der nicht-zionistischen jüdischen Jugendbewegung in der Zwischenkriegszeit. Eines allerdings war Buber nicht: er gehörte nicht zu jenen realpolitisch gehärteten staatsbildenden Zionisten, denen klar war, dass man einen jüdischen Staat nur durch wirtschaftlichen Aufbau oder militärische Gewalt erringen konnte, für ihn war Zionismus letztlich eine spirituelle Haltung:

> „Zion" so Buber „ist Größeres als ein Stück Land in Vorderasien (...) Zion ist das neue Heiligtum im Bilde des alten. (...) Es ist der Grundstein des messianischen Menschheitsbaus.(...) An euch, an der Jugend wird es liegen, ob aus Palästina die Mitte der Menschheit oder ein jüdisches Albanien wird, das Heil der Völker oder ein Spiel der Mächte. Zion wird nicht in der Welt erstehen, wenn ihr es in der Seele nicht bereitet." (Buber 1969: 39)

Fragt man nun, bei welchen Jugendlichen derlei Ansprachen auf geistig und seelisch fruchtbaren Boden fielen, so zeigt die Forschung schnell, dass es sich dabei um jüdische Jugendliche der Jahrgänge 1910-1920, im Allgemeinen deutschjüdischen Elternhäusern entstammend handelte, wobei der übliche Hinweis, es habe sich um assimilierte Elternhäuser gehandelt, in dieser Allgemeinheit nicht zutreffen dürfte. Denn immerhin zeigen stichprobenartig erhobene exemplarische Fälle, dass in vielen Familien zumindest die Mütter noch stark an die religiösjüdische Tradition gebunden waren. Gleichwohl waren die Bindung an die und die Bewunderung für die deutsche Kultur – von Schiller und Goethe zu Rilke und George – undiskutiert und ungebrochen und stellte den über Jahrzehnte zunächst nicht in Frage gestellten Horizont des eigenen Selbstverständnisses dar. Der gesellschaftliche Antisemitismus der wilhelminischen Zeit, der sich in den Jahren der Weimarer Republik immer stärker auszuprägen begann, konfrontierte diese Jugendlichen, zumal wenn sie männlichen Geschlechts waren, mit zwei, eng miteinander verwobenen Entwicklungsaufgaben: einer Definition ihrer Männerrolle sowie einer Entscheidung, welcher, partikularen oder universalistischen Weltanschauung sie sich anschließen wollten. Es war Hermann Meier-Cronemeyer, der auf den zunächst befremdenden Umstand aufmerksam gemacht hat, dass die judenfeindlichen Schriften Hans Blühers, der den Juden eine „Männerbundschwäche" attestiert hatte, auf das Selbstverständnis der jüdischen Jugendbewegung in all ihren Schattierungen erheblichen Einfluß hatte (Meyer-Cronemeyer 1969: 48). Auch in dieser Hinsicht hatte Buber den Nerv dieser vor allem männlichen Jugend präzise getroffen:

> „Der westjüdische Jüngling, der zum Bewusstsein seines Verhältnisses zur Gemeinschaft erwacht, findet sich zwischen zwei Gemeinschaften gestellt, gleichsam zwischen sie aufgeteilt... Die eine, der er durch seine Geburt entstammt, die andere (...), die die Sprache geschaffen hat, die er spricht und in der er denkt, die die Kultur geschaffen hat, die ihn gebildet hat... Aber eines fehlt, ein Letztes, Innerlichstes, das fundamentale Prinzip der wahrhaften Verbindung mit einer Volksgemeinschaft und doch nur selten in seiner Bedeutung gekannt und bewusst: das Gemeinschaftsgedächtnis." (Buber 1969: 39)

Wie auch in der allgemeinen, nicht-jüdischen Jugendbewegung wurde die Lösung dieser Aufgabe in Bildung und Sozialarbeit gesucht: Bildung im Sinne einer persönlichen Weiterentwicklung im Dienste eines übergreifend Allgemeinen, das diese Jugend in dem fand, was es für das jüdische Volk hielt, eine Überzeugung, der bekanntlich auch der junge Siegfried Bernfeld mit allen Konsequenzen, einschließlich einer Verehrung für den damals schon in Verruf geratenen Gustav Wyneken anhing (Meyer-Cronemeyer 1969: 46).

VI. Jüdische Volksarbeit

Das übergreifend, verpflichtende Allgemeine, das jüdische Volk, wähnten die sich selbst als „Westjuden" verstehenden Jugendlichen vor allem in den Jahren vor, während und nach dem Ersten Weltkrieg in den nach Deutschland eingewanderten Juden aus Posen und Galizien zu erkennen, die etwa im Berliner Scheunenviertel eine ebenso fremdartige wie faszinierende Immigrantenkultur entfalteten (vgl. Maurer 1986).
Der Wunsch, diesen so fremden und doch so eigentlichen Geschwistern nahe zu sein, kleidete sich in caritative und pädagogische, in bildende und sozialpädagogische Bemühungen. Politisches Ziel, der aus dem „Kreis" hervorgegangenen, 1932 organisatorisch selbständig gewordenen „Werkleute" war es, sich an der Volksheimbewegung zu orientieren, die 1916 zum ersten Mal im Berliner Scheunenviertel ein soziokulturelles Zentrum für geflohene und soeben immigrierte Ostjuden eingerichtet hatte. Der Entschluss der „Werkleute", sich in der Großstadt, in der größten Großstadt, die Deutschland damals aufzuweisen hatte, zu engagieren, geschah bewusst: nirgend anders als dort, wo die Hektik und Desintegration ihren stärksten Ausdruck gefunden hatte, wo also jedwede Entfremdung alle gewachsenen sozialen und gemeinschaftlichen Beziehungen aufgelöst hatten, sollte die Umkehr und der Neubeginn anheben. Im Berliner Scheunenviertel jedenfalls schienen das Älteste und Fremdeste, nämlich „Ostjuden" und die Stein gewordene Moderne, die Großstadt so zusammenzutreffen, dass dort und nur dort die Bewährungsprobe für ein neues Gemeinschafts- und Volkstum stattfinden konnte.

> Die Faschistisierung Deutschlands ließ es zu einer eigenständigen Verwirklichung dieser Gedanken durch die erst 1932 als eigene Organisation ausdifferenzierten Werkleute, denen schätzungsweise eintausendfünfhundert Mitglieder angehörten, nicht mehr kommen. Bei allem sozialromantischen Schwärmertum verfügten diese jungen Bildungsbürger doch über genügend Realitätssinn, um einzusehen, dass sie ihre Wünsche und Aufgaben in einem nationalsozialistischen Deutschland nicht mehr würden erfüllen können, weswegen sie sich in ihrer Ende April 1933 auf einem sogenannten Führertreffen verabschiedeten neuen Satzung dem Zionismus im Sinne Theodor Herzls verpflichteten und in den §§ 2 und 3 dieser Satzung festhielten:

> „Der Bund erstrebt die Errichtung einer eigenen Siedlung in Palästina. Die Sondertendenz des Bundes innerhalb der zionistischen Bewegung ergibt sich durch die bewusste Pflege der religiösen Werte des jüdischen Volkstums und seiner Geschichte. Entsprechend seiner palästinozentrischen Einstellung verbietet der Bund seinen Mitgliedern jede politische Betätigung in Deutschland." (Weigele 2004: 66/67)

In den darauf folgenden Jahren unterzogen sich die Mitglieder des Bundes beruflichen Umschulungen und wanderten in kleinen Gruppen nach Palästina aus, um schließlich 1936 den Kibbuz zu gründen. So auch Hermann Gerson, dem es bei alledem noch 1935 nie um weniger ging als um die „Herausstellung eines neuen jüdischen Typs: „des Menschen, der aus der Versprengtheit und Substanzlosigkeit des Westjuden zu jüdischer Verbundenheit gelangt" (Gerson 1935: 3).
Die Wirklichkeit im Palästina der Mandatszeit und die Jahre danach sollten jedoch viele ihrer Utopien widerlegen oder doch deutlich verändern.

> Indes: „Unsere soziale Arbeit" so die Erinnerung einer der Gründerinnen von Hasorea „sollte eben diese Bevölkerungsschicht, die vollkommen verelendet war, integrieren – ohne sie zu assimilieren. Wir hatten uns vorgestellt, dieses verarmte Judentum in Heimen zu erziehen, ihnen Ausbildung zu geben und mit ihnen zu lernen. (...) Natürlich wollten wir mit ihnen auch Feiern gestalten, so ein richtiges Heimleben halt. (...) Ich traf mich auch mit Einzelnen aus dieser Gruppe und versuchte, mit ihnen ihre Probleme zu klären. Das war für mich ziemlich schwierig, denn diese Jugendlichen waren fast im selben Alter wie ich, und ich war verhältnismäßig unerfahren in jeder Beziehung. Die waren in vielen Sachen erfahrener als ich. Das kam durch das Leben, das sie zu leben gezwungen waren." (Godenschweger/Vilmar 1990: 47)

VII. Im Land – eine Utopie wird verwirklicht

Die Wirklichkeit im Palästina der Mandatszeit und die Jahre danach sollten auch diese Wünsche und Vorstellungen widerlegen. 1983 noch gab ein Gründungsmitglied zu Protokoll, dass es ursprünglich um einen liberalen Wunsch ging:

> „im Grunde" so das betagte Mitglied, „für die Kinder probierten wir von vorneherein eine Gesellschaft zu schaffen, die ihnen die Möglichkeit gibt, wirklich das, was in ihnen steckt, herauszuleben und zu entwickeln."

Indes: gerade dieser Mann musste schließlich einräumen, dass seine vier Söhne allesamt den Kibbuz verlassen hatten, zwei Söhne wanderten in die USA aus, während die beiden jüngeren Söhne zu streng orthodoxen Juden wurden. Einen Generationenkonflikt glaubte dieser Vater dennoch bestreiten zu können:

> „Und es gab eigentlich zwischen meinen Söhnen und mir, besonders meinen jüngeren Söhnen, die fromm geworden sind, (...) keine Spannungen. Das ist mehr in der Opposition gegen den Kibbuz als zu mir. Vielleicht ist da der Kibbuz der Ersatzvater. Ja, vielleicht."

Wenn man dieser sehr kurz gehaltenen Fallgeschichte etwas entnehmen kann, dann womöglich die Einsicht, dass ein interner, begrifflich notwendiger Zusammenhang zwischen dem Wunsch, einen neuen Menschentypus zu schaffen und einem daraus erwachsenden Elitismus, einer Selbstprivilegierung jener, die diesen Wunsch hegen, existiert sowie dass die ambivalent konflikthafte Beziehung zwischen Eltern und Kindern jedenfalls dann, wenn sie demokratisch gerahmt ist, den totalitären Überschuss dieses platonischen Willens wieder aufhebt.

Sowohl für den Einfluss der deutschen Kulturkritik als auch für neue Ideen der Erziehung steht beispielhaft der 1936 gegründete Kibbuz Hasorea. Wenn auch auf freiwilliger, auf demokratischer Basis, so stellte doch das Modell der Kollektiverziehung, wie es bis in die 1970er Jahre die meisten israelischen Kibbuzim praktizierten, die radikalste Verwirklichung jenes schon von Platon im „Staat" formulierten Misstrauens gegen die Familie dar. Im Rückblick wird freilich klar, dass es nicht nur weltanschauliche Gründe waren, die zunächst zu einer Abkehr der Kibbuzim von der Familienerziehung führten. Tatsächlich machte es die Gründung einer landwirtschaftlichen Siedlung auf den unwirtlichen Böden des Palästinas jungen Eltern unmöglich, sich intensiv um ihre Kinder zu kümmern – so dass das Modell einer gemeinschaftsbezogenen Fremdbetreuung vom 9. Tag nach der Geburt an in kollektiven, von Kinderschwestern betreuten Kleinkindhäusern eben auch eine ökonomische Notwendigkeit war. Anfang der 1980er Jahre erinnerte sich eine damals etwa siebzig Jahre alte Gründerin:

> „Und lehnten auch eigentlich, so wie wir es kannten, das Familienleben ab. Wir wollten eine große Familie sein, wir haben niemals abgelehnt, dass ein Kind seinen Eltern gehört, und dass es Vater und Mutter hat und dass die Elternliebe zur Erziehung gehört, aber wir strebten einen Kollektivismus an, der sich heute geändert hat (...)"

VIII. Reformpädagogik und Gesellschaft

Am Beispiel der zionistischen Reformpädagogik ließ sich zeigen, wie unterschiedlich und zum Teil sogar radikal gegensätzlich Personen und Institutionen all dessen, was „Reformpädagogik" genannt wird, waren. Diese internationale Bewegung, die ihre hohe Zeit zwischen der Jahrhundertwende und dem Beginn des Zweiten Weltkriegs in Europa und Nordamerika hatte, fand ihre größte Gemeinsamkeit darin, über den klassischen, paukenden Schulunterricht hinauszugehen. Gleichwohl gilt, dass all diese Strömungen, Ideologien aber auch Werkstätten miteinander kommunizierten, in den Jahren vor dem Zweiten Weltkrieg vor allem im „Weltbund für Erneuerung der Erziehung". Der Zweite Weltkrieg mit seinen politischen Gegensätzen ließ die bestehenden Gemeinsamkeiten kaum bestehen und ließ die weltanschaulichen Unterschiede, die den vielfältigen Programmen zugrundelagen, unbarmherzig hervortreten. Indes: so falsch es wäre, die im engeren Sinne pädagogischen Prinzipien unter Hinweis auf ihre ideologische Einbettung in Bausch und Bogen zu verwerfen, so blind wäre es umgekehrt, ihre gesellschaftlichen Hintergründe in naiver pädagogischer Begeisterung zu vernachlässigen. Schule und Unterricht sind, auch wenn sie mit gutem Grund ein gewisses Eigenleben führen, stets Schule und Unterricht der Gesellschaft, in der sie existieren. Ihre Kritik und Weiterentwicklung lässt sich daher nicht ohne Kritik und Weiterentwicklung der Gesellschaft betreiben, in der sie bestehen. Es war Siegfried Bernfeld, der nach seiner jüdisch-reformpädagogischen, seiner zionistischen Phase in seinem „Sisyphus" zu Nüchternheit aufrief, aber am Ende doch zum dem Schluss kam, dass sich Schule und Pädagogik nicht verändern können, wenn sich nicht zuvor die Gesellschaft im Ganzen ändert – eine Überzeugung, die ebenso unsinnig ist wie das reformpädagogische Credo, dass sich nur durch erneuerte pädagogische Institutionen auch die Gesellschaft ändern ließe. Nein, Schule und Gesellschaft sind unauflöslich miteinander verwoben, daher gilt im Guten wie im Schlechten, dass Schule und Gesellschaft sich nur gemeinsam oder eben gar nicht entwickeln und verändern.

Literatur
Buber, Martin (1919): Cheruth. Eine Rede über Jugend und Religion, Wien/Berlin: Löwit.
Buber, Martin (1969): Zion und die Jugend. Eine Ansprache. In: Meier-Cronemeyer (1969).
George, Stefan (2003): Die Gedichte. Stuttgart: Klett-Cotta.
Gerson, Hermann (1935): Probleme der Gemeinschaftsverwirklichung im Kibbuz. Miteilungsblatt vom Juli 1935. In: Gerson (1935): 3.
Gerson, Hermann (1935): Werkleute. Ein Weg jüdischer Jugend. Berlin: Kommissionsverlag Kedem.
Gerson, Martin (o.Jahr): Eine Jugend in Deutschland. Archiv des Kibbuz Hasorea, Nr. 74 vom April 1982.
Godenschweger, Walter B./Vilmar, Fritz (1990): Die rettende Kraft der Utopie. Frankfurt a.M.: Luchterhand.
Karlauf, Thomas (2008): Stefan George. München: Bertelsmann.
Kolb, U. (1983): Utopie als Zuflucht. Unveröffentlichtes Manuskript. Frankfurt a.M.
Maurer, Trude (1986): Ostjuden in Deutschland 1918-1933. Hamburg: Christians.
Meier-Cronemeyer, Hermann (1969): Jüdische Jugendbewegung, Teil 1 u.2. Germania Judaica, Köln
Sieg, Ullrich (2001): Jüdische Intellektuelle im Ersten Weltkrieg. Berlin: Akademie Verlag.
Weigele, R. (2004): Die Werkleute als ein Beispiel der jüdischen Jugendbewegung in der Weimarer Republik. Unveröffentlichte Magisterarbeit Heidelberg.

Joachim Bauer

Die Bedeutung der Beziehung für schulisches Lehren und Lernen

Eine neurobiologisch fundierte Perspektive

Wo Menschen über längere Zeit mit Menschen zu tun haben, entsteht »Beziehung«. Was lässt sich über das Beziehungsgeschehen zwischen Lehrenden und Lernenden aus neurobiologischer Sicht sagen? Im Kern der pädagogischen Beziehung sieht Joachim Bauer wechselseitige Spiegelungs- und Resonanzvorgänge. Als deren Produkt beschreibt er zwei pädagogische Komponenten, die in eine Balance zu bringen seien: Einfühlung und Führung. Beide bedürfen einer sorgfältigen Regulierung auf der Nähe-Distanz-Skala.

Den zwischenmenschlichen Prozess, der sich aus unserem Verhalten gegenüber Anderen und aus den mit ihnen gemachten wechselseitigen Erfahrungen ergibt, nennen wir »Beziehung«. Beziehungen zwischen Menschen zeigen – wie Menschen selbst – eine individuelle Prägung. Die Qualität von Beziehungen lässt sich beeinflussen. Wo professionelle Akteure für andere Menschen tätig sind, ist die Möglichkeit, zwischenmenschliche Beziehungen zu gestalten, zugleich eine zentrale Aufgabe. Sie stellt sich nicht nur für Pädagogen, sondern in allen Humandienstleistungsberufen. Ebenso wie es nach *Paul Watzlawick* nicht möglich ist, nicht zu kommunizieren (beziehungsweise sich nicht zu verhalten), so ist es in diesen Berufen nicht möglich, mit seinen Klienten keine Beziehung zu haben.

Die pädagogische Beziehung: Nicht immer segensreich

Dass die Beziehungen zwischen Lehrenden und Lernenden nicht immer segensreich waren beziehungsweise sind, sondern zur Quelle schwerer menschlicher Verletzungen werden können, mussten wir in den letzten Monaten – wieder einmal – schmerzhaft zur Kenntnis nehmen. Der Missbrauch der pädagogischen Beziehung ist kein neues Phänomen. Ich wurde, wie unzählige Schüler(innen) meiner Generation, in meiner Grundschulzeit in der zweiten Hälfte der 50er Jahre von Lehrkräften einer staatlichen Schule noch in einer Weise körperlich misshandelt, die heute jeden Lehrer vor Gericht bringen würde. Den Tatbestand der Misshandlung erfüllende körperliche Züchtigungen waren Ausdruck der sogenannten »schwarzen Pädagogik« (*Alice Miller* 1983) und gehörten bis in die 60er Jahre hinein auch in vielen deutschen Elternhäusern zu den üblichen Erziehungsmethoden.

Manchmal begünstigen heftige Gegenreaktionen, mit denen man Missstände beendigen wollte (oder will), ihrerseits neue Missstände. Ein Beispiel sind einige (nicht alle) Entwicklungen, die zur Gegenreaktion gegen die »schwarze Pädagogik« gehörten. Abgeschreckt durch die mit der autoritären Pädagogik verbundene sexuelle Repression propagierten Teile der antiautoritären Bewegung (vor allem die »Kinderladen«-Bewegung der späten 60er und der 70er Jahre) eine weitgehend entgrenzte, auch pädophile Kontakte legitimierende libertäre sexuelle Position (siehe u. a. *Daniel Cohn-Bendit* 1975, *Reinhard Bingener* 2010). Inwieweit die Reformpädagogik, deren Wurzeln bis an den Anfang des 20. Jahrhunderts zurückreichen, im Zusammenspiel mit den später hinzugetretenen Impulsen der 68er Bewegung, ein begünstigendes Milieu für – leider erst neuerdings (an)erkannte – Fehlentwicklungen war, muss geklärt und aufgearbeitet werden.

Entwicklungen und Fehlentwicklungen der Pädagogik hatten und haben immer ihre jeweils begünstigenden Milieus: Ohne den preußischen Militärstaat und das autoritäre Milieu im Deutschen Reich nach 1871 hätte sich keine »schwarze Pädagogik« entwickeln können. Mit Blick auf die in den letzten Monaten – leider viel zu spät – bekannt gewordenen zahlreichen Missbrauchsfälle in kirchlichen pädagogischen Einrichtungen ist zu klären, welche kirchlichen Milieufaktoren hier verantwortlich waren beziehungsweise sind. Kirchen und Ordensgemeinschaften haben über Jahrhunderte hinweg einen unschätzbaren Beitrag zur Ausbildung sozial benachteiligter Kinder – auch von Mädchen – geleistet, sie leisten ihn auch weiterhin. Missbrauchsfälle sind rückhaltlos aufzuklären, sie legitimieren aber keine pauschalen antikirchlichen Kampagnen, ebenso wie es unsinnig wäre, wegen der inakzeptablen Vorkommnisse in einigen Internatsschulen die gesamte Reformpädagogik für obsolet zu erklären.

Nachdem wir erkennen, dass die Geschichte der pädagogischen Beziehung immer auch eine Geschichte ihres Missbrauchs war, sind neuerdings Stimmen zu hören, man solle das Konzept der pädagogischen Beziehung im Bereich der Schule ganz aufgeben und Lehren und Lernen auf beziehungsfreie »Professionalität« reduzieren. Ich werde darlegen, warum es aus neurobiologischer Sicht eine Pädagogik ohne Beziehungsgestaltung ebenso wenig geben kann wie eine Astronomie ohne optische oder eine Chirurgie ohne chirurgische Instrumente. Die Gründe liegen in der Funktionsweise des menschlichen Gehirns.

Beziehung als neurobiologisch relevante Einflussgröße

»Is social attachment an addictive disorder?« (»Ist soziale Bindung eine Sucht?«) war der Titel eines 2003 vom Hirnforscher *Thomas Insel*, Direktor des *National Institute of Mental Health* (NIMH) publizierten Artikels, in dem er eine große Zahl von Studien zusammenfasste und deutlich machte, dass das menschliche Gehirn ein auf gute zwischenmenschliche Beziehungen angewiesenes Organ ist. Diese Erkenntnis ließ in der neueren US-Hirnforschung den Begriff des »Social Brain« entstehen. Bedeutung für einen anderen Menschen zu haben, »gesehen« und wertgeschätzt zu werden, ist, wie sich herausstellen sollte, weit mehr als ein psychologisches Desiderat. Es ist die Voraussetzung für die biologische Aktivierung der sogenannten »Motivationssysteme« des menschlichen Gehirns.

Das menschliche Gehirn, zumal jenes von Kindern und Jugendlichen, verwandelt aus dem Bereich »Beziehung« kommende Inputs in neurobiologische Reaktionen. Diese zeigen sich in der Freisetzung von Neurobotenstoffen und in Veränderungen im Bereich der Genaktivierung (ein als »Genregulation« bezeichnetes Phänomen): Wahrgenommen-Werden, soziale Unterstützung, Wertschätzung und die Erfahrung von Gemeinschaft veranlassen die Nervenzell-Netzwerke des Motivationssystems Dopamin (ein Botenstoff für psychische Energie), körpereigene Opioide (Wohlfühlbotenstoffe) und Oxytozin (ein Vertrauens- und Kooperationsbereitschaft förderndes Hormon) zu produzieren. Ein pädagogisches Konzept, welches die Vorgänge ausblenden würde, die mit der persönlichen Begegnung von Lehrenden und Lernenden zu tun haben, wäre daher unprofessionell – jedenfalls aus neurobiologischer Sicht. Ein konsequent unpersönlicher Umgangsstil und ein Verzicht auf jede emotionale Komponente der menschlichen Begegnung haben beim Kind beziehungsweise beim Jugendlichen nicht nur eine Desaktivierung der Motivationssysteme, sondern auch eine Aktivierung der Stress-Systeme zur Folge. Wer also Beziehungsaspekte auszuklammern trachtet, gestaltet trotzdem Beziehung – allerdings auf eine fatale Weise.

Nervenzellen für Spiegelung und Resonanz: Das System der Spiegel-Nervenzellen

Dass Kinder und Jugendliche die Erfahrung der persönlichen Wahrnehmung, also »Beziehung« brauchen, um Motivation zu entwickeln, ist eine pädagogisch sehr allgemeine Feststellung, sie kann allenfalls als eine Art »Base Line« dienen. Das Konstrukt der »Beziehung« bedarf einer näheren Beschreibung, vor allem einer Darstellung seiner wirksamen Kernbestandteile. Kern jeder zwischenmenschlichen, insbesondere der pädagogischen »Beziehung« ist Spiegelung und Resonanz. Spiegelung und Resonanz sind Phänomene, welche die Beziehungen zwischen

Menschen wesentlich unterscheiden von dem Verhältnis, das wir zu nichtbelebten Objekten haben.

Der (vor allem von Männern geäußerte) Verdacht, Spiegelung und Resonanz seien die Grundübel einer Watte-Pädagogik und bedeuteten die Verweigerung von Führung, beruht auf einem Irrtum, dem vor allem solche Personen unterliegen, die selbst keinen guten Zugang zu den Potentialen ihrer Spiegelsysteme haben (Studien belegen, dass Funktionsstörungen der Spiegelzellen beim männlichen Geschlecht neun Mal so häufig sind wie beim weiblichen). Ich werde deutlich machen, dass das System der Spiegel-Nervenzellen, welches beim Menschen eine (nicht die alleinige!) Voraussetzung für die Fähigkeit des einfühlenden Verstehens ist, zugleich jenes Instrumentarium darstellt, ohne das auch pädagogische Führung nicht funktionieren kann.

Spiegel-Nervenzellen simulieren beziehungsweise imitieren in unserem Gehirn ein Spiegelbild der inneren Vorgänge, die sich in anderen Personen abspielen, vorausgesetzt, diese Personen befinden sich im »Einzugsbereich« unserer fünf Sinne. Sehen wir einen anderen Menschen eine Handlung ausführen, so wird die Beobachtung dieser Handlung in unserem Gehirn Nervenzellen in Aktion setzen, die auch dann aktiv werden müssten, wenn wir die beobachtete Handlung selbst ausführen müssten. Spiegelneurone üben also »heimlich« mit, sie sind die neurobiologische Basis des von *Albert Bandura* vor vier Jahrzehnten entdeckten »Lernens am Modell«. Spiegelzellen arbeiten »präreflexiv«, d.h. ohne dass wir bewusst nachdenken müssten.

Spiegel-Nervenzellen springen nicht nur an, wenn wir andere handeln sehen, sie lassen uns auch fühlen was andere fühlen, z.B. Freude oder Traurigkeit, Begeisterung oder Desinteresse, Wohlbefinden oder Schmerz. Unsere Spiegelzellen *informieren* uns nicht nur über die inneren Vorgänge anderer Menschen, sie können uns auch *anstecken*. Ein Mensch (z.B. ein Pädagoge), der jede Körperspannung vermissen lässt und gähnt, wird mich (oder die Schüler) nicht nur spüren lassen, dass er müde ist, er wird meinen eigenen Befindenszustand (beziehungsweise den der Schüler) verändern. Was unsere Spiegelzellen aktiviert, ist einerseits die *Sprache* (jeder kennt die suggestiven Resonanzen, die gesprochene Worte in uns auslösen können), mehr noch aber die von uns bewusst oder unbewusst wahrgenommene *Körpersprache* anderer Menschen (insbesondere Blicke, Mimik, Stimme, Körperhaltung und Bewegungsmuster).

Produkte wechselseitiger Resonanz: Verstehende Zuwendung und pädagogische Führung

Spiegelungen und Resonanzen beeinflussen – überwiegend implizit – das Geschehen im Klassenzimmer. Lehrkräfte können über das Einfühl-Pozential ihrer

Spiegelneurone etwas von dem spüren, was in ihren Schützlingen vor sich geht. Kinder und Jugendliche nehmen dies ihrerseits wahr! Sie spüren nicht nur, *ob* sie in Erwachsenen eine Resonanz auslösen, sondern auch, *wie* sie wahrgenommen werden. Drei zentrale, von Schülern unbewusst an Pädagogen gerichteten Aufträge lauten:

»Lass mich spüren, dass ich da bin, dass ich für Dich existiere!«
»Zeige mir durch Deine Resonanzen, was meine starken und schwachen Seiten sind!«
»Lass mich spüren, ob Du – bei aller Kritik – an mich und an meine Entwicklungspotenziale glaubst!«

Verstehende Zuwendung, wie sie für Schüler(innen) spürbar wird, wenn Lehrkräfte Resonanz zeigen, ist jedoch nur die eine Seite der pädagogischen Medaille. Lehrkräfte können – und müssen – noch etwas Zweites einbringen: Sie müssen führen. Führung bedeutet, dass Pädagogen die Spiegelneurone ihrer Schüler(innen) dazu bringen, in Resonanz zur Lehrkraft zu gehen. Auch hier kommt es darauf an, das Medium neurobiologischer Resonanzvorgänge zu benutzen: Sprache und Körpersprache (letztere wird in der Lehrerausbildung sträflich vernachlässigt). Führung ist jedoch kein Selbstzweck. Sie macht nur Sinn, wenn Pädagogen eine »Botschaft« haben, mit der sie ihre Schüler(innen) »anstecken« wollen. Zur »Botschaft« sollte nicht nur ein didaktisch gut aufbereiteter Wissensstoff gehören (Wissensinhalte als solche sind nicht immer gut resonanzfähig), sondern die Freude, Leidenschaft oder Begeisterung des Pädagogen mit Blick auf das gelehrte Fach.

Dank der erstaunlichen Eigenschaften der Spiegelneurone können Lehrkräfte also einerseits intuitiv erkennen, welche Zustände, Absichten und Motive in ihren Schüler(inne)n in einer gegebenen Situation vorherrschen. Andererseits können sie, wenn sie eine klare menschliche (Wert-) Haltung, Freude am gelehrten Fach und ein gutes didaktischen Konzept haben, führen. Eine gut austarierte Balance von verstehender Einfühlung und Führung ist das Kernstück der pädagogischen Beziehung.

Die notwendige Justierung von einfühlendem Verstehen und pädagogischer Führung auf der Nähe-Distanz-Skala

Beide Elemente der pädagogischen Beziehung, einfühlendes Verstehen und Führung, bedürfen einer Justierung auf der Nähe-Distanz-Skala. »Die Dosis macht, ob ein Ding ein Heilmittel oder ein Gift ist« (*Paracelsus*). Beide pädagogischen Elemente erreichen dann, wenn das Bedürfnis der Lehrenden beziehungsweise des Schulsystems nach emotionaler Distanz krass überwiegt, die Lernenden in einer entsprechend verdünnten, am Ende kaum noch spürbaren Form. Unmittelbare Gefahren (im Sinne einer Traumatisierung) werden sich daraus in der Regel zwar nicht ergeben. Was bei zu großer Distanz auf der Strecke bleibt, ist ein belebender Unterricht und die Motivation der Lernenden. Auch die Motivation der Lehrenden wird in einer solchen Konstellation Schaden nehmen. Zu große Distanz ist jedoch nicht die einzige Gefahr.

Zu große Nähe zum Kind beziehungsweise zum Jugendlichen ergibt sich nicht nur dann, wenn es um einfühlendes Verstehen geht, sie kann auch das Prinzip der pädagogischen Führung betreffen. Ein sicheres Anzeichen für einen Missbrauch der pädagogischen Beziehung durch zu große Nähe ist gegeben, wenn das Gebot der Unterlassung sexualisierender körperlicher Kontakte oder körperlicher Gewalt missachtet wird (»Sexualisierende« Kontakte sind nicht nur sexuelle Handlungen im engeren Sinne, sondern alle Handlungen und körperlichen Kontakte, die darauf angelegt sind oder erwarten lassen, dass bei einem der Beteiligten oder bei beiden sexuelle Gefühle angeregt werden.).

Unverletzlichkeit des Körpers und die Sexualität markieren zwei Bereiche, die den somatischen Kern der Selbststeuerung und Selbstverantwortung eines Menschen darstellen. Selbststeuerung und Selbstverantwortung sind das Ziel aller Pädagogik und unterstehen daher dem besonderen Schutz der pädagogischen Beziehung. Intime Kontakte oder körperliche Gewalt zwischen Lehrenden und Lernenden machen aus der pädagogischen Beziehung, die Kindern und Jugendlichen helfen sollte, für sich und das eigene Leben Lösungen zu finden, einen Teil des Problems. Sexualisierende Körperkontakte und Gewalt sind daher schwere Grenzverletzungen und zerstören die pädagogische Beziehung. Sie sind auch dann abzulehnen, wenn sie scheinbar (!) vom Kind oder Jugendlichen nicht negativ beantwortet werden oder in scheinbarem (!) gegenseitigem Einvernehmen stattfinden.

Fazit

Wo Lehrende und Lernende miteinander arbeiten, kommt es immer auch zu persönlichen zwischenmenschlichen Begegnungen. Neurobiologisch gesehen ist die Herausbildung einer zwischenmenschlichen Beziehungsebene zwischen Lehrenden und Lernenden nicht nur eine unvermeidliche Tatsache, sondern eine Chance, Zugang zur Motivation der Lernenden zu finden. Die pädagogische Beziehung beinhaltet jedoch nicht nur Chancen, sondern auch Gefahren. Das interpersonelle Beziehungsgeschehen – und seine immer wieder neue Reflexion und Konzeptualisierung – bleibt eine immerwährende Herausforderung professioneller Pädagogik.

Literatur

Bauer, J. (2006): Warum ich fühle, was du fühlst. Intuitive Kommunikation und das Geheimnis der Spiegelneurone. München.
Bauer, J. (2008): Lob der Schule. Sieben Perspektiven für Schüler, Lehrer und Eltern. München.

Bauer, J. (2008): Prinzip Menschlichkeit. Warum wir von Natur aus kooperieren. München.
Bauer, J. (2010) : Das Gedächtnis des Körpers. Wie Beziehungen und Lebensstile unsere Gene steuern. Frankfurt.
Bauer, J. (2011): Schmerzgrenze. Vom Ursprung alltäglicher und globaler Gewalt. München.
Birgener, R. (2010): Die Lust am Kind. FAZ vom 29. 3. 2010.
Cohn-Bendit, D. (1975): Der große Basar. Frankfurt.
Insel, T. (2003): Is social attachment an additive disorder? In: Physiology and Behavior, Bd. 79, S. 351–357.
Miller, A. (1983): Am Anfang war Erziehung. Frankfurt.

Werner Esser

Begabtenförderung als reformpädagogisch angelegter Prozess der Persönlichkeitsförderung im Internat

Angesichts des himmelschreienden Unrechts, das Kindern von Pädagogen, zumindest solchen, die sich dazu in der Öffentlichkeit erklärten, widerfahren ist, steht die Reformpädagogik auf dem Prüfstand. Hier soll es nun um die Begabtenförderung gehen, die anscheinend auf Effizienz und intellektuelle Exzellenz hin angelegt sein soll, und um die ‚vom Kinde aus gedachte', auf die Persönlichkeitsbildung ausgerichtete Reformpädagogik.
Im „reformpädagogischen Labor einer Schule" geschah Gewalt unter dem Deckmantel einer ideologisch aufgeladenen Pädagogik. Hat sich die Reformpädagogik damit selbst verraten oder ist sie verraten worden? Ist sie als Konzept nicht mehr oder noch zu retten? Denn schafft nicht eine Internatspädagogik, die sich als ‚vom Kinde ausgehend' versteht, für solche Infamien ‚entgegenkommende (Lebens)Verhältnisse'? Verstand sie sich nicht zudem immer als eine Medaille, auf deren Vorderseite ‚Leben' und auf deren Rückseite ‚Lernen' eingeprägt ist? Diese und andere Fragen explodierten im Frühjahr 2010.
Was Reformpädagogik aber wirklich und immer noch bedeuten kann, ist zu klären. Und ob sich eben diese Reformpädagogik heute noch mit einem bildungspolitischen Auftrag versehen lässt, das ist eine zweite Frage. Beide Fragen führen auf eine erneuerte Konzeption von Reformpädagogik, die sich nicht auf eine reformpädagogische Unterrichtsdidaktik beschränken muss, sondern die immer noch zugleich auch eine reformpädagogische Internatskonzeption meint.
Dazu muss die Reformpädagogik ihren missionarischen Habitus aufgeben; muss sie anerkennen, dass sie keineswegs eine andere und erst recht keine neue schulische Form darstellt; muss sie nicht nur Dienste ‚an der Gemeinschaft' erwarten, sondern sich in den Dienst eben dieser Gesellschaft stellen; muss sie schließlich sehen, dass sie nicht gesellschaftliches Gegenbild, sondern deren Bestandteil ist; muss sie zuletzt realisieren, dass sie zunächst Schule ist und dass ihr Bildungs- und Persönlichkeitsbegriff nicht um die kognitiven Kompetenzen verkürzt werden kann. Wenn dies dann in der Konzentration auf eine Internatspädagogik geschieht, dann kann diese Dichte für die Zukunft wieder das ‚*Sur plus*' von Internaten herausstellen!

Reformpädagogik – Was war sie, was ist sie heute?

Es soll im Folgenden darum gehen, einen Verbindungsbogen zu markieren, der sich von einer neu reflektierten Reformpädagogik bis hin zur Begabtenförderung spannt. Die Krise der Reformpädagogik bietet auch die Chance, alles abzuwerfen, was sie ideologisch aufgeschwemmt hat.
Sicher kann über folgende Befunde recht einhellig Einigkeit erzielt werden: *Reformpädagogik* ist eine Melange pädagogischer Entwürfe, gesellschaftlicher Visionen und Gegenentwürfe, versetzt mit schulpraktischen Paradigmen und Lern- wie Lehrformen und schließlich: ... *Lernen und Lehren vom Kinde aus*! Letzteres geht auf die Schwedin Ellen Key (1902) zurück: „Das Jahrhundert des Kindes". Gustav Wyneken wäre zu nennen mit seiner Schulgemeinde Wickersdorf oder Hermann Lietz, der mit dem bei Pestalozzi entlehnten Begriff von der Ganzheitlichkeit Erziehung mit Kopf, Herz und Hand ebenfalls in der Abgeschiedenheit auf dem Land, fern von den – auch moralischen – Versuchungen der großen Städten ein geglücktes Leben vorleben und dazu für jeden einzelnen die Voraussetzungen schaffen wollte. Paul Geheeb schuf wie Hermann Lietz einen Lebensraum, der familiär sein sollte und metaphorisch die Familie als Antipode meinte. Getrennt davon muss Kurt Hahn erwähnt werden, dem nicht der Entwurf von einem geglückten Familienleben vorschwebte, sondern der symbolpolitisch auf das realpolitische Versagen der staatlichen Eliten reagierte und den gesellschaftlichen Verantwortungsbegriff mitten in seine Schulgründungen stellte, beginnend mit Salem am Bodensee, dann Gordonstoun, später Louisenlund an der Schlei und dem Birklehof im Schwarzwald und zuletzt noch bei den United World Colleges, die sich weltpolitisch als konfliktpräventive Einrichtungen verstehen. Hahns Schule sollte ein Staat sein, der verantwortungsbewusstere Persönlichkeiten hervorbrachte als es diejenigen waren, denen die Weltkriegskatastrophe zu verdanken war.
Mit diesen Pädagogen verbindet sich auch heute noch die Internatspädagogik. Sie selber macht allerdings nur einen, gleichwohl den radikalsten Bestandteil der Reformpädagogik aus, weil sich in diesen Einrichtungen der ganzheitlichste Bildungs- und Erziehungsbegriff an einem Ort konzentrierte. So lebte die Tradition der Internatsschulen nach der vorletzten Jahrhundertwende jugendbewegt wieder auf, eine Tradition in Deutschland, die keineswegs von den reformpädagogischen Impulsen geschaffen worden ist. Ich erinnere hier nur an die sächsischen oder preußischen Gründungen der Fürsten- und Prinzenschulen.
Die Internatspädagogik ist nicht der Inbegriff der Reformpädagogik. Dazu gehören auch noch andere; Maria Montessori, Rudolph Steiner wären hier zu nennen; Georg Kerschensteiner und Celestine Freinet, nach der Wende stieg das Interesse an Peter Petersen und seinen Jena-Plan-Schulen; nicht zu vergessen Alexander

Neill und sein ‚Summerhill'. Merkwürdig ruhig ist es um die beiden Vertreter des amerikanischen Pragmatismus William Kilpatrick und John Dewey in Europa bis heute geblieben. Ideologisch ruhig; die Wirkung beider ist, was den Projektbegriff angeht, so wenig zu unterschätzen wie ihr Einfluss auf die auch in Deutschland sich an Joe Renzulli orientierenden Begabtenförderung. Das trifft über den Projektbegriff hinaus auch auf den Erfahrungsbegriff, so wie Dewey ihn seiner Pädagogik zugrunde gelegt hat und wie er heute zur hohen Schule der Pädagogik zählt.

Damit spitzt sich das Vorherige zu in der Frage, was denn mit Blick auf die Begabtenförderung von den reformpädagogischen Ansätzen von Wichtigkeit ist.

Es sind drei Aspekte, die eine reformpädagogisch orientierte Internatspädagogik ausmachen:
- das Lernen in, mit und durch die Peergroup, ohne Lernen darauf zu reduzieren;
- ein professionell verstandener Begriff von Distanz;
- ein auf den Einzelnen ausgerichteter Bildungsbegriff, der sich eben nicht im Karrieredenken erschöpft.

Das Lernen in der Peergroup, das während der Pubertät so behilflich ist; das Lernen voneinander schließt aber auch den ‚Erwachsenen vor Ort' ein. Der ist weder an Vater oder Mutters Statt, noch sind die Gleichaltrigen Geschwister. Geschwister sind in der Regel unterschiedlichen Alters; die Peergroup bringt also eine Qualität, die der Familienstruktur traditioneller Provenienz nicht zur Verfügung stand. Hier bieten sich neue Erfahrungen, die das Bezugssystem der heutigen Kleinfamilie deutlich erweitern, ohne an die Stelle der Herkunftsfamilie treten zu wollen und zu können.

Zentral für die Internatspädagogik ist an zweiter Stelle eine besondere Nähe, die eine sehr professionelle Aufmerksamkeit verlangt. Nähe in der Pädagogik ist nichts anderes als die reflektierte Handhabung von Distanz. So einfach und so kompliziert ist der Umgang damit: Ist sie zu groß, verliert sich alles in dem Zwischenraum, und das Gespräch verebbt in der Entfernung. Ist sie zu klein, treten andere Wahrnehmungen an die Stelle des Gesprächs und die Mühe wächst, es aufrechtzuerhalten. Das Gespräch aber, meinte schon Hans Georg Gadamer, das Gespräch sind wir. Und wer pädagogisch in Internaten arbeitet, weiß auf Grund der Fülle, dass dies das Prinzip ist: Gesprächspartner, Begleiter, Mentor – immer im Abstand, in dem das Gespräch erst ermöglicht wird. Es ist dieselbe Distanz, die nötig ist, um jemandem ‚auf' Augenhöhe zu begegnen. Genau diese Distanz und die Fülle und der Nuancenreichtum machen die Qualität der pädagogischen Begegnungen in einem Internat aus.

Die dritte Säule ist die des gegenseitigen Verständnisses, der Haltung zu einander. Nur dann, wenn die Bedingungen so eingestellt sind, dass beides den Einzelnen ermöglicht, passiert Bildung. Und zwar nicht als ein adaptiver, sondern als ein selbständiger Prozess. Sich zu bilden, meint eigentlich eine paradoxe Leistung, ähnlich der Aufforderung: „Sei, der du wirst!". Immer wird quer zum gegenwärtigen Zustand bereits eine Instanz vorausgesetzt, die während dieses Prozesses doch erst entstehen soll. Der, der sich ausprobiert, muss ein Selbstverständnis von sich haben; der, der sich bilden soll, muss so weit sein, in diesem Prozess ein Ziel, einen Entwurf von sich zu fertigen. Der Lehrer – der Nestor, der Coach oder der Mentor muss sein Gegenüber immer ein wenig ernster nehmen, als es das selber tut. Er muss jemanden für mündig halten, damit er es werde. Eine Prämisse, die deutlich macht, dass es sich bei diesem Prozess nicht um ein ‚Karrierecoaching' handelt, sondern um die Begleitung einer Persönlichkeitsentwicklung hin zu Engagement, Kompetenz und Verantwortungsbereitschaft.

Nicht ‚Vom Kinde aus' denken, sondern auf das Kind zugehen!

Die Reformpädagogik, vielleicht aufgrund ihrer theoretischen Uneinheitlichkeit, nimmt das Kind in den Blick, und zwar an einer Stelle, an der ihre Annahmen mit dem täglichen Geschehen zusammenwachsen: das ‚konkrete Kind'. Nimmt man alle Formen der unterrichtlichen wie der außerunterrichtlichen Organisationsformen zusammen, so ist das Bemühen um das einzelne Kind Mittelpunkt jeder Anstrengung, seine Entwicklung ihr Ziel. Mit Blick auf dieses Ziel ist die Prozesshaftigkeit der Anstrengung ebenfalls durchsichtig: synchrone Prozesse, die sich an der jeweiligen Entwicklung ausrichten. Deutlich auch, dass es nicht um Entwicklungen geht, die ein romantisches ‚Wachsen lassen' unter der Obhut des pädagogischen Gärtners meinen. Franz E. Weinert hat für den selbstverständlichen Schulunterricht diese doppelte Leistung einmal so formuliert, dass ein ‚*schülerorientierter, lehrergesteuerter Unterricht*' Ziel dieser Entwicklungsanstrengung sein muss.
Sie ist auf das unterschiedliche Potential des einzelnen Kindes ausgerichtet. Die Erkundung dieses Potentials, seine Diagnose bedarf größter pädagogischer Professionalität. Damit ist zugleich die Perspektive Reformpädagogik genannt, ihr pädagogisch kanalisierter Optimismus, das Dach, das auf den Säulen ruht: Sei der Du wirst! Solches Zutrauen und die Begleitung auf dem Weg dorthin, das Mentorenprinzip, lösen sich erst in der Praxis aus dem konstruktivistischen Dilemma der bloßen Vorannahme.

> „Es gehört zu der Verantwortung des Erziehers, zwei Dinge gleichzeitig zu sehen: erstens, dass das Problem aus den Bedingungen der Erfahrung hervorgeht, die in der Gegenwart gesammelt wurden, und dass es im Bereich der Fähigkeiten des Schülers liegt; und zweitens, dass es so beschaffen ist, dass es im Lernenden ein aktives Bestreben auslöst, Informationen zu erhalten und neu Ideen hervorzubringen."

So John Dewey in ‚Experience and Education'[72]. Zur Erinnerung: John Dewey war es, der in seinem Erfahrungsbegriff die Entstehung des kindlichen Selbst aus der Auseinandersetzung zwischen dem Ich und seinem fremden Gegenüber gesehen hat. Dies ergänzte sich mit der Projektpädagogik von Kilpatrick, in der die Erfahrung sich gezielt auf ein Vorhaben, das zu gestalten ist, bezieht. Erfahrung als Quintessenz eines Projektes: das ist ein reformpädagogisches Muster, das immer wieder begegnet.

Neben dieser ‚objektorientierten' Seite des Selbst findet sich bei Dewey die ‚intersubjektivorientierte' Perspektive in seiner Forderung, dass Erziehung immer eine zur Demokratie sein muss. Dazu gehören zivilisatorische Tugenden wie die Bereitschaft Verantwortung zu übernehmen, Verbindlichkeit und Selbstlosigkeit leben zu können, über Zivilcourage und Lernbereitschaft zu verfügen.

Das Selbst spielt mithin in der Reformpädagogik, so wie sie von Dewey und Kilpatrick weiterentwickelt wurde, die zentrale Rolle. Es geht auf George Herbert Mead und William James[73] zurück und meint den reflektierenden, den handelnden, den um sich selbst wissenden Teil der Ich-Instanz. Oder anders: Im Selbst kennt man sich, man konzipiert sich entlang der Erfahrungen und Begegnungen.

Gerade in der Begabtenförderung stellt das Selbstkonzept eine nicht zu überschätzende Größe dar. Was man von sich hält, was andere von einem halten, ist von großem Einfluss auf das eigene Leistungsvermögen. Risikobereitschaft, Standhaftigkeit, Zutrauen zu sich und Vertrauen in andere, mögen Spielformen oder Bestandteile dieses Selbstkonzeptes sein. Einen eindringlichen Überblick über die Auswirkungen des Selbstkonzeptes auf die Leistungen des jeweiligen Schülers hat Francis Preckel anhand eines Vortrags 2007 beim Fachforum der Karg-Stiftung formuliert:

> Man geht davon aus, dass es nicht ein globales akademisches Selbstkonzept gibt, sondern vielmehr verschiedene fachspezifische akademische Selbstkonzepte, wie zum Beispiel das verbale und das mathematische akademische Selbstkonzept (Marsh & Shavelson, 1985). Ein Schüler oder eine Schülerin kann zum Beispiel durchaus hohe Kompetenzüberzeugungen im Fach Mathematik haben, während er oder sie die eigenen sprachlichen Fähigkeiten eher durchschnittlich einschätzt.

---

72 Zitiert nach Jürgen Oelkers (John Dewey und die Pädagogik) S. 164
73 Oelkers bringt die gegenseitige Beeinflussung von James, Kilpatrick und Dewey auf die Formel: *William James gilt gemeinhin als der Begründer des Pragmatismus, John Dewey als dessen pädagogische Hauptfigur und William Kilpatrick als sein Multiplikator im Blick auf Schule und Lehrerbildung.*(S. 23) Und als Herbert Mead 1931 starb, sagte John Dewey über ihn, dass *the most original mind in philosophy oft he last generation* mit ihm verstorben sei, *who started in others so many fruitful lines.* (zit. Oelkers S. 106)

Wie wichtig vor diesem Hintergrund die Realisierung des reformpädagogischen Anspruchs ist, das einzelne Kind im Blick zu haben, mehr noch, zu ermöglichen, dass das jeweilige Kind sich auch dadurch erfährt, dass es sich selbst in den Blick nimmt, das bedarf keiner weiteren Erläuterung. Gleichzeitig wird deutlich, dass eine ‚optimistische' Haltung des begabungsfördernden Pädagogen – und um niemanden anders geht es in diesen Ausführungen – entscheidende Grundlage seines ‚Mentorats' ist, Grundlage und Aufgabe zugleich, eine regulative Idee pädagogischer Wirksamkeit. Diese bleibt konzeptionell nicht auf die Reformpädagogik beschränkt, sondern hat – durchaus über Dewey seinen Weg in Renzullis Konzept gefunden. Der meinte in einem Interview auf die Frage, wie sich die Lernstile begabter Schüler/innen von jenen anderer Schüler/innen unterscheiden würden folgendes:

> Es gibt einige wenige Forschungsarbeiten zu dieser Frage – nicht so viele wie wünschenswert wären – aber die zentralen Erkenntnisse sind die, dass begabte Schüler/innen weniger strukturierte Lernerfahrungen bevorzugen: Projekte, selbständige Untersuchungen, Simulationen und Dramatisierungen. Aber wir müssen uns, wie immer, vor Generalisierungen hüten. Wir haben auch begabte Schüler/innen gefunden, die eher hoch strukturierte Lernformen bevorzugen wie Vorlesungen oder computergestützte Instruktion. Die goldene Regel lautet, dass wir alle Schüler/innen individuell betrachten müssen. Wir sollten Schüler/innen verschiedenen Lernarrangements aussetzen, so dass sie andere Stile schätzen lernen oder wir sollten ihnen helfen, ihre Metakognitionen auszubauen, so dass sie von ihren Stärken profitieren können.[74]

Damit ist einiges ins rechte Licht gesetzt, nicht allein die unmittelbare Auswirkung reformpädagogischen Gedankengutes auf die Begabtenförderung im amerikanischen Kontext, sondern auch die alltägliche pädagogische Erfahrung, dass es am wenigsten um ‚die' Gruppe geht. Es ist darüber hinaus das ‚Mentorenverhältnis' unterstrichen, dass den ‚Pauker' abgelöst hat. Und es ist mit der Zielangabe in Deweys Werk ‚*Democracy and Education*' auch die Richtung angegeben, in die sich eine reformpädagogisch begründete Begabtenförderung weiter zu entwickeln hat. Zudem ist ebenfalls evident, dass Begabtenförderung weder in Bezug auf das einzelne Kind, noch in Bezug auf das bildungspolitische Konzept zum Selbstzweck verkommen darf.

---

74 Im Gespräch mit Joe Renzulli (Ron Knobel u. Michael Shaughnessy, übers. Von Silvia Gossenbauer, Koordinatorin Netzwerk Begabungsförderung, (www.begabungsfoerderung.ch/fundus/renzulli.pdf (10.01.2007; 9.00 Uhr)

Professioneller Optimismus

Joe Renzulli hat sein Begabungsmodell vor einigen Jahren erweitert – um Dimensionen, die unter dem Begriff der Ganzheitlichkeit und der Erziehung eine große Rolle in der Reformpädagogik spielen. Richtet man den Blick auf das sowohl im amerikanischen Feld wie in reformpädagogisch orientierten Internaten praktizierte Service-Lernen, dann sind hier wesentliche Aspekte in der aktiven Hilfe, den ‚*services*' untergebracht. Empathie, gestalten zu wollen, im Hier und Jetzt seinem ‚task commitment' zu folgen, kreativ zu sein und von den besten seiner Fähigkeiten Gebrauch zu machen: all das ist von ihm nirgends auf das Unterrichtsgeschehen beschränkt. Genauso hat er die Türen und Fenster der Schule geöffnet, damit die Umgebung mit ihren Fragestellungen in die Schule hineinkommen kann.

Begabtenförderung versteht sich mithin in der reformpädagogischen Tradition immer umfassender, eben die Begabung als ein ‚Momentum' der Persönlichkeit als ganzer und nicht als verkopfte Anstrengung. Deshalb kann sich dieses Prinzip der Förderung auch über die Förderung von besonders Begabten ausdehnen und sich an diejenigen richten, die dies nicht sind. Ein solches Verständnis richtet sich auf die und an die pädagogische Professionalität. Mit solchen Lehrern lassen sich neue Schulen bauen. Begabten- oder Begabungsförderung – ob man es auf die Persönlichkeit bezieht oder auf das in der Person vorhandene Potential muss die Person, so wie sie sich jeweils zeigen kann, in den Blick nehmen.

Was in dieser ungleich komplexeren Gemengelage von sich begegnenden Personen zur Orientierung helfen mag, ist jene Möglichkeit, bei der der Lehrer zum Mentor wird, in der Nähe zwar und das wohl definierte Erfahrungsfeld teilend, aber dergestalt Distanz wahrend, dass er sein Gegenüber pro- wie retrospektiv in den Blick nehmen kann. Der Antrieb des Mentors ist Empathie: Er befindet sich im Zentrum zusammen mit dem Mentee, denn für ihn ist Lernen keine Frage des Umsetzens – das wäre die Reproduktion – sondern eine systemische Größe, die den wechselseitigen Verweis auf Lehrer und Lernenden nicht als Einbruch in die immer noch als ‚objektiv' missverstandenen Gefilde begreift.

‚Mentoring' meint mehr als bloße Beziehungspflege; Mentor und Mentee teilen nicht nur einen Kontext, sondern auch ein Interesse. So wenig wie ‚mentoring' Selbstzweck ist, so wenig ist ‚mentoring' auf das Interesse an der Sache zu reduzieren. Nur wenn beides zusammen geht, wenn man im sicheren Beziehungsraum ‚ungeschützt' und deshalb zum Beispiel laut denken kann, wenn man ohne Rücksicht auf sein Gegenüber – das der Mentee ja verlässlich in seinem Mentor und seiner Funktion weiß – seinen Gedanken, Empfindungen, Vorstellungen und allem zusammen nachhängen kann, dann konstituiert sich dieser Kontext.

Mit anderen Worten: Der *Mentor* verhilft einem *Mentee* zur Selbstentwicklung innerhalb eines Kontextes (einer Institution, einer Organisation), ohne diesen

Kontext zu verlassen, mit dem Ziel, dass sich der Mentee selbst zu entwickeln lernt. Mentor und Mentee teilen einen gemeinsamen Kontext in Gestalt eines gemeinsam ausgewählten Forschungsvorhabens.
Franz E. Weinert antwortete auf die Frage nach der besten pädagogischen Methode, dass eine allein niemals reiche. Es ging um den leidigen Frontal- und den nicht weniger leidigen Kleingruppenunterricht, deshalb ‚leidig', weil sie immer noch und wieder als systematische Alternativen gehandelt werden. Eine Methode reicht so wenig wie eine Rolle, die der Lehrer einnimmt. Als professioneller Pädagoge muss er die Rolle klären können, wenn er sie wechselt, und den Rollenwechsel ebenso klar vollziehen. Ob Mentor oder Coach oder Nestor bzw. Instruktuer, solche und ähnliche Rollen gebietet der Unterricht immer wieder einzunehmen. Dass er diesen Wechsel immer wieder vollzieht, macht seine Professionalität aus.

Demokratie als Bildungsziel

Renzulli und Dewey wussten nur zu gut, dass eine Bildungsreform mit der Reform des Bildens, des sich selbst Bildens beginnen muss. ‚*The tide rises all ships*' ging von Beginn an auf eine demokratische Wirkung aus und hatte nicht das Aus- und Abgrenzungsproblem, hatte auch nicht implizit sich mit einem Elitevorwurf auseinanderzusetzen. Ungleichheit bei der Vergleichbarkeit der Möglichkeiten, jedem nach seiner Art zu sich zu verhelfen, das ist das Herzstück des Enrichment-Programms von Renzulli. Deweys berühmte Definition von Demokratie „[...] *is more than a form of government; it is primarily a mode of associated living, of conjoint communicated experience*" aus *Democracy and Education*[75] nimmt das vorherige zusammen und formuliert eine Idee auch für die heutige Pädagogik, die sich als Vermittlerin intelligenten Wissens im umfänglichen Sinne versteht. Der wesentliche Grundsatz dieser Vermittlung kann nur der sein, der den Wissenserwerb ‚reflexiv' versteht, nämlich als ein *sich* Vermitteln, als eine Aktivität, in der man nicht meint, man werde gebildet. Bildung ist reflexiv zu verstehen als der selbständige und selbstbewusste Akt des sich Bildens.
Es gehört zu dem aufgefächerten zentralen Verhältnis in der Lernsituation, das als ‚mentoring' vorgestellt wurde, auch, dass eben dieses Beziehungsverhältnis nicht um seiner selbst willen angelegt ist, sondern dass ihm als Zweck der Erwerb von intelligentem Wissen eingeschrieben ist. Das ist nicht nur der Inhalt, sondern indem es ‚intelligent' genannt wird, ist dieses Wissen auch zugleich normativ und zweckgebend. Hierzu noch einmal Franz E. Weinert[76]:

---

75 Zitiert nach Oelkers S. 128
76 in einem Vortrag am 29.03.00 im Pädagogischen Zentrum Bad Kreuznach

„Intelligentes Wissen besitzen heißt also, ein Wissen besitzen, das bedeutungshaltig und sinnhaft ist. Gut verstandenes Wissen ist ein Wissen, das nicht „eingekapselt" ist, nicht tot im Gedächtnis liegt, nicht „verlötet" ist mit der Situation, in der es erworben wurde, sondern das lebendig, flexibel nutzbar, eben intelligent ist."

Und er ergänzt:

„Intelligentes Wissen ist nicht reines Faktenwissen. Unter intelligentem Wissen ist ein wohlorganisiertes, disziplinär, interdisziplinär und lebenspraktisch vernetztes System von flexibel nutzbaren Fähigkeiten, Fertigkeiten, Kenntnissen und metakognitiven Kompetenzen zu verstehen."

Zuletzt also, dieses Wissen wird nicht erworben, indem das Lernen erleichtert wird, sondern indem die Probleme, die selbst gerufen oder unberufen in den Weg purzeln, gelöst werden.

Dort, wo sich ein solch ‚pragmatisches' Denken mit dem professionellen Optimismus verbindet und der individuellen Förderung und Herausforderung in der Schule auf allen Ebenen dient, dort verbinden sich Reformpädagogik und Begabtenförderung. Eine solche Pädagogik will zu einer Mündigkeit im Spielraum der Schule verleiten, die heute zivilgesellschaftliches Engagement mit einschließt. Eine solche Pädagogik zielt nicht nur weiter, sie sieht auch genauer und eindringlicher. Sie will die Persönlichkeit als ganze herausfordern oder ‚herausfördern'.

Dass dies angesichts der personalen Vielfalt umso vielgestaltiger möglich ist, je mehr Spielfelder vorhanden sind, liegt auf der Hand. – Nicht so sehr liegt auf der Hand, dass genau diese Vielgestaltigkeit gerade das *‚Sur plus'* moderner Internate ist, wenn die nötige Professionalität am Werke ist.

Literatur

Brüll, M.: Akademisches Selbstkonzept und Bezugsgruppenwechsel. Hogrefe 2010.

Hentig, H. von: Eine „Erziehung des Menschengeschlechts" (1984). Die Menschen stärken, die Sachen klären. Reclam 1985.

Oelkers, J.: John Dewey und die Pädagogik. Weinheim, Basel: Beltz 2009.

Peters, S. (et al.): Flankierende Personalentwicklung durch Mentoring. München 2004.

Renzulli, J. (Ron Knobel u. Michael Shaughnessy, übers. von Silvia Gossenbauer: Koordinatorin Netzwerk Begabungsförderung. (www.begabungsfoerderung.ch/fundus/renzulli.pdf (10.01.2007; 9.00 Uhr).

The Schoolwide Enrichment Model – Executive Summary (bsp. www.gifted.uconn.edu/sem/semexec.html.)

Wyneken, G.: Jugend! Philister über Dir! Frankfurt/M.: dipa-Vlg. 1963.

Teil B
Praxis

I. Unterricht

Erika Risse

Umgang mit Heterogenität – auch im Gymnasium

In einer offenen, pluralen, dynamischen und immer interkultureller werdenden Gesellschaft hat die Schule einige besonders wichtige Aufgaben zu erfüllen. Wir können davon ausgehen, dass wir keine Zukunftssicherheit haben; es ist, als jage der Mensch mit einer Augenbinde in felsigem Gebirge einem schönen Schmetterling nach. Die Schule wird das Gelände nicht verändern können, sie wird vielleicht den jungen Menschen von seiner Augenbinde befreien, damit er den Schmetterling wenigstens sieht und weniger stolpert. Das bedeutet, dass Jugendliche zu einer ‚stabilen' Zukunftsfähigkeit gelangen müssen und (selbstständig) handlungsfähig werden.
Das bedeutet, dass die Schule die Individualität der Kinder und Jugendlichen ernst nehmen muss. Folglich muss sie sich der Heterogenität bewusst werden, mit der sie es bei ihrer Schülerschaft zu tun hat, da ist es gleich, ob es sich um eine Gesamtschule oder ein Gymnasium handelt. Die Aussage, im gegliederten Schulwesen seien die Lerngruppen homogener, kann unter dieser Prämisse keine Geltung haben. Die Heterogenität zeigt sich an sehr unterschiedlichen Faktoren in jeder Schule und in jeder Klasse oder Lerngruppe – auch am Gymnasium:
Es gibt
- zwei Geschlechter
- verschiedene Altersgruppen
- unterschiedliche Entwicklungen von Kindern und Jugendlichen – obwohl vielleicht alle im gleichen Alter sind
- unterschiedliche Begabungen und Fähigkeiten
- Leistungsvielfalt
- unterschiedliche Verhaltensformen von Kindern und Jugendlichen
- die Herkunft aus unterschiedlichen sozialen Gruppen
- verschiedene Nationalitäten und Kulturhintergründe mit ihren Mischformen in Familien, die in der zweiten oder dritten Generation in Deutschland leben.

Jede Schule ist gezwungen, auf eine solche heterogene Schülerschaft mindestens zu reagieren, besser sollte sie sie antizipieren. Antizipieren kann sie den Umgang mit Heterogenität, indem sie einerseits Strukturen schafft, die der Individualität möglichst jeder Schülerin und jedes Schülers gerecht werden, andererseits den jeweiligen Lernprozess in einer Weise wahr nimmt, die den Lerner als autonom handelndes Individuum respektiert.

Im Folgenden zeigen einige Beispiele einer neuen, offenen Lernkultur, u.a. am Beispiel des Elsa-Brändström-Gymnasiums Oberhausen (vgl. www.elsa-oberhausen.de), wie mit Heterogenität in der Schule umgegangen wird: indem die Schülerinnen und Schüler als ‚autonome Lerner' wahr genommen, geschätzt und eingebunden werden und die Lernprozesse im Unterricht und darüber hinaus zunehmend mehr in ihre Verantwortung gelegt werden.

Beziehungskultur als Grundlage für Lernen

Zur Wahrnehmung von Schülerinnen und Schülern als autonom handelnde Individuen gehört, dass Lehrende die Tätigkeit der Lernenden wertschätzen. Aus dieser Wertschätzung heraus entsteht ein Vertrauen in die Arbeit der Lernenden und in ihre Ergebnisse. Hier liegt mit Sicherheit ein wichtiger Paradigmenwechsel im Gegensatz zur herkömmlichen Schule und ihrem Unterricht: Lehrende müssen Vertrauen in den Lernprozess und das Ergebnis der Lernenden haben; nicht die Skepsis ist gefragt, nicht die Suche nach Unzulänglichkeiten und Fehlern, sondern der Glaube an die Fähigkeiten des Lerners. Mit diesem Glauben verbunden ist auch die Verantwortungsübergabe für das Lernen an den einzelnen Lerner; er verantwortet den Prozess und das Ergebnis. Natürlich handelt es sich hierbei nicht um eine oberflächliche und ‚billige' Delegation von Verantwortung, die der Lehrer selbst nicht wahrnehmen möchte, sondern es ist ein Übergeben der Verantwortung an den Lerner in der Überzeugung, dass dieser verantwortungsvoll seinen Weg geht. Schließlich wird er auf seinem Weg zu einem Ergebnis kommen, dem Anerkennung gezollt werden muss. Diese Schritte von der Wertschätzung zum Vertrauen, weiter zur Verantwortung und schließlich zur Anerkennung bestimmen das Verhältnis zwischen Lehrenden und Lernenden und gehören zu einer positiven Beziehungskultur in einer Schule (s. **Abb.**).

Beziehungskultur in einer Schule

Wertschätzung
⇩
Vertrauen
⇩
Zumutung/Zutrauen
⇩
Verantwortung
⇩
Anerkennung

© Erika Risse

Das Vertrauen den Lernenden gegenüber sowie die Übergabe der Verantwortung an den Lerner für sein Lernen kann nur ernsthaft gelingen, wenn man sich als Lehrender klar macht, dass der Schüler nicht so lernt wie man selber, dass er auch nicht so lernt wie seine Mitschüler. Wollen wir das ‚Hindernis unterschiedlicher Köpfe' überwinden, so müssen wir der Verschiedenheit der Köpfe gerecht werden. Dazu ist ein Paradigmenwechsel in der Auffassung vom und der Haltung zum Lernen notwendig. Der Unterricht wird zu einem ‚Lernarrangement' für individuelle Lernprozesse. Aus dem heutigen Schulalltag heraus werden als Hindernisse für solche Lernarrangements ‚fest gezurrte' zentrale Curricula, der ‚Durchschnitt' als Orientierungsgröße, das Mittelmaß als Norm ins Feld geführt. Die Folgen wären klar: Es käme zwingend zur individuellen Unter- oder Überforderung der Schülerinnen und Schüler. Schon Maria Montessori wusste, dass jedes Kind ‚anders' lernt. Nicht der Gleichschritt ist die Lösung, sondern eine Vielfalt an Angeboten in einer Lernumgebung, die Maria Montessori „vorbereitete Umgebung" nannte, in der jedes Kind seine ihm adäquaten Lernwerkzeuge (vgl. MONTESSORI 2006) vorfindet.

Nur offene Unterrichtsformen werden der Forderung nach solchen individuellen Lernprozessen gerecht, nämlich

- durch die Möglichkeit des eigenständigen Arbeitens
- durch impulsgebendes (vielfältiges) Selbstlernmaterial
- durch ein Repertoire an flexiblen Zeitressourcen und
- durch das Lernen an unterschiedlichen Lernorten und mit der Expertise vieler Personen (auch von außen).

Offene Unterrichtsformen als hilfreiche Infrastruktur individuellen Lernens

Das bedeutet, dass offener Unterricht eine bestimmte (Infra-)Struktur braucht, die eigenständiges Arbeiten ermöglicht, bei der nicht die Schülertische in Reih und Glied stehen, ausgerichtet auf den Lehrer als ‚Referenten', sondern dass der Schüler sowohl zurückgezogen wie auch im Team arbeiten kann. Für die hohe Unterschiedlichkeit in einer Lerngruppe ist es wichtig, dass Impulse zum Lernen gesetzt werden, deshalb legte Maria Montessori bereits so viel Wert auf entsprechendes Material, das der Schüler oder die Schülerin zum eigenständigen Lernen nutzt (vgl. ebd.). Auch ein strenger 45-Minuten-Takt der Unterrichtsstunden lässt sicher keinen Lernprozess zu, in dem Kinder und Jugendliche versinken können in das Lernen, sozusagen ein ‚Flow-Erlebnis' haben können. Flexible Zeitressourcen sind da eine Notwendigkeit. Schließlich bedingt der offene Unterricht das Lernen an unterschiedlichen Lernorten und mit außerschulischen Partnern, denn die Selbstbestimmtheit von Themen bzw. Lernwegen erfordert, dass Schülerinnen und Schüler die Schule verlassen, um dort zu Experten zu werden, wo das Expertentum angesiedelt ist, sei es im Theater, im Museum, in einer Werkstatt oder in einem Café.

Vor allem aber muss in heterogenen Lerngruppen die Schule Material zum individuellen Lernen bereitstellen. Je offener und impulsgebender solche Selbstlernmaterialien werden, desto wichtiger wird seit einiger Zeit die Nutzung der Vielfalt neuer und herkömmlicher Medien im Lernprozess, die die traditionellen Selbstlernmaterialien ergänzen oder sogar ersetzen. Insbesondere aber der Einsatz des Computers und die Nutzung des Netzes machen das Plus des Medieneinsatzes deutlich:

- Computer und insbesondere dem Einzelnen an verschiedenen Lernorten zur Verfügung stehende Notebooks unterstützen die Individualisierung des Lernens.
- Fortschritte des Lernens werden dokumentiert und gespeichert und sind für die Lernenden selbst, aber auch für den Lehrenden verfügbar.
- Individuell erzielte Ergebnisse können über diese Verfügbarkeit Grundlage für Diskussionen sein und lassen sich verändern und weiter entwickeln. So ist das gemeinsame Ergebnis mehr als die Summe von Einzelbeiträgen; der individuelle Lerner erfährt den Wert seiner Leistung für das Ganze.
- Produkte des Lernens sind nie fertig, stets variabel und produktiv neu zu gestalten.
- Jeder Lerner schließlich – und sei er ein noch so großer Individualist – findet mindestens im Netz geeignete Lernpartner, so z.B. ein Schüler mit einer speziellen Begabung, vielleicht einen Studierenden einer weit entfernt liegenden Universität.

Mitbestimmung und Verantwortung der Lernenden im und für den Lernprozess

Je älter die Schülerinnen und Schüler sind, desto offener werden die Angebote der Lernwege, damit eine echte Mitbestimmung und -entscheidung möglich wird. So haben auch Selbstlernmaterialien zunehmend Impulscharakter und schreiben den Lernweg in seinen Einzelheiten nicht mehr vor, sind vielmehr in Inhalt, Zeit- und Arbeitsvorgaben abhängig von der Ausgestaltung durch die Schülerinnen und Schüler.

Ebenso können sie abhängig von den Rahmenbedingungen sein, z.B. von außerschulischen Partnern, die oft wenig veränderbar sind. Um aber die Zielgerichtetheit des Lernens und den strukturierten Aufbau von Wissen und Fähigkeiten zu garantieren, bedarf es fester Regeln, z.B. können individuelle Arbeitsverträge eine solche Grundlage sein. Schon jüngere Schülerinnen und Schüler können mit

solchen Verträgen sich an ‚freien Themen' im offenen Unterricht üben und so auf unterschiedlichen Niveaus lernen, ihren Lernprozess zunehmend mehr in die eigene Hand zu nehmen.
So ist aber die Organisation selbstgesteuerter Lernvorgänge nicht nur abhängig von Rahmenbedingungen und Management der Schule, sondern hängt auch ab von den Beteiligten, d.h. von den Schülerinnen und Schülern genauso wie von den Lehrpersonen. Fast erwachsene bzw. erwachsene Lerner werden in die Planung und Durchführung der Organisation dieser Lernvorgänge einbezogen. Aber auch hier gilt, dass dies Sinn und Kontinuität braucht. Eine Möglichkeit ist die Einhaltung von vertraglich vereinbarten Regeln, an die beide Seiten (Schüler und Schule) sich binden. Wichtig ist dabei, dass die Ziele des gemeinsamen Weges klar sind. So heißt es z.B. im Oberstufenvertrag des Elsa-Brändström-Gymnasiums Oberhausen: „Mit Abschluss dieses Vertrages wird ein Schulverhältnis fortgesetzt mit dem Ziel des Schülers/der Schülerin, den angestrebten Bildungsabschluss (...) zu erreichen".
Zur Erreichung dieses Ziels haben beide Seiten bestimmte Bedingungen herzustellen bzw. bestimmte ‚Haltungen' zu sichern, die im Vertragstext formuliert sind, der gemeinsam mit Schüler-, Eltern- und Schulvertretern entwickelt wurde:

a) Die Schule
Die Schule trägt dafür Sorge, dass jedem Schüler und jeder Schülerin Gelegenheit gegeben wird, die notwendige Leistung, die für das Bestehen eines gymnasialen Abschlusses und für eine zukünftige berufliche Laufbahn notwendig ist, erbringen zu können. Die Schule respektiert die Rechte der Schülerinnen und Schüler auf Bildung (Erziehung und Unterricht), auf eine gerechte und faire Behandlung, auf Transparenz bei Entscheidungsprozessen und auf Anerkennung der Person und ihrer erbrachten Leistungen. Respektvolles Verhalten und Handeln gegenüber allen Beteiligten ist eine Selbstverständlichkeit.

b) Der Schüler/die Schülerin
Der Schüler/die Schülerin trägt als Jugendliche/r, der/die nicht mehr der allgemeinbildenden Schulpflicht unterliegt, die Verantwortung für seinen/ihren Lernprozess. Respektvolles Verhalten gegenüber allen Beteiligten ist auch von seiner/ihrer Seite eine Selbstverständlichkeit.

Die ‚Haltung', die diesem formalen Text zugrunde liegt, ist einerseits gespeist von großem Vertrauen in den Lernenden, andererseits setzt sie die ‚Bringschuld' der Lernenden im Lernprozess voraus, ohne die sein Ziel aus den Augen verloren wird und nicht erreicht werden kann. Die Beziehungskultur von Wertschätzung, Vertrauen, Verantwortung und Anerkennung kommt hier wieder zum Tragen und geht einher mit einem respektvollen Umgang zwischen den einzelnen Beteiligten.

Letztlich kann nur auf der Grundlage einer solchen Beziehungskultur nachhaltig gesicherte Leistung erreicht werden. Paradox ist in diesem Zusammenhang, dass gerade in der Oberstufe von Gymnasien die Individualisierung häufig kein prägendes Element von Unterricht ist, während von der Grundschule bis in die Sekundarstufe I offene Unterrichtsformen längst akzeptiert sind. Die Angst der Oberstufenlehrerinnen und -lehrer vor dem Zentralabitur unterstützt diese Tatsache noch.

Seit einiger Zeit werden Schülerinnen und Schüler des Elsa-Brändström-Gymnasiums Oberhausen auf die Oberstufe über eine Form der ‚Modularbeit' vorbereitet. Die Schule orientiert sich dabei an Elementen des holländischen Modells des „Studie-Huis". Ausschnitte aus Interviews machen deutlich, dass Schülerinnen und Schüler die damit verbundenen Anforderungen sehr differenziert sehen, die damit verbundenen Vorteile jedoch deutlich benennen:

> „Es kostet viel Mühe und Disziplin, nicht einfach dazusitzen und irgendetwas von der Tafel abzuschreiben, sondern sich selbst zur Arbeit aufzuraffen … Es macht einfach mehr Spaß, sich eigenständig etwas zu erarbeiten, selber auf Probleme zu stoßen. Da sagt man eher auf einmal, oh, jetzt verstehe ich es, als wenn ein Lehrer an der Tafel steht und irgendetwas aufschreibt, zu dem man keinen Bezug hat".
> … So eine Art Unterricht wäre ziemlich genau meine Utopie. Am wichtigsten ist die eigene Entscheidung, was ich wann wie schnell machen kann. Das geht im deutschen Schulsystem nicht, und darin liegt das Problem (ETZOLD u.a. 2001, S. 32).

Schülerinnen und Schüler schätzen die Freiheit der Verantwortung, solange sie glaubhaft gewährt wird und nicht mit einer – wenn auch noch so gut versteckten – Kontrollandrohung verbunden ist. (Fast) erwachsene Lernende sollten gelernt haben, mit dieser Verantwortung umzugehen. Ein Trugschluss ist allerdings, zu glauben, die Übergabe von Verantwortung gelänge auf Anhieb, wenn Schülerinnen und Schüler über acht Schuljahre oder mehr nie Gelegenheit hatten, verantwortungsbewusstes Handeln einzuüben.

Eine hohe Individualität im Lernprozess braucht andere Rahmenbedingungen: Der Stundenplan muss Nischen haben, in denen zeitlich offene Lernformen anzusiedeln sind, z.B. über mehrere Jahrgänge parallelisierte Zeitblöcke, in denen Schülerinnen und Schüler Fachräume aufsuchen und dort ‚Fachberater' (Lehrende in einer neuen Rolle) finden können.

Lehrerinnen und Lehrer stoßen aber auch an ihre fachlichen und methodischen Grenzen, wenn es um spezielle Kenntnisse geht, die evtl. Randgebiete ihres Studienfaches betreffen. Dies gegenüber den Lernenden zuzugeben, ist im 21. Jahrhundert keine Schande, sondern signalisiert diesen, dass auch innerhalb eines Fachgebiets (Verfügungs-)Wissen nicht von einem Menschen allein gespeichert werden kann. Die Schule ist schon lange nicht mehr allein der Hort des Wissens, es bedarf kontinuierlicher Expertise von außen. Fachleute mit ihrem Know-how müssen in die Schule geholt werden, andere Lernorte treten neben das Schulgebäude und das World Wide Web wird zum Informationsbeschaffer. Der souveräne Umgang mit diesen außerschulischen Partnern gehört zum Lernprozess genauso dazu wie der Erwerb von Kenntnissen und Fähigkeiten. Ein solches Lernen steigert den Ernstcharakter des Lernprozesses. Schulen, die auf die Kooperation mit außerschulischen Partnern setzen, entwickeln Netzwerkstrukturen im Umgang mit ihnen, um Verlässlichkeit zu gewinnen und die Zusammenarbeit zum konstitutiven Element ihrer Arbeit zu machen.

Bewertung individueller Lernergebnisse

In individualisierten Lernprozessen verbietet sich eine einheitliche Messlatte bei der Einschätzung von Leistung. Bewertung darf dennoch nicht beliebig und muss verlässlich und transparent sein. Sie sollte sich auch – trotz aller Offenheit – nicht nur auf den Lernprozess, sondern auch auf die Ergebnisse beziehen. Bewertet werden
- Individuelle, fachlich/kognitive, methodische und soziale Kompetenzzuwächse und
- die Qualität des Produkts (nach vereinbarten und vorher bekannten Kriterien).

Bei der Bewertung individueller Lernergebnisse müssen Lernende, Lehrende und Partner (z.B. auch Studierende sowie Experten von außen) im Lernprozess gemeinsam aktiv werden, da einer der Beteiligten allein in der Regel nicht alle Facetten berücksichtigen kann. Insofern bedarf es neuer Formen der Leistungsbewertung wie Lerntagebüchern und Produkt- und Prozess-Portfolios. Auch aus lernpsychologischer Sicht wird betont, dass die Portfoliomethode das Messverfahren sei, das z.B. für den naturwissenschaftlichen Unterricht die größte Bandbreite sichere:

> „Da die Lernenden eine gewisse Freiheit in der Auswahl der Leistungsnachweise haben, ist die Portfoliomethode in besonderer Weise geeignet, Hinweise auf ihre Fähigkeit zu erhalten, ... erworbene Kompetenzen auch in außerschulischen Situationen anzuwenden. Die Portfoliomethode ist also bestens geeignet, Informationen zu den „höheren" kognitiven Leistungen ... zu erhalten" (DUIT u.a. 2002, S. 179).

Das Spektrum der Lernleistungen wird vom reinen Faktenwissen auf der einen Seite bis zur „Partizipation an Entscheidungen im gesellschaftlichen Raum sowie dem Wissen entsprechendes Handeln" (ebd.) auf der anderen gesehen; diese letztere Leistung werde mit der Portfolio-Methode besser bedient.

Solche Leistungsbewertungs-Verfahren sind aber nicht nur für Lehrerinnen und Lehrer, sondern auch für Schülerinnen und Schüler noch immer ungewohnt und müssen eingeübt werden. Hier einige zufällig ausgewählte Äußerungen von Schülerinnen und Schülern des Elsa-Brandström-Gymnasiums, die sechs Monate mit einem Lerntagebuch gearbeitet haben:
- Komisch, auf welche Gedanken ich komme, wenn ich gezwungen werde, über mein Lernen nachzudenken.
- Am interessantesten finde ich, Äußerungen zur Arbeit mit den anderen abzugeben. Das hat bisher gar keine Rolle gespielt.
- Eine Menge Lyrik!
- Ich wüsste lieber, wie ich in Englisch im Vergleich zu den anderen stehe, das erfahre ich im Lerntagebuch nicht.

Nicht nur zu Beginn einer Schullaufbahn, sondern auch im Verlauf eines Schülerlebens und eines mehrjährigen Lernprozesses ist es wichtig, immer wieder Fähigkeiten und Kompetenzen zu diagnostizieren. Dazu gibt es verschiedene Möglichkeiten. Man sollte vor allem alle Beteiligten mit einbeziehen, wenn man es mit der Individualisierung ernst meint, d.h. Eltern, Lehrende und auch die Schülerinnen und Schüler selbst. Dazu ein Beispiel: Häufig wissen Schülerinnen und Schüler mehr über die Fähigkeiten ihrer Mitschüler und Mitschülerinnen als die Lehrerinnen und Lehrer. Deshalb haben wir im Verbund mit anderen Schulen in einem „Lern-Netzwerk" der Bertelsmann Stiftung (LIBRO) einen Fragebogen entwickelt, in dem Schülerinnen und Schüler ihren Mitschülern bestimmte Fähigkeiten und Eigenschaften zusprechen – diese grundsätzlich nur positiv mit dem Ziel der Selbstwirksamkeitsförderung (vgl. HÖHMANN 2005).
Es ist wichtig, dass die Selbsteinschätzung des autonomen Lerners ernst genommen wird, zumal der Lehrer oder die Lehrerin nur bedingt den Lernprozess mit verfolgen kann, wenn der Unterricht konsequent individualisiert stattfindet.
Es ist nur logisch, dass die Rolle der Lehrenden sich wandelt, je weiter sich die Schülerinnen und Schüler zu autonomen Lernern entwickeln. Sicher ist es gewöhnungsbedürftig, den Umgang mit den Schülerinnen und Schülern ‚auf gleicher Augenhöhe' zu pflegen, dabei selbst zum Lerner zu werden und in einer anderen ‚Beziehungskultur' mit den Schülerinnen und Schülern zu leben und zu arbeiten. Es ist mehr Hilfe zur Selbsthilfe gefragt als Instruktion. Dabei liegt der Vorsprung der Lehrenden in ihrer (Lebens-)Erfahrung, nicht immer nur in den Kenntnissen, wobei damit nicht gemeint ist, sie dürften zu einem ‚Meister ohne Materialkenntnis' werden.
Lehrende werden zu Moderatoren, die zwar viel zulassen, aber alles im Blick haben, ‚Herr des Verfahrens' bleiben, Ergebnisse sichern helfen und diese letztlich garantieren. Aufgrund der Beziehungskultur zwischen ihnen und den Lehrenden sichern sie die Maschen eines Netzes, durch das sie niemanden fallen lassen wollen.

Ein Beispiel für individuelle Förderung am Gymnasium: Angebote für besonders begabte Schülerinnen und Schüler

Die Leitvorstellungen des Schulprogramms des Elsa-Brändström-Gymnasiums Oberhausen enthalten das Konzept einer integrierten Begabtenförderung: Es beginnt in der Klasse 5 mit der Einrichtung einer eigenen Lerngruppe von etwa 6 bis 10 Schülerinnen und Schülern, die in eine Klasse integriert wird. Eine individuelle Förderung wird allen Kindern der Klasse durch die ‚Freiarbeit', der Anfangsform des offenen Unterrichts, angeboten. Kinder mit besonderen Neigungen oder besonderer Begabung finden häufig von selbst zueinander, haben – manchmal zum ersten Mal in ihrer schulischen Laufbahn – das Erlebnis, einen Freund oder einen Lernpartner zu finden. Das angebotene Selbstlernmaterial ist so differenziert, dass die unterschiedlichen Begabungen sich davon angesprochen fühlen können.

Die Organisation des Stundenplanes sieht vor, dass Schülerinnen und Schüler einer unteren Klasse aufgrund der Parallelität der Freiarbeitsstunden auch an der Freiarbeit höherer Klassen teilnehmen können. Dafür geben Lehrerinnen und Lehrer nach einer gewissen Beobachtungszeit bestimmten Kindern ausdrücklich Impulse, es gibt Schnupperangebote der höheren Klassen und Lernpartnerschaften mit älteren Schülerinnen und Schülern. Sollte ein Kind, gerade weil es vielleicht die Erfahrung der ‚Ausgrenzung' in der Vergangenheit gemacht hat, auf keinen Fall bereit sein, die eigene Lerngruppe – und sei es auch nur für kurze Zeit – zu verlassen, so besteht die Möglichkeit, mit dem Selbstlernmaterial aus den höheren Klassen im Klassenraum der eigenen Stammgruppe zu arbeiten. Nach Ablauf eines halben oder eines ganzen Jahres als Eingewöhnungsphase gibt es auch die Möglichkeit für einzelne Kinder, den Fachunterricht in einer höheren Klasse zu besuchen, was am Elsa-Brändström-Gymnasium als ‚kleine Drehtür' bezeichnet wird.

In Arbeitsgemeinschaften können Kinder in Kleingruppen ein Musikinstrument erlernen, das sie selbst auswählen. Ebenso besteht in der Klasse, in die von vornherein als ‚besonders begabt' ausgewiesene Kinder aufgenommen wurden, die Pflicht, ein Blasinstrument zu erlernen, da es sich um eine so genannte ‚Bläserklasse' handelt. Ziel des Instrumentenlernens und insbesondere der Zugehörigkeit zur Bläserklasse ist es, den Kindern die Notwendigkeit erfahrbar zu machen, Teil eines Teams, einer Gruppe zu sein. Sie können erleben, dass ihr kleiner, individueller Anteil wesentlicher Bestandteil eines Ganzen ist, dass ohne ihr Dazutun kein Produkt bzw. Ergebnis entsteht und der Erfolg der ganzen Gruppe von ihrem Beitrag abhängt.

Die Förderung der individuellen Begabungen setzt sich in den Jahrgangsstufen 8 bis 9 fort. Dort werden im Stundenplan zwei Phasen für Projektunterricht à vier Wochenstunden (aufgeteilt in zwei 90-Minuten-Einheiten) angeboten. Ergänzend zu dem, was die Kinder bereits in den ersten drei Jahren im offenen

Unterricht erfahren konnten, kommen jetzt zunehmend andere Lernorte und die Arbeit mit außerschulischen Partnern ins Spiel. In der Region gibt es verschiedene Partner, die anbieten, dass die jungen Menschen in ihren Einrichtungen arbeiten; so gibt es Spezialprojekte in Ökologie, im Bereich der Kultur sowie soziale Projekte. Die Bindung an die übliche Zeitplanung wird lockerer, die Aufgaben können auch am Nachmittag statt in den Vormittagsstunden wahrgenommen werden. Hinzu kommt eine größere Eigenständigkeit bei der Erstellung eigener Projekte nach individuellem Interesse. Es werden Filme gedreht, Computerprogramme geschrieben oder ein Musical komponiert und aufgeführt. Im 10. Jahrgang werden dann so genannte ‚Quartalsmodule' angeboten, bei denen die Schülerinnen und Schüler für jeweils ein Viertel Jahr an einem bestimmten Projekt arbeiten, und zur Vorbereitung auf die ‚Facharbeit' der Oberstufe sich die Eigenständigkeit und die eigene Verantwortung für ihr Lernen noch erhöht.

Das dritte Modell bringt eine wichtige Erweiterung (‚Große Drehtür'), indem Schülerinnen und Schüler aufgrund eines Votums der Klassenkonferenz auf eigene Entscheidung hin den Unterricht verlassen können, um an einem Projekt zu arbeiten, das sich vertieft mit einer Materie – auch jenseits des Schul-Curriculums – befasst. Die zweimal im Jahr stattfindenden Präsentationen der Ergebnisse dieser Projekte zeigen, dass die Schule mit diesem Vorgehen gerade in der Pubertät die Begeisterung für das Lernen wecken kann, indem Jugendliche eintauchen in Spezialgebiete, die sie sich selber auswählen und in denen sie einen Sinn sehen.

Die sich anschließenden individuellen Forder- und Fördermöglichkeiten in der Oberstufe des Gymnasiums setzen das individuelle Lernen fort: Es besteht die Möglichkeit, ein Jahr im Ausland zu verbringen und/oder ein Betriebspraktikum im Ausland zu absolvieren, wobei die Betreuung durch eine Partnerschule geschieht. Die in der Jahrgangsstufe 12 anstehende „Facharbeit" wird in der Regel durch ein Betriebspraktikum wissenschaftspropädeutischer Art vorbereitet oder begleitet. Bei der ‚Besonderen Lernleistung', die in der Jahrgangsstufe 13 angeboten wird, überrascht die Vielfalt der Themen von der kritischen Analyse des amerikanischen Wahlsystems bis hin zur Beschreibung und Analyse der Möglichkeiten von Hilfen für seh- und hörgeschädigte Menschen. An den Kursen zur Erreichung von international anerkannten Sprachenzertifikaten wie dem „Cambridge Certificate" in Englisch und der DELF-Prüfung in Französisch nimmt eine Vielzahl der Schülerinnen und Schüler auf unterschiedlichen Niveaus regelmäßig teil. Solche Kurse gehören zum festen Angebot der Schule. Gleichzeitig gibt es die Möglichkeit, an anderen Institutionen Kurse zu belegen bzw. dort über längere Zeit zu arbeiten, so z.B. an der Einrichtung des Fraunhofer Instituts in Oberhausen.

Ist das bisher beschriebene Konzept sehr stark aufeinander aufbauend strukturiert, so gibt es darüber hinaus eine Reihe von Möglichkeiten für Engagement und Förderung, die jahrgangsübergreifend gelten. Wichtig ist hierbei die Übernahme von Verantwortung im Schulleben, d.h. die Einbindung in die Mitwirkung und Mitgestaltung der Schule, z.B. durch die Teilnahme an Projektgruppen, die zu unterschiedlichen Themen regelmäßig an der Schule eingerichtet werden, um die Umsetzung des Schulprogramms zu sichern. Arbeitsgemeinschaften können von Schülerinnen und Schülern unterschiedlicher Jahrgangsstufen besucht werden, eine ‚Talentiade' wird jährlich angeboten, auf der Schülerinnen und Schüler ihre Talente zeigen können. Schließlich wird die Teilnahme an Wettbewerben als wichtiger Impuls für die Weiterentwicklung von Begabungen gesehen.

Fazit

Die Akzeptanz von Heterogenität auf allen Ebenen bedeutet auch die Förderung eines guten sozialen Klimas: Während in vielen Schulen zurzeit Leistung unter Schülerinnen und Schülern als eher ‚un-cool' gilt, wird eine ‚Lernlandschaft der individuellen Lernprozesse' das Zulassen von Unterschiedlichkeit immer eher zulassen. Lernen Schülerinnen und Schüler frühzeitig im Alltagshandeln, dass der Umgang mit dem Mitschüler oder der Mitschülerin respektvoll sein muss, weil seine bzw. ihre Individualität ein Recht hat, so zu sein und sich in bestimmter Weise zu äußern, so trägt dies zu einem besseren Umgang und Zusammenhalt in der Gruppe bei. Akzeptanz von Individualität steht sozialem Handeln nicht entgegen, wenn sie unter diesem Zielaspekt sensibel von den Lehrpersonen begleitet wird und zu Rücksichtnahme und Respekt gegenüber den anderen führt.

Unter diesem Gesichtspunkt Kinder und Jugendliche zu fördern und zu fordern, heißt, ihre individuelle Leistungsgrenze immer wieder auszutesten, ohne sie einem unguten Gruppendruck auszusetzen – und dies in der Regel ganz ohne Leistungsstress. Dann kann nämlich auch noch für Jugendliche gelten, was von Erstklässlern so selbstverständlich angenommen wird: Sie wollen gerne lernen.

Literatur

Diut, R./Häussler, P./Prenzel, M. (2002): Schulleistungen im Bereich der naturwissenschaftlichen Bildung. In: Weinert, F.E. (Hrsg.): Leistungsmessungen in Schulen. Weinheim.

Etzold, S./Spiewak, M. (2001): „Bringt Teamgeist in die Klassenzimmer". Gespräch mit drei Spitzenschülern. In: Die Zeit 52/2001, S. 32.

Höhmann, K./Krohn, G./Zdunczyk, Y. (2005): Feststellung besonderer Begabungen: Begabungsdiagnostik im Schulalltag. In: Höhmann, K. (Hg.) Begabungsförderung in heterogenen Lerngruppen. Dortmund.

Montessori, M. (2006): Kinder sind anders. München.

Susanne Thurn

Lohnende Leistung

Eine Schule, die inklusiv sein will – nach unserer Unterschrift unter die Menschenrechtskonvention auch sein muss –, sollte Schule neu denken und anders gestalten lernen, eher heute als morgen! Dem Postulat „Individualisierung" kann ein zielgleicher und gleichschrittiger, vornehmlich belehrender, erfahrungsarmer, nicht auf Kompetenzen oder Kooperation ausgerichteter Unterricht nicht mehr gerecht werden – und ein genormter Leistungsvergleich erst Recht nicht. Was für ein Widerspruch, Individualisierung zu wollen, ja als zukunfts-weisend zu werten – wie es Bildungspolitik, Erziehungswissenschaft und Schulpädagogik zur Zeit mehr oder weniger übereinstimmend tun -, Ergebnisse der schulischen Arbeit dann aber nicht mehr individuell zurückzumelden, sondern an einer die individuelle Leistung missachtenden Norm zu messen (Thurn 2009; vgl. dazu auch die auf 10 Folgen angelegte Serie der Zeitschrift PÄDAGOGIK: Tests, zentrale Prüfungen und (k)ein Ende?, beginnend mit Heft 9/2010).

Ist Individualisierung und Normierung ein Widerspruch in sich – Individualisierung daher nicht mehr als ein poetischer Begriff der neuen Bildungspolitik? Lässt sich Leistung von Kindern und Jugendlichen anders erzielen als durch den Vergleich mit anderen und Konkurrenz gegen sie, durch Druck und Angst, durch die Bestimmung von Gewinnern und Verlierern, durch die Zuweisung von Rangordnungen? Basieren Vorstellungen von Leistung in unserem geregelten Schulsystem auf einer vollkommen anderen Logik als jene der Reformpädagogik und sind daher unvereinbar (Thurn 2011)?

Wenn Reformpädagogik heute versucht, andere Wege als die eingefahrenen zu gehen, gründet sie diese offenbar auf anderen Erfahrungen als sie im Regelschulsystem gemacht werden – und erhält dafür in letzter Zeit überzeugende Unterstützung durch die Hirnforschung: Kinder sind neugierig auf sich und die Welt, lernen gerne und geradezu unermüdlich, wollen entdecken und leisten, Neues herausfinden und Wichtiges erkennen. Sie wollen Gelerntes verknüpfen mit bereits Bewusstem und Gekonntem, wollen ständig neu herausgefordert werden (Hüther 2006; 2008). Sie wollen anerkannt und gebraucht, gelobt und bestätigt werden für das, was sie sind und erreicht haben, nicht für das, was sie „besser" können oder mehr sind als die anderen. *Das* finden wir bei ihnen erst, wenn Schule ihnen ihre Neugierde „geradezu systematisch" ausgetrieben hat (Spitzer 2006; Schwarz o.J.), vor allem aber, wenn die Erwachsenen sie in diese verhängnisvolle Richtung drängen: durch ständiges Nachfragen nach den Errungenschaften der „anderen", durch den nur ihnen wichtigen Vergleich, durch ihre Angst, das eigene Kind könnte gegenüber dem anderen abfallen, nicht erreichen, was sie erreicht haben, die soziale Anerkennung der Eltern schmälern. Erst wenn Kinder diese schmerzliche – oder auch scheinbar beglückende – Erfahrung gemacht haben, dass sie im Vergleich zu bestehen haben, beginnen sie selbst, sich zu vergleichen. Ihr Blick auf Anstrengung wird ein anderer: Jetzt werden sie sich nicht mehr primär für die Sachen, deren Erkennen oder Beherrschen interessieren, sondern vor allem für den Tauschwert in Form von Ziffern, Noten, Rangordnungen, Schulformzuweisungen, Klassenzielerreichung.

Muss Leistung sich lohnen?

„Leistung muss sich lohnen!" – dieser oft missbrauchte politische Slogan hat in unserer Gesellschaft durchaus seine Berechtigung, aber was lohnt sich? Eine Nummer auf einem Stück Papier? Wie viel muss man Kindern bereits eingeredet oder angetan haben, dass sie sich *dafür* einsetzen? Wir wissen alle längst, dass Noten nicht valide, reliabel und (schon gar nicht) objektiv sind, wissen es spätestens seit den Studien von Ingenkamp (1971), die seither fortlaufend durch neue Studien immer nur bestätigt, nie widerlegt wurden. Unser schulpolitisches Problem in Deutschland ist vielleicht jenes: Wir können uns Schule und die Erbringung von Leistung nicht ohne „Blut, Schweiß und Tränen" vorstellen – und lassen gar nicht erst als denkmöglich zu, dass es auch ganz anders sein könnte. Zugleich will kein Mensch ernsthaft sein Kind unglücklich sehen, seine Bauchschmerzen vor der Schule erleben, seine Angst vor der nächsten Prüfung ertragen, den Einbruch in sein natürliches Selbstvertrauen erleiden.

Was lernt ein Kind, wenn es voller Neugierde und Vorfreude in die Schule kommt und dort erfährt: Ich bin nicht so gut, wie andere von mir erwarten, wie meine Eltern erhofften, wie ich bis dahin mit meinem kindlichen Zutrauen zu mir selbst glaubte? Und nun erlebe ich Jahr für Jahr beginnend mit etwa sieben, acht Jahren, dass ich mich anstrengen kann, wie ich will: Zu mehr als einer „Vier" wird es nun mal allenfalls in Ausnahmefällen reichen. Und lerne zugleich: Anstrengung lohnt sich nicht, schlimmer noch: ich selbst bin eben nur ein gerade mal so eben ausreichender Mensch. Macht mich das stark für eine Zukunft, von der auch jene, die mir jetzt schon meinen Platz in der Gesellschaft zuweisen, nicht wissen können, was sie bereit hält, wie sie zu gestalten sein wird, was dafür gekonnt sein muss?

Was lernt ein Kind, wenn es voller Neugierde und Vorfreude in die Schule kommt und dort schnell erfährt: Hier langweile ich mich, hier werde ich künstlich zurückgehalten, weil „die anderen" noch nicht so weit sind, hier darf ich nicht lernen, was mich gerade brennend interessiert. Dennoch erlebe ich Jahr für Jahr, dass ich ohne große Anstrengung immer die besten Noten erhalte. Ich weiß nicht einmal, was wirkliche Anstrengung ist, wenn ich das „Allerbeste", also lauter „Einsen", einfach so nebenbei erwerbe: Was für eine Verschwendung meiner eindrücklichsten Lern- und kostbaren Lebenszeit.

Wir sind in Deutschland an diesen beiden Polen – das zeigen uns die PISA-Ergebnisse leider folgenlos immer wieder alle zwei Jahre – bei den Schwächsten und den Stärksten, bei den Langsamsten und den Schnellsten nicht gut, eher beschämend schlecht. Bei den Vielen zwischen den Polen sind wir nur Mittelmaß. „Leistung muss sich lohnen?" – nur wie, wenn wir sie am gemittelten Maß orientieren, wenn wir sie immer feinmaschiger, „valider", normieren und messen? Wenn wir weiter selektieren, obwohl wir genau wissen, dass jede Schranke, die wir in unserem System gegen möglichen Aufstieg einbauen, die Schwachen schwächer, die Starken aber nicht stärker macht? *So* jedenfalls lohnt sich Leistung nicht.

Leistung hat sich gelohnt – ich kann sie sehen, festhalten, aufbewahren!

Reformpädagogik heute muss sich geradezu zwangsläufig mit „Leistung" beschäftigen: Wie wird sie erwartet und gemessen, wie gefördert und herausgefordert, wie gewürdigt und zurückgemeldet? Alle Schulen, die reformpädagogische Wege gehen wollen, stellen sich diese Fragen. Viele leiden, wenn sie zu zentralen, nicht nur das System aufklärenden Vergleichstests, zu Rankings aller Art und natürlich vor allem zu Ziffernzeugnissen genötigt werden. Viele erkennen den Widerspruch zwischen dieser von außen, von oben gesetzten Verpflichtung und ihren eigenen pädagogischen Anstrengungen, dem Einzelnen in der Schule gerecht werden zu wollen, das andere Lernen zu fördern, das Leben in der Gemeinschaft zu verwirklichen (vgl. die Standards für eine gute Schule der Arbeitsgemeinschaft Blick über den Zaun, www.blickueberdenzaun.de). Viele suchen nach Auswegen. Ein möglicher wird im Folgenden beschrieben.

Leistung muss in den Händen gehalten, vorgestellt und aufgehoben werden können. Wie das? Zum Beispiel so: Ein längeres Vorhaben oder Projekt braucht vorab zusammen getragene Ideen für unterschiedliche Zugehensweisen, Aufklärungsmöglichkeiten und Erarbeitungsformen, (Lern- und Arbeits-) Methoden für die Verwirklichung, bereitgestellte oder nachzufragende Hilfen, Experten und Expertisen. Ein längeres Vorhaben oder Projekt braucht ein vorab vereinbartes Ziel: Die Präsentation der Ergebnisse vor den Eltern oder den Parallelklassen, ein Buch, das die Gruppe gemeinsam schreibt, eine Ausstellung auf dem Schulflur, eine Power-Point-Präsentation der Gruppenergebnisse, einen Film über die gelungene Theateraufführung, ein Hörspiel, … der Phantasie, vor allem der der Kinder und Jugendlichen, sind keine Grenzen gesetzt. Ein vorab vereinbartes Vorhaben oder Projekt braucht vereinbarte Bewertungsmaßstäbe, an denen die Gruppe den individuellen Beitrag bewerten kann. Danach arbeiten Schülerinnen und Schüler selbstständig, aber mit Hilfen und Anregungen ihrer gleichaltrigen oder erwachsenen Lernbegleiter an ihren Themen. Leistung muss sich lohnen – sie wird dokumentiert in Ausstellungen, präsentiert vor einem Publikum, gebunden als Buch, festgehalten in einer DVD. Am Ende tragen sie ihre Ergebnisse nach Hause: Portfolios, gerahmte Bilder, gebundene Referate, Werkstücke, Dokumentationen der Ausstellung, der Präsentation, der Theatervorführung. Für all das gibt es schriftliche und mündliche Rückmeldungen sowohl von den anderen der Lerngruppe als auch dem begleitenden Lehrer oder der begleitenden Lehrerin: Lob und Tipps für die Weiterarbeit, vielleicht aber auch Auseinandersetzungen darüber, ob das vorgelegte Ergebnis wirklich das Bestmögliche war, ob mit mehr Anstrengung, Hilfestellung, Einsatz, Selbstinitiative oder Erwachsenenförderung vielleicht ein besseres, für mich als Schülerin oder Schüler mehr zufrieden stellendes, stolz machendes Ergebnis hätte erwirkt werden können. (Wie das ‚andere Lernen' organisiert werden kann, das zu solchen Ergebnissen führt, vgl. Groeben 2008.)

Ein weiteres Beispiel aus dem Alltag von Schule, wie Leistung sichtbar und auch vergleichbar gemacht werden kann: Einmal im Jahr zeigt ein Jahrgang der Laborschule auf einem von uns so genannten „Produktmarkt" den Eltern, den jüngeren oder auch älteren Schülerinnen und Schülern, auch den früheren Lehrerinnen und Lehrern die Leistungen der letzten Jahre. Jeder und jede Jugendliche gestaltet den eigenen Tisch, steht Rede und Antwort zu dem, womit er sich beschäftigt oder was sie wie zusammengestellt und gestaltet hat, warum er gerade dieses Thema und nicht irgendein anderes gewählt oder warum sie sich für jenen Lösungsweg entschieden und dann phantasievoll verfolgt hat. Leistung macht stolz, wenn ich das Ergebnis meiner Anstrengungen in den Händen halten und vorzeigen, beschreiben und verteidigen kann, auch daran lerne, was ich beim nächsten Mal noch besser machen könnte. Meine Leistung ist unvergleichlich mit der der anderen. Ich erkenne aber auch – im ganz anders gearteten Vergleich – dass ich mich diesmal nicht angestrengt habe, nicht stolz auf mich sein kann, nur mal so eben ein Produkt fertig gestellt habe, mit dem ich mich eigentlich nicht gerne präsentiere und wahrnehmen lasse. Daraus erwächst eine vollkommen andere Motivation für meinen nächsten Versuch (zur Portfolioarbeit in der Laborschule vgl. Biermann 2010, allg. Winter u.a. 2002). Nicht zuletzt darin sehen wir eine Ursache dafür, warum Laborschülerinnen und -schüler gerne zur Schule gehen, ihrer Schule erfreuliche Zufriedenheitswerte bescheinigen, sich selbst hohe Ziele setzen und sich weiteres Lernen eher zutrauen oder auch zumuten als Regelschülerinnen und -schüler (vgl. Abgängerstudien der Laborschule, zuerst Kleinespel 1990, danach fortlaufend; auch Watermann u.a. 2005).

Für sie hat sich Leistung und Anstrengung wirklich gelohnt. Ihre vorzeigbaren Leistungsergebnisse, neben vielen anderen beispielsweise auch ihre drei Jahresarbeiten, haben bisweilen geholfen, an der Wunschschule oder dem gewählten Betrieb für eine Lehrstelle angenommen zu werden. In und mit ihren sichtbaren Leistungen zeigen sie sich selbst, präsentieren sie sich anderen – und das weit eindrucksvoller als mit letztlich aussageleeren Ziffernzeugnissen.

Leistung hat sich gelohnt – sie ist herausfordernd wahrgenommen, individuell gemessen, ermutigend zurückgemeldet worden

In der Laborschule wird Kindern und Jugendlichen ein 11 Jahre dauernder, einheitlich gedachter, zugleich deutlich gestufter Bildungsgang für ihre Pflichtschulzeit angeboten (Jg. 0 bis 10). Sie werden in die Schule nach einem Aufnahmeschlüssel aufgenommen, der gewährleisten soll, dass sie sich von ihren sozialen und ethnischen Herkünften her etwa so in ihren Gruppen wiederfinden, wie sie in der Gesellschaft einer Großstadt vorkommen. Ihre Verschiedenheit soll den Reichtum ihrer Schule ausmachen. In jeder Lerngruppe leben, lernen, leisten Kinder und Jugendliche zusammen, die sich in Deutschland ansonsten in Förderschulen (10%), an Hauptschulen, Realschulen, Gesamtschulen, Gymnasien und auch Gymnasien für besonders Leistungsstarke wieder finden würden. Es gibt keinerlei Differenzierung nach Leistung und selbstverständlich auch keine so genannten „Integrationsklassen".
Wenn eine Schule, eine Lehrerin oder ein Lehrer keinerlei Chancen hat, ein Kind wieder „los" zu werden (durch Abschulung oder Sitzen bleiben) – eine einfache Weisung, mit der in Finnland die Schulrevolution begann – muss Individualisierung die Antwort im Alltag von Unterricht und Zusammenleben sein, verbieten sich Gleichschritt und Zielgleichheit, kann konsequenterweise auch keine einheitliche Leistungsüberprüfung für verschiedenartige Leistungen für sinnvoll befunden oder gar verlangt werden. Bis zum Ende des 9. Schuljahres erhalten Schülerinnen und Schüler der Laborschule daher ausschließlich schriftliche Rückmeldungen zu ihrem Arbeitsverhalten und ihren Leistungserfolgen, auch zu ihrem Umgang mit den Älteren, Gleichaltrigen, Jüngeren in der Gemeinschaft einer Schule. Diese Rückmeldungen messen Individuen an ihren Möglichkeiten, nicht an der Norm. Ein im Regelschulsystem ansonsten schnell durch mäßige, aber doch nicht selbst verschuldete Noten entmutigtes Kind wird erfahren, dass es Fortschritte gemacht hat, auf dem richtigen Weg ist, seine Anstrengungen wahrgenommen und gewürdigt wurden, dass es stolz auf Erreichtes sein darf. Und das andere, ohne Anstrengung schnell und leicht lernende Kind liest vielleicht, dass es gemessen an seinen Möglichkeiten keine ausreichenden Ergebnisse erbracht hat, sich mehr anstrengen sollte, diese oder jene Herausforderung wagen müsste, auch wenn seine Ergebnisse im Vergleich am benachbarten Gymnasium immer

noch „sehr gut" genannt werden müssten. Die Berichte sind Ausdruck der Kommunikation zwischen Lehrenden als Lernbegleitern und Lernenden als Verantwortlichen für die eigene Bildung. Sie sind daher gemeinsam veränderbar, wenn ein junger Mensch sich nicht so wahrgenommen und geschildert fühlt, wie er sich selbst sieht – und seine Lehrerin oder sein Lehrer das annehmen kann.
Nach einer Forschungsarbeit über die Wirkung dieser Berichte (Döpp u.a. 2002) haben wir unsere Praxis modifiziert. Zum Halbjahr erhalten Schülerinnen und Schüler nun einen Bericht vornehmlich zu ihrem Arbeits- und Sozialverhalten, den der Betreuungslehrer oder die Betreuungslehrerin auf der Basis langer, aber im Kollegium vergleichsweise eher beliebter Konferenzen verfasst. Selbstverständlich nehmen sie auch mit auf, was die Schülerinnen und Schüler in Selbsteinschätzungsbögen über sich sagen. Die Berichte sind Grundlage eines 30-minütigen Pflichtgesprächs des betreuenden Lehrers oder der betreuenden Lehrerin mit dem Kind oder Jugendlichen und dessen Eltern. Diese werden protokolliert und enden mit Vereinbarungen, die zusammen mit dem Protokoll von allen Beteiligten unterschrieben werden. Auch hier wird das Kind, wird der Jugendliche ernst und in die Pflicht für sein Fortkommen genommen. Darüber hinaus stehen die Fachlehrenden für zusätzliche, in der Regel freiwillige Gespräche zur Verfügung. Am Ende des Schuljahres schreiben sie ihre Berichte: Was hat dieser junge Mensch mit dem von uns angebotenen oder gemeinsam verhandelten (Fach-) Inhalt gemacht und wie ist er damit zurecht gekommen, wie beurteilt er seine eigene Arbeit, welche Rückmeldungen hat die Gruppe ihm gegeben, wie kann er weiter arbeiten, wie sich aus eigener Kraft verbessern, welche weiteren Wege empfehlen wir? Die kritische Würdigung ist durchaus erwünscht, so lange Kritik Folgen haben, der Adressat selbsttätig an der Verbesserung seiner Ergebnisse oder seines Verhaltens arbeiten kann. Auch diese Berichte messen den Schüler oder die Schülerin an sich selbst, nicht an einer gemittelten Norm.
Am Ende des neunten Schuljahres erhalten Schülerinnen und Schüler der Laborschule erstmalig Ziffernzeugnisse, mit denen sie sich für Lehrstellen, berufliche Schulen oder gymnasiale Oberstufen bewerben können. Die schriftlichen Berichte, die sie weiterhin begleiten, haben dann einen anderen Charakter, bleiben aber Erklärung, Ermutigung, Hilfe zur Selbsthilfe. Wenn sie am Ende des 10. Schuljahrs mit einem der vielen Abschlüsse, die das Regelschulsystem auch vergibt, die Schule verlassen, sind die schriftlichen Berichte Beschreibung und Würdigung eines (möglichst) elfjährigen Bildungsganges, der zu einem unverwechselbaren, je eigenen Bildungsprofil geführt hat (Thurn 2005).
Wer so nicht arbeitet oder sich solches nicht vorstellen kann, fragt nach: Überschätzen sich Ihre Schülerinnen und Schüler nicht maßlos, wenn sie „immer nur gelobt werden" (was natürlich keineswegs stimmt)? Fallen sie nicht „in der Stunde der Wahrheit" aus allen Himmeln in die Wirklichkeit? Wie reagieren sie auf Noten, wenn sie denn dann in jener Stunde doch noch kommen? Nein, unsere Schü-

lerinnen und Schüler werden zwar für das, was sie können und geleistet haben, gelobt, werden ermutigt, sich immer noch mehr zuzutrauen. Aber sie nehmen doch auch zugleich wahr, dass der Freund in derselben zur Verfügung stehenden Zeit müheloser mehr und Schwierigeres schafft, dass die Freundin sich so viel mehr für so viel weniger mühen muss als sie selbst, sicher nicht in allem, aber doch dem ein oder anderen Gebiet. Sie werden nicht gedemütigt, wenn sie trotz eigener Anstrengung gemittelte Normen nicht erreichen, sondern ermutigt, sich dennoch auf den nächsten Schritt im Vorankommen einzulassen. Sie werden allerdings auch darauf hingewiesen, an welchen Stellen sie es sich – ihrem eigenen Können gemäß – zu leicht oder zu bequem gemacht haben, wo sie sich „durchgemogelt" haben, anstatt sich selbst herauszufordern, wo sie statt des steinigeren den Weg des geringsten Widerstands gewählt haben. Kritik, die an dem je individuellen Vermögen des einzelnen Schülers oder der einzelnen Schülerin ansetzt, ist so gesehen viel „strenger": Das Nicht-Erreichen der eigenen Möglichkeiten eines typischen „Einser-Kandidaten" viel gerechtfertigter kritisierbar. Wer aber wollte ernsthaft einem anderen vorwerfen, dass trotz großer Anstrengung die „Norm" (wieder einmal) nicht erreicht werden konnte?
„Schülerinnen und Schüler lieben aber doch Vergleiche!" – richtig! Wenn sie ihre Leistungen in Form von Produkten vorzeigen können, können sie sich auch vergleichen. Nur ist der Vergleich mit den anderen nicht mehr so simpel, wie es das Addieren und Dividieren von Zahlen, Errechnen von Durchschnitten im Regelschulsystem glauben zu machen versucht. Wer will das Referat zu diesem Thema mit dem ganz anderen, aber auch interessanten Referat zu jenem vergleichen? Wer die Kunstausstellung als Ergebnis einer Jahresarbeit mit der Anthologie der eigenen Gedichte oder dem gebundenen Buch zu dem gewählten Thema? Wer die mathematische Arbeit zu jenem kniffligen Thema mit der bewältigten Aufgabenzusammenstellung von Rechenaufgaben? Wer die eine Rolle im englischen Theaterstück mit der anderen oder der zusätzlichen Regiearbeit oder der Verantwortung für das Bühnenbild, die Lichteffekte, das Gelingen des Ganzen, …? (Thurn 2007)
Kern dieser Philosophie von Leistung ist der höchstmögliche Anspruch: Jede Schülerin und jeder Schüler muss das je Bestmögliche in der Schule leisten dürfen und können, muss sich bis an die je eigenen Grenzen herausgefordert, dafür alle erdenklichen individuellen Hilfen angeboten bekommen haben. Einen höheren Leistungsanspruch kann keine Schule stellen. Dass auch wir in der Überforderung unseres Alltags immer wieder an diesem hohen Anspruch verzagen, bisweilen auch scheitern, spricht nicht gegen das Ziel, dem wir uns täglich neu und sehr bewusst stellen.

Literatur

Biermann, Christine (2010): Wie kommt Neues in die (Labor-)Schule? Das Beispiel „Portfolio". In: Biermann, Christine/Volkwein, Karin: Portfolio-Perspektiven. Schule und Unterricht mit Portfolios gestalten. Weinheim und Basel (Beltz), S. 194-206.

Döpp, Wiltrud/Groeben, Annemarie von der/Thurn, Susanne (2002): Lernberichte statt Zensuren. Erfahrungen von Schülern, Lehrern und Eltern. Bad Heilbrunn (Klinkhardt).

Groeben, Annemarie von der (2008): Verschiedenheit nutzen. Besser lernen in heterogenen Gruppen. Berlin (Cornelsen, Scriptor).

Hüther, Gerald (2006): Brainwash: Einführung in die Neurobiologie für Pädagogen, Therapeuten und Lehrer. Aufzeichnung einer Vorlesung in St. Gallen. Mühlheim (Auditorium Netzwerk).

Hüther, Gerald (2008): „hi.bi.kus" – hirngerechte Bildung in Kindergarten und Schule. Ein Programm des Thüringer Kultusministeriums. www.hibikus.de

Ingenkamp, Karl Heinz (1971): Die Fragwürdigkeit der Zensurengebung. Weinheim und Basel (Beltz).

Kleinespel, Karin (1990): Schule als biographische Erfahrung. Die Laborschule im Urteil ihrer Absolventen. Weinheim und Basel (Beltz).

PÄDAGOGIK: Tests, zentrale Prüfungen und (k)ein Ende?, beginnend mit 9/2010 sowie Themenheft 12/2010: Lernen sichtbar machen. Weinheim (Beltz).

Schwarz, Paul (o.J.): Das Gehirn lernt immer. Hirnforschung und Schule. Film. Transferzentrum für Neurowissenschaften und Lernen, Universität Ulm (Hrsg.).

Spitzer, Manfred (2006): Lernen, Lehren und Erziehen – Schüler für die Zukunft stark machen. Mühlheim (Auditorium Netzwerk).

Thurn, Susanne (2005): Lernen, Leistung, Zeugnisse: Eine Schule (fast) ohne Noten. In: Thurn, Susanne/Tillmann, Klaus-Jürgen: Laborschule – Modell für die Schule der Zukunft. Bad Heilbrunn (Klinkhardt), S. 49-61 (erweiterte und aktualisierte Neuauflage in Vorbereitung für 2011).

Thurn, Susanne (2007): Beunruhigung des Systems – durch beschämende Vergleiche oder gelungene Versuche? In: Hermann, Ulrich (Hrsg.): In der Pädagogik etwas bewegen – Impulse für Bildungspolitik und Schulentwicklung. Weinheim und Basel (Beltz), S. 210-216.

Thurn, Susanne (2009):Leistungsbewertung und Kompetenzorientierung „anders"! – ... eigentlich wissen wir es doch längst alle. In: PÄDAGOGIK 11/09, S. 40-43.

Thurn, Susanne (2011): Leistung in einer Kultur der Vielfalt. Oder: „Die Würde des Menschen macht aus, sein eigener ‚Standard' sein zu dürfen." In: Fürstenau, Sara/Gomolla, Mechtild (Hrsg.): Migration und schulischer Wandel: Leistungsbeurteilung. Wiesbaden (VS-Verlag) – erscheint demnächst.

Watermann, Rainer/Thurn, Susanne/Tillman, Klaus-Jürgen/Stanat, Petra (Hrsg) (2005): Die Laborschule im Spiegel ihrer PISA-Ergebnisse. Pädagogisch-didaktische Konzepte und empirische Evaluation reformpädagogischer Praxis. Weinheim und München (Juventa).

Winter, Felix/Groeben, Annemarie von der/Lenzen, Klaus-Dieter (Hrsg.) 2002: Leistung sehen, fördern, werten. Neue Wege für die Schule. Bad Heilbrunn (Klinkhardt).

Dirk Kamps

Schülerinnen und Schüler wollen autonom lernen!

„Mit mir ist es komisch", sagte Lotta.
„Ich kann so viel! Wenn ich so drüber nachdenke, kann ich eigentlich alles."
(Astrid Lindgren)

Jeder weiß das: Erstklässler kommen voller Interesse und Wissensdurst in die Schule, sie wollen lernen, sie wollen Erfahrungen sammeln, sie wollen ihre Denkhorizonte maßgeblich erweitern! Doch nach einiger Zeit verschwindet ihr Wissensdurst, es treten zunehmend Desinteresse und Langeweile an die Stelle. Treibt ihnen etwa die Schule die Lust am Lernen aus? Wäre dies so, so hätte man es mit einer sehr paradoxen Situation zu tun. Die Einrichtung, die maßgeblich das Lernen bei den Heranwachsenden befördern soll, ist mit verantwortlich für das Verhindern von Lernen. Sicherlich kann man den hier skizzierten Sachverhalt vielleicht nicht so einseitig begründen, dennoch muss sich die Institution Schule fragen lassen, in wie weit sie mit den bestehenden Strukturen dazu beiträgt, dass junge Menschen häufig so viel Verdruss beim Lernen empfinden.
Auf der Suche nach einer Antwort für diese Fragestellung ist es hilfreich, die Binnenstrukturen unserer Schule genauer zu betrachten, das heißt genauer hin zu sehen, wie Unterricht in unseren Schulen meist immer noch flächendeckend organisiert ist. Länderspezifische und schulinterne curriculare Vorgaben bestimmen die inhaltliche Seite des Unterrichts, strukturell didaktisch, Vorgaben machen in der Regel noch immer die unterrichtenden Lehrerinnen und Lehrer, die Beteiligung der Schülerinnen und Schüler bei der Auswahl der Stoffinhalte und der Gestaltung der Unterrichtsstunden geschieht in der Regel nur sehr selten. Gründe für diesen Ist-Zustand gibt es wohl mannigfaltige, das Aufspüren dieser Gründe soll jedoch nicht der Schwerpunkt dieses Artikel sein, vielmehr soll in diesem Beitrag aufgezeigt werden, dass das obengenannte Diktum von der Autonomie der Schülerinnen und Schüler beim Lernen maßgeblich mit dazu beitragen kann, den Lernverdruss in Schule nachhaltig zu reduzieren.

Was ist das: Lernerautonomie?

Wie ist dieser Begriff inhaltlich zu füllen? Was macht einen autonomen und damit wohl auch selbstständigen Lerner aus? Schaut man in die Fachliteratur, so finden sich dort zahlreiche Definitionen und Erläuterungen zum Lerner dieser Spezies. Die vor 20 Jahren (20!) von Henri Holec (Holec 1981) formulierte Definition zur Lernerautonomie erscheint mir die prägnanteste und umfassendste Formulierung zu sein: „Lernerautonomie ist die Fähigkeit, das eigene Lernen selbstverantwortlich in die Hand nehmen zu können." Das heißt, von einer autonomen Lernsituation kann dann gesprochen werden, wenn die zentralen Entscheidungen über die entsprechenden Lernprozesse vom Lerner selbst getroffen werden können. Folgende Parameter müssten demnach in diesem Zusammenhang vom Lerner geklärt werden:
Was lerne ich?
Wie gehe ich beim Lernen vor?
Welche Materialien benötige ich?
Will ich alleine oder mit anderen zusammen arbeiten und lernen?
Welche weiteren Hilfsmittel benötige ich?
Wie kontrolliere ich, ob ich erfolgreich gelernt habe?

Die Auflistung der Parameter zeigt, dass der Begriff der Lernautonomie eng mit dem Begriff der Selbstverantwortung zusammen hängt. Das heißt wiederum, wer die Autonomie des Lernenden fördern möchte, muss auch zugleich den Schüler in *seiner* Verantwortung für das eigene Lernen stärken. Schülerinnen und Schüler müssen demnach erkennen, dass sie für das eigene Lernen maßgeblich mit verantwortlich sind, dieser Prozess muss jedoch nachdrücklich mit den Lernern eingeübt werden, sonst besteht die Gefahr, dass die Lernerinnen und Lerner wohlmöglich vorschnell für ihren evtl. Misserfolg beim Lernen auch noch verantwortlich gemacht werden. Dies sollte natürlich nicht sein.

Konstruktivistische Lerntheorien als Basis für den autonomen Lerner

Konstruktivistische Lerntheorien betonen explizit die Individualität und Singularität von Lernprozessen und Lernergebnissen. Das Gehirn des Menschen wird als ein funktional geschlossenes System (Roth 1994/1996) aufgefasst, dieses System organisiert sich selbst und organisiert damit für sich die Welt. Für Konstruktivisten ist das Lernen ein vom Gehirn gesteuerter Konstruktionsprozess, der auf dem individuellen Lernerwissen aufbaut. Dies bedeutet, dass die Ergebnisse, auch für Lerner, die im gleichen Kontext lernen, individuell höchst unterschiedlich sind. Wissen ist demnach nicht etwas, was durch Lehrerinnen und Lehrer „übertragen" werden kann, die Aneignung von neuem Wissen steht immer in engem Zusammenhang mit der ganz persönlichen Biografie des Schülers und seiner entsprechenden Lebensumstände. Die Möglichkeiten der Lehrerinnen und Lehrer das Lernen der Schülerinnen und Schüler zu beeinflussen, hält sich demnach in Grenzen. Unterrichtende müssen erkennen, dass die Vielfalt der im Unterricht erzielten Ergebnisse den Reichtum einer Unterrichtsstunde ausmacht. Sie müssen Abschied nehmen von *der* allein gültigen Interpretation eines Sachverhaltes. Somit sind auch die Unterrichtenden vor eine neue Situation gestellt, wenn sie es mit dem autonomen Lerner zu tun haben.

Praktische Konsequenzen aus diesen Überlegungen für den Alltag in der Schule

Es gilt im Unterricht weitgehend Abstand zu nehmen von vorgefertigten, im Ziel festgelegten Unterrichtsstunden bzw. Unterrichteinheiten. Die Dramaturgie einer Unterrichtsstunde sollte so aussehen, dass möglichst viele Lernerinnen und Lerner mit unterschiedlichen Themen und Aufgabenbereichen betraut werden. In vielen Fällen ist es sicherlich auch möglich, die Schülerinnen und Schüler maßgeblich an der Auswahl und Umsetzung der Themen zu beteiligen.

Im Folgenden soll anhand von drei Beispielen aus der Praxis genauer erläutert werden, wie die Hinführung zum autonomen Lerner in der Schule *konkret* erfolgen kann.

Am Elsa-Brändström-Gymnasium in Oberhausen gibt es seit ca. 5 Jahren den so genannten Modulunterricht für die Jahrgangsstufen 9 bzw. 10. Dieser modularisierte Unterricht steht unter dem Motto *„Schule muss so gut sein, dass es eine Kunst ist dumm zu bleiben"*

Bei dieser Lehrform sind traditionelle Unterrichtsformen wie Frontalunterricht passé. Für jedes Fach gibt es Module – im Sinne von Lerneinheiten –, die zuvor Lehrer/-innen in Zusammenarbeit mit interessierten Schülerinnen und Schülern affin zum bestehenden Curriculum der Jahrgangsstufe 9 bzw. 10 entwickelt haben. Pro Quartal fertigen die Schüler/-innen eigenverantwortlich ein Portfolio zu ihrem gewählten Modul an. Im Zentrum dieses Lernarrangements steht die Selbstständigkeit und die Selbststeuerung. Einmal pro Jahr präsentieren Schüler/-innen besonders gelungene Module vor der Schülerschaft, dem Kollegium und den Eltern. Auf diesem Wege informieren sie zugleich ihre Mitschüler über die zukünftige Arbeit mit den Modulen.

Was genau ist ein Modul?

Ein Modul ist ein Aufgabenpaket. Kurzum, es enthält entweder unterschiedlich differenzierte Aufgabenstellungen oder das Modul gibt nur einen Impuls für die betreffende Fragestellung. Abhängig von ihrer kognitiven Kompetenz haben die Schüler/-innen die Wahl: Sie entscheiden sich entweder für ein Modul, das schon relativ differenziert Aufgabenvorschläge für die Bearbeitung macht. Oder sie trauen sich bei der Gestaltung ihres eigenen Lernprozesses schon mehr zu. Dann wählen sie Module aus, die relativ offen sind und nur noch einen Aufforderungscharakter für eine bestimmte Fragestellung haben. Wie oben erwähnt, läuft die Modularbeit am Elsa-Brändström-Gymnasium bereits seit 5 Jahren, in der zurückliegenden Zeit hat sich häufig die Situation ergeben, dass Schüler/-innen durch die Auseinandersetzung mit einem Modul zu einer vertiefenden Fragestellung den Inhalt betreffend gelangt sind. Dies wiederum führte zu dem Ergebnis, dass die Schüler eigene Module mit neuen Inhalten konzipiert haben, die dann im folgenden Quartal von anderen Schülern bearbeitet wurden. Hierdurch ergab sich die Situation, dass Schüler/-innen tatsächlich ihre Lerninhalte weitgehend selbst bestimmen konnten, zudem waren die von ihnen entworfenen Module vielleicht ein bisschen näher an der Lebenswirklichkeit der nachfolgenden Schüler, die diese dann im nächsten Quartal bearbeiteten.

Wie geht das und wie macht man das? Die Fachkonferenzen der Schule in Oberhausen haben in circa zwölf Monaten in Zusammenarbeit mit den Kolleg/-innen und den Schüler/-innen mindestens vier Module pro Fach entwickelt. Sie sind

- *inhaltlich gebunden* an die Rahmenrichtlinien des Landes bzw. das hausinterne Curriculum für das jeweilige Fach. Auf diesem Wege ist die *direkte Anbindung* der Lerninhalte der Module an die entsprechenden offiziellen Lehrpläne gesichert.
- *transparent gemacht.* Jedes Modul besitzt definierte Lernziele. Sie sind den möglichen Lernoperationen vorgeschaltet. Dadurch ist für die Schüler/-innen klar, welche Anforderungen das Modul an sie stellt.
- *vertiefend ausgelegt.* Einige der Module zeigen den Schüler/-innen auf, wie sie weiter an der Thematik arbeiten können. Selbstverständlich können sie auch selbst eigene Vorschläge zur Weiterarbeit machen.

Wie läuft die Modularbeit

Schüler/-innen
- müssen vier Module pro Schuljahr bearbeiten.
- informieren sich im Vorfeld auf der Homepage der Schule über die Module und suchen sich drei passende heraus.

- müssen mindestens drei Fächer mit ihren vier Modulen pro Schuljahr abdecken. Zur inhaltlichen Vertiefung ist es möglich – nach Absprache mit der betreuenden Lehrkraft, an dem bekannten Thema weiter zu arbeiten.
- haben pro Modul sechs bis acht Wochen Zeit zur Bearbeitung. Das sind ca. 32 Arbeitsstunden in der Schule.
- gestalten ihren Lernprozess weitgehend selbstständig: Sie stellen sich selbst Arbeitsaufträge, entsprechende Hausaufgaben oder formulieren z.B. neue Rechercheaufträge für ihr Modul.
- bekommen zu Beginn der Arbeit das Modul komplett ausgehändigt, damit tragen sie die Verantwortung für alle Unterrichtsmaterialien.
- treffen sich 3x während der Modularbeit mit ihren beratenden Lehrer/-innen zu jeweils ausführlichen Beratungsgesprächen.

Diese Art der Vorgehensweise trainiert das selbstständige Arbeiten in Schule nachhaltig, es eröffnet die Perspektive hin zum autonomen Lerner und es ist eine sehr umsichtige Art der Vorbereitung für die folgende Oberstufe.

Zwei konkrete Beispiele aus der Modularbeit:

Die Schülerinnen und Schüler haben die Aufgabe, ihre Module über die Homepage der Schule zu wählen.

Konkret heißt dies:

Eine Schülerin wählt das Modul mit dem Titel: „Good Bye Lenin". Dies ist ein Modul, ausgewiesen für die Fächer Deutsch und Geschichte. Das Modul gibt sowohl definitive Aufgaben vor, zugleich jedoch hat die Schülerin auch die Möglichkeit, eigene Schwerpunktsetzungen vorzunehmen. So kann sie z.B. über den Fall der Mauer arbeiten, sie kann aber auch eine Filmanalyse zu dem Film über die Stasi „Das Leben der Anderen" anfertigen. Oder sie berichtet von eigenen persönlichen Erfahrungen zu dem Thema, indem sie darstellt, wie sie bzw. ihre Eltern die Kontakte zu möglichen Verwandten und Freunden in der DDR gestaltet haben. Alle drei genannten Themenvorschläge sind möglich, sie bedürfen lediglich der genauen Absprache mit dem Fachlehrer. Natürlich ist es auch in diesem Fall möglich, die Fachauswahl zu erweitern. So geschehen am besagten Elsa-Brändström-Gymnasium: Eine Schülerin hat im Rahmen des Kunstunterrichtes die Kunstrichtung „Sozialistischer Realismus" genauer untersucht und über diese Untersuchungen ein hoch interessantes Modul angefertigt. (Dieses Modul fand später übrigens Eingang in den Kanon der Module für alle Schülerinnen und Schüler.)

Ein weiteres Modul, diesmal ohne jegliche Aufgaben und Fächerzuweisungen, ist ein Plakat über das Ruhrgebiet. Dieses Plakat ist von einem Karikaturisten gezeichnet, es zeigt den Wandel und das heutige Leben im Ruhrgebiet. Schülerinnen und Schüler haben hier die Option, völlig autonom inhaltliche Schwerpunktsetzungen vorzunehmen. Das heißt, sie werden zunächst das Plakat intensiv begutachten, dann sich ein passendes Thema überlegen, dieses Thema einem oder mehreren Fächern zu ordnen. Sie fertigen dann eine mögliche Gliederung ihrer Arbeit an und gehen in die Beratung zum betreuenden Lehrer. Ist alles genau abgesprochen und protokolliert, kann es an die Umsetzung des selbst gewählten Moduls gehen.

Ein weiteres Beispiel aus der Praxis ist die Arbeit mit Portfolios. Die Arbeit mit Portfolios ist ein besonders geeigneter Lernweg zur Entfaltung des autonomen Lerners. Bei dieser Art der unterrichtlichen Vorgehensweise kommen genau die Parameter zum Tragen, die, wie oben schon erwähnt, die Situation des autonomen Lerners genauer skizzieren. Basis für die Portfolioarbeit sind die drei Elemente *Kommunikation, Partizipation* und *Transparenz*. Die konkrete Unterrichtspraxis zeigt, dass es sehr gut möglich ist, eine Vielzahl von Unterrichtsthemen in Form der Portfolioarbeit anzulegen. Geschieht dies, so arbeiten die Schülerinnen und Schüler eben nicht mehr alle genau an dem einen gleichen Thema, sondern es gibt unterschiedlichste Zugänge und demnach auch eine Fülle von Ergebnissen zu dem formulierten Oberthema. Diese Vorgehensweise führt dann genau zu den gewünschten individuellen Ergebnissen, die Lerner haben die Möglichkeit sich mit den Themen und Arbeitsschwerpunkten auseinanderzusetzen, die ihren Zuspruch finden.

Besonders eignet sich die Arbeit mit Portfolios in Zusammenhang mit literarischen Fragestellungen. Im klassischen Deutschunterricht wird in der Regel eine Schullektüre nach bekannten Interpretationsmustern gelesen, der Spielraum für die Schüler/-innen sich in die inhaltliche Besprechung einzubringen, ist dabei relativ gering. Wird jedoch eine Schullektüre mit Hilfe der Portfoliomethode erschlossen, so ergeben sich unterschiedlichste Möglichkeiten der Bearbeitung des Textes, Schüler/-innen haben ganz gezielt die Option, den ausgewählten Text multiperspektivisch und fachübergreifend zu behandeln. Die vielen unterschiedlichen Blicke auf den gemeinsamen Text stellen eine große Bereicherung für die gesamte Lerngruppe dar, die Schüler/-innen erfahren so mehr über den Text und die Interessen und Vorlieben ihrer Mitschülerinnen und Mitschüler. Am Ende der Portfolioarbeit steht die individuelle schriftliche Dokumentation der erarbeiteten Ergebnisse in einer passenden Form, diese Ergebnisse werden gegenseitig vorgestellt, nach Möglichkeit erweitert man die Vorstellungsrunde um Eltern, Freunde und Kollegen. Diese Präsentation wiederum bietet Raum für einen intensiven Austausch untereinander.

Wieder ein konkretes Beispiel: Gelesen wird im Deutschunterricht die Novelle „Kleider machen Leute". Die Schülerinnen und Schüler sammeln über einen festgelegten Zeitraum verschiedene Gegenstände, die ihrer Auffassung nach etwas mit der Novelle zu tun haben. Bei einem gemeinsamen Briefing stellen sich die Lerner gegenseitig die Gegenstände vor, suchen sich dann fünf Objekte aus, mit denen sie weiter arbeiten möchten. Zu diesen Objekten wählen sie thematische Schwerpunktsetzungen und fertigen nun ihre Ausarbeitungen an. Nach Fertigstellung aller Portfolios werden diese im Klassenverband vorgestellt. Es ist sehr schön anzusehen, mit welcher Intensität Schülerinnen und Schüler eine authentische Beziehung zu dem Text haben aufbauen können. Die Themenbandbreite ist beachtenswert, alle Beteiligten staunen, wie eine solche, vermeintlich antiquierte Novelle eine brisante Aktualität bekommen kann. (Es liegt in der Portfolioplanung, inwieweit curriculare Vorgaben z.B. Gattungsbestimmungen, Textaufbau etc. in einem obligatorischen Bereich von allen Schülern angefertigt werden müssen.) Alle Ergebnisse der Portfolioarbeit werden in Containern gesammelt, nicht selten geschieht auch die Dokumentation der Ergebnisse in unterschiedlichster Form. Neben den schriftlichen Ausarbeitungen bauen die Schüler dreidimensionale Modelle, drehen Videosequenzen, zeichnen Interviews auf und, und... . Jeder, der schon einmal eine Lektüre im eher traditionellen Verfahren in der Schule mit Schülern gelesen hat, weiß, wie eindimensional und oft nur reproduzierend die Ergebnisse sind, manchmal ist der Ertrag dann tatsächlich nicht wesentlich höher als die Summe der gängigen Interpretationen aus der Sekundärliteratur. Noch Jahre später hingegen erinnern sich die Schüler an die Auseinandersetzung mit Schullektüren, die im Portfolioverfahren behandelt und erarbeitet wurden. Hier offensichtlich gelang es, eine tragende Beziehung zwischen Rezipient und Text zu initiieren, dies geben die Lerner immer wieder als eindeutige Rückmeldung.

An dieser Stelle gilt es ein Zwischenfazit zu ziehen. Was können die beiden von mir vorgestellten veränderten unterrichtlichen Vorgehensweisen im Schulalltag für die Entwicklung hin zum autonomen Lerner leisten? Die Umstellung des Unterrichts hin zu einer modularisierten Form ermöglicht drei zentrale Ziele:
1. Der Schüler hat tatsächlich die Möglichkeit, inhaltliche Problem- und Fragestellungen zu dem von ihm ausgewählten Thema selbst zu bestimmen und auch einzugrenzen.
2. Er hat auch die Option, seine Ausarbeitungen einem bestimmten Fach zuzuordnen bzw. seinen Ausführungen einen interdisziplinären Charakter zu geben.
3. Und nicht zuletzt hat er die Chance, seinen thematischen Schwerpunktsetzungen im Sinne der Ganzheitlichkeit einen sehr persönlichen Ausdruck zu geben. Das Unterrichten in modularisierter Form setzt allerdings eine veränderte Interaktion von Schülern und Lehrern voraus. Schüler und Lehrer begegnen sich auf Augenhöhe, tauschen sich im besten Fall demokratisch miteinander aus und erkennen sehr wohl die Stärken und Schwächen des jeweiligen Gegenübers. Das Denken und Handeln in abhängigen Hierarchien ist sicherlich nicht kompatibel

mit der Perspektive und der Realisierung des autonomen Lerners. Auch die Arbeit mit Portfolios ist nach den Erfahrungen aus der Praxis ein hervorragendes Instrument zur allmählichen Entwicklung hin zum autonomen Schüler. Die Themenvielfalt und die ganz unterschiedlichen individuellen Zugriffe der Schüler/-innen auf ein Thema in Verbindung mit der Erstellung eines Portfolios sind enorm. Schülerinnen und Schüler, wenn die Phase der Portfolioarbeit in einer Schule wirklich gut und sachgemäß erfolgt, identifizieren sich in einem sehr hohen Maße mit ihren Portfolios, präsentieren voller Stolz der versammelten Schulgemeinde ihre Ergebnisse und machen die Erfahrung, dass ihre ganz speziellen Fähigkeiten, Fertigkeiten und Interessen durchaus auch in der Schule gefragt sein können. Ein in früheren Jahrgangsstufen erstelltes Portfolio ist später auch immer wieder ein hervorragendes Instrument für eine Situation, in der die Kommunikation zwischen Schülern, Eltern und Lehrer zu versiegen droht. Über gezeigte Lernergebnisse aus vergangenen Zeiten ist es manchmal wieder möglich, neu miteinander ins Gespräch zu kommen und die Situation in der Gegenwart korrigiert zu akzentuieren. In diesem Zusammenhang ist es ganz wichtig zu bedenken, dass die Portfolioarbeit nicht eine Methode, sondern eine grundsätzliche Haltungsfrage notwendig macht. Sowohl die Lehrer- als auch die Schülerrolle wird neu definiert, das Verhältnis wird demokratisiert und auch sehr stark emotionalisiert, Schüler und Lehrer kommen sich auf der Beziehungsebene wesentlich näher.

Dass diese Art der Vorgehensweise eine veränderte Bewertungskultur evoziert, wird vor dem Hintergrund der beschriebenen Vorgehensweisen deutlich. Die Leistungen der Schüler/-innen werden in ihrer Ganzheitlichkeit respektiert und demnach in einer anderen Weise begutachtet. Hier allein mit Ziffernnoten zu agieren verbietet sich von selbst, an dieser Stelle ist Platz für eine ausführliche, individuelle Begutachtung und Wertschätzung einer Schülerleistung. Nach Möglichkeit sollten die Bewertungskriterien und das Anspruchsniveau zusammen mit den Lernern entwickelt werden, Schüler/-innen lernen in diesem Zusammenhang Zielperspektiven und Reflektionskriterien genauer zu beschreiben. Zudem führt die gemeinsame Entwicklung von den genannten Kriterien zu einer erhöhten Akzeptanz der Bewertung der Arbeit, wenngleich an dieser Stelle ganz deutlich gesagt werden muss, dass die Begutachtung und die Bewertung von Leistung immer einen subjektiven und damit relativierenden Charakter besitzt.

Zu berücksichtigen ist in diesem Lernkontext noch einmal ausdrücklich die schon mehrfach erwähnte veränderte Lehrerrolle. Die unterrichtende Person verlässt die bestimmende Position im Unterricht, sie wird zum Berater, Moderator und Coach. Die Praxis zeigt, dass eine solche Art der Gestaltung von Unterricht sich sehr positiv auf die Gesamtsituation im Unterricht auswirkt. Schüler und Lehrer haben die Möglichkeit, sich nahezu auf Augenhöhe zu begegnen und damit bekommt die Kommunikation und Interaktion im Unterricht eine veränderte, deutlich persönlichere Dimension. Nicht zuletzt steigt die Lernmotivation der

Schüler/-innen signifikant, der Lernende erkennt deutlich, dass es hier für ihn etwas zu lernen gibt. Die erbrachten Leistungen führen dann wiederum zu einer deutlichen Steigerung der Selbstwirksamkeit, das heißt, die Schüler/-innen trauen sich mehr zu, gehen offensiver und reflektierter mit ihren Leistungen um. Für den angestrebten autonomen Lerner ist ein solches Verhältnis zu den eigene Fähigkeiten unabdingbar.

Zum dritten Beispiel: Noch immer gehören Klassenarbeiten zum Schulalltag, bei Eltern und Lehrern haben sie eine sehr hohe Akzeptanz, von Schüler/-innen werden sie wenig geschätzt, manchmal vielleicht sogar gehasst, in den meisten Fällen erzeugen sie Angst und Unbehagen. Der Termin für eine Klassenarbeit ist in der Regel für alle Lerner derselbe, das heißt, am Tag X müssen alle Schüler/-innen – Autonomie hin oder her – gleich fit für die Arbeit sein. Die Erfahrung aus der Praxis aber zeigt, dass es nicht oder nur sehr selten der Fall ist, dass eine Lerngruppe von 30 Schülerinnen und Schülern tatsächlich an demselben Tag gleich vorbereitet für das Schreiben einer Klassenarbeit ist. Aber muss dies wirklich sein? Könnte man den Schüler/-innen nicht auch ein Zeitfenster anbieten, in welchem sie ihre Klassenarbeit schreiben können? Sie könnten dann für sich planen und entscheiden, wann sie fit für eine Abfragung ihrer Kenntnisse sind. Zugleich könnten sie aber auch Gebrauch machen von der ihnen in dieser Situation zugestandenen Autonomie des Lernens. Hierbei gilt es ausdrücklich zu beachten, dass auch falsche Entscheidungen von Seiten des Schülers in Bezug auf eine terminliche Festlegung einer Klassenarbeit und den damit verbunden Konsequenzen einen nicht geringen Lernerfolg haben können. Beim nächsten Mal wird dieser Schüler anders und sicherlich umsichtiger planen und agieren. Der Organisationsaufwand, so zeigen Versuche aus der Praxis, hält sich in Grenzen, meistens jedoch überzeugt das Resultat der erbrachten Leistungen.

Guter Unterricht kann gelingen auch ohne Belehrung, ohne Kontextsteuerung und die bewusste Dominanz der unterrichtenden Person. Unterricht ohne zu unterrichten klingt paradox, kann aber gelingen. Schülerinnen und Schüler wollen autonom lernen, so lautet die Überschrift zu diesem Beitrag. Lässt man sie, so gibt es häufig ganz herausragende Ergebnisse in Schule und Unterricht. Schüler trauen sich mehr zu, getragen von diesem Selbstverständnis kann der Lernverdruss in der Schule deutlich gesenkt werden. Schüler stellen plötzlich fest: „Ich kann ganz viel", ich wähle mir meinen Weg zu einem autonomen Wissenserwerb.

Literatur
Holec, H., 1981: Autonomy and foreign language learning. Oxford: Pergamon (First published 1979, Strasbourg: Council of Europe)
Roth, G.: Das Gehirn und seine Wirklichkeit. Kognitive Neurobiologie und ihre philosophischen Konsequenzen. Frankfurt: Suhrkamp 1994/1996.

Andreas Müller

Jedem seine eigene Schule in der Schule
Personalisiertes Lernen: das Institut Beatenberg und seine Lernkultur

Fit for Life heisst die Devise: Das Institut Beatenberg versteht sich als ein Ort, der den Lernenden optimale Voraussetzungen bietet, fit zu werden für ihr Leben. Das heisst: Arrangements, die das Lernen erfolgreich werden lassen. Denn: Die Erfahrungen des „Ich-kann-es" stärken das Vertrauen in die eigenen Fähigkeiten. Lernen ist nicht die Reaktion auf Lehren. Aber Lernen will gelernt sein. Gerade in Zeiten eskalierender Wandlungsprozesse in Wirtschaft und Gesellschaft kommt der Lernkompetenz eine zentrale Bedeutung zu. Ihre Förderung fusst auf einer Grundhaltung, die – etwas holzschnittartig ausgedrückt – nicht von einem Prinzip des Belehrens ausgeht, sondern von einem des Lernens.
Generierendes Lernen: Generieren heisst soviel wie erzeugen, etwas erschaffen. Erzeugt werden soll Wissen. Natürlich. Aber auch Können. Und Wollen. Oder neudeutsch: Knowledge, Skills, Attitude.
- *Knowledge* steht für Wissen. Für ein lebendiges und anwendungsbezogenes Wissen, ein Wissen, das handlungsfähig macht. Und ein Wissen, das Antwort gibt auf die Frage: Was hat das mit mir zu tun?
- *Skills* ist ein Sammelbegriff für die Faktoren des Könnens, des Geschicks, der Fertigkeiten. Es geht um das „Gewusst-wie", um die Fähigkeiten und Strategien zum Problemlösen und zum kontinuierlichen Weiterlernen.
- Unter *Attitude* ist all das zu verstehen, was sich an Haltungen und Einstellungen manifestiert: ein bisschen mehr zu tun als nur das Nötigste beispielsweise. Das zeigt sich auch in den Beziehungen zu sich, zu anderen Menschen und zu den Dingen. ‚Sich nützlich' machen ist eine Form davon.

Erfolgreich und Sinn stiftend

Das Ziel ist klar: Lernende sollen fit sein und fit bleiben für ihr Leben. Sie sollen sich den Herausforderungen gewachsen fühlen. Sie sollen selbstwirksam werden, an sich und ihre Fähigkeiten glauben lernen. Oder eben: *fit for life*. Anschlussfähigkeit ist ein anderer Begriff dafür. Gemeint ist das wechselwirksame Zusammenspiel von Wissen, Können und Wollen. Das entwickelt sich – unter anderem – in Abhängigkeit zur schulischen Ermöglichungsstruktur. Oder um es mit Hirnforscher *Manfred Spitzer* zu formulieren: „Wer Lernen für einen passiven Vorgang hält, der sucht nach dem richtigen Trichter. Wer aber Lernen als eine Aktivität versteht wie beispielsweise das Laufen oder Essen, der sucht keinen Trichter, sondern denkt über die Rahmenbedingungen nach, unter denen diese Aktivität am besten stattfindet *(Spitzer 2002)*.

Das heisst: Die Schule muss Umgebungen gestalten, die das Lernen erfolgreich werden lassen. Erfolg ist ein Dreh- und Angelpunkt. Die Kinder und Jugendlichen sollen die vielen tausend Stunden, die sie in der Schule verbringen, als gelingend und Sinn stiftend erleben. Diese Erfahrungen des „Ich-kann-es" stärken das Vertrauen in die eigenen Fähigkeiten. Denn schliesslich geht es darum, einen Grundstein zu legen für die Freude am Lernen, die ein Leben lang anhält.

Generierendes Lernen

Ausgangspunkt ist eine Philosophie der Förderung von Selbstwirksamkeit. Aus Betroffenen werden Beteiligte. Das bedeutet, sich nicht ausgeliefert zu fühlen – anderen Menschen, Systemen oder den eigenen Unzulänglichkeiten. Im Gegenteil: Es geht darum, sich der eigenen Wirksamkeit bewusst zu werden.

Die Bereitschaft, den manchmal beschwerlichen Weg des Lernens auf sich zu nehmen, steht und fällt mit dem Glauben ans Gelingen. Das heisst: Eine Erhöhung der Selbstwirksamkeit korrespondiert mit grösserer Lern- und Leistungsfreude.

Operationalisiert ist diese Philosophie im Prinzip des Generierenden Lernens *(Müller 2003)*. Es gliedert sich in drei integral miteinander verbundene und ineinander verwobene Komponenten: Antizipation – Partizipation – Reflexion.

Klassisches Schülerverhalten ist in den Grundzügen ein reaktives, ein adaptives Verhalten. Generierendes Lernen setzt deshalb einen klaren Akzent im Bereich des proaktiven Denkens und Handelns. Denn *Antizipation* heisst: Vorausschauen, sich einstimmen, gedanklich hinter die nächste Kurve schauen.

Partizipation meint: teilhaben, aktiver und mitgestaltender Teil dessen zu sein, was passiert. Es geht um das Gefühl, etwas Wichtiges zu tun, etwas von Relevanz. Es geht um ein Beteiligt-Sein *an* der Arbeit (Verantwortung für die inhaltliche und formale Gestaltung) ebenso wie um ein Beteiligt-Sein *bei* der Arbeit (innere Präsenz).

Reflexion zielt darauf ab, aus der Logik des Gelingens die Strategien für die Zukunft abzuleiten. Die Erfolgsstrategien notabene. Denn: Die Summe der Erfolgserfahrungen bildet eine sprudelnde Quelle der Zuversicht und der Motivation. Und das stärkt das Vertrauen in die eigenen Fähigkeiten.

Raum und Räume

Die entsprechenden schulischen Settings müssen (auch in den Köpfen) Raum und Räume schaffen für eine individuelle Kompetenzentwicklung. Personalisiertes Lernen heisst die Strategie. Der einzelne Lernende mit seinen persönlichen Ressourcen und Fähigkeiten steht im Zentrum. In einer Gruppe sitzt dann eben nicht ein Dutzend Schüler – es sitzt zwölf Mal ein Lernender da, zwölf Mal ein Mensch mit seinen Stärken und Schwächen. Und es ist Aufgabe der Schule, mit diesen Unterschieden konstruktiv umzugehen. Das Institut Beatenberg hat Lernumgebungen gestaltet, die in integraler Weise persönliche Kompetenzentwicklung und gemeinschaftliches Lenen verbinden.

Ein wesentlicher Teil der Arbeitszeit findet in offenen Arrangements – in *Lernteams* – statt. Die Lernenden arbeiten alters- und leistungsgemischt einzeln und/oder in Gruppen an individuellen Vorhaben und persönlich relevanten Zielen. Hier verbringen sie einen wesentlichen Teil ihrer Arbeitszeit. Die Flüsterkultur in den offenen Lernräumen erlaubt es den Lernenden, sich untereinander auszutauschen, Aufgaben gemeinsam zu bearbeiten oder mit den LernCoaches Absprachen zu treffen, ohne dass sich die anderen bei ihrer Arbeit gestört fühlen. Dadurch entsteht ein inspirierendes und gleichzeitig rücksichtsvolles Lernklima. Die Lernräume werden zu einem Ort des Austausches. Das trägt dem Aspekt Rechnung, dass der erste und wichtigste Pädagoge die anderen Lernenden sind.

Fachateliers (Kleingruppen) bieten die Möglichkeit eines systematischen Aufbaus fachlicher Kompetenzen, insbesondere in sprachlichen und mathematischen Bereichen. Hier handelt es sich um eine Art von „Unterricht" in altersunabhängigen Niveaugruppen.

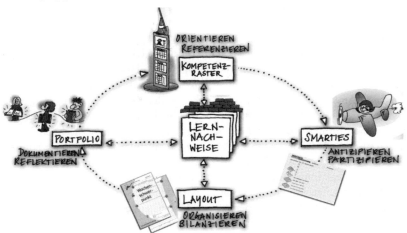

Aktiv werden jene täglichen Arrangements genannt, die namentlich den sportlichen, kreativen, musischen und handwerklichen Interessen Rechnung tragen, können zu Auswahl angeboten werden. Natürlich eignen sich auch viele weitere Themenbereiche (Naturwissenschaften, Sprachen, Psychologie, Politik und so weiter) zum „Enrichment" des Programms. Aus den Angeboten entscheiden sich die Lernenden jeweils für eine bestimmte Zeit für eines der Themen. Gewicht kommt der Projektarbeit zu. Unterschiedliche wahloffene Angebote zu einem Thema setzen spezielle inhaltliche und methodische Akzente. Sie durchbrechen auch organisatorisch und zeitlich den Rahmen des üblichen Arbeitsalltags.

Alle zwei bis drei Wochen stehen *Units* auf dem Programm. Ganze Nachmittage werden einem Thema – vorzugsweise aus den Bereichen Naturwissenschaften, Geografie, Geschichte, Gesellschaft – gewidmet. Zu einem solchen Thema (zum Beispiel „Wasser") stehen den Jugendlichen jeweils verschiedene Unterthemen und Zugangsmöglichkeiten zur Auswahl. Jeweils einen Nachmittag lang setzen sie sich dann in handlungsorientier Weise mit ihrem Thema auseinander.

Und *Special Learning Days* setzen regelmässig spezielle inhaltliche und methodische Akzente und durchbrechen auch organisatorisch den Rahmen.

Weit über die Arbeitszeit hinaus entstehen vielfältige Möglichkeiten sozialen Lernens, da die Schülerinnen und Schüler auch in ihrer *Freizeit* in mannigfacher Weise in die Verantwortung miteinbezogen und begleitet werden.

Moderne Werkzeuge

Hilfreich sind Methoden und Werkzeuge, die Sinn stiftend und verbindlich zum Tun führen. Denn erst und ausschliesslich im Tun manifestiert sich der Erfolg. Alle Lernenden sind beispielsweise vertraut mit den Inhalten sämtlicher Fachgebiete quer durch alle Altersstufen hindurch. Die entsprechende Kommunikationsplattform wird *Kompetenzraster* genannt. Kompetenzraster definieren die Kriterien (was?) und die Qualitätsstufen (wie gut?) in präzisen „Ich-kann"-Formulierungen. Seit PISA ruft alle Welt nach klaren und transparenten Standards. Voilà! Zu diesen Referenzwerten bringen die Lernenden ihre Leistungen in Beziehung und setzen farbige Punkte in die entsprechenden Felder der Kompetenzraster. Auf diese Weise entwickelt sich für jedes Fach ein individuelles Kompetenzprofil. Die Lernenden sehen immer, wo sie stehen. Sie können ihre Situation anschaulich vergleichen mit den Anforderungen weiterführender Ausbildungen. Und sie können ihr Programm entsprechend bedürfnisgerecht gestalten. Der Ausgangspunkt der Entwicklung liegt immer beim „Ich-kann". Auf den Kompetenzrastern werden diese archimedischen Punkte des Lernprozesses sichtbar gemacht.

Kompetenzraster schaffen Orientierung für die Lernenden. Damit wird das Fundament gelegt für ein personalisiertes Lernen, das nicht Gefahr läuft, irgendwo in Frust oder Beliebigkeit zu enden. Denn die Lernenden können erkennen, wo sie stehen. Und sie können sehen, was die nächsten Schritte sind. Die Ziele sind klar. Sie sind der individuellen Situation angepasst. Das wiederum erhöht die Erfolgswahrscheinlichkeit.

Auf dieser Grundlage setzen sich die Lernenden eigene Ziele. Es geht darum, dem Lernen eine Richtung zu geben, es gestaltbar zu machen. Dazu dienen ihnen die *Smarties*. Sie sind so formuliert, dass sie mit hoher Wahrscheinlichkeit zu Lernnachweisen – und damit zu Erfolgserlebnissen – führen.

Das Instrument, das ihnen dafür zur Verfügung steht, nennt sich *Smarties*. Smarties sind SMART[1] formulierte Aufträge. Es handelt sich vorzugsweise um Aufträge an sich selbst. Am Anfang steht mithin eine Vereinbarung, gleichsam ein Contracting mit sich selbst. Das heisst: Smarties dienen dazu, dem Verstehen eine Form zu geben. Smarties werden so formuliert, dass sie zu einem Lernnachweis führen. Sie tragen dazu bei, dass dem Wollen auch ein Können folgt. Lernen erscheint gestaltbar. Die Machbarkeit erhält eine Form.

Kein Kind steht am Morgen auf und sagt sich: „Heute bin ich ein ganz schlechter Schüler." Alle wollen eigentlich „gut" sein. Schulische Ziele und die damit verbundenen Vorstellungen der Lernenden sind aber meist recht diffus und wenig fassbar. Eben: „Gut sein in der Schule". Oder: „Einen guten Schulabschluss haben" Oder: „Ins Gymnasium gehen". Damit lässt sich ebenso wenig anfangen wie mit „sich mehr Mühe geben in Französisch".

Mit Smarties lassen sich Ziele handhabbar machen. Je „griffiger" die gedankliche Vorarbeit, desto höher die Eintretenswahrscheinlichkeit. Smarties produzieren konkrete Bilder eines Ergebnisses und – und das ist entscheidend – auch und vor allem Bilder des Zustandekommens und damit der Gelingensbedingungen.

Smarties verbinden zielführendes Denken mit sprachlichem Ausdruck. Sie fördern damit die Entwicklung der gedanklichen Strukturierungsfähigkeit. Die gegenseitige Beeinflussung von Sprache und Denken, von Assoziieren und Formulieren, kann als dialektischer Prozess betrachtet werden. Mit der Sprache lässt sich das Denken lenken.

Das heisst nun aber: Die Lernenden müssen zu ihrer eigenen Sprache finden. Zu häufig verwenden sie in der Schule eine antrainierte Floskelsprache. Sie haben gelernt zu sagen, was Lehrpersonen und andere Erwachsene hören wollen. „Ja, klar, ich gebe mir jetzt mehr Mühe …" „Es ist wichtig für meinen späteren Beruf, wenn ich …" Das sind Worthülsen! Man kann nicht mit den Gedanken anderer denken. Deshalb auch nicht mit deren Sprache. Das heisst: Die Lernenden müssen die

---

[1] SMART, nach dieser Formel lassen sich Ziele wirkungsvoll formulieren. S steht dabei für „spezifisch", also konkret, klar eindeutig. M steht für „messbar" und A für „ausführbar", verbunden also mit dem Gefühl von Machbarkeit. R steht für „relevant" und antwortet auf die Frage: Was hat das mit mir zu tun? T schliesslich steht für „terminiert" und schafft entsprechende zeitliche Verbindlichkeiten.

Floskeln so lange zertrümmern, bis darunter ihre eigene Sprache zum Vorschein kommt. Das ist ein Schlüssel zum zielführenden Lernen. Ein Kartenset versetzt Lernende in die Lage, die Verbalisierungskompetenz aufzubauen, die es braucht, um zu eigenen Zielen zu gelangen. 22 Karten beschreiben lernnachweisende Aktivitäten. 33 Karten zeigen Möglichkeiten, in welcher Weise die Lernergebnisse dingfest gemacht werden können. So entstehen „22x33 Möglichkeiten, Freude am Verstehen zu bekommen".

Das *Layout*, ein integrales Selbstführungs- und Reflexionsinstrument, hilft den Lernenden, sich den Erfolg zu organisieren. Lösungs- und entwicklungsorientierte Fragestellungen leiten zum Ziel und initiieren das Tun. Selbstevaluation und -reflexion führen täglich zur persönlichen Auseinandersetzung mit dem eigenen Lernen. Die wöchentliche Erfolgsbilanz versteht sich als intern attribuierte Selbstbestätigung: Ich kann etwas!

Evaluation präformiert das Verhalten. Ausgehend vom „Wert" im Begriff „Evaluieren" gilt es deshalb zunächst einmal, die Leistungen von Lernenden wertzuschätzen. Es geht darum zu erkennen, was da ist. Und was man daraus machen könnte. Fehler sind so gesehen nicht die Wegmarken auf dem Pfad ins schulische Elend, sie geben Anlass zu Fragen. Sie sind Lernchancen. Das heisst auch: Was „fertig" ist, ist nur der Beginn von etwas Neuem. Du hast schon viel erreicht. Das ist ein guter Anfang. Aus der einen Arbeit entstehen quasi automatisch die nächsten. Ein Beispiel für einen anderen Umgang mit Lernleistungen ist das *Portfolio*.

Ein Lernportfolio beschreibt anhand ausgewählter Belege eine persönliche Biografie des Lernens. Es macht deutlich, was eine Schülerin oder ein Schüler kann. Und wie es dazu gekommen ist. Oder anders gesagt: Der Begriff ‚Portfolio' bezeichnet eine sinnvolle Sammlung von Arbeiten, mit der Engagement, Leistungen, Erkenntnisse und Entwicklungen in einem oder mehreren Lernbereichen transparent gemacht werden. Arbeiten sind Dokumente aller Art. Das können Tests sein, Zeichnungen, Aufsätze. Es kann sich aber auch um Fotos oder Fotoprotokolle von Prozessen und Situationen (z.B. von Vorträgen oder Projektarbeiten) handeln. Kurz: Das Lernportfolio zeigt die Meilensteine auf dem Weg der individuellen Entwicklung.

Im Portfolio manifestiert sich das, was ein Lernender kann. Es bringt sinnlich wahrnehmbar zum Ausdruck, welche Kompetenzen er sich durch welche Aktivitäten erworben hat. Es verbindet Lernerlebnisse mit Erkenntnissen. Und umgekehrt.

Lernergebnisse dokumentieren, das ist ein Ziel der Arbeit mit Portfolios. Aber nicht nur Resultate sind relevant. Mindestens so wichtig: Die Prozesse hinter den Ergebnissen sichtbar machen. Darstellen und sich bewusst machen, wie bestimmte Ergebnisse zustande gekommen sind. Das heisst: Die Arbeit mit Portfolios ist ein dynamischer kommunikativer Prozess. Er verbindet verschiedene Ziele rückkoppelnd miteinander. Neben der eigentlichen Dokumentation geht es dabei um eine Auseinandersetzung mit den Artefakten. Im Klartext: Das Wissen nützt nichts, wenn es einfach fein säuberlich zwischen zwei Ordnerdeckeln abgelagert wird. Die Dokumente im Portfolio sind keine toten Trophäen. Die Lernenden sollen die Ergebnisse vielmehr als Ausgangs- und Knotenpunkte für weitere Lernaktivitäten betrachten.

Die Arbeit in offenen Settings und mit zielführenden Methoden fördert ein einsichtiges und erfolgreiches Lern- und Leistungsverhalten. Verhalten bildet sich aus Haltungen. Und diese Haltungen und Einstellungen sind es, die letztlich den Unterschied ausmachen. Klar: Wer etwas tut, nur um eine Belohnung (zum Beispiel eine gute Note) zu erhalten oder eine Strafe zu vermeiden, begibt sich in entsprechende Abhängigkeiten und delegiert die Verantwortung an andere. „Es stand nicht an der Tafel ..." heisst die folgerichtige Bankrotterklärung. Und das ist so ziemlich das Gegenteil dessen, was Lernen eigentlich erzeugen sollte. Denn der Schlüssel zum Erfolg steckt innen.

Quellen

Müller, Andreas: Nachhaltiges Lernen. Oder: Was Schule mit Abnehmen zu tun hat. pepp-Medien. Beatenberg. 1999.
Müller, Andreas: Lernen steckt an. hep-Verlag. Bern. 2001.
Müller, Andreas: Wenn nicht ich, ...? Und weitere unbequeme Fragen zum Lernen in Schule und Beruf. hep-Verlag. Bern. 2002.
Müller, Andreas: Erfolg! Was sonst! Generierendes Lernen macht anschlussfähig. hep-Verlag. Bern. 2004.
Müller, Andreas: Eigentlich wäre lernen geil. Wie Schule (auch) sein kann: alles ausser gewöhnlich. hep-Verlag. Bern. 2006.
Müller, Andreas: Mehr ausbrüten, weniger gackern. Denn Lernen heisst: Freude am Umgang mit Widerständen. Oder kurz: Vom Was zum Wie. hep-Verlag. Bern. 2008.
Spitzer, Manfred: Lernen. Gehirnforschung und die Schule des Lebens. Spektrum Akademischer Verlag. Heidelberg/Berlin. 2002.

Ingrid Ahlring

Individuell Fördern – Zwischen Sisyphusarbeit und Selbstverständlichkeit

Seit „individuell fördern" in aller Munde ist, sich in den Schulgesetzen der Bundesländer wiederfindet und durch alle pädagogischen Aufsätze geistert, nimmt doch gleichzeitig die Ratlosigkeit zu: Ja, theoretisch ist es uns klar geworden, wir haben die Erkenntnisse der Neurobiologen zur Kenntnis genommen, wir sind ja auch dafür – nur: Wie macht man das? Und so werden an die Reformschulen, die Schulpreis-Schulen, die pädagogischen Vorreiter-Schulen in Fortbildungen und Artikeln die Erwartungen herangetragen, in begrenzten Zeiteinheiten von Workshops oder Zeicheneinheiten von Artikeln möglichst konkret und praktisch aufzuzeigen „wie's geht". Es sind die Erwartungen an eine Gebrauchsanweisung oder an eine kurze, praktische Handlungsanleitung ähnlich der Unterrichtsstundenblätter, die online oder schriftlich von Verlagen immer wieder angeboten werden – eine Unterrichtsstunde leicht gemacht – nun bitte schön, auch mit individueller Förderung.

Die karikierenden Sätze oben zeigen: So geht es gerade nicht. Wer dies fordert, hat schon das Grundprinzip nicht verstanden. Es bedarf vielmehr

- eines Überprüfens der eigenen Wahrnehmung im Hinblick auf die Schüler und die eigene Rolle als Lehrperson,
- eines Einlassens auf Grundprinzipien der Binnendifferenzierung als „Vorläufer", der Kompetenzorientierung als „Motor" der individuellen Förderung und des Einlassens auf andere Formen der Leistungsbewertung,
- der Beschäftigung mit diagnostischen Instrumenten und Strukturen und
- eines Blickes auf die gesamte Schulkultur bzw. die entsprechenden Strukturelemente der Schule, an der man als Einzelperson lehrt. Sicherlich kann man auch in der pädagogischen Diaspora mit dem individuellen Blick auf Kinder beginnen, aber ohne das gleichzeitige Arbeiten am System Schule könnte dies reichlich schnell ins Abseits eines „burn-out" führen.

Die eigene Wahrnehmung überprüfen

Bevor Sie überhaupt anfangen, sich auf das Wagnis „individuelle Förderung" einzulassen, liebe Lehrkraft, überprüfen Sie Ihre eigene Einstellung z.B. anhand der folgenden Fragen:

- Ist Ihre Schule für Sie ein Ort, an dem Lehrer Schüler unterrichten *oder:* ein Ort, an dem Schüler lernen?
- Wenn Ihnen jemand zuschauen würde, was sollte er sehen: Eine Stunde, in der die Lehrkraft die Stunde optimal lenkt und faszinierend agiert *oder:* eine Stunde, in der die Schüler weitgehend selbstständig agieren, intensiv bei der Sache sind und Sie als Rat- und Ideengeber eher im Hintergrund bleiben?
- Wann ist für Sie das „Lernziel erreicht": Wenn einige Schüler am Ende einer Stunde (oder Einheit) das von Ihnen erwartete Ergebnis formulieren *oder:* Wenn am Ende die Schüler den erlebten Lernprozess reflektieren?
- Wenn Sie an Ihre Schüler denken, sehen Sie dann leistungsstarke, leistungsschwache, fleißige, auffällige und hochbegabte Schüler *oder:* sehen Sie komplexe Individuen, die alle ihre Stärken und Schwächen haben?
- Wenn Sie Ihren Unterricht planen, fühlen Sie sich dann unter Druck durch vorgegebene Lehrinhalte, anstehende Test-Termine oder gar Abschlussprüfungen *oder:* überlegen Sie, was die Schüler aus Ihrer Einheit mindestens mitnehmen sollen und was darüber hinaus noch alles möglich wäre?

Die eigene Wahrnehmung ist das erste, an dem Sie selbst arbeiten können. Sollten Sie darüber hinaus an einer Schule unterrichten, die offen für alle Schüler ist und das Sitzenbleiben nicht kennt, dann sind die Voraussetzungen schon recht gut, mit dem individuellen Blick auf die Schüler anzufangen. Und sollten Sie in einem selektiven System arbeiten, fangen Sie damit an, den Satz „Der oder die gehört nicht hierher" zunächst einmal aus ihrem Wortschatz zu verbannen.

Auf den Anfang kommt es an

Zum individuellen Blick auf ein Kind, das nach der Grundschulzeit auf eine weiterführende Schule wechselt, gehört mehr als ein Blick auf das Grundschulzeugnis und sehr viel mehr als möglichst frühe Tests, um die Leistungsfähigkeit einschätzen zu können. Gute Schulen begleiten daher den Übergang sehr sorgfältig. An unserer Schule geben Gespräche mit den Grundschullehrerinnen einen ersten Aufschluss über Kinder. Schulleiterin und Stufenleiterin 5-7 führen diese Gespräche und nehmen aus ihnen erste Informationen mit, die dann noch vor Schuljahresbeginn an die späteren Klassenlehrkräfte weiter gegeben werden. Unser nächster Schritt ist eine Vorbereitungswoche am Ende der Ferien für alle Lehrkräfte, die eine neue 5. Klasse übernehmen. Hier findet sich das Lehrerteam zusammen, die ersten Tage und Wochen werden gemeinsam vorbereitet, neue Kolleginnen und Kollegen in das System Schule eingeführt und man beschäftigt sich vor allem mit der neuen Klasse und den bereits vorhandenen Informationen beschäftigt. Infos von den Grundschullehrerinnen und aus den vorliegenden Unterlagen dienen u.a. dazu, eine sinnvolle Reihenfolge der *Kennenlerngespräche* festzulegen, die zwischen Sommer und Herbst mit allen Eltern der neuen Schüler geführt werden. Einige

Schulen führen auch Hausbesuche durch – eine noch einmal intensivere Kennenlernsituation. In diesen Gesprächen geht es um die bisherige Lernbiographie der Kinder, um die Wahrnehmung der Eltern von ihrem Kind, die Möglichkeit der Eltern, der neuen Lehrkraft Ängste und Wünsche zu kommunizieren. Es ist dabei vor allem wichtig, bisherige Vereinbarungen und Strategien zu kennen, um daran anknüpfen zu können. Natürlich kostet all dies viel Zeit – es ist aber gut investierte Zeit, die sich später vielfach auszahlt (Ahlring, 2006).

Keine Angst vor Diagnose

Diagnose ist ein großes Wort, das vielen Lehrkräften Angst macht. Leider schüren manche Aufsätze in Fachzeitschriften und manche wissenschaftlichen Forschungsergebnisse diese Angst noch, statt Lösungen anzubieten. Kaum einer der heute unterrichtenden Lehrkräfte hat während seines Studiums irgendeine Diagnosekompetenz erworben. Erst ganz allmählich zieht an den Universitäten die Erkenntnis ein, dass zukünftige Lehrkräfte mit Beobachtungsparametern vertraut werden müssen, um später Kinder individuell fördern zu können. Eindrucksvolle Beispiele dafür gibt es in der Grundschullernwerkstatt der Universität Kassel, in der Professor Wollring zukünftige Mathematiklehrerinnen in die Lage versetzt, auf einfache und spielerische Art in Dialogen mit Schülern diagnostische Beobachtungen zu machen. Bis alle Lehrkräfte so ausgebildet werden, wird noch viel Zeit vergehen. Was ist also zwischenzeitlich tun? Abgesehen von standardisierten Lese- und Rechtschreibtests, die jede Schule erwerben und auswerten lassen kann, müssen die Lehrkräfte zunächst auf die eigene Wahrnehmung vertrauen und darüber hinaus wissen, wo man sich Hilfe holen kann. Die langjährige Schulpsychologin der Offenen Schule Kassel Waldau (auch einer Schulpreis-Schule), Brigitte Zinke, hat dies einmal „empathische Alltagsdiagnose" genannt und die Lehrkräfte an ihrer Schule darin ermutigt, mit „ressourcenorientiertem Blick" auf die Kinder zu sehen (Zinke, Ahlring, 2003; Schulze 2010).
Ein Kind kann keine englische Vokabel richtig schreiben? Was kann es denn? Aha, es versteht das meiste, was gesagt wird. Aha, es kann den Inhalt der Hörtexte weitgehend richtig wiedergeben. Aha, es hat sogar eine ganz gute Aussprache beim Lesen. Na, das ist doch schon ziemlich viel. Dies Kind kann eine breite Palette positiver Rückmeldungen bekommen. Und für sein Vokabelschreibproblem braucht es eine Strategie, die man vereinbaren kann. Am einfachsten geht das mit dem Vokabelkärtchen-Lernsystem. Die Lehrperson überprüft mit dem Kind, ob die Wörter richtig vom Buch abgeschrieben wurden, zeigt ihm im laufenden Betrieb immer wieder dezent den richtigen Umgang mit dem Lernsystem und sieht sein Vokabelheft regemäßig an. Das Kind lernt in diesem System, Fehler selbst zu erkennen und sie zu verbessern – dafür gibt es dann Lob. Es kommt also nicht da-

rauf an, alles auf Anhieb richtig zu machen, sondern darauf, die eigene Schwäche zu kennen und damit konstruktiv umzugehen. Andere Kinder können die Pronomen nicht richtig behalten? Visualisieren Sie diese im Klassenraum – wer ein Jahr lang die richtigen Zuordnungen an der Wand sieht, wird dies irgendwann mit Sicherheit verinnerlichen. Und die, die alles schon schnell begreifen – wie fühlen die sich dabei? Na, die gucken da dann schon sehr schnell gar nicht mehr hin (Bietz 2007). Ein drittes Kind hat seine Sachen selten dabei, macht keine Hausaufgaben und gibt die geforderten Arbeitsblätter häufig nicht ab. Das ist nicht gut. Aber das Kind kann auch etwas. Es beteiligt sich mit Begeisterung in mündlichen Unterrichtsphasen. Es versteht und behält Strukturen sehr schnell und kann sie anderen erklären. Es liest wunderbar und mit der richtigen Intonation. Kein Grund also, nur auf seine Defizite zu schauen. Eltern und Kind wird kommuniziert, worin seine Stärken bestehen und dass man gemeinsam die Schwächen angehen muss. Das Eintragen der Hausaufgaben wird nun nach jeder Stunde überprüft und abgezeichnet und die Erledigung von den Eltern zuhause überwacht. Die Lehrkraft kommuniziert engmaschig mit Eltern und Kind darüber, was eingehändigt wird und was nicht. Immer, wenn etwas pünktlich abgegeben wird, erhält das Kind ein dickes Lob – dies sind nur einige kleine Beispiele, die vor allem Grundschullehrkräften sehr vertraut sein dürften (wie man sich überhaupt wunderbar Rat bei diesen Expertinnen der individuellen Förderung holen kann).

Kommunikation ist das A und O

Aus den kleinen Beispielen oben wird deutlich: Für individuelle Förderung brauchen Sie auf jeden Fall ein handhabbares Kommunikationsinstrument – am besten eines, das es Ihnen erlaubt, mit Eltern und Kind gleichermaßen in regelmäßige Lerndialoge zu treten. Wochenplaner sind dabei eine große Hilfe – man kann diese inzwischen recht preisgünstig mit eigenen Schuldaten bestellen und beziehen. Hier sollte auf jeden Fall nicht nur Platz für Hausaufgaben sein, sondern vor allem auch dafür, dass das Kind auf seinen Lernprozess der Woche zurückblicken und auch seine Sorgen und Nöte artikulieren kann. Hier vermerktes Lob der Lehrkräfte kommt direkt zu Hause an (natürlich sollten die Eltern den Planer jedes Wochenende zur Kenntnis nehmen!) und stärkt das Kind, so dass es an seinen Schwächen nicht verzagen muss. Am wirkungsvollsten ist es, wenn die Klassenlehrkraft Zeit findet, regelmäßig Rückmeldungen über ihre Wahrnehmungen in diesen Planer zu schreiben (wöchentlich oder 14-tägig). Das kostet viel Zeit? Natürlich, aber es zahlt sich aus, wie alle guten Investitionen. Und je zentraler man seinen Unterricht organisiert, desto eher ergeben sich während dieser Zeit Phasen, in denen Gelegenheit ist, einige Bemerkungen, Lob oder Ermahnungen in den Planer zu schreiben.

Natürlich ist es am günstigsten, wenn sich alle Lehrkräfte, die in einer Klasse unterrichten, dieses Instruments bedienen und es gleichermaßen nutzen. Absprachen mit den Kollegen und Teamarbeit ist überhaupt eine der Grundvoraussetzungen für gelingende Förderung. Getroffene Maßnahmen und Vereinbarungen müssen allen unterrichtenden Lehrkräften kommuniziert werden und ein regelmäßiger Austausch über Erfolge ist wichtig – in den reformorientierten Schulen ist Teamarbeit längst eingeführt und wöchentliche Teamsitzungen geben die Gelegenheit, alle Lehrkräfte über Vereinbarungen zu informieren. Das gilt natürlich auch und besonders, wenn externe Personen zur Beobachtung und Beratung hinzugezogen werden. An unserer Schule werden die neuen 5. Klassen zwischen Sommer und Herbst je einmal ausführlich von einer Lehrkraft des Beratungs- und Förderzentrums (BFZ) und unserem ETEP-Trainer* besucht. Die während dieser Besuche gemachten Beobachtungen werden im Lehrerteam besprochen und es wird vereinbart, worauf bei welchen Kindern geachtet werden muss und welche Kinder evtl. einer BFZ-Begleitung oder einer Zeit im ETEP-Trainingsraum bedürfen. Andere Schulen haben diese Beobachtungsphasen mit Schulpsychologen oder Schulsozialarbeitern institutionalisiert – alles ist hilfreich und möglich, solange der individuelle, durchaus kritische Blick ressourcenorientiert bleibt und eventuelle Lerndefizite, Entwicklungsverzögerungen o.ä. unter der Maßgabe der Suche nach Hilfe und Unterstützung wahrgenommen werden.

Von der Binnendifferenzierung zur individuellen Förderung

In einer Aufsatzsammlung zum Thema „Differenzieren und Individualisieren" (Ahlring, 2002) wurde im Jahr 2002 eine Übersicht über „Muster und Module binnendifferenzierenden Unterrichts" veröffentlicht, die seither in vielen Vorträgen, Workshops und Präsentationen dazu gedient hat, Lehrkräften die Angst vor differenzierendem Unterricht zu nehmen. Die Übersicht macht deutlich, dass Differenzierung längst nicht immer bedeuten muss, niveauunterschiedliche Materialien für Schüler vorzuhalten (denn davor haben viele Kollegen Angst und beschwören das Gespenst der Mehrarbeit), sondern auch gegeben ist, wenn der Unterricht variabel ist, verschiedene Lernkanäle anspricht, kleine Strukturhilfen wie Visualisierungen, Hilfskärtchen, Markierungen in Texten etc. vorhält. Gruppen- und kleine Projektarbeiten mit sehr unterschiedlicher Materiallage zählt ebenso dazu wie längere Phasen von Einzel- oder Partnerarbeit, die es der Lehrkraft ermöglichen, kleinere Gruppen intensiver zu betreuen und mit ihnen entweder Schwieriges zu wiederholen oder ihnen herausfordernde Impulse zu geben. Die hohe Kunst der Differenzierung ist bis heute die „Angebotsdifferenzierung", die als TBA (*task based approach*) in angelsächsischen Ländern schon lange praktiziert wird. Unterschiedliche Aufgabenformate (wenn man mag, mit Kennzeichnung, ob schwierig oder leichter) als Angebot für Übungs- oder Selbstlernphasen führen in der Regel dazu, dass Jugendliche sich sehr schnell sehr gut selbst einschätzen lernen, dass sie selbst entscheiden und merken, wo ihre Stärken und Schwächen sind und vor allem, dass alle sich beteiligen können und keiner beschämt wird, weil die Aufgabe zu schwer oder zu frustrierend ist. So können z.b. in einer Unterrichtseinheit über Migration einige Schüler Interviews machen und auswerten, andere Statistiken suchen und grafisch für die Klasse aufarbeiten, weitere eine Weltkarte der Migration anfertigen, im eigenen Stadtteil nachforschen, eine Fernseh-Talkshow vorbereiten oder wieder andere vielleicht eine flammende Überzeugungsrede für eine Bundestagsdebatte schreiben und vortragen. Diese unterschiedlichen Aufgabenformate zeigen: Hier können verschiedene Schülertypen je nach eigener Persönlichkeit ihre Stärken ausspielen – der „Scheue" muss keine Interviews machen, der mit dem Rechtschreibproblem keine Texte schreiben, der Pragmatiker kann sich in Zahlen verlieren und der Introvertierte ganz für sich etwas erarbeiten.

Individualisierung und individuelle Förderung gehen noch ein Stück über diese differenzierenden Ansätze hinaus. Sie gehen einher mit Phasen selbstständigen Lernens, in denen die Schülerinnen und Schüler sich Wissen aneignen, um Kompetenzen zu erwerben und durch regelmäßige Reflexionen gleichsam „Herr" ihres eigenen Lernprozesses werden. Wenn die zu erwerbenden Kompetenzen in einer Form den Schülern vorliegen, die Mindeststandards ausweisen, dann ist es den Jugendlichen möglich, ihren Fähigkeiten gemäß gleichsam „nach oben offen" zu arbeiten, Defizite zu erkennen und abzubauen (vgl. Bietz/Zergiebel/Görisch 2007,Reiff 2009) und ihren Lernzuwachs zu reflektieren. Nehmen wir an, im Englischunterricht einer 9. Klasse sollen die Jugendlichen die Kompetenz erwerben, über ein Sachthema (z.B. Tierversuche) intensiv Vor- und Nachteile abzuwägen und eine Pro-Contra- Diskussion zu bestehen. Dazu brauchen sie *Wissen* über das Sachthema – sie müssen sich also mit Sachtexten, Statistiken, Grafiken o.ä. beschäftigen (schon hier sprechen unterschiedliche Materialien Schüler sehr verschieden und sehr individuell an). Sie brauchen ferner dazu *Handwerkszeug* – in diesem Fall Spezialvokabular über das Thema und Redemittel (auch dies kann sehr abgestuft sein). Da sie sich sowohl mündlich als auch schriftlich kompetent zeigen sollen, weisen ihre Kompetenzraster unterschiedliche Ergebnis-Möglichkeiten aus: Von einer behutsamen Frage-Antwort-Situation mit der Lehrkraft bis hin zu eigenständig erarbeiteten Pro-Contra-Podiumsdiskussionen ist alles möglich, schriftlich wäre die Mindestanforderung eine Auflistung der Argumente in logischer Reihenfolge, die dann zur o.a. Befragung verwendet werden kann bis hin zu einer eigenständig erarbeiteten detaillierten Erörterung. Die Förderung besteht darin, dass der Leistungsstarke sich gleichsam nach oben „ausleben" darf, wohingegen der Leistungsschwächere Möglichkeiten findet, auf seinem Niveau sicher die Mindestanforderungen zu erfüllen. Während der selbstständigen Arbeitsphasen kann die Lehrkraft sowohl im einen wie im anderen Fall helfend, anregend, ermutigend eingreifen. Das Kompetenzraster enthält also in diesem Fall nicht nur unterschiedliche Aufgabenangebote, sondern weist aus, wie das *Wissen* angeeignet und wo das *Handwerkszeug* zu finden ist, das zum Ergebnis verhilft. Am Ende blickt der Schüler zurück und gibt sich Rechenschaft darüber ab, was er nun *kann.*

Und schließlich: Leistungsbewertung überdenken!

Die kurzen Beispiele oben zeigen – die traditionelle Leistungsbewertung taugt nicht mehr für individualisiertes Lernen. Die Aufteilung in „schriftliche" und „mündliche" Leistung ist ein Anachronismus aus der Zeit klassischen Frontalunterrichts. (Ahlring, 2008, 2010) Was wir brauchen sind kompetenzbasierte Leistungsrückmeldungen. Auch hier sind die angelsächsischen und skandinavischen Länder weiter als wir. Wenn z.B. für eine Buchvorstellung in Deutsch dem Schüler eine klare, differenzierte Kompetenzerwartung vorliegt, anhand derer er ablesen kann, was von ihm in Bezug auf die Leseleistung, Umfang und Schwierigkeitsgrad des Buches, Verfügbarkeit der Sekundärmaterialien, der Inhaltsangabe und des Kommentars, seines Schreibstils usw. mindestens verlangt wird und was darüber hinaus noch alles möglich ist, dann sind sehr detaillierte Rückmeldungen möglich (das gleiche gilt natürlich für Mathematik-Portfolios, English book-reports, für Referate in allen möglichen Fächern usw.). Sollte sich das dann am Ende doch zu einer Ziffernnote addieren müssen, können Schüler wie Eltern sehr deutlich nachvollziehen, wie sich diese ergeben hat und können für das nächste Mal daraus sehr individuelle Konsequenzen ziehen. Und auch auf Klassenarbeiten muss ein anderer Blick geworfen werden: Liegen sie, wie bisher, am Ende einer Einheit, so hat der mit den schlechten Noten keine Chance auf Besserung; er wird sein Defizit mit in die nächste Einheit hinübernehmen. Geht der Arbeit jedoch eine genaue Kompetenzerwartung voran und gehört eine Selbsteinschätzung am Ende dazu, legt die Lehrkraft sie darüber hinaus so, dass bis zur nächsten Einheit noch Zeit bleibt, so kann diese Zeit genutzt werden, um leistungsstarken Schülern Gelegenheit für weitere Herausforderungen zu geben, während mit den schwächeren genau hingeschaut wird – woran haperte es bei der Vorbereitung? Was wurde nicht verstanden? Was muss noch einmal geübt und erklärt werden? Wer alle Schüler mitnehmen will, der kann ihnen nach dieser Phase die missratenen Teile der Leistungsüberprüfung in abgewandelter Form noch einmal geben – schließlich kommt es letztlich darauf an, dass alle Schüler die Mindeststandards erfüllen, nicht, dass sie auf den Punkt Leistung bringen und dann durch die Raster fallen. Wie gesagt, ein Umdenken ist nötig und es fängt im Kopf der Lehrkraft an.

* ETEP = Entwicklungstherapie und Pädagogik. Wir haben das Glück, eine Lehrkraft an der Schule zu haben, die eine entsprechende Trainerausbildung hat.

Literatur

Ahlring, Ingrid, „Orientierung geben und auf den Weg bringen", in: Friedrich Jahresheft XXIV/2006, S. 38-41.

Ahlring, Ingrid/Zinke, Brigitte, „Lerndiagnose als empathische Beobachtung", in: Praxis Schule 5-10, 1/2003 und 1/2009.

Ahlring, Ingrid, HRSG; Differenzieren und Individualisieren, Braunschweig 2002, bes. S. 27.

Ahlring, Ingrid, „Mündliche Leistungen bewerten – der andere Blick", in: Praxis Schule 5-10, 5/2008, S. 9-12.

Ahlring, Ingrid, „Ressourcenorientierte Leistungsbeurteilung in einer Reformschule.", in: Silvia-Iris Beutel/Wolfgang Beutel, HRSG., Beteiligt oder bewertet? Leistungsbeurteilung und Demokratiepädagogik, Schwalbach 2010, S. 205-212.

Bietz, Carmen, Hrsg., Praxis Schule 5/2007, Themenschwerpunkt „Visualisieren".

Bietz, Carmen/Zergiebel, Mike, „Fördern und Fordern mit Kompetenzprofilen", in: Praxis Schule 5-10, 3/2007, S. 10-17.

Görisch, Axel und Ursula, „Vom Lehrplan zum Kompetenzprofil – am Beispiel des Faches Gesellschaftslehre", in: Praxis Schule 5-10, 3/2007, S. 24-29.

Reiff, Rosel, „Das lernen selbst überprüfen und steuern mithilfe von Lernstandsbogen", in: Praxis Schule 5-10, 1/2009, S. 28-32.

Schulze, Frank, „Kinder mit schwierigem Verhalten sind Kinder in Schwierigkeiten", in: Lernende Schule, 52/2010, S. 31-33.

Ulrike Kegler

„Eine Jugendschule"

Vorgeschichte

An der staatlichen Montessori-Oberschule in Potsdam wurde seit dem Jahr 2000 eine Sekundarstufe I für die Schulstufen 7 bis 10 mit reformpädagogischer Prägung aufgebaut. Im Rahmen eines landesweiten Schulversuchs war es möglich, in erheblichem Umfang von den schulgesetzlichen Vorschriften abzuweichen. In der 7. und 8. Jahrgangsstufe konnten altersgemischte Lerngruppen, verbale Beurteilungen anstelle von Ziffernzensuren und neue Formen der Leistungsdokumentation in Pensenbüchern und Portfolios ausprobiert und durch eine wissenschaftliche Begleitung evaluiert werden. Diese äußeren Bedingungen führten zu einem neuen Verständnis von Lehrern und Lernen bei LehrerInnen, Eltern und SchülerInnen und veränderten die alltägliche pädagogische Praxis. Der Unterricht basierte immer mehr auf Methoden des selbst gesteuerten Lernens. Freiarbeit, Projekte, Praktika, Exkursionen, Schüleraustausche und die dauerhafte Einbeziehung von Experten in das Unterrichtsgeschehen haben sich in den vergangenen Jahren an der Schule etabliert. Trotz dieses Praxis orientierten und abweichenden didaktisch-methodischen Konzepts, konnte mit den Jugendlichen eine den Grundschulkindern vergleichbare Konzentration im Schulunterricht nur selten erreicht werden. Wirkliche Vertiefung in eine Aufgabe stellten wir bei den Jugendlichen dagegen immer dann fest, wenn der Unterricht durch verantwortungsvolle Projektarbeit ersetzt wurde, die schulische Formen des Lehrens und Lernens also mehr oder weniger aufgehoben und nicht auf die Schulräume begrenzt waren.
Aufgrund der Erfahrungen mit neuen pädagogischen Konzepten in der Sekundarstufe I und angeregt durch Maria Montessoris „Erdkinderplan" sowie auch das Bewährungskonzept des Pädagogen Hartmut von Hentig, begannen wir in Potsdam 2007 nach einer „Außenstelle für praktische Arbeit" zu suchen, zunächst in der weiteren Umgebung in Mecklenburg Vorpommern und in der Prignitz, später in der Nähe von Potsdam. Über Eltern unserer Schule kamen wir mit den Landwirten und Pädagogen Mathias Peeters und Hermann Koch in Kontakt. Beide sahen in dem Bemühen und den Ideen der Schule, eine altersgerechte Pädagogik für Jugendliche zu entwickeln, eine Gelegenheit zur Zusammenarbeit.

Hermann Koch hatte ein Grundstück am Schlänitzsee gekauft und verpachtete dies dem Förderverein der Montessori-Schule im Januar 2008 für die Dauer von sechs Jahren mit der Option für einen späteren Kauf. Mathias Peeters übernahm die Anleitung der praktischen Projekte.
Seit dieser Zeit arbeiten Jugendliche der 7. und 8. Jahrgangsstufe unter seiner Anleitung und der des Bootsbauers André Rießler auf dem 3,6 ha großen Gelände. Das ehemalige Ferienobjekt für Mitarbeiter der Staatssicherheit war seit 1989 offiziell nicht mehr benutzt worden. Das gesamte Areal, mit seiner hervorragenden Wasserlage am Schlänitzsee, war zu diesem Zeitpunkt mit Abfällen, alten Häusern und Hütten, Gerätschaften und Ähnlichem vermüllt. Dazwischen konnte die Natur sich ungestört ausbreiten. Viele verschiede Arbeiten waren offensichtlich notwendig.

Konzept

Bereits 2007 war ein erster Konzeptentwurf für das „Landbauprojekt Schlänitzsee" entwickelt worden. In diesem Entwurf wird komprimiert auf die speziellen Bedürfnisse junger Adoleszenten eingegangen, der konkrete Ort Schlänitzsee wird mit seiner Geschichte und in seinem besonderen Reiz beschrieben und es werden Mittel und Ziele in einer zeitlichen Abfolge dargestellt. Unter der Überschrift „Das Maß finden" werden in diesem Entwurf die Vorhaben in einem „Frei-Land-Labor zum Forschen, Erleben und Arbeiten" konkretisiert. Die inhaltlichen Schwerpunkte des Projekts beziehen sich auf sieben Bereiche:
- Grundlage Mensch und Landschaft
- Landwirtschaft – Landbaukultur
- Tierhaltung – Stallungen
- Gartenbau – Baumschule
- Felderwirtschaft – Bodenhaltung
- Bebauung

In den einzelnen Absätzen wurde das ökologische Grundverständnis in Ansätzen beschrieben und die geplanten praktischen Arbeiten in den Themenfeldern konkretisiert: Welche Pflanzen in welcher Reihenfolge gesät oder gesetzt werden, welche Tiere auf dem Grundstück gehalten werden könnten und welche Gebäude nachfolgend errichtet werden könnten.
Dieses „Arbeitsblatt" bildete die Grundlage für erste Gespräche mit der Stadt Potsdam. Weiterführende Maßgaben des Umweltamtes und des Bereichs Abfallentsorgung der Stadtverwaltung führten dann zur Ausformulierung des dritten Konzepts das, begleitet von einem Schadstoffgutachten eines Ingenieurbüros, im Februar 2009 an die entsprechenden Verwaltungsabteilungen weiter geleitet wurde.

In diesem Konzept wird das Landbauprojekt der Montessori-Schule auf die Anforderungen der Stadtverwaltung zugeschnitten. Es enthält
- eine Beschreibung des Ist-Zustandes und des Soll-Zustandes des Geländes,
- einen Bedarfs- und Nutzungsplan für Gebäude,
- Aussagen über geplante Gebrauchs- und Nutzungsflächen,
- Maßnahmen zu Pflanzungen und Tierhaltung,
- Aussagen über den geplanten Aufenthalt von Menschen auf dem Gelände und
- einen Zeit- und Handlungsplan.

Praktische Tätigkeiten – Curriculare Schwerpunkte

Seit 2008 waren bereits wesentliche Arbeiten auf dem Gelände vorgenommen worden. U.a. wurden die gröbsten Müllberge entsorgt, eine alte Garage als Lagerraum hergerichtet, Wege frei geräumt, tote Pappeln gefällt, eine Benjeshecke gebaut, eine Wiesenfläche von Scherben gereinigt und zum barfußfähigen Spielplatz gemacht, eine Kompostiertoilette gebaut, nach Grundwasser gegraben, ein Essplatz hergerichtet und der „Hafen" sowie die Strandlinie von Unrat beräumt. Ausführliche Vermessungs- und Kartierungsaufgaben wurden durchgeführt. Ziel war es, verwendbare Karten sowie ein Modell zu erstellen. Dafür wurde die Landschaft zunächst mit dem Körpermaß abgeschritten. Übungen und Aufträge erleichterten den Jugendlichen, das eigene Schrittmaß zu finden. Dieses Messverfahren stellte sich als erstaunlich genau heraus: 120 Meter waren z.B. 118 Schritte. Die Größe eines Hektar oder eines Ar wurde mit dem Körpermaß nachvollziehbar Auch ein Messrad wurde eingesetzt. Die aufgenommen Daten mussten für die Kartenerstellung aufgelistet und in einen Maßstab umgerechnet werden. Es wurde diskutiert ob ein Maßstab 1 zu 100 oder 1 zu 200 praktikabler wäre. Es gab Schüler, die behaupteten, sie könnten nicht rechnen. Über ihr Körpermaß haben sie angefangen zu rechnen, ohne es zu merken.
Winkelmessungen und Berechnungen waren notwendig, um das geplante Modell zu bauen. Am Ende einigte man sich auf einen Maßstab von 1 zu 200, das Modell wurde auf eine Größe von 1,50m x 1,20 m ausgelegt. Für den Modellbau waren die Maßstabskarten notwendige Arbeitskarten, da hier wichtige Grunddaten eingemessen worden waren.
Ausgeschnittene maßstabsgerechte Kärtchen waren später ein wichtiges Hilfsmittel beim Modellbau. In den angefertigten Karten und dem fertig gestellten Modell sind sowohl die tatsächlichen Gegebenheiten als auch Zukunftsvisionen vergegenständlicht worden. Neben diesen Tätigkeiten haben die Jugendlichen weiter Müll zusammengetragen und sortiert. Ein erster Verkauf von Metallschrott brachte einen Erlös von 100 €. Alte Laternen wurden ausgegraben, Wege von wertvollem Kompost frei geräumt, über das Gelände verteilte „wilde" Feuerstellen wurden beseitigt, alte Metallspielgeräte und Autoreifen ausgegraben, Holz gesammelt und

ein kleiner Ofen für die Beheizung der Garage besorgt. Daneben wurden Hocker gebaut und eine „Kochstelle" in einer Feuerschale eingerichtet. Das gemeinsame Kochen im Freien stellte sich als wesentliche Basis für die Aufenthalte im Freien heraus. Jeweils eine Kochgruppe ist für den Einkauf und die Zubereitung der Mahlzeiten verantwortlich. Eine Rhythmisierung der Arbeitstage nach Frühstück, Mittagessen und Teezeit hat sich als sinnvoll erwiesen. Alle beschriebenen Aufgaben wurden unter den Fragestellungen des Landschaftsschutzes und der landwirtschaftlichen Nutzung reflektiert.

Eine Steuergruppe von jeweils zwei SchülerInnen aus den vier Lerngruppen 7/8 traf sich regelmäßig zu Absprachen und führte Beschlussprotokolle über die Aufgabenverteilung.

Durchschnittlich sind 20 Jugendliche unter der Anleitung der Fachleute und in Begleitung ihrer Lehrerinnen und Lehrer auf dem Gelände. Anfangs wurde noch nicht viel Zeit auf dem Gelände verbracht. Modellbau und Kartenarbeiten wurden in der Schule getätigt.

An die beschriebenen Arbeiten knüpfen sich unterschiedlichste Lernziele aus dem offiziellen Lehrplan. Regeln müssen abgesprochen und eingehalten werden, Entscheidungen getroffen und schriftliche Aufgaben erledigt werden. Tagebucheinträge, schriftliche und fotografische Dokumentationen vorgenommen und Protokolle angefertigt werden. Für das Anforderungsprofil im mathematisch-naturwissenschaftlichen Bereich lassen sich vielfältigste Bezüge herstellen. Bruch- und Dezimalrechnungen, Prozentrechnung, und Maßstabsberechnungen, Datenerhebung, Flächenberechnungen, geometrische Darstellungen von Körpern und die grafische Dokumentation wurden am konkreten Gegenstand erprobt. In der Vegetation setzten sich die Jugendlichen mit den Elementen Erde, Feuer, Luft und Wasser auseinander. Sie beschäftigten sich mit dem Thema „Mensch und Umwelt" und mit Ernährungsfragen. Bei den benannten Arbeiten erfuhren sie die Gesetze der Kraft, Masse, Arbeit, und Leistung, die Hebelgesetze und die Gesetze der Umwandlung von Energie am eigenen Leibe. Bodenuntersuchungen, Brennstoffanalysen und Transportwege sowie Orientierungsaufgaben mussten im gesamten Kontext bedacht werden.

Die Projekttage auf dem Land werden konsequent von den außerschulischen Experten angeleitet, aber auch bei allen Lehrkräften wächst eine Einsicht in die Verknüpfung der praktischen Arbeiten außerhalb der Schule mit den Lehrplänen.

Erfahrungen

Es hat sich als gute Tradition etabliert, nach den Arbeitsaufenthalten im Freien unter den beteiligten Erwachsenen ein Auswertungsgespräch durchzuführen. Besonders die Experten (Landwirt und Bootsbauer) verblüffen uns dann immer wieder mit ihren Beschreibungen und Erkenntnissen.

Eine wichtige Erfahrung besteht in der Tatsache, dass die Jugendlichen vor Beginn der Freilandtage oft unmotiviert sind und eigentlich nicht „raus" wollen. Sobald sie dann vor Ort sind und konkrete Aufgaben auf sie warten, ändert sich die Stimmung. Während der mehrtägigen Arbeit haben die Begleiter beobachtet, dass nach anfänglichen Motivationsmängeln die Freude und Aktivität mit dem sichtbaren Ergebnis wächst. Am Ende der Tage sind Stolz und Zusammenhalt spürbar, und regelmäßig äußern die Jugendlichen, dass sie nicht in die Schule zurück wollen. Voraussetzung für dieses Ergebnis ist eine exzellente Vorbereitung der „Arbeitseinsätze" durch die Begleiter. Sie müssen genau wissen, was sie mit den Jugendlichen machen wollen und die Sinnhaftigkeit der Aufgaben abschätzen. Während der Arbeit ist es wichtig, auch bei auftretenden Schwierigkeiten oder Härten nicht nachzugeben. Dies erfordert gleichermaßen Konsequenz und Eingehen. Das persönliche Vorbild bei allen praktischen Tätigkeiten ist unerlässlich.

Einige LehrerInnen haben die Verbindung zwischen den Lehrplaninhalten und den Herausforderungen auf dem Land noch nicht durchgängig abgeleitet. Dies wurde z.B. deutlich, als die Lehrer die Kartierungs- und Modellbauarbeiten nicht für ihre eigene unterrichtliche Tätigkeit genutzt haben. Die Messergebnisse wurden stattdessen einmal sogar als zu ungenau gesehen. Auch als die Jugendlichen mit „Schulaufgaben" versorgt wurden, die sie während der „unterrichtsfreien" Zeit zu erledigen hätten, zeigte sich das alte Verständnis von „richtigem" Unterricht. Deutlich ist, dass die Lerngruppen, deren LehrerInnen sich besonders mit dem Projekt identifizieren, auch besonders motiviert an die praktische Arbeit gehen. Im Übrigen haben auch die LehrerInnen gute und schlechte Tage, genau wie die Jugendlichen, so der Landwirt.

Abschließend soll über die Erfahrungen mit Eltern berichtet werden.

Viele Eltern unserer Schule zeigten seit Beginn des Projektes großes Interesse an den neuen Ideen zur Gestaltung des Unterrichts in der 7. und 8. Jahrgangsstufe. Auf einem Elternabend vor Ort begeisterten sich die Eltern der Jugendlichen für die neuen Möglichkeiten ihrer Kinder. So hätten viele in der schwierigen Phase des Übergangs von der Kindheit zur Jugend selber lernen wollen. Auch die Eltern der Grundschule knüpften Erwartungen an das Gelände am Schlänitzsee. Bei einem Klassenfest einer Grundschulklasse wurde jedoch schnell deutlich, dass die „Pädagogik des Ortes", wie Maria Montessori die Arbeit in einer Jugendschule beschreibt, tatsächlich an eine konsequente altersspezifische Didaktik gebunden ist. Kleine Kinder wollen spielen, Jugendliche arbeiten ernsthafter und mit konkreten Zielen. Hierfür sind unterschiedliche Orte vorzusehen.

Viele Eltern wollten auch gerne selber auf dem Gelände arbeiten. Die wenigen Arbeitseinsätze führten bei den Jugendlichen jedoch zu Verstimmungen. Sie wollten sich nicht mit den Eltern über die vielfältigen Aufgaben absprechen sondern das Gelände und die Arbeit darauf für sich alleine haben. Bei genauem Hinsehen entspricht dieses Verhalten exakt den Intentionen des Projekts: Jugendliche brauchen den temporären Abstand zu ihren Eltern, eigene Freiräume und Anleitung von Fachleuten. Aus diesem Erlebnis können sie in eine neue Phase der Selbstständigkeit eintreten und die allmählich Loslösung aus ihrer kindlichen Identität vollziehen. Auch Elternexperten für die Arbeit auf dem Land sind in der Verbindung zu ihren eigenen Kindern in diesem Kontext eher hinderlich. Eine wesentliche Aufgabe haben Eltern der Schule dagegen in der Peripherie übernommen: z.B. müssen im Förderverein durch engagierte Arbeit der Eltern notwendige Gelder akquiriert und zur Verfügung gestellt werden.

Neben diesen konkreten Aufgaben sind im Umfeld dieses „Versuchs" vielfältige neue Ideen entstanden. Das außergewöhnliche Interesse an dem Projekt und die vielen daran geknüpften Fragen haben die Notwendigkeit einer parallelen neuartigen Lehrerfort- bzw. Ausbildung in den Focus gerückt. Wenn man bedenkt, dass die Montessori-Schule schon mit ihrer Schulraumpädagogik jährlich bis zu 500 Besucher anzieht, ist das Interesse für eine veränderte Sekundarstufenpädagogik leicht vorstellbar. Eine Akademie für Lehrerbildung könnte an das Projekt angebunden werden. Mit einem Sekundarstufenkurs für LehrerInnen im Institut für ganzheitliches Lernen/Tegernsee (www.ifgl.de) wurde 2009 als Pilotprojekt mit diesem Vorhaben begonnen. An neun Wochenenden beschäftigen sich LehrerInnen aus dieser Schulstufe mit den Herausforderungen und Ansprüchen einer neuen Pädagogik für junge Adoleszenten, auch für fünf Tage auf dem Gelände am Schlänitzsee.

Seit Dezember 2007 gehört die Montessori-Schule zu den Schulpreisträgerschulen des Deutschen Schulpreises der Robert-Bosch-Stiftung. Diese Stiftung sowie die Stiftung Brandenburger Tor fördern und unterstützen das Projekt finanziell und mit großem inhaltlichen Interesse.

Wesentliches Ziel der Förderung ist die Erarbeitung einer curricularen Struktur für die Unterrichtsprojekte. Auf der Grundlage der erarbeiteten Curricula sollen fachbezogene Lernanlässe aus der Arbeit auf dem Grundstück identifiziert und mit den Rahmenplänen der 7. und 8. Jahrgangsstufe verbunden werden. Darüber hinaus geht es auch um die Untersuchung der Frage, inwieweit diese Arbeitsformen sich auf andere Projekte im städtischen Raum übertragen lassen. Auch die Breuninger Stiftung, die im Nachbarort Paretz ein Stiftungsprojekt betreibt, wird die Jugendschule in ihr Partizipationskonzept einbeziehen.

Diese Förderungen sind auf die offensichtliche Notwendigkeit zurückzuführen, für Jugendliche in der schwierigen Übergangsphase von der Kindheit zur Jugend (12 bis 14/15 Jahre) adäquate Arbeits- und Unterrichtsformen zu entwickeln.

Weiterführende Lektüre:
Ulrike Kegler „In Zukunft lernen wir anders – Wenn die Schule schön wird" Beltz Verlag, 2009.

Erika Risse

Die Reformpädagogik hat das digitale Zeitalter erreicht –
... und bleibt sich dennoch treu –

Eine Richtung in der aktuellen Diskussion über die Reformpädagogik wirft dieser vor, den Anschluss an die heutige Zeit verpasst zu haben. Dass dies so nicht stimmt, sondern moderne innovative Schulen, die sich der Reformpädagogik verpflichtet fühlen, längst z.B. digitale Möglichkeiten neuen Lernens gefunden haben, zeigt ihr Umgang mit ICT (Information and Communication Technology).

Dennoch ist nicht ganz von der Hand zu weisen, dass es gerade unter den reformpädagogisch orientierten Schulen immer wieder Vorurteile gegen den Einsatz von ICT gibt, gerade weil man – nicht ganz zu unrecht – bezweifelt, auf praktische Erfahrungen und Erlebnisse gegründete Lernvorgänge könnten am PC realisiert werden.
Deshalb ist es wichtig, den folgenden Ausführungen zwei Überlegungen voranzustellen:
- Die Nutzung von ICT beim Lernen ist dort sinnvoll, wo sie ein Plus und einen echten Mehrwert gegenüber Lernprozessen darstellt, die in Realitätsnähe und in ihrem Ernstcharakter an ihre Grenzen stoßen.
- Die Nutzung von ICT beim Lernen muss die zu lernenden Inhalte in den Mittelpunkt stellen und der Technik klar eine dienende Hilfsfunktion zuweisen.

Zunächst ist es wichtig, sich klar zu machen, was mit „Reformpädagogik" gemeint ist, denn vieles wird unter diesem Begriff subsumiert. Hier soll gelten, was Heinz-Elmar Tenorth am 29.04.2010 in der FAZ schrieb: „Alle Pädagogik ist immer auch Reformpädagogik, mit dem Gegebenen nie zufrieden, an anderer oder besserer Zukunft interessiert" (Tenorth 2010).
Wenn es um die Zukunft von Kindern und jungen Erwachsenen geht, gilt es die Frage zu stellen, was diese in der Zukunft brauchen werden. Sie werden nicht – zumindest nicht ausschließlich – das brauchen, was Reformpädagogen vor mehr als hundert Jahren als „andere oder bessere Zukunft" definiert haben. Wer dies postuliert und nicht weiterdenkt, was z.B. Maria Montessori, Peter Petersen oder Hermann Lietz zu ihrer Zeit angedacht haben, hat die Reformpädagogik nicht nur nicht verstanden, sondern leugnet sie geradezu in ihrer Wesenheit, die in

ihrer Zukunftsbezogenheit liegt. Die Tatsache, dass wichtige Ideen von damals heute noch gelten und genauso auf eine bessere Zukunft gerichtet sind, zeigt, wie dauerhaft manche dieser Ideen sind bzw. wie gering teilweise ihre Umsetzung in der Fläche auch 2010 noch ist.
Zu diesen leitenden Vorstellungen der Reformpädagogik gehören mit Gewissheit mindestens die folgenden Elemente:
- das Lernen vom Kinde aus
- die Individualisierung des Lernens und die Erkenntnis und Akzeptanz, dass Lernen immer konstruktivistisch ist
- das Erlebnis der Gemeinschaft
- der Umgang mit Heterogenität
- der Raum als „Dritter Erzieher"
- die Rolle des Lehrers als Lernbegleiter und -coach
- die Öffnung von Schule und die Zusammenarbeit mit außerschulischen Partnern

Die Liste ließe sich noch ergänzen, ist aber hier bewusst auf die Elemente begrenzt, die im Folgenden, nämlich unter dem Aspekt des Einsatzes von ICT, eine Rolle spielen werden.
Meine These lautet: So wie wesentliche Elemente der Reformpädagogik notwendig sind für eine systematische Weiterentwicklung des Lernens auf Zukunft hin, so bedeutet die systematische Einbeziehung von ICT in diesem reformpädagogischen Zusammenhang die Eröffnung von Möglichkeiten des Lernens, die ohne ICT nicht realisiert werden können.

Das Lernen vom Kinde aus

Die Forderung, dass das Lernen vom Kinde ausgehen soll, ist eine alte reformpädagogische Weisheit. Was heißt das im Jahre 2011?
Angesichts einer Realität, dass bereits Kindergartenkinder den Computer kennen und eine Maus bedienen können, ist es nur logisch, unter dem Aspekt des Lernens vom Kinde aus den Computer als ein zentrales Instrument des Lernens wahrzunehmen und anzuerkennen. Wenn ich an einer besseren Zukunft der Lernenden interessiert bin, ist es eine Notwendigkeit, ihre aktuelle und zukünftige Lebensrealität, zu der der Computer gehört, in möglichst viele Lernprozesse einzubeziehen. In der Reformpädagogik gibt es das Postulat, dass aus eigener Erfahrung gelernt werden soll, z.B. durch Projektlernen. In diese Welt, für die John Dewey Pate steht, gehört heute ICT mit den virtuellen Erfahrungen neben die Erfahrungen, die Kinder und Jugendliche in ihrem realen, sinnlich erfahrbaren Umfeld machen.

Kinder und Jugendliche bewegen sich in dieser virtuellen Welt als Parallelwelt zu ihrer realen Welt. In sozialen Netzwerken wie *Facebook* z.B. tauschen sie sich aus oder nutzen Plattformen für aktuelle und schnell zu kommunizierende Gedanken, Informationen und Erfahrungen, so z.B. *Twitter,* als eine Info-Basis in Echtzeit. Die Realität ist aber auch, dass sie sich genauso mit Freunden treffen, ins Kino gehen oder shoppen. Umgangsformen sind nicht geschmälert, sondern reichhaltiger geworden, auch wenn Erwachsene dies manchmal durch ihre Brille nicht so sehen wollen. Dass es mit Abhängigkeiten im Netz auch Auswüchse bis hin zu pervertiertem Suchtverhalten gibt, soll dabei nicht verschwiegen werden, betrifft aber nicht das Gros der Jugendlichen.

Soll also Lernen vom Kinde aus stattfinden, spielt heute die Nutzung von ICT eine unbedingt zu berücksichtigende Rolle.

Die Individualisierung des Lernens und die Erkenntnis und Akzeptanz, dass Lernen immer konstruktivistisches Lernen ist

a) Das selbstständige und selbsttätige Lernen
Das vom Kinde ausgehende Lernen setzt offene Unterrichtsformen voraus, in denen der Lerner als „autonomer Lerner" Verantwortung für sein Lernen übernimmt und zu einem möglichst großen Teil selbst bestimmt, mit welchem Themenbereich und mit welchem Ziel, wie, in welcher Zeit und ob mit oder ohne Lernpartner er lernt.

Bei einem Stationenlernen im Fach Musik z.B., bei dem an verschiedenen Lernstationen Impulse zur Beschäftigung mit einem Thema wie Instrumentenkunde gegeben werden, lernt ein Kind die Geige kennen. Dass eine Geige mit Bogen zum Anfassen und Spielen vorhanden ist, dass mit Saiten und anderen Materialien ein eigenes Instrument gebaut werden kann, ist im Sinne eines erlebnisorientierten Lernens eine Selbstverständlichkeit. Der Mehrwert eines Computers liegt hier zusätzlich in der Nutzung einer Software, die es Kindern schon in relativ jungem Alter an einer der Stationen ermöglicht, ein kleines, akzeptables Musikstück für die Geige zu komponieren. Und im Sinne Heinz von Försters gilt hier der Satz, der das konstruktivistische Lernen deutlich macht: „Lernen ist das Persönlichste auf der Welt. Es ist so eigen wie ein Gesicht oder ein Fingerabdruck." Wer mit Hilfe des Computers – und hier wird der Rechner als reines Hilfsinstrument sehr deutlich – etwas Eigenes erdacht und produziert hat – und es auch noch präsentieren kann, hat seine eigene Kreativität entfalten können, eigene Erfahrungen machen können, hat vielleicht durch Fehler gelernt, kann aber bestimmt einen persönlichen Erfolg verbuchen und steigert seine Selbstwirksamkeitsüberzeugung. Ähnliche Beispiele ließen sich aus anderen Fachbereichen anführen.

Ein anderes Beispiel sind offene Lernformen wie die Freiarbeit. Schon für die Grundschule gibt es Software zum Selbstlernen, vorwiegend allerdings Übungsprogramme, die auf den Lernfortschritt eines jeden einzelnen Kindes Rücksicht nehmen können, wie dies oft in der Gruppe nicht möglich ist. Das Erarbeiten neuer Phänomene ist bei den Programmen eher noch selten; hier gilt es, das Wissen, das mittlerweile über das Lernen bei Kindern bekannt ist, für die Entwicklung neuer Software einzusetzen, damit auch beim Erlernen neuer Inhalte neben dem interpersonalen Lernen individualisierte Lernprozesse am Computer ihren Platz finden und so binnendifferenziert Wissensarbeit geleistet werden kann.

Bewährt hat sich auch der Einsatz von Laptops im individualisierten Unterricht. Produkte des Lernens sind nie fertig, werden aber durch den Austausch im Netz mit Lernpartnern in der Gruppe oder außerhalb ergänzt und werden produktiv neu gestaltet. Hier gilt: Das gemeinsame Ergebnis ist mehr als die Summe von Einzelbeiträgen, so lassen sich die Laptops auch bei der Methode des *Gruppenpuzzles* einsetzen. Ein weiteres Beispiel: Das Schreiben einer gemeinsamen Geschichte animiert alle Beteiligten, sich mit einem Thema auseinanderzusetzen, eine Strukturierung zu finden und sich immer wieder einem Einigungsprozess zu unterziehen. Zum Schluss haben alle eine hoffentlich optimale Geschichte auf ihrem Rechner, deren Perfektionierung im Dialog stattfand, der zu Reflexionen der eigenen Beiträge zwang und so zu nachhaltigem Lernen geführt hat. Auch bei diesem Beispiel ist wichtig, dass jeder Lerner aktiv ist und seine eigene Vorstellung von einer Sache einbringen kann, auch wenn sie in der Auseinandersetzung mit Partnern relativiert und weiterentwickelt wird. Wichtig ist aber, dass die an der Sache orientierte Wissensarbeit im Mittelpunkt steht, so unterschiedlich auch die einzelnen beteiligten Akteure sein mögen.

b) Reflexion und Bewertung von Lernergebnissen
Man weiß, dass individuelles Lernen individuelle Leistungsmessung und -bewertung nach sich zieht. Bewährt haben sich Portfolios und Lerntagebücher, in denen die Schülerinnen und Schüler ihren Lernfortschritt nach eigener Erkenntnis dokumentieren, selbst reflektieren und/oder durch andere reflektieren lassen. Auf der Grundlage des Produkts und der Portfolio-Eintragungen finden dann individuelle Bewertungen statt. Durch die Freiheiten, die die Lernenden in der Auswahl ihrer Leistungsnachweise haben, ist die Portfolio-Methode nach Franz Weinert in besonderer Weise geeignet, erworbene Kompetenzen nachzuweisen.

Auch in diesem Zusammenhang lässt sich ein deutlicher Mehrwert durch die Nutzung eines Computers feststellen: Die Kontinuität bei der Dokumentation einer Lernbiografie ist digital nicht nur einfacher beizubehalten und zeigt den Kompetenzzuwachs, sondern lässt auch beim Perspektivwechsel eines Heranwachsenden nachträgliche für ihn wichtige Änderungen zu, wobei alte Textbausteine nicht verloren gehen müssen. Während beim herkömmlichen Portfolio schon überlegt

werden muss, wo es seinen Standplatz haben soll, z.B. im Klassenschrank oder zu Hause, ist es beim E-Portfolio möglich, die Datei ständig bei sich zu haben und sowohl in der Schule als auch zu Hause darauf zugreifen zu können.
Wesentlich aber ist die Nutzung eines E-Portfolios für die Ablage von Produkten aus dem offenen Unterricht. Matthias C. Fink nennt das E-Portfolio im Rahmen von selbstorganisierten Lernprozessen „ein Instrument zur Dokumentation und Präsentation von verschiedenartigen Lernergebnissen sowie zum Austausch darüber" (Fink 2010). Damit wird es zu einem interaktiven Instrument für das selbstständige Lernen. Auch der Schüler selbst kann auf das Ergebnis zu einem späteren Zeitpunkt zurückgreifen, es überprüfen und weiterentwickeln wie in einer Art individualisiertem Spiralcurriculum, was in der Regel mit in einem im Regalordner abgelegten Produkt nicht geschieht.
Und noch einen Mehrwert hat ein E-Portfolio gegenüber einem herkömmlichen Portfolio: Im Rahmen von *Tandem-Lernen* (z.B. Unterstützung eines Schülers durch einen Studierenden oder einen Senioren-Paten) lässt sich ein digitales Portfolio leichter kommunizieren, der studentische Partner kann den Lernprozess seines Schützlings leichter begleiten und nachvollziehen, kann ihm umgehend Online-Feedback geben und ihn beraten. Solche interaktiven Prozesse sind natürlich auch innerhalb von Lerngruppen in der eigenen Schule möglich.
Und wem das Sinnlich-Haptische fehlt: ein Ausdruck ist jederzeit möglich.

Das Erlebnis der Gemeinschaft

Sicher kann man behaupten, im weltweiten Netz finde jeder seinen Partner. Zu warnen ist aber davor, die reale Begegnung zwischen Kindern durch die Begegnungen im Netz ersetzen zu wollen. Das Aushalten von Gemeinschaft, aber auch die Erfahrung eines überindividuellen Lebenssinns in der Gruppe gehören notwendig zum Aufwachsen und müssen spätestens in der Schule erfahren und erlernt werden.
Erfahrungen in einer virtuellen Gemeinschaft können hier nur Ergänzungen sein. Aber in einer globalen und vor allem dynamischen Gesellschaft gehören sie zum Alltag, werden genutzt (wie z.B. bei *Facebook*) und müssen in ihrer sinnvollen Anwendung gelernt werden. Auch die Gefahren, die z.B. in Chatrooms lauern, müssen erkannt werden. Es gehört zu den grundlegenden Voraussetzungen, die möglichst früh in der Schule vermittelt werden müssen, dass der Umgang mit Informationen, die im Netz stehen, nicht oder kaum regelbar ist und man in Kenntnis dieser Gefahren entsprechend vorsichtig bei Mitteilungen sein muss.
Auch den Wert respektvollen Umgangs gilt es in diesem Zusammenhang zu lernen. Während im personalen Umgang miteinander, z.B. auf dem Schulhof, bei den meisten Kindern und Jugendlichen noch eine bestimmte „Beißhemmung"

üblich ist und man sich gegenseitig auch bei ärgster Feindschaft noch mit einem gewissen Respekt begegnet, ist man im anonymen Netz schon eher bereit, den Mitschüler zu verletzen und zu demütigen. Immer wieder berichten Schülerinnen und Schüler von Enttäuschungen, die sie erlebt haben, weil vermeintlich beste Freunde und Freundinnen sie im Chatroom beleidigt oder intime Informationen oder auch mit dem Handy gedrehte Filme – oft ohne Nachdenken – im Netz verbreitet haben.

Wie auch in anderen Projekten, kann die Gemeinschaftserfahrung unmittelbar in medialen Projekten mit Ernstcharakter stattfinden: Da kann ein virtueller Museumsführer entwickelt und ins Netz gestellt werden, eine Gruppe Mittelstufenschüler erstellt für jüngere Mitschüler ein Spiel mit den Gefahrenpunkten beim Umgang mit dem Internet, das Gebäude der eigenen Schule kann gemeinsam virtuell abgebildet werden, eine Gruppe plant ein interessantes Computerspiel oder erstellt gemeinsam einen Trickfilm, der digital zusammengeschnitten werden muss. Den Ideen für erlebbare Projekte in der Jugendwelt der Medien sind keine Grenzen gesetzt.

Der Umgang mit Heterogenität

In allen Schulformen muss man sich mittlerweile mit dem Vorhandensein heterogener Lerngruppen auseinandersetzen. Dabei bezieht sich diese Aussage nicht nur auf Leistungsheterogenität, sondern auf die soziale Zusammensetzung, auf Altersmischungen, auf die Verschiedenartigkeit der Geschlechter usw.

Wie bereits ausgeführt, gibt es viele Möglichkeiten im Umgang mit ICT, unterschiedliche Lerner zusammenzuführen. Die Arbeit des Einzelnen am Laptop zu einem Thema, an dem auch andere arbeiten, kann zu einem gemeinsamen Ergebnis führen (vgl. oben), der Austausch im Rahmen der E-Portfolio-Arbeit lässt digitale Dialoge zu. Und so wie eine gewisse Anonymität im Netz die Gefahr der Distanzlosigkeit und des fehlenden Respekts in sich birgt, so kann sie auch den Vorteil haben, sich einem Lernpartner zu nähern, der im Klassenraum eher tabu ist.

Aber in diesem Zusammenhang gilt es ein Augenmerk auf zwei kritische Punkte zu richten: Noch immer sind Mädchen im Umgang mit der Computertechnik benachteiligt, auch wenn sie sich z.B. im Chatroom bewegen, als seien sie von der Wiege an dort zu Hause. Hier gilt es, genau hinzusehen und Benachteiligungen durch entsprechende Maßnahmen zu kompensieren. Und häufig wird man als Lehrer erst sehr spät gewahr, dass es gerade in Familien mit finanziellen Engpässen keinen Internet-Anschluss gibt; Jugendliche empfinden dies als Stigmatisierung und teilen es nur sehr ungern mit. Auch macht es für die Lernarbeit einen Unterschied, ob man den Familiencomputer mitbenutzen darf (häufig bei Mädchen der Fall) oder ob man einen Computer im Kinderzimmer sein eigen nennen darf. Die Schule muss hier sensibel reagieren und die Möglichkeiten zu einer effektiven Lernarbeit bereitstellen.

Der Raum als „Dritter Erzieher"

So wie noch immer nachweislich gilt, dass „die Natur draußen" stressentlastend wirkt – auf Erwachsene und Kinder, so ist für eine zukunftsorientierte Erziehung heute wichtig, den Fantasie-, Erlebnis- und Lernraum der Kinder und Jugendlichen auszuweiten. Sie dürfen nicht abgeschottet von der Zivilisation einer Stadt aufwachsen. Und im Zuge der Globalisierung gilt dies auch für Kontakte in die ganze Welt. Hier bietet das World Wide Web Möglichkeiten, von denen sich die alten Reformpädagogen keine Vorstellung machen konnten, zumal wenn vor hundert Jahren für manche „Rückzugspädagogik" mit dem Gegenbild zur verderbten Großstadt die Zielrichtung darin bestand, Persönlichkeiten in reiner und ländlicher Umgebung zu bilden. Die virtuelle Welt bietet Möglichkeiten für Erkundungen und für Partnerschaften, die gezielt genutzt werden sollten. Aber auch hier gilt, dass das schulische Lernen nicht beim Surfen im World Wide Web erfolgreich ist, sondern beim gezielten Navigieren; dies zu lernen, gehört zu den originären Aufgaben der Schule – oft im Gegensatz zum Umgang mit ICT in der Freizeit.
Neben dem virtuellen Raum aber geht es konkret auch um die Räume des Lernens in der Schule. Die meisten Computerräume werden den Anforderungen einer reformpädagogischen Idee vom Lernen nicht gerecht: Bildschirme stehen auf Tischen, die hintereinander aufgereiht sind, eine direkte Kommunikation zwischen Schülerinnen und Schülern ist nicht möglich. Wenn man kommunizieren will, tut man dies über das Netz – kein Mehrwert, wenn man bedenkt, dass der Nachbar in voller Größe direkt neben einem sitzt. Wohlgemerkt, um Dateien auszutauschen und gemeinsam daran zu arbeiten, macht eine solche Kommunikation Sinn. Hier stellt sich die Frage, warum es immer wieder die Computer-Freaks in den Schulen sind, denen man die Ausstattung der Fachräume überlässt. Ein auf Kommunikation und Beziehung bedachter Pädagoge würde doch die Möglichkeit der direkten Diskussion nicht aus einem Raum verbannen, indem er die Beteiligten hinter Bildschirme versteckt. Die Lösung liegt bei Tischen mit versenkten Monitoren, die, von einer Glasplatte abgedeckt, sowohl die direkte Kommunikation leicht ermöglichen als auch ausreichend Fläche zum Schreiben oder für Bücher bieten. Denn man vergesse nicht: Der Computer als technisches Gerät ist nicht Mittelpunkt des Lernens, sondern er bleibt Hilfsmittel bei der Wissensarbeit.
Dies aber legt nahe, dass Computerräume zumindest für das selbstständige Lernen antiquierte Lernorte sind. Sie mögen ihre Bedeutung als Selbstlern-Mediotheken haben, in die Schülerinnen und Schüler wie in eine Bibliothek gehen, um zu recherchieren, eine intensive Medienarbeit zu erledigen oder auch zu spielen,

aber sonst sollten Computer mit Internetanschluss in den normalen Lernräumen zur Verfügung stehen, nur zu benutzen, wenn man sie aufgrund der Notwendigkeit im Lernprozess gerade braucht. So wird der Klassenraum zur Lernwelt, die der Anforderung eines reformpädagogischen „Dritten Erziehers" gerecht werden kann: lernfördernd, rücksichtsvoll und nicht dominant.

Die Rolle des Lehrers als Lernbegleiter und -coach

Die Lehrerrolle hat sich unter reformpädagogischen Aspekten schon vor langer Zeit vom reinen Instrukteur hin zum Lernberater entwickelt. Hier soll nicht näher auf das aktuelle Problem von Distanz und Nähe eingegangen werden, nur insofern auf eine notwendige persönlich gute Beziehung zwischen Lehrer und Lerner hingewiesen werden, dass erst sie ein angstfreies und nachhaltiges Lernen ermöglicht.

Wird dem Lerner immer mehr Verantwortung für sein eigenes Lernen gegeben (vgl. oben) und bekommt er mit dem Computer ein Werkzeug an die Hand, die Wissensarbeit zu einem nicht unerheblichen Teil eigenständig zu bewältigen, so gewinnt der Lehrer oder die Lehrerin mehr Zeit für andere Aufgaben, als da sind: Hilfe bei der Strukturierung von Wissen und dem Finden von Problemlösestrategien und Erziehungsarbeit. Die für das Lernen unabweisbare Beziehungskultur kann qualitativ und quantitativ intensiv gepflegt werden.

Daneben kann der Lehrer dienende und beratende Funktionen im Sinne eines Lern-Coaches übernehmen, so heißt es bei Fink im Zusammenhang mit dem E-Portfolio: „Für die Lehrkräfte ergab sich die Aufgabe – neben der technischen Einführung in die Benutzung des E-Portfolios – die Schüler in diese selbstorganisierten Lernprozesse einzuführen und sie bei der Planung und Realisierung zu beraten." (Fink 2010) Durch die Tatsache, dass ein Schüler oder eine Schülerin über ein E-Portfolio den Lehrer kontinuierlich über seine Lernfortschritte ins Bild setzen kann, ist dieser ebenfalls frei darin, zeitlich unabhängig – also auch vom heimischen Arbeitsplatz aus – seinem Schüler Feedback zu geben. Es entsteht eine neue und hoch individualisierte und differenzierte Feedback-Kultur. Durch Online-Feedback bauen sich Dokumentationen der Kompetenzsteigerung auf, die gleichzeitig dem Lehrer und dem Lerner sowie dessen Eltern zur Verfügung stehen und so für eine hohe Transparenz in der Beurteilung sorgen.

Auch im Rahmen eines *Dialogischen Lernens* (vgl. Urs Ruf u. Peter Gallin 2005) sind dialogische Rückmeldungen an die Schülerinnen und Schüler über ICT möglich, indem mühelos auch die ganze Lerngruppe wichtige Informationen erhalten kann, die die Grundlage für die Weiterarbeit im Unterricht bilden.

Nun liegt aber gerade bei den Lehrkräften das bisher größte Hindernis für die Nutzung von ICT. Noch arbeitet in den Schulen eine Generation von Lehrerinnen und Lehrern, die nicht mit ICT groß geworden ist. Da diese aber die Lern-

kultur in den Schulen vornehmlich bestimmen, werden junge Kolleginnen und Kollegen, die sich auf mediengestützte Methoden einlassen möchten, zu häufig noch ausgebremst. Hier nutzen Fortbildungskurse etwas, aber oft zu wenig, um das Gelernte im Alltag umsetzen zu können. Bewährt – aber leider in vielen Fällen zu teuer – haben sich Angebote der „Fortbildung on Demand": Brauche ich jetzt gerade Know how im Bereich der Präsentationstechnik, ist ein Assistent zur Stelle, der mir Power Point erklärt; möchte ich jetzt gerade die interaktive Tafel einsetzen, zeigt mir jemand, wie sie funktioniert. Die Nachhaltigkeit eines Lernens auf diese Weise ist für die weitere Nutzung enorm. Dass eine bestimmte Didaktik beim Einsatz neuer Medien eine Rolle spielt, sei hier nur am Rande erwähnt.
Mehr aber noch schlägt zu Buche, dass individualisierte Lernprozesse trotz aller Beschwörungen und Forderungen in Schulgesetzen im Schulalltag noch immer die Ausnahme sind, dass spätestens bei den Leistungsbeurteilungen noch immer im Interesse einer vermeintlichen Gerechtigkeit alle am gleichen Leisten gemessen werden.

Die Öffnung von Schule und die Zusammenarbeit mit außerschulischen Partnern

Vor hundert und mehr Jahren mag es eine Berechtigung für die Reformpädagogen gegeben haben, Schülerinnen und Schüler aus einer industrialisierten Großstadtwelt mit dem Ziel „Zurück zur Natur" herauszuholen, heute aber muss neben die Naturerfahrung, die noch immer eine wichtige Rolle spielt, hier aber nicht weiter erläutert werden soll, eine Weltoffenheit treten, die globales Handeln erfahrbar macht. Die Zusammenarbeit mit Partnern der Region ist da genauso sinnvoll wie die mit Kontakten, z.B. mit Partnerschulen, überall in der Welt.
Dass dies mit ICT leichter, weil direkter, geschehen kann als noch zu Zeiten der guten alten Briefpost, ist einleuchtend. Dennoch lernen wir von großen Unternehmen, dass die „Face-to-face-Kommunikation" nicht völlig durch digitale Kontakte ersetzt werden kann. Aber diese können Begegnungen vorbereiten und können anschließend für nachhaltige Verbindungen sorgen.
Zum Schluss sei mit Tenorth (s.o.) auch für den Bereich des Lernens mit digitalen Medien gesagt: „Die Dignität der Praxis und ihre Weisheit, die Einheit von Ethos und Kompetenz, das ist der harte Kern der Reformpädagogik und Grundlage ihrer Stabilität" (Tenorth 2010).

Literatur
Matthias C. Fink, Feedback über das Internet, in: PÄDAGOGIK 7-8/2010, S. 50-53.
Heinz-Elmar Tenorth, FAZ 29.04.2010.
Urs Ruf/Peter Gallin, Dialogisches Lernen in Sprache und Mathematik, 2 Bde. Seelze: Kallmeyer 2005.

Ulla Kreutz

Der gemeinsame Unterricht im Team-Kleingruppenmodell (TKM) der Gesamtschule Holweide in Köln

Daten und Fakten: Gegründet wurde die Schule 1975 als 12zügige Gesamtschule in Sekundarstufe I und 9zügig in Sekundarstufe II. Nach 8 Jahren reduziert auf 9zügig und 6zügig in der Sekundarstufe II. Seit Beginn strukturiert sich und funktioniert die Schule als Teamschule im TKM (Team-Kleingruppen-Modell) mit reduzierter äußerer Differenzierung (Sondererlass mit KMK Anerkennung der Sekundarstufe I-Abschlüsse).

Seit 1986 gibt es den *Gemeinsamen Unterricht* für behinderte und nicht behinderte Schülerinnen und Schüler – während der ersten 19 Jahre in 5 von 9 Klassen jedes Jahrgangs der Sekundarstufe I mit ca. 20 Förderschüler(n)innen. Seit 2004 werden 30 Förderschülerinnen und -schüler in den 5. Jahrgang aufgenommen. Die Zahl der Schülerinnen und Schüler in der Sekundarstufe II, die zum Abitur nach 9 Schuljahren führt, steigt jährlich; z.Z. sind 10 Schülerinnen und Schüler mit Handicaps in der gymnasialen Oberstufe. Sie ist die größte Gesamtschule in Nordrhein-Westfalen; die größte Schule im Gemeinsamen Unterricht in Deutschland: Sie wird von 1784 Schülerinnen und Schülern besucht; davon 160 Schülerinnen und Schüler mit sonderpädagogischem Förderbedarf; es unterrichten 184 Lehrerinnen und Lehrer an unserer Schule.

Gründungsschulleiterin war Prof. Dr. Anne Ratzki von 1975-1995; von 1996-2010 Karl-Robert Weigelt; seit Mai 2011 ist Ulla Kreutz Schulleiterin.

1. Die Schule

Die Gesamtschule Holweide hat den Anspruch, eine Schule für alle zu sein: Kinder und Jugendliche, denen das Lernen besonders leicht fällt, sind ebenso willkommen wie Schüler/innen, die aufgrund einer Behinderung besondere Hilfe benötigen. Vielfalt ist erwünscht. Wir nehmen Kinder unterschiedlicher sozialer Herkunft aus vielen Kulturen auf. Integration bedeutet: Alle Kinder in den Blick nehmen – keine zurücklassen.

Sozialer Hintergrund

Die Kinder kommen hauptsächlich aus dem rechtsrheinischen Einzugsgebiet: aus den Stadtteilen Holweide, Buchheim, Dellbrück, Merheim, teilweise Mülheim. Diese Stadtteile sind sozial sehr unterschiedlich strukturiert; teilweise bürgerlich, teilweise sozial benachteiligt. Ein Viertel der Kinder kommt von der Peter-Petersen Grundschule in Köln-Höhenhaus (ebenfalls GU).

Migrationshintergrund

Mülheim, Buchheim und Holweide sind Stadtteile mit einem hohen Arbeitnehmeranteil; viele Menschen hier haben einen Migrationshintergrund; die türkische Sprache hört man nicht nur in der Keupstraße. Im mittelalterlichen Kern von Holweide und im Stadtteil Dellbrück leben viele Familien dem Bildungsbürgertum oder der Handwerkerschaft zugehörig. Die Schule hat einen Anteil von 30 % Jugendlichen mit Migrationshintergrund, davon sind etwa 21 % Jugendliche mit türkisch/kurdischem Hintergrund.

Im Gemeinsamen Unterricht werden die Schülerinnen und Schüler häufig von zwei Lehrer/innen pro Klasse unterstützt. Das tägliche Miteinander fördert eine Atmosphäre gegenseitigen Respekts und wechselseitiger Akzeptanz. Die Schule ist eine Ganztagsschule, die von Klasse 5 bis 10 oder bis zum Abitur führt. Sie vergibt alle in NRW möglichen Schulabschlüsse. Diese sind in allen Bundesländern anerkannt. Ziel der Schule ist es, die Laufbahn der Schüler/innen so lange wie möglich offen zu halten und eine frühzeitige Festlegung auf einen bestimmten Abschluss zu vermeiden. Die Schule ermöglicht das Abitur nach 12- oder 13-jähriger Schulzeit. Der feste Klassenverband bleibt an der Schule bis zum Ende der 10. Klasse bestehen. Im Wahlpflichtbereich werden – möglichst im Team – besondere Lerngruppen gebildet. In Englisch findet ab Klasse 7, in Mathematik ab Klasse 8 eine Zuordnung für den einzelnen Schüler zum Grund- und Erweiterungsniveau statt. Fächer und Stundenzahl entsprechen weitgehend denen anderer Schulformen. Die Unterschiede: Arbeitslehre ist ein eigenständiges Fach, „Naturwissenschaften" beinhaltet Biologie, Chemie, Physik (bis Klasse 8), Gesellschaftslehre umfasst Erdkunde, Geschichte und Politik. Englisch ist Pflichtfach für alle Schüler/innen von Klasse 5 bis 10.

Gegen Ende des 5. Schuljahres wählen die Kinder, ihren Interessen entsprechend, ein weiteres Hauptfach (Wahlpflichtbereich 6). Dabei können sie wählen zwischen: Darstellen und Gestalten, Naturwissenschaft, Französisch, Arbeitslehre. Es ist der Schule sehr wichtig, dass sich Eltern, Schüler/innen und Lehrer/innen gemeinsam über den neuen Lernschwerpunkt beraten. Weitere Fremdsprachen ab Klasse 8: Latein, Spanisch, Türkisch. Französisch wird nach Klasse 9 nochmals angeboten. Schüler, die ab Klasse 8 keine weitere Fremdsprache wählen, orientieren sich in andere Fachbereiche, die an ihren Interessenslagen anknüpfen; viele Schüler bereiten sich in Praxisstationen oder Schülerfirmen auf das Berufsleben vor. Die Schule hat einige sehr große Projekte, die jahrgangsübergreifend arbeiten: Der Circus Zappelino, die Theatergruppe *Actor's group*, das Musikprojekt (Bläser, Big Band, Kammerorchester).

Neigung
In den Jahrgängen 5 und 6 werden die Schüler/innen an einem Nachmittag in der Woche nicht im gewohnten Klassenverband, sondern in Neigungskursen im Team unterrichtet. Sie wählen aus den Bereichen Sport, Zirkus, Technik, Kunst, Musik. Hier geht es vor allem um die Förderung der Kreativität und darum bei den Kindern Stärken zu entdecken, um so wechselseitig die Lernfähigkeit in anderen Fächern zu stützen und zu steigern.

2. Das Team-Kleingruppenmodell
Die große Schule ist in viele kleine Schulen untergliedert. Drei Klassen eines Jahrgangs bilden eine solche „Kleinschule", das so genannte Team. 8-10 Lehrer/innen unterrichten schwerpunktmäßig in diesen drei Klassen und bilden ein Team. Die Schüler/innen werden über mehrere Jahre von ihren Lehrer/innen begleitet. Jede Klasse hat zwei Tutor/innen (Klassenlehrer/innen). Die Tische sind in den Klassenräumen meist in Vierer- manchmal in Sechser-Gruppen zusammengestellt. In den Tischgruppen arbeiten die Schüler/innen in allen Fächern über einen längeren Zeitraum zusammen. In diesem überschaubaren Rahmen lernen sie einander zu helfen, Konflikte zu lösen und gemeinsam die eigenen Lernergebnisse zu steigern.Die Organisation der Klasse in Tischgruppen schafft eine Kleingruppensituation. Diese Arbeitsstruktur geht davon aus, dass die Schüler/innen am besten voneinander lernen können; sie ermöglicht den Pädagogen/innen eine individuelle Zuwendung zu einzelnen Kindern: Die Lehrer/innen können gezielt beraten, fördern und fordern.

3. Der Gemeinsame Unterricht
Der Gemeinsame Unterricht (GU) beschreibt in Nordrhein-Westfalen das Unterrichten von Schülerinnen und Schüler mit und ohne sonderpädagogischen Förderbedarf in einer Klasse: von 26 Schülerinnen und Schülern haben i.d.R. 5 Schülerinnen und Schüler sonderpädagogischen Förderbedarf; bis zum Schuljahr 2005 lag die Klassengröße bei 22; davon 2-3 Schülerinnen und Schüler mit sonderpädagogischem Förderbedarf; diese früheren Konditionen erscheinen uns nach wie vor angemessener. 2005 mussten wir uns entscheiden, ob wir auch unter den schlechteren Bedingungen, die uns das Ministerium zumutete, weiter im Gemeinsamen Unterricht arbeiten wollten oder uns perspektivisch sowohl von den behinderten Kindern als auch von unseren Sonderschulkolleginnen und -kollegen verabschieden wollten. Die Lehrerinnen- und Lehrerkonferenz entschied sich damals mit großer Mehrheit (134 von 165

Stimmen) für die Weiterführung des Gemeinsamen Unterrichts: Niemand wollte mehr irgendjemanden wegschicken – weder Kinder noch Kolleginnen und Kollegen. Längst waren *wir* eine Gemeinschaft geworden – vielleicht war das – so bitter es ist – die Geburtsstunde der *Inklusion* in Holweide.
In bis zu 50% aller Unterrichtsstunden unterrichten seither in 2 der 3 Klassen eines Teams die Lehrer und Lehrerinnen gemeinsam je 26 Schülerinnen und Schüler. Zu Beginn des Schuljahres 2011 haben wir beantragt, nur noch GU-Klassen einrichten zu dürfen; dies wurde uns verwehrt.
Im Gemeinsamen Unterricht ist eine „Doppelbesetzung" unverzichtbar: Zeitweise arbeiten also 2 Lehrer/innen in der Klasse, um den sehr unterschiedlichen Anforderungsniveaus der Kinder gerecht zu werden. Es gibt keine starre Definition für die Didaktik des gemeinsamen Unterrichtens in Holweide – aus unserer Sicht sind alle Formen zulässig, die die Personalressource *allen* Kindern zugute kommen lässt. So gibt es die Variante, dass eine Kollegin/ein Kollege, die Grobplanung – sowohl inhaltlich als auch methodisch im Blick hat –, und die 2. Person – von der Grobplanung ausgehend sich einzelnen (sonderpädagogisch zu fördernden) Kindern zuwendet; diese Person ist bei Bedarf aber auch für andere Kinder da. Dies ist – denke ich – die häufigste Form des gemeinsamen Unterrichtens in Holweide. Sie impliziert eine grobe langfristige gemeinsame Planung, setzt ein hohes Vertrauen und Verlässlichkeit im Kollegium voraus – sie „bringt" aber auch ganz viel.

Für die Lehrerinnen und Lehrer:
Veränderung und Bereicherung im klassischen Lehrerrollenverständnis, Reflexion und „Mini-Supervision" durch Rollentausch und -wechsel, aufgefangen werden in Lehrer- und Erziehersituationen, wo man sich zurücknehmen möchte, es sich aber – wenn man in alleiniger Verantwortung steht – nicht „leisten" möchte. Dieses Lehrerhandeln als Tutorenpaar findet seine Entsprechung in der Partnerarbeit in der Schule. Partner- und Gruppenarbeit sind die zentralen Arbeitsstrukturen im Gemeinsamen Unterricht.

Bei den Schülerinnen und Schülern:
Alle gehören dazu – es wird nicht sortiert – die Sichtweise aufeinander ist inklusiv; es ist völlig selbstverständlich, dass es Menschen gibt, die Handicaps haben und so ist es selbstverständlich, dass der Abiturient, der im Rollstuhl fährt, bei der Feier von zwei jungen starken Männern über den roten Teppich begleitet und die Stufen zur Bühne hochgetragen wird und alle im Rampenlicht stehen – ein winziges Blitzlicht, das die unzähligen Momente zeigt, wie berührend dieses Selbstverständnis des Miteinanderumgehens in der Schülergemeinschaft der Kinder, Jugendlichen und jungen Erwachsenen ist.

4. Weiterentwicklung des gruppenpädagogischen Ansatzes

Die Schule arbeitet seit Beginn im Team-Kleingruppenmodell, wonach eben in den Tischgruppen die Arbeit dezentral entwickelt und ausgeführt wird. Es gab aber keine Selbstorganisation in der individuellen Verantwortung der Schülerinnen und Schüler. Es war immer ein bisschen so, dass die, die kognitiv leistungsstark, sozial verständig und einsichtig waren, schnell in eine Helferrolle kamen. Wir waren damit unzufrieden und haben häufig in der Schule diskutiert, dass die Kinder, die leicht lernen, die schnell vernünftig sind, zu oft in die Rolle hineinkommen, dass sie den Kindern, denen das Lernen schwerer fällt, helfen müssen. Wir haben uns dann vor sechs Jahren das erste Mal im Rahmen einer Kollegiumstagung mit dem kooperativen Lernen nach Norm Green beschäftigt und begonnen den alten gruppenpädagogischen Ansatz mit der Lernstrategie des Kooperativen Lernens nach Norm Green zu verknüpfen. In diesen vergangenen sechs Jahren haben wir systematisch Fortbildungen in diesem Bereich angeboten und die Schule durch verschiedene Maßnahmen weiterentwickelt:

Auf Jahrgangsebene haben alle Kolleg/innen eine Qualifizierung von anderthalb Tagen erhalten. Alle neuen Kolleg/innen werden in einer zweitägigen Tagung in Altenberg im Kooperativen Lernen trainiert.

Die jährlich stattfindende Tagung „Neuer 5. Jahrgang" wird immer mit kooperativen Methoden durchgeführt (ebenfalls in Altenberg). Das in Jahrgang 5 und 6 stattfindende Sozialtraining als Klassentraining versteht sich im Kontext zum Kooperativen Lernen; dazu qualifizieren sich Lehrer/innen und Sozialpädago/innen gemeinsam. Ebenso das Training *Anders streiten,* das alle Religions- und Praktische Philosophie-Lehrerinnen und -Lehrer zu Beginn des 5. Jahrgangs erlernen, um es den Kindern vermitteln zu können.

Wir haben ein Sozialkompetenzcurriculum entwickelt mit Vertretern aller Jahrgänge der Sekundarstufe I, das sich als Ergänzung zum Methodencurriculum Kooperatives Lernen versteht.

Von der Grundphilosophie her ist das Kooperative Lernen nicht wirklich etwas Neues, sondern liegt auf der Linie unserer Bemühungen, den gruppenpädagogischen Ansatz in der Schule weiterzuentwickeln: das Kooperative Lernen geht davon aus, dass in der Regel – nach einer Phase der Besinnung, eines haptischen Zugangs, der Einzelarbeit –, je nachdem was der Schüler/die Schülerin aufgenommen hat – im Austausch mit dem Gegenüber erst Kontur bekommt. Häufig beobachten wir, dass erst in die Reflexion des Aufgenommenen, um es einem Zweiten zu vermitteln, Begreifen stattfindet. In dem Moment, in dem eine Schülerin/ein Schüler vermitteln muss, muss sie/er sehr nah an den Lerngegenstand herankommen. Das Grundmuster: Think – pair – share ist im Kooperativen Lernen immer das gleiche; höchst clevere Arrangements lassen diesen Dreiklang in immer neue „Tonfolgen" bringen: der Anreiz zum Lernen wird variiert. – Das ist die Grundphilosophie.

5. Kooperatives Lernen in einer Schule auf dem Weg zur Inklusion

Kooperatives Lernen, d.h. das Miteinander- und Voneinander-Lernen der Kinder und Jugendlichen in einer stark heterogenen Gruppe stellt eine zentrale Herausforderung des Gemeinsamen Unterrichts dar.

Beim gemeinsamen Unterrichten der Kinder und Jugendlichen mit unterschiedlichen Lernvoraussetzungen und/oder vielfältigen Beeinträchtigungen können wir auf einen enormen Erfahrungsschatz der sonderpädagogischen Förderung zurückgreifen, der in vielen Sonderschulen über die letzten Jahrzehnte entwickelt, gesammelt und dokumentiert wurde.

In der Teamarbeit zwischen den beteiligten Pädagogen öffnen allmählich neuartige Erfahrungsräume, die einen ungeahnten Kompetenztransfer zwischen den Professionen und ihren Sichtweisen auf Lernen und Unterricht ermöglichen.

Doch was beiden Professionen dann dennoch fehlt – und das ist das Neue, das es kreativ zu entwickeln gilt –, sind Kenntnisse und Erfahrungen über die Gestaltung von Lernarrangements, die die Kinder und Jugendlichen mit und ohne Behinderung miteinander in einen Lernprozess bringen, der dem Anspruch eines Gemeinsamen Unterrichts gerecht wird; denn selbst in der Situation des doppelt besetzten Unterrichts im Teamteaching können wir nicht alle Lern- und Unterstützungsbedürfnisse der vielen unterschiedlichen Schüler einer stark heterogenen Klasse von 20 bis 30 Kindern gleichzeitig berücksichtigen. Wir sind deshalb aufgefordert, ja geradezu darauf angewiesen, Schüler an der Gestaltung der Lernprozesse zu beteiligen, damit sie die Verantwortung für ihr eigenes Lernen mit uns Pädagogen teilen, ihre Lerntätigkeiten in zunehmendem Maße selbst organisieren und miteinander kooperieren, um in ihrer Vielfalt voneinander zu lernen und sich gegenseitig zu lehren.

Wenn Lernarrangements so gestaltet werden, gewinnen wir Lehrpersonen wieder Zeit, uns einzelnen zuzuwenden, um die adäquate Unterstützung zu geben, die Schüler untereinander vielleicht nicht leisten können. Dafür müssen wir jedoch die unverzichtbaren Unterrichtsstrukturen erst selbst schaffen, denn sie sind in den Rahmenbedingungen unseres Schulsystems derzeit noch nicht vorgesehen.

In der täglichen Praxis gemeinsamen Unterrichts ist diese Entwicklungsarbeit für uns *die* didaktische Herausforderung, auf die wir alle nicht vorbereitet worden sind, da sie in unserer pädagogischen Ausbildung keinen oder nur einen untergeordneten Stellenwert hatte. In einer inklusiven Schule lernen die Schüler und Schülerinnen gemeinsam in heterogenen Lerngruppen.

Dennoch ist Lernen vor allem ein individueller Prozess – ein ureigener und persönlicher Prozess der Auseinandersetzung mit einem Thema.

Niemand kann es für mich tun.
Ich lerne selbsttätig.

So fordert der Gemeinsame Unterricht die Schaffung von Lernarrangements, die Raum und Zeit geben für diese individuellen Prozesse selbsttätigen Lernens.

Das, was in der Regelschule sich hartnäckig bis heute hält, gilt es hier (GU) erst recht aufzubrechen:
Nicht mehr alle machen gleichzeitig im Gleichschritt den gleichen Lernfortschritt, sondern individuelle Lernaktivitäten finden parallel in einer Klasse statt.

Lernen vertieft sich jedoch im Dialog zwischen den Individuen; dieses Lernen im Dialog mit anderen in die Verantwortung der Schüler zu geben, ist ein zentrales Anliegen des kooperativen Lernens.

Die Schüler kooperieren in einem interaktiven Austausch als Lehrende und Lernende miteinander, wechseln zwischen diesen Rollen hin und her.

Die Vermittlung methodischer Lerntechniken sowie fachlicher Kenntnisse wird verbunden mit dem Erlernen von Beziehungsformen zwischen Menschen.

Gemeint sind hier Formen
- des Miteinander-Kommunizierens,
- des Austauschs von Informationen, Erkenntnissen und Verfahrensweisen, aber auch von Gefühlen und Einstellungen,
- des Aushandelns von Regeln,
- des Kooperierens bei der Bewältigung gemeinsamer Aufgaben,
- des Streitens über unterschiedliche Grundeinstellungen und Sichtweisen sowie differente Interpretationen gleicher Sachverhalte,
- der Suche nach Lösungen für auftretende Spannungen und Konflikte.

Haltung statt Methode

Das kooperative Lernen, so wie wir es verstehen, ist keine Unterrichtsmethode, die neben anderen den Unterricht abwechslungsreich und motivierend gestalten will. Es stellt vielmehr die Grundstruktur von Lernarrangements dar, die stets darauf ausgerichtet sind, alle am Lernprozess beteiligten Lernenden in wirksamer Weise zu aktivieren.

Diese Lernarrangements spiegeln sich letztlich in einer Haltung wider, die zunächst jeden Lernenden bei seinen Vorkenntnissen „abholt", um ihn in einen aktiven Prozess mit großen Anteilen der Selbststeuerung einzubinden.

Schließlich nutzt das kooperative Lernen die Vielfalt der Lernvoraussetzungen und -interessen als Chance, in einem kooperativen Wechselspiel von Lernen und Lehren *einerseits* unterschiedliche Kenntnisse weiterzugeben bzw. aufzunehmen sowie *andererseits* durch gemeinsames Fragen und Forschen neue Erkenntnisse ertragreich zu erarbeiten.

Die Rolle der Lehrerin, des Lehrers ändert sich entscheidend:
Die Pädagogin/der Pädagoge schafft die Voraussetzungen, stellt ein Angebot bereit – sie/er „deckt den Tisch"; beobachtet, ob und wie das Denken in Gang kommt, wie der Austausch vor sich geht und stützt sensibel. Wie bei allen Gruppenprozessen hält sich die Pädagogin/der Pädagoge zurück. Kooperatives Lernen versteht sich nur in respektvollem Umgang miteinander.

Perspektiven:
Wir haben den Wunsch, dass das, was in anderen europäischen Ländern selbstverständlich ist, auch bei uns mehr Raum nimmt:
Dass man genauer den Blick auf das Kind richtet, dass man hinguckt, wie viel Förderung braucht denn dieses Kind, und wenn dieses Kind an dieser Stelle jetzt gerade Schwierigkeiten hat, dann braucht es eben möglichst früh eine bestimmte Form von Unterstützung. Bei uns ist ja immer alles von Oben organisiert, berechnet, verteilt. Damit kann man dem einzelnen Schüler, der einzelnen Schülerin nicht wirklich gerecht werden. In Finnland haben wir gelernt, dass man mehr schaut, was kann denn jetzt gerade dieser Schüler, wenn er bei uns anfängt; was bringt er mit? Die Unterstützung wird passgenauer, flexibel, undogmatisch nach den Bedürfnissen des Schülers/der Schülerin zugeschnitten.
In der Jenaplan-Schule in Jena haben wir erlebt, dass sich die Schüler/innen im 13. Jahrgang ohne die Lehrer aufs Abitur vorbereiten mussten. Das ist zukunftsfähig. Die Philosophie war: „Sie haben 12 Jahre gelernt, wenn sie es dann nicht können, dann ist es irgendwie nicht richtig gelaufen". Das bedeutet, dass die Schüler/innen bereits eine hohe Selbstständigkeit im selbstverantworteten Lernen haben. An der Stelle sind wir noch nicht.
Die Vision ist auch, dass wir die Lehrkompetenz unserer Jugendlichen, die wir zum Teil gar nicht wirklich fruchtbar werden lassen, stärker in den Blick nehmen und die Jugendlichen in der Oberstufe insgesamt mehr Eigenverantwortung im System übernehmen. Das wird schwer unter den heutigen gesellschaftlichen Bedingungen und den Verwaltungsvorschriften, unter denen heute die Oberstufenschülerinnen und -schüler in die gymnasiale Oberstufe eintreten – und in Zeiten des Zentralabiturs. Man kann soziales Engagement nicht verordnen, das muss man verabreden in einem schulischen Selbstverständnis; das muss sich aus der Schulgemeinde heraus entwickeln.

II. Überunterrichtliches Lernen

Hartwig Henke

Die „High Seas High School" – eine Schule auf dem Meer

Die Fridtjof Nansen, die Thor Heyerdahl oder die Johann Smidt sind Großsegler, die gleichzeitig eine Schule sind. Bis an ihre Grenzen kommen die Schülerinnen und Schüler auf der monatelangen Seefahrt über den Nordatlantik. Sie erfahren, was Verantwortung heißt und was „Aushalten" und was „Sich aufeinander verlassen können". Und sie lernen sich und fremde Länder und Menschen kennen: der Erwerb personaler, sozialer und fachlicher Kompetenzen. Eben weit mehr als nur ein Abenteuer mit Schule!

Abenteuer Seefahrt

„Man muss das Meer von allen Seiten kennen lernen!" Mit diesen Worten begrüßt uns Thor Heyerdahl beim Einlaufen in Santa Cruz des Tenerife. Noch oft müssen wir auf dieser Reise der „High Seas High School" an diese Begrüßung denken. Auf der Rückreise gerät der Dreimast-Toppsegelschoner „Thor Heyerdahl", das Schulschiff der „High Seas High School", wenige Tage hinter den Bermudas in ein schweres Sturmtief.
Die Ereignisse dieser Tage werden von Kapitän Detlef Soitzek im Schiffstagebuch wie folgt beschrieben: „Zwischen 3.00 Uhr und 8.00 Uhr morgens passieren uns Orkanböen bis Windstärke 12. An Bord ist alles fest verschalkt und gesichert. Alle Wachgänger sind mit Sicherheitsgurten ausgerüstet und überall an Deck sind Strecktaue gespannt. Auch die Rudergänge sind gesichert."
Es wird nicht viel gesprochen, aber vielsagende Blicke werden ausgetauscht. Wird das Schiff standhalten? Einen solchen Sturm hat dieser Großsegler noch nicht erlebt. Wer jetzt über Bord fällt, dem kann niemand helfen.

Vor sechs Monaten sind sie in Wilhelmshaven ausgelaufen: 27 Schülerinnen und Schüler deutscher Landerziehungsheime und staatlicher Gymnasien. Über die Kanarischen Inseln und Kapverdischen Inseln sind sie nach Brasilien in den Amazonas gesegelt und haben dort eine dreiwöchige Expedition in den Regenwald unternommen. Nach einem Zwischenstopp auf den Kleinen Antillen sind sie in Havanna eingelaufen und haben in einem landwirtschaftlich arbeitenden Internat gelebt, gearbeitet und Freundschaften geschlossen. Nun befinden sie sich mit der

„Thor", wie sie ihr Zuhause liebevoll nennen, auf der langersehnten Heimreise. Endlich, nach vier Tagen, lässt der Sturm nach. Das Schiff hat Stand gehalten. Am Sonnabend, dem 24. Mai 1997, wird auch diese Reise der HSHS erfolgreich und planmäßig in Kiel beendet. Erleichtert und bewegt nehmen die Eltern ihre Kinder in Empfang. Die Erleichterung des Kapitäns und des Schulleiters sind nur von eingeweihten Personen zu sehen oder zu spüren. Der Schlussgong der Messeglocke nach siebenmonatiger Reise beendet eine aufregende, erfahrungsreiche, aber auch gefährliche Reise. 12.500 Meilen liegen hinter uns, das schwülheiße Klima der Tropen und der Orkan des Nordatlantiks. Es ist alles gut gegangen und doch ...

Es bleiben besorgte und kritische Überlegungen – nicht nur zur vergangenen Reise, auch grundsätzlich zu unserer „Schule auf dem Meer". Die Risiken der Seefahrt sind nicht auszuschließen, das wurde uns auf dieser Reise besonders nachdrücklich demonstriert. Die Verantwortung für 27 Schülerinnen und Schüler lastet schwer auf Schiffsführung und Schulleitung.

Geht es gut, wirst du gefeiert, bist ein toller Kapitän oder mutiger Schulleiter. Aber was ist, wenn etwas passiert, wenn möglicherweise ein Schüler verletzt wird oder gar verloren geht? Dann wird es schnell heißen: Warum müssen die denn auch mit Jugendlichen über den Nordatlantik segeln?!

Sich bewähren an einem Lernort mit ungewöhnlichen Herausforderungen

Die Risiken und Probleme eines solchen Seetörns muss jeder für sich selbst einschätzen und sorgfältig abwägen. Jedoch ist für uns unbestritten, dass die Erfahrungen, die junge Erwachsene auf ihrer Fahrt ins Leben auf einer Segelschiffsreise über die Weltmeere sammeln können, so wertvoll und prägend sind, dass die bestehenden Risiken in Kauf genommen werden müssen.

Die Jugendlichen, die sich für die Schule auf dem Meer entscheiden, suchen neue Möglichkeiten und Herausforderungen. Sie wollen mehr als die herkömmliche Schule mit ihrem ritualisierten Unterricht, der Trennung von Leben und Lernen und das sie umgebende, geregelte Leben. Sie vermissen das Leben, in dem sie sich bewähren können, in dem sie etwas Neues erfahren, ernst genommen werden und mitgestalten können.

Aber was hat das alles mit Schule zu tun? Wo sind in diesem Lehrplan die Lernzieltaxonomien der gymnasialen Oberstufe erkennbar? Wo bleibt der wissenschaftspropädeutische Ansatz der Vermittlung von Grundbegriffen und –methoden aus Wissenschaftsdisziplinen?

Oberstufen- und Abiturprüfungsverordnungen definieren abgehoben von der Lebenswirklichkeit einen eindeutigen Primat kognitiven Lernens. Gleichzeitig schimmert aber an anderen Stellen in Verordnungen und Schulgesetzen die Erkenntnis durch, dass es eigentlich in der gymnasialen Oberstufe neben dem Erwerb fachlicher Kompetenzen auch um den Erwerb sozialer und personaler Kompetenzen gehen müsse. Eine in der regulären Schulwirklichkeit nicht aufzuhebende Diskrepanz zwischen Anspruch und Wirklichkeit. Im formalen Bildungswesen wird diese Bildung als Allgemeinbildung nicht anders verstanden als die Summe von Spezialwissen: Die immanente Logik von Fachdidaktiken reduziert und komprimiert den Stoff zu Fachdisziplinen, fernab komplexer Realität. Nun darf diese Kritik an fachdidaktischen Verengungen nicht automatisch mit dem Verzicht auf bestimmte ordnende Abfolgen von Lerninhalten auf systemisches Lernen gleichgesetzt werden. Jedoch ist es ein Unterschied, ob man von realen Lebenssituationen her denkt und ein darauf bezogenes Problemlösungsdenken entwickelt oder von einem Fachinhalt her nach übertragbaren Anwendungen sucht.

Unser Bildungsanspruch versteht Allgemeinbildung nicht als Summe von Spezialwissen und Spezialbildung als Kompetenz zur Lösung jeweils besonderer, realitätsbezogener Schlüsselprobleme. Bildung ist demnach eine Form von Weltverständnis!

Der Lehrplan der „High Seas High School", der Bordlehrplan, löst diesen Anspruch ein: Erwerb personaler und sozialer Kompetenzen bei gleichzeitigem Erwerb fachlicher Kompetenz. Reale Lebenssituationen werden zum Bezugspunkt der Lerninhalte: die gemeinsame, unverzichtbare Arbeit, unausweichliche Natursituationen, das Zusammenleben an Bord und die Inhalte verschiedener Schulfächer, die wieder in ihre ursprünglichen und konkreten Sinnzusammenhänge gestellt werden.

Der Bordlehrplan ist durch seine Orientierung am realen Leben, also eine in der Regel ungewöhnliche Art der didaktischen Auswahl und den ungewöhnlichen Lernort geprägt. Er ermöglicht ein Lernen, das von unmittelbarer Betroffenheit gelenkt wird. Es geht an Bord um mehr als um die Akkumulation von Fachwissen und die Fähigkeit, dieses anzuwenden. Gymnasiale Rahmenrichtlinien werden nicht überflüssig, aber sie werden nach anderen Auswahlkriterien, gewissermaßen als Steinbruch, benutzt. Unser Lehrplan „plündert" wissenschaftliche Wissensbestände, strukturiert sie neu, indem er sich an realen Lebenssituationen orientiert. Dieses Lernen im Lebens- und Erfahrungsraum Schiff ist nicht als Vorbereitung auf das traditionelle schulische Lernen anzusehen. Selbstverständlich ist Lernen aus Erfahrungen auch eine wichtige Voraussetzung für das schulische Lernen. Dennoch hat dieses Lernen an Bord und während der Expeditionen einen grundsätzlichen Eigenwert gegenüber dem schulischen Lernen. Hier steht das „Leben an sich" mit all seinen Herausforderungen und Verantwortungen, aber auch seiner Lust und seiner Lebendigkeit im Mittelpunkt. Lernen für und in Lebenssituationen meint auch immer Lernen in Handlungsfeldern. Traditionelle Funktions- und Rollentrennungen werden teilweise aufgehoben. Die Schülerinnen

und Schüler beteiligen sich verantwortlich an der Planung des pädagogischen Geschehens. Es entsteht ein verändertes Verhältnis von Lehrenden und Lernenden, abgebaut werden hierarchische Lehr- und Lernverhältnisse. Gleichzeitig werden aber strenge, von funktionaler Autorität begründete Hierarchien an Bord deutlich und anerkannt. Wenn wir also von einem „High Seas High School-Bordlehrplan" sprechen, ist damit ein umfassendes ganzheitliches Verständnis von Lernen gemeint.
Dennoch sollen sich die Schülerinnen und Schüler nach der Reise mit möglichst wenig Reibungsverlusten wieder in ihre Schule und den zum Abitur führenden Unterricht integrieren können. Dies hat auch in einigen Unterrichtsfächern formale Kompromisse zur Folge. Allen Schülerinnen und Schülern wird der Seetörn der „High Seas High School" als gymnasiale Schulzeit anerkannt.

Unterricht an Bord und an Land

Der Unterricht an Bord findet während der Wachzeiten der Schüler in Kleingruppen statt. Er unterscheidet sich vom herkömmlichen Unterricht vor allem durch seine unmittelbare Praxisnähe, gewissermaßen mit „Verwertungsorientierung", und er orientiert sich stark an den Interessen der teilnehmenden Schüler. Während der Zeit auf See ist der Unterricht vor allem an Themen orientiert, die mit dem Schiff, dem Wetter und dem Meer zu tun haben. Während längerer Aufenthalte gibt es andere thematische Gewichtungen.
Ein grundlegendes Prinzip der Unterrichtsarbeit an Bord ist, den Schülern die Möglichkeit zu geben, möglichst selbstständig zu lernen und zu arbeiten. Sie sollen für sich Lern- und Arbeitsmethoden entdecken und entwickeln, mit denen sie sich sowohl Fachwissen aus verschiedenen Themenbereichen und handwerkliche Fertigkeiten verschiedener Arbeitsbereiche aneignen können. Lehrer und Stammcrew stehen den Schülern dabei zur Seite, geben Hilfestellung, sind aber nie die alleinige Vermittlungsinstanz.
Im Bordunterricht lassen sich viele Schulfächer und Unterrichtsthemen wieder erkennen: Mathematik und Physik (Physik des Segelns, Navigation, Astronomie), Biologie und Erdkunde (Meeresbiologie, Meereskunde, Vulkanismus, Regenwald, Klima- und Vegetationszonen), Geschichte (Geschichte der Seefahrt, des Sklavenhandels, des Kolonialismus, Landesgeschichte), Deutsch (Literatur und Reisedokumentation), Spanisch und Englisch (Sprache, Literatur und Kultur) sowie Politik, Wirtschaft, Musik und Kunst.
Auf der Grundlage dieser Fächer und Themen bereiten die Schüler die Expeditionen vor und leiten sie in den Reiseländern auch weitgehend selbstständig. Sie verfassen zu den einzelnen Fachgebieten Referate, die sowohl der Bordgemeinschaft als auch während der Expeditionen vorgestellt werden. Gleichzeitig dokumentie-

ren sie den Reiseverlauf in Form eines Logbuchs und stellen diese Informationen je nach Reisefortschritt per Internet ihren Eltern, Schulen und anderen interessierten Personen zur Verfügung.

Während der Reise kann an Bord in einer Bibliothek mit den Schwerpunkten Fach- und Reiseliteratur sowie allgemeiner Literatur gearbeitet werden. Für die Meeresbiologie steht ein kleines Reiselabor zur Verfügung, um Unterrichtsmethoden kennen zu lernen und unmittelbar vor Ort durchführen zu können. Die Dokumentation von Wal- und Delfinbeobachtungen gehört ebenfalls zum Unterricht. Hochseefische werden geangelt und dienen der Erweiterung des Speiseplans. Im Bereich der Navigation lernen die Schüler sowohl Wetter- und Gesetzeskunde als auch terrestrische und astronomische Navigation. In einem weiteren, sehr sorgfältig vorbereiteten Schritt werden die Schüler angeleitet, das Schiff selbstständig zu führen und zu segeln. Hierfür müssen sie nicht nur das navigatorische und praktische Wissen aufweisen, sondern sich auch durch ein vorbildliches Verantwortungsbewusstsein auszeichnen. Die seemännische Ausbildung findet auch in den Zeiten der Wache statt. Die Schüler sind in drei Wachen eingeteilt, die das Schiff Tag und Nacht fahren. Die Arbeitszeit am Tag und in der Nacht umfasst also acht bis zehn Stunden. In der Wache lernen die Schüler zunächst das Schiff als Mitglied der Besatzung zu segeln. Die Durchführung von Segelmanövern bei Tag und Nacht sowie bei allen Wetterlagen, die Beherrschung aller Tampen, Ruder und ‚Ausguck gehen' sind die grundlegenden Fertigkeiten, die jeder Schüler beherrschen muss. Zum einen um ein vollwertiges Mitglied der Besatzung zu sein, zum anderen aber auch wegen der Sicherheit der gesamten Bordgemeinschaft.

Im Verlauf der Reise werden die Schüler im Bord- und Segelbetrieb immer selbstständiger und lernen das Schiff ohne Hilfe der Stammcrew zu fahren. Für manche Aufgabenbereiche gibt es so genannte Copi-Funktionen (von Copilot). Das bedeutet, dass Schüler schrittweise die Aufgaben der professionellen Stammbesatzung unter deren Anleitung übernehmen und schließlich eigenverantwortlich ausführen. Danach haben sie sich auch schon im Unterricht eingehend mit den seemännischen Arbeiten auseinandergesetzt.

„Der Weg ist das Ziel". Dies gilt auch für die „High Seas High School", da die meisten und nachhaltigsten Erfahrungen während des Bordalltags gewonnen werden. Allerdings lockt der Seetörn auch mit seinen Zielen wie den Anden, dem Amazonas, Mittelamerika oder der Karibik.

Es ist wichtig, dass sich lange Etappen auf See mit längeren Landaufenthalten abwechseln. Die Zeit auf See sollte mindestens vierzehn Tage umfassen, damit sich Bordroutine einstellen kann, die das Leben auf See bestimmt und darüber hinaus auch sinnvolle Unterrichtseinheiten ermöglicht. Die Landaufenthalte dauern in der Regel eine bis vier Wochen, um den Schülern das Erleben fremder Kulturen ohne Hast und drängende Termine zu ermöglichen. Der Verlauf der Reiseroute orientiert sich weitgehend an historischen Vorbildern wie Christoph Kolumbus und Alexander von Humboldt. Die Ziele der „High Seas High School" erfordern immer ein traditionelles Segelschiff.

Die High Seas High School – ein reformpädagogisches Projekt der Hermann Lietz Schule Spiekeroog

Wie hat das alles angefangen? Nicht mit einem Lehrplan, eher mit einer Vision, die wir, meine Frau Ute Hildebrand, unser Freund Detlef Soitzek und ich auf der „Thor Heyerdahl" hatten. Nach einem zweitägigen kräftigen Sturm im Skagerrak lagen wir, etwas gebeutelt aber zufrieden in den Schären vor Göteborg auf Reede. Mit Erstaunen und Hochachtung hatten wir die Belastbarkeit und Einsatzbereitschaft der Schülerinnen und Schüler in den hinter uns liegenden harten Tagen kennen gelernt. Es waren Schülerinnen und Schüler der Hermann Lietz Schule Spiekeroog, für die es seit mehreren Jahren eine gute Gewohnheit war, in der Nord- und Ostsee Seetörns von ein- bis zweiwöchiger Dauer auf der „Thor Heyerdahl" zu unternehmen.
Unsere Begeisterung war so groß, dass die Idee entstand, nicht nur für zwei Wochen mit den Jugendlichen auf dem Schiff zu segeln und zu leben, sondern „Schule" ein ganzes Jahr an Bord zu verlegen. Unsere Biographien erleichterten uns die Verwirklichung dieses Traumes. Detlef und ich sind sowohl seemännisch als auch pädagogisch ausgebildet. Ute hatte während ihres Studiums in den USA die Ausbildungsreisen von Studenten der Universität Yale auf Großseglern kennengelernt. Darüber hinaus haben wir alle drei dieselben pädagogischen Wurzeln: Die Hermann Lietz Schule Spiekeroog, die schließlich zur Trägerin der Idee und des Projekts der „High Seas High School" wurde, ist ein Landerziehungsheim, das sich den Idealen der klassischen Reformpädagogik verpflichtet fühlt. Dieses ganzheitliche Konzept bewertet die akademisch ausgerichtete Unterrichtsarbeit, die gemeinsame praktische Arbeit in Bereichen, die für die gesamte Schul- und Internatsgemeinschaft wichtig sind, und schließlich auch die hohen sozialen Ansprüche an das gemeinsame Leben im Internat als durchweg gleichrangig.
Die Seetörns mit der High Seas High School haben eine konzeptionelle Wurzel in der Erlebnispädagogik, besser: Abenteuerpädagogik Kurt Hahns. Auch dessen pädagogisches Wirken wurzelt in der Kritik am damaligen Schulsystem. Er hatte erkannt, dass sich Erziehung nicht nur im Vermitteln von Wissen erschöpfen darf, sondern dass der Persönlichkeitsbildung eine entscheidendere Bedeutung zukommen sollte. Der junge Mensch ist auf der Schwelle zum Erwachsensein „Outward-Bound", wie ein Schiff, das zu großer Fahrt ausgerüstet ist und auslaufen kann. Er soll auf ein aktives und verantwortungsbewusstes Leben vorbereitet werden – auf „seine Fahrt ins Leben", und das geht kaum irgendwo besser als auf dem Schiff. Hier erlebt er Herausforderungen, persönliche Grenzsituationen, muss sie aushal-

ten und sich darin bewähren, erfährt Bestätigung und das Gefühl, gebraucht zu werden.
Eine zweite Wurzel ist der Situationsansatz aus der Bildungs- und Curriculumstheorie Shaul B. Robinsohns. Er begreift Bildung als die Ausstattung zum „richtigen" und „wirksamen" Verhalten in der Welt. Robinsohn geht es um die Möglichkeit, neue und wechselnde Horizonte aufzunehmen, zu Bündnissen fähig zu sein, ohne Loyalitäten aufzugeben. Ihm geht es um die Fähigkeit, sich neuen Problemen zu stellen im Vertrauen auf neue Lösungen. Also insgesamt um eine gewinnende Lebenshaltung, für ihn gehören zum „richtigen" und „wirksamen" Verhalten in der Welt die Fähigkeit, in Situationen nicht nur zu bestehen, sondern sie auch zu gestalten.
Auf den Fahrten der „HSHS" geht es insofern um „Erziehung nicht für, sondern durch die See". Diese reformpädagogischen Ziele lassen sich durchaus mit den Zielen und Inhalten des gymnasialen Lehrplans verbinden, wenn der Bildungsauftrag von Schule wirklich ernst genommen wird: Der Primat des intellektuellen, des kognitiven und fachlichen Lernens muss abgelöst werden durch den Primat der umfassend verstandenen Persönlichkeitsbildung. Bei Joseph Conrad heißt es: „Das Schiff hinterlässt keine Spuren in der See, aber unendlich viele in deinem Herzen."

Bettina Karstens

GeoCaching mit Schülern – gemeinsam lernen, forschen, entdecken

„Wir verwenden milliardenschweres Equipment, um Tupperdosen im Wald zu suchen."
Sicher eine humorvolle Art, diese moderne Schnitzeljagd mit GPS-Geräten zu beschreiben, aber durchaus sehr zutreffend. Das „Global Positioning System" wurde von den USA zur weltweiten Positionsbestimmung mittels Satelliten entwickelt und ist seit Mai 2000 auch für die zivile Bevölkerung nutzbar. Die meisten Autofahrer haben inzwischen ein „Navi" im Auto, das sie mittels dieser Technik zum Ziel führt.
Bereits im Mai 2000 kam ein Amerikaner auf die Idee, einen Schatz zu verstecken und das Versteck mit Koordinaten anzugeben, so dass der Schatz mit Hilfe eines GPS-Gerätes gesucht werden konnte. Die Information zu diesem Schatz wurde per Internet verbreitet. Bald waren solche Schätze nicht nur in Amerika, sondern auch in Deutschland versteckt, weltweit gibt es inzwischen fast 1,3 Mio. versteckte GeoCaches. Das neue Hobby bekam den Namen GeoCaching (von griech. *geo* „Erde" und engl. *cache* „geheimes Lager", sprich: [‚ge:okɛʃɪŋ]) und fand schnell Anhänger in allen Altersklassen, so auch in der Schüler- und Lehrerschaft der Hermann Lietz-Schule Internat Schloß Hohenwehrda. Seit 2008 zieht eine Gruppe von 8-10 Schülern jede Woche los, um teils mit dem Kleinbus und zu Fuß, teils mit Fahrrad und Zug die Umgebung zu erforschen und die dort versteckten Schätze zu finden. Was fasziniert Schüler ebenso wie Lehrer an diesem Freizeitangebot?

GeoCaching Glossar

Das GeoCaching hat seine eigene Fachsprache entwickelt. Folgende Worte müssen Sie kennen, wenn Sie sich mit GeoCaching befassen:

Dose	Am Ziel der Schatzsuche befindet sich ein Behälter, oft eine Tupperdose, in der das Logbuch und verschiedene Tauschgegenstände sind. Der Behälter wird als „Dose", **„Schatz"** oder **„Cache"** bezeichnet.
Logbuch	Im Schatz befindet sich ein Büchlein oder eine Papierrolle, auf der der Finder sich mit Datum, Cachernamen und einem kurzen Kommentar einträgt – der Beweis, dass der Cache gefunden wurde.
Cachername	Jeder GeoCacher meldet sich auf der GeoCaching Webseite www.geocaching.com mit einem Pseudonym an, unter dem er dann auch seine Logeinträge in den Logbüchern der Caches ebenso wie im Internet macht. Die Schülergruppe der Hermann Lietz-Schule Schloß Hohenwehrda beispielsweise nennt sich die „Lietz-Cacher".
Tauschen	In vielen Caches befinden sich Spielzeug oder andere Dinge, die man eintauschen kann gegen einen mitgebrachten, gleichwertigen Gegenstand. Vor allem für Kinder ist dies ein großer Anreiz.
Found	Gefundene Caches werden im Internet als „found" eingetragen. Der Cacher schreibt einen kurzen Kommentar auf der Internetseite des Caches.
DNF	kurz für „did not find" – beschreibt Caches, die gesucht aber nicht gefunden wurden. Ach dies wird durch Logeintrag im Internet dokumentiert.
Tradi	ein traditioneller Cache, bei dem die Koordinaten des Verstecks direkt angegeben sind.
Multi	ein Cache mit verschiedenen Stationen ähnlich einer Schnitzeljagd, an deren Ende nach Abarbeiten mehrerer Stationen ein Schatz zu finden ist.
Mystery	ein Cache, bei dem erst ein Rätsel gelöst oder Fragen beantwortet werden müssen, wodurch man zu den Koordinaten kommt, an denen dann der Schatz versteckt ist.
Nano	Es gibt GeoCache-Behälter in verschiedenen Größen, von „Nano" (Größe einer Fingerkuppe) über **„Micro"**, **„Small"**, **„Regular"** bis hin zu **„Large"**, das kann ein 20 l Eimer sein.
Nachtcache	Dieser Multi kann nur im Dunkeln mit Taschenlampen angegangen werden, es müssen Reflektoren gefunden werden, die den Weg weisen.
Muggles	Nicht-Cacher werden als „Muggles" bezeichnet.

Neues Entdecken

Für jeden Cache gibt es eine Beschreibung, die kurz erklärt, warum hier ein Schatz versteckt wurde. So gibt es bei uns in der Umgebung z.B. eine Salzquelle zu entdecken, alte Bunker und Absperranlagen an der ehemaligen innerdeutschen Grenze, Burgruinen und vieles mehr. Gemeinsam machen wir uns auf den Weg, den beschriebenen Ort mittels unserer GPS-Geräte zu finden, zu erforschen und den dort versteckten Schatz zu finden. Auf dem Weg wird oft schon darüber diskutiert, was uns dort wohl erwartet. Es gibt Caches durch die Natur ebenso wie in Städten, vom schnellen Drive-in bis zu mehrstündigen Wanderungen oder auch Stadtführungen ist alles dabei.

Spannend wird es auch dadurch, dass auch ich als begleitende Lehrerin noch nicht an den Orten war. So sind die Schüler und ich alle auf der gleichen Seite: wir erforschen gemeinsam einen uns unbekannten Ort, entdecken Neues, stellen Fragen, auf die wir die Antworten manchmal auch erst nach unserer Rückkehr ins Internat finden können. Wir entdecken Tierspuren im Wald und versuchen sie zu interpretieren. Am Rande des Weges stehen Apfelbäume, da probieren wir mal die verschiedenen Sorten. Gerade für in der Stadt aufgewachsene Kinder ist die Fülle der essbaren Früchte in Wald und Feld immer wieder faszinierend. Woher kommen die ganzen Burgruinen hier in der Gegend? Woran kann man erkennen, dass sich unter diesen ringförmigen Hügeln eine alte Befestigungsanlage befindet? Welchen Sinn hat ein Bunker mitten im Wald? Wieso ist das Wasser dieser Quelle so salzig? Woran erkenne ich, was für ein Baum das ist? All diese Fragen tauchen beim GeoCaching auf. Die Schüler der GeoCaching-Gilde, wie die Nachmittagsaktivitäten in den Hermann Lietz-Schulen heißen, kennen die Umgebung mit ihren Geheimnissen, Schleichwegen, geschichtlichen und geographischen Besonderheiten weit besser als die meisten ihrer Mitschüler.

Aber auch beim Bergen von GeoCaching-Dosen kann Wissen hilfreich sein. Wie bekomme ich beispielsweise eine Dose aus einem Rohr, das fest im Boden verankert ist? Der Deckel der Dose ist von oben sichtbar, aber man kommt nicht dran. Inzwischen haben wir verschiedene Methoden kennengelernt: Man kann Wasser in das Rohr füllen, dann schwimmt die Dose irgendwann oben und kann entnommen werden. Oder man muss mit Hilfsmitteln der Umgebung eine Angel bauen, am Ende einen Haken oder vielleicht auch ein Stück Metall anbringen. Wer weiß, vielleicht ist im Deckel der Dose ein Magnet, so dass die Dose dann an der Angel hängt? Beim Bergen von Dosen aus ungewöhnlichen Verstecken werden die Schüler enorm kreativ und irgendwann halten wir dann immer den Schatz in Händen.

Natur erleben

Sicher haben die Schüler in der Schule schon mal die verschiedenen Baumarten kennengelernt. Auf der Suche nach einem Cache, der mit dem Hinweis „am Fuß einer Buche" versehen ist, taucht die Frage, woran man eine Buche erkennt, mit ganz neuer Relevanz auf. Wenn wir im Wald unterwegs sind, bestimmen wir inzwischen oft die Baumsorten um uns herum, denn die „alten Hasen" möchten den Neueinsteigern doch gerne zeigen, was sie alles wissen. Natürlich nutze ich als begleitender Erwachsener auch jede Gelegenheit, die Kinder auf Besonderheiten in der Natur aufmerksam zu machen. Hier eine kleines Erlebnis dazu:
Zwei Schüler waren mit mir unterwegs, um am Rande des kleinen Moors, das es in der Nähe unseres Internats gibt, einen Schatz zu verstecken. Auf dem Weg dorthin erklärte ich ihnen das Moor und an welchen Pflanzen man es erkennen kann. So richtig zugehört haben die Schüler jedoch nicht. Nun gut, das Moor war nicht tief, mehr als nasse Füße konnte es nicht geben. Damit konnte ich es verantworten, sie ihre eigenen Erfahrungen sammeln zu lassen. Es passierte, was passieren musste – einer steckte plötzlich bis zum Knöchel im Schlamm. „Jetzt verstehe ich, warum Sie uns was über Moorpflanzen erzählt haben!" so sein Kommentar. Danach hörten beide sehr aufmerksam zu und wollten alles über die Umgebung wissen. Stoßen wir jetzt beim Cachen auf moorige Gegenden, so bringt schnell einer der beiden sein Wissen bei den anderen Schülern an den Mann, unterstützt von einem lebhaften Bericht seiner eigenen Erfahrung. Vom Moor kommt man dann oft zum Thema „Moorleichen", das sich in der Nähe eines Moors ganz anders besprechen lässt als im Klassenzimmer.

Grenzen austesten

Wir nutzen zum Finden der Schätze die Fortbewegungsmittel, die uns zur Verfügung stehen. Soweit möglich erreichen wir unser Ziel zu Fuß oder mit den Fahrrädern. Dabei kann es durchaus an einem Nachmittag mal eine Runde von 20-30 km über Berg und Tal werden, eine Entfernung, die viele vorher noch nicht zurückgelegt haben. Manche Caches sind so versteckt, dass auch das Bergen eine sportliche oder technische Herausforderung darstellt. Mit Räuberleiter und Hilfe der Team-Mitglieder einen Baum erklimmen, um an die Dose zu kommen, oder in den kalten See springen, um die unter dem Steg versteckte Information zu finden, bringt manche an ihre Grenzen. Was traue ich mich? Was ist zu riskant? Wo verlasse ich mich lieber auf die anderen Team-Mitglieder? Wichtige Fragen und Erfahrungen, auch über das GeoCaching hinaus.

Gemeinschaft erleben

GeoCaching ist ein sehr verbindendes Gemeinschaftserlebnis. Wer häufiger dabei ist, weiß, dass jeder in der Gruppe gebraucht wird. Der eine fährt vielleicht langsamer Fahrrad, hat dafür aber immer gute Ideen, wenn eine Denkaufgabe zu lösen ist oder die gefundenen Antworten ausgewertet werden müssen. Einige können sehr gut mit den schuleigenen GPS-Geräten umgehen, andere wiederum haben ein gutes Gespür für mögliche Verstecke und entdecken Stationen oder auch die Schatzkiste binnen kurzem.

Aber nicht nur die gute Ergänzung im Team ist eine wichtige Gruppenerfahrung für die Schüler. Auf den Strecken zwischen den einzelnen Stationen eines Multi-Caches ist immer wieder Zeit zum Reden, was begeistert genutzt wird. Egal, ob wir gerade einem Waldweg folgen oder ob es quer durchs Dickicht geht, immer habe ich mindestens einen Schüler an meiner Seite, der die Gelegenheit nutzt, mir irgendetwas zu erzählen. Dabei ergeben sich oft persönliche Gespräche und es entsteht ein Zusammengehörigkeitsgefühl.

Ebenfalls sehr wichtig ist für die Schüler der Kontakt mit anderen GeoCachern. Als wir das erste Mal an einem GeoCacher-Event (=Treffen) teilgenommen haben, strahlten die Kinder, als sie mit „ach, Ihr seid die Lietz-Cacher! Schön, euch mal persönlich kennenzulernen!" begrüßt wurden. Zu merken, dass sie hier schon einen Bekanntheitsgrad hatten, war etwas Besonderes. Inzwischen treffen wir immer wieder mal andere Cacher und machen vor allem unsere Nacht-Caches gerne zusammen mit einer befreundeten Cacher-Familie, deren Kinder im Alter unserer Lietz-Cacher sind. Für die Internats-Kinder entsteht hier ein wichtiger Außenkontakt, da das Internat doch sonst eine in sich abgeschlossene Welt ist.

Kopfrechnen und andere Grundfertigkeiten

Bei Multi-Caches müssen an den einzelnen Stationen oft Informationen gesammelt werden, mittels derer dann die Koordinaten der nächsten Station berechnet werden müssen. Benötigt werden dabei die vier Grundrechenarten, die „Punkt-vor-Strichrechnung"-Regel und das Bilden von Quersummen. Weiterführende Mathematik wird eher selten gebraucht, aber mit diesen grundlegenden Rechenarten haben die Kinder manchmal schon ihre Schwierigkeiten, vor allem, wenn kein Handy-Taschenrechner zur Verfügung steht. So saßen wir einmal im Sonnenschein an einer Wegekreuzung und wiederholten die schriftliche Division. Die Aufgabe an der ersten Station lautete: „Der Cache startet hier. Ganz in der Nähe könnt ihr einen Bildstock sehen. Welche Jahreszahl ist daran zu erkennen? Diese Zahl ist A. Geht nun zu den folgenden Koordinaten: N 50° ((A/42)-3.001') E 009° 43.422' ..." Die Schüler, die die Division konnten, erklärten sie denen, die es vergessen hatten. Und als drei Gruppen dann endlich dasselbe Ergebnis raushatten, konnten wir unsere neuen Koordinaten in die GPS-Geräte eingeben und die nächste Station ansteuern. Manchmal müssen Wörter in Zahlen umgewandelt werden mittels einer einfachen alphabetischen Zuordnung (A=1, B=2, C=3, ...). Da zeigt sich schnell, wer das Alphabet wirklich beherrscht!

Umgang mit Technik

Natur, Bewegung und Technik sind zentral beim GeoCaching. Ohne GPS-Gerät kann man weder Caches legen noch finden. Beschreibungen von Caches werden über das Internet der Öffentlichkeit zugängig gemacht. Logeinträge zu allen gefundenen Caches müssen am Computer verfasst werden. Sicher gibt es Schüler, die genau der technische Anteil am GeoCaching fasziniert, andere wiederum werden dadurch an die Nutzung von Computern herangeführt. Einer meiner Schüler hat durch das Schreiben von Logeinträgen den Umgang mit Computer und Internet, typographische Grundregeln, zügiges Schreiben auf der Tastatur und auch das Schreiben kreativer und ausführlicher Logeinträge gelernt.

Raum für Kreativität

GeoCaches werden von GeoCachern versteckt, d.h. jeder, der selber Schätze sucht, kann auch welche verstecken. Dies machen wir in Hohenwehrda mit den Schülern in der Projektwoche. Das Schuljahr über suchen wir Caches in der Umgebung und kommen dabei immer wieder auf gute Einfälle für eigene Caches. Einige dieser Ideen können dann in der Projektwoche umgesetzt werden. Die Umsetzung erfordert handwerkliches Geschick. So haben z.B. zwei Schüler den Rest eines Baumstamms im Wald gefunden und wollten darin eine Cache-Dose verstecken. Mit Hilfe des Schreiners unserer Schule haben sie den Stamm zersägt und entkernt, damit die Dose dort rein passt. Die beiden Hälften wurden dann mittels eines Scharniers wieder zusammengefügt. Im Wald versteckt kommt noch etwas Laub über die Schnittstelle und der Baumstamm ist fast nicht mehr als Cache-Versteck zu erkennen. Nur der geübte Blick sieht, dass die Holzart dem Waldstück, in dem der bearbeitete Stamm jetzt liegt, fremd ist. Die Schüler waren zu Recht sehr stolz auf ihre Arbeit und ernteten viel Lob aus der Cacher-Gemeinschaft.

Aber auch in anderen Bereichen ist beim Legen eines eigenen Caches Einsatz gefragt. In der letzten Projektwoche erstellten wir den Team-Cache „Schaf entführt!". Die Idee entstand beim Auskundschaften der anvisierten Gegend. Der Cache sollte für Kinder interessant sein, also kamen unsere Stofftiere ins Spiel.

Brunhild, das Schaf, wurde vom bösen Wolf entführt und ihre Freunde machen sich auf die Suche nach ihr. Beim Picknick am Parkplatz haben sie zwei Hinweise gefunden, wo der Wolf mit Brunhild hin ist. Also teilen sie sich in zwei Gruppen: Team Kalle und Team Atlas. Die beiden Teams ziehen los und treffen unterwegs an den Stationen andere Tiere, die ihnen auf ihrer Suche weiterhelfen. Dabei stehen sie ganz zeitgemäß immer in Handykontakt, um ihre Suchaktion zu koordinieren.

Als Station fanden wir einen Raben im Baumarkt; beim Schulgärtner fand sich noch ein altes Vogelhaus; jemand hatte noch ein Holzpuzzle mit einem Bauernhof; einen großen Baumpilz hatten wir aus dem Wald mitgebracht – alles wurde präpariert, so dass es jetzt eine Station unseres Caches ist, die „Muggels" im Wald gar nicht wahrnehmen. Hinzu kamen noch verschiedene Rätsel und Aufgaben zum Errechnen der nächsten Koordinaten, bei deren Erstellung einige ihre Mathematiklehrer überrascht hätten. Für die Schatzkiste wurde noch eine Brunhild aus Moosgummi und Schafwolle gebastelt und ein Logbuch gestaltet. Jeder hat etwas beigesteuert, damit in der 2 ½ l Kiste was zum Tauschen ist. Auch Fotos von Brunhild, Atlas und ihren Freunden machten die Kinder, passend zu den jeweiligen Stationen. Ein kreatives Gesamtwerk, das schon vielen anderen Cachern Freude bereitet hat. Die Logeinträge der Finder zu lesen ist für die Kinder ermutigend, da ihre Arbeit sehr gelobt wird. Sie merken dadurch, dass das, was sie in der Projektwoche erstellt haben, auch über Hohenwehrda und über die Projektwoche hinaus interessant ist.

Auswirkungen auf den außerschulischen Bereich

Da GeoCaching nicht nur eine Erfindung der Hermann Lietz-Schule ist, sondern weit darüber hinaus geht, eröffnet sich den Schülern die Möglichkeit, auch zu Hause außerhalb der Schule z.B. mit ihren Familien nach GeoCaches zu suchen. Wir bieten den Familien unserer GeoCacher seit einiger Zeit an, im Anschluss an die Elternsprechtage mit uns GeoCachen zu gehen. GeoCaching ist ein Hobby für Menschen aller Altersgruppen und es gibt unter den GeoCachern auch sehr viele Familien. Einzelne unserer Schüler gehen inzwischen auch außerhalb des Internats auf die Suche nach GeoCaches. Eltern bietet sich hier die Möglichkeit, gemeinsam mit ihren Kindern Erfahrungen zu sammeln, die sie miteinander verbinden.

Marco Fileccia und Tina Dietrich

Schüler übernehmen Verantwortung als Medien-Scouts: von Peers zu Peers

Ein „Scout" ist im Englischen ein Aufklärer, ein Kundschafter, ein Späher oder auch ein Pfadfinder. In der Pädagogik hat sich dieser Begriff durchgesetzt für einen Ansatz, bei dem Kinder und Jugendliche Gleichaltrige bei sensiblen Themen wie Verhütung, Alkoholmissbrauch oder gesunde Ernährung „aufklären". Dabei ist die „peer-Education" viel mehr als bloße Aufklärung: Sie beruht auf dem Prinzip: „peer educators are seen as 'opinion leaders' – respected and admired by other members of the community. These opinion leaders espouse a certain lifestyle (such as safer sex, or not smoking, etc) – and their peers wish to emulate them."(Kelly, 2004)
Eine solche „peer-Education" wird bereits in der Gesundheitsvorsorge, vor allem bei der AIDS-Aufklärung und in der Suchtprävention in einigen Ländern (vor allem Großbritannien und U.S.A.) erfolgreich eingesetzt. Eine Untersuchung der Effektivität dieses Ansatzes legte Denise Kempen 2007 in der Studie „Aufklärung von Gleich zu Gleich: peer-Education in der Suchtprävention" (Kempen, 2007) vor. Sie kommt für die Suchtpräsenvention zu dem Schluss, „dass Jugendliche vermehrt durch partizipative und fördernde Strukturen nach dem peer-to-peer-Prinzip zu stärken sind. Sie werden motiviert, ihre persönlichen Ressourcen, Kompetenzen und Möglichkeiten zu stärken und ihre Drogenprobleme aus eigenem Antrieb und eigener Kraft zu bewältigen." (ebd.). Bei den „peers" handelt es sich, anders als bei klassischer Aufklärung durch Lehrpersonen, um gleichrangige oder ebenbürtige Personen. Unter einer Peer-Beziehung versteht man das „Treffen unter Gleichen" (Mahlmann/Schindelhauer 2009).
Gute Gründe also, diese Idee auf andere Lebensbereiche auszuweiten, die im Verdacht stehen, gefährlich, riskant oder entwicklungsbeeinträchtigend zu sein. Erwachsenen fallen dabei sofort die digitalen Medien ein, allen voran das Internet, Handy und Computerspiele. Diese sind so selbstverständlich, dass in der repräsentativen JIM-Studie 2010 (JIM = Jugend – Information – (Multi) Media) des Medienpädagogischen Forschungsverbund Südwest (mpfs) eine Nutzungsfrequenz von über 90 Prozent für eine tägliche/mehrmals pro Woche Nutzung des Internets bei Jugendlichen im Alter zwischen 12 und 19 Jahren ermittelt wurde. Die Zahlen beim Handy-Besitz sind noch höher: 97 Prozent und damit fast alle

unserer Jugendlichen besitzen ein eigenes Handy. Etwas anders sieht es bei Computerspielen aus: „Markante Unterschiede in der Mediennutzung von Jungen und Mädchen zeigen sich beim Thema „Computerspiele": Hier zählt mehr als jeder zweite Junge zu den regelmäßigen Spielern, aber nur 14 Prozent der Mädchen." (JIM-Studie 2010).
Die Jugendlichen in der zweiten Dekade des 21. Jahrhunderts sind Medienkinder.
Und manchmal möchte man auch als Pädagoge ausrufen: Und das ist gut so! denn Teilhabe, Bildungschancen und auch Demokratielernen können mit modernen Medien in nie gekannter Weise vermittelt werden, von den Anforderungen in der Berufswelt oder von persönlichen Gründen wie Spaß, Entspannung und Kommunikation ganz zu schweigen. Doch manche dieser Punkte auf der Haben-Seite digitaler Medien sind teuer erkauft und nicht alle Jugendlichen können sicher, souverän und selbstbestimmt damit umgehen. Zu den Herausforderungen zählen sicherlich folgende Stichworte, die als solche an dieser Stelle nicht weiter erläutert werden können: Datenschutz, Persönlichkeitsrechte, Urheberrecht, Cyber-Mobbing, Suchtgefahr, Werbung, Manipulationen, Glaubwürdigkeit von Quellen und einige andere.
Die Antwort darauf lautet: Medienkompetenz, hier vermittelt durch „peers".
Für die Medienpädagogik ist die Idee, Kinder und Jugendliche vermehrt als Experten und Entscheidungsträger in eigener Sache zu machen und Wissen und Überzeugungen an Gleichaltrige zu kommunizieren, allerdings relativ neu. Die Landesanstalt für Medien in Nordrhein-Westfalen hat ein entsprechendes Pilotprojekt unter dem Titel „Medienpädagogische peer-to-peer-Ansätze: Medienscouts – junge Nutzer für junge Nutzer" an die Universität Duisburg und Marco Fileccia vergeben (LfM 2010). Darin werden im Jahre 2011 an zehn Schulen exemplarisch die Ausbildung von Medienscouts erprobt und evaluiert. Zentrales Element wird eine parallele Fortbildung der Lehrerinnen und Lehrer zu „Beratungslehrer Medien" sein. Mit dem Projekt „schülerVZ-Scouts" (VZ = www.schuelerVZ.net) am Elsa-Brändström-Gymnasium in Oberhausen existiert bereits seit Anfang 2010 ein Ansatz Formen der peer-to-peer-Education in der Vermittlung von Medienkompetenz in der Schule zu etablieren (Fileccia & Dietrich, 2010).
Am Elsa-Brändström-Gymnasium, das eine lange Tradition in der Umsetzung des selbstständigen Lernens im Sinne einer Montessori-Pädagogik hat, konnten sich – selbstverständlich freiwillig – 20 Schülerinnen und Schüler der Klassen 8 und 9 zu „schülerVZ-Scouts" ausbilden lassen, um ihre Mitschülerinnen und Mitschüler bei der Nutzung so genannter „Social Communities" (auch Social Networks oder Soziale Netzwerke genannt) mit Rat und Tat zur Seite zu stehen. Dabei opferten sie viel Freizeit, denn die Ausbildung durch eigene Erarbeitungen und externe Experten fand in der Regel am Nachmittag statt. Hier ein kurzer Abriss der Ausbildung:

1. Ausbildungsmodul: Funktionen in schülerVZ
Zunächst waren die Allgemeinen Geschäftsbedingungen von schülerVZ Thema der ersten Sitzung. In Gruppen bearbeiteten die Schülerinnen und Schüler einen Teil der Allgemeinen Geschäftsbedingungen (AGB). Im Anschluss an die Erarbeitungs- und Präsentationsphase wurden die wesentlichen Punkte der AGBs zusammengefasst und eine Übersicht erstellt. Im zweiten Teil des 1. Ausbildungsmoduls stand die Datenschutzerklärung von schülerVZ im Mittelpunkt. Nach der Klärung, was die Scouts unter „Persönlichen Daten" verstehen, bekamen die Schülerinnen und Schüler zwei fiktive Profile aus dem schülerVZ. Mithilfe dieser sollten die Scouts erkennen, welche Daten „o.k." sind, welche Angaben lieber „privat" gestellt und welche „nicht veröffentlicht" werden sollten.

2. Ausbildungsmodul: Der schülerVZ-Tag (schülerVZ macht Schule)
Das Elsa-Brändström-Gymnasium in Oberhausen wurde als Pilotschule für das Projekt „schülerVZ macht Schule" ausgewählt. Drei Mitarbeiter der Social Community schülerVZ kamen aus diesem Anlass nach Oberhausen und betreuten einen Tag lang die angehenden schülerVZ-Scouts, eine 6. Klasse und boten eine Infoveranstaltung für interessierte Eltern an.

3. Ausbildungsmodul: Fallbeispiele und Übungen mit Rollenspielen
Zunächst sollten die Scouts einige Vorbereitungen zum Rollenspiel treffen. Hierbei ging es vor allem darum, wo und wann die Handlung spielt, was Thema des Konflikts ist und die Aufteilung der Rollen. Die Durchführung des Spiels durfte nicht länger als zehn Minuten dauern. Die Beobachter sollten sich Notizen zu den einzelnen Rollen und zu deren Verhalten machen.
Im Anschluss wurde über das Rollenspiel unter Beachtung der folgenden Punkte gesprochen: Welche Gefühle hattest du während des Spiels? (Schauspieler) und wie realistisch war das Spiel? (Beobachter). Die Scouts haben an dieser Stelle sehr gut reflektiert und sich gegenseitig konstruktive Kritik gegeben. Besonderes Augenmerk wurde auch auf die inhaltliche Auswertung gelegt.

4. Ausbildungsmodul: Soziale Kompetenzen/Streitschlichtung (Kooperation mit der Polizei)
Innerhalb dieses Ausbildungsmoduls sollten die sozialen Kompetenzen der Scouts gefördert werden. Dazu haben die Schülerinnen und Schüler, die aktiv am Streitschlichterprojekt am Elsa-Brändström-Gymnasium teilnehmen, von ihren Erfahrungen im Bereich Streitschlichtung berichtet. Um die soziale Kompetenz der schülerVZ-Scouts weiter zu fördern, wurde ein Polizist des Kommissariats Vorbeugung der Polizei Oberhausen zu diesem Ausbildungsmodul eingeladen. Er stellte den Schülerinnen und Schüler sehr anschaulich dar, was sich im Laufe seines Lebens alles geändert hat und inwiefern viele Sachen digitalisiert wurden

(z.B. Mobbing findet jetzt nicht mehr nur auf dem Schulhof statt, sondern auch über das Internet).

5. Ausbildungsmodul: Zukunftswerkstatt zur konkreten Umsetzung des Projekts in der Schule

Die Methode „Zukunftswerkstatt" ermöglicht den Scouts Kritik an der momentanen Lage zu üben und ihre utopischen beziehungsweise fantasievollen Vorstellungen zu äußern, um anschließend die konkrete Verwirklichung des Projekts gemeinsam zu entwickeln.

Ein „Scout" übernimmt Verantwortung. Denn er ist nun zwar immer noch gleichrangig, ein „peer" eben, aber mit einem Wissensvorsprung und mit gut durchdachten Überzeugungen, die ihn (hoffentlich) zu einem „opinion leader" (s.o.) machen. Daraus erwächst die Verantwortung. Und diese Verantwortung ist nötig und sinnvoll. Nötig, weil bspw. bei einer Umfrage im März 2010 unter knapp 100 Schülerinnen und Schülern der 6. Klassen am Oberhausener Gymnasium über 40 Prozent angaben, bereits Probleme im schülerVZ gehabt zu haben. Sinnvoll, weil bei gleicher Umfrage fast alle die Einrichtung von schülerVZ-Scouts begrüßten und nur 15 Prozent angaben, sich bei Problemen lieber an Lehrerinnen und Lehrer zu wenden.

Die konkrete Organisation eines Peer-Beratungsangebots im Schulalltag ist schwierig. Die schülerVZ-Scouts am Elsa organisieren zu Beginn des zweiten Schulhalbjahrs jeweils einen Termin in allen 6. Klassen für drei Unterrichtsstunden (à 45 Minuten). Damit der Unterrichtsausfall für die Scouts nicht zu groß wird (bei fünf Klassen mit je drei Unterrichtsstunden), teilt sich die Gruppe auf, so dass jeder Scout maximal zwei Termine wahrnehmen muss/darf/soll. In dieser Zeit findet eine Informationsveranstaltung statt, deren Inhalte und Struktur die Schülerinnen und Schüler selbst entwickelt haben:

- Einstieg über ein Plakat-Beispiel. Die Mit-Schülerinnen und -Schüler werden nach einer kurzen Vorstellung aufgefordert, ein Plakat mit persönlichen Daten (wie Name, Adresse, Hobbies etc.) zu erstellen, damit man sich besser kennenlernt. Während dieser Zeit gehen Scouts herum und fotografieren Porträts (und drucken sie aus), die auf die Plakate geklebt werden können. Nach etwa 15 Minuten fordern die Scouts dazu auf, den Klassenraum mitsamt Plakat zu verlassen und an den Zaun des Schulgeländes mitzukommen. Dort wird gefragt, wer sein Plakat denn nun dort aufhängen möchte. Dieser Einstieg führt sofort zur Problematik, wer welche Daten eines Profils in Social Communities sehen kann und sehen sollte. Und wie man diese Öffentlichkeit am besten verhindert!
- Erarbeitung im Stationenlernen (im strengen methodischen Sinne ein Lernzirkel, weil *alle* Stationen besucht werden müssen). Die Scouts teilen die 6. Klasse per Zufall in fünf Gruppen ein. Die Stationen sind jeweils mit Scouts besetzt, die für ca. 15 Minuten in der Kleingruppe mit Beispielen und Übungen zu fol-

genden Themen arbeiten: 1. Einstellungen im schülerVZ/2. Die Allgemeinen Geschäftsbedingungen von schülerVZ/3. Urheberrecht und Recht am eigenen Bild/4. Datenschutz/5. Cyber-Mobbing
- Rollenspiel. Zum Schluss organisieren die Scouts ein Rollenspiel, in dem sie eine Situation vorgeben, in der eine Schülerin das Passwort der besten Freundin missbraucht hat, der Hintergrund ist eine enttäuschte Liebesgeschichte. Die Schülerinnen und Schüler bereiten sich in Gruppen auf ihre Rollen vor und spielen anschließend das Rollenspiel, das von einem Scout moderiert wird.
- Diskussion und Evaluation. Nach den viel zu kurzen drei Stunden können die Schülerinnen/Schüler der Klasse 6 noch weitere Fragen stellen und diskutieren. Zur Evaluation haben die Scouts einen kurzen Feedback-Bogen entwickelt, den sie austeilen und später auswerten.

Sehr viel schwieriger und aufwändiger ist ein kontinuierliches Beratungsangebot in der Schule. Hier dient als Vorlage das Konzept der „Streitschlichter", die in bestimmten Pausen einen eigenen Raum, ein „Büro" besetzen und dort für die Mitschülerinnen und Mitschüler zu finden sind. Festgelegte Sprechzeiten (bspw. jede zweite große Pause, jeden Dienstag und Donnerstag o.ä.) sind wichtig, aber manchmal mit Nachteilen verbunden. So verzichten die Scouts auf ihre eigene Pause und riskieren es, nach einem Beratungsgespräch zu spät in den folgenden Unterricht zu kommen. Zuverlässigkeit ist für ein solches Angebot unabdingbar und die Schülerinnen und Schüler müssen sich selbst einen strengen Verteilungsplan geben, wer wann „Dienst" hat.

Als einfacher und effizienter hat sich das Online-Beratungsangebot erwiesen. Die schülerVZ-Scouts am Elsa sind per E-Mail und über ein eigenes Profil bei schülerVZ (ein so genanntes „Edel-Profil", das Ihnen kostenlos von der Firma VZ-Netzwerke Ltd. zu diesem Zweck zur Verfügung gestellt wurde) erreichbar. Da die tägliche Online-Nutzung ohnehin selbstverständlicher Teil im Alltag der Jugendlichen ist, bedeutet es keine große Mühe, auf diesem Wege Anfragen zu lesen und zu beantworten. Hier gilt es allerdings den Datenschutz zu wahren, denn im strengen Sinne fallen Nachrichten (per E-Mail bzw. Nachrichten-Funktion in Social Communities) unter das Briefgeheimnis. So dürfen Nachrichten, die persönlich an bestimmte Scouts gesendet werden, nicht von den anderen gelesen werden. Hier hilft es, einen „allgemeinen" Ansprechpartner, nämlich die „sVZ-Scouts" bekanntzugeben statt der einzelnen Personen. Auch für die Fragesteller hat diese Form Vorteile, denn die Hemmschwelle bei unangenehmen, „peinlichen" Dingen ist niedriger.

Auch wenn zuvor die Schülerinnen und Schüler als „peers" stets im Vordergrund standen (und auch stehen sollen), so sind doch auch die Lehrerinnen/Lehrer, Schulsozialarbeiter/-innen oder andere betreuende Pädagogen gefragt. Denn sie müssen die Jugendlichen befähigen, die Verantwortung auch tragen zu können.

Dazu gehört in erster Linie eine fundierte Ausbildung, die Aspekte wie Soziales Lernen, Konfliktmanagement, Peer-Beratung, Gesprächsführung umfassen sollte. Und in zweiter Linie das Angebot, sich jederzeit mit Problemen und Fragen Hilfe beim „Beratungslehrer" oder untereinander holen zu können. So organisieren die schülerVZ-Scouts regelmäßige Treffen, in denen nicht nur gearbeitet, sondern auch manchmal gefeiert wird, beim gemeinsamen Bowling beispielsweise.
Oben steht eine Erklärung von KELLY, warum eine „peer-Education" funktioniert: „peer educators are seen as 'opinion leaders' – respected and admired by other members of the community. These opinion leaders espouse a certain lifestyle (such as safer sex, or not smoking, etc) – and their peers wish to emulate them." Und dies funktioniert auch bei Medien-Scouts. Zuallererst haben viele der Scouts noch während der Ausbildung ihr eigenes Medienverhalten überdacht und ihre Profile im schülerVZ (Bilder und persönliche Daten herausgenommen, die Einstellungen zum Schutz geändert u.v.a.) oder auch ihr Verhalten in der Kommunikation geändert. Dadurch werden sie bestenfalls „Meinungsführer" und zeigen den anderen durch ihr Vorbild, wie es auch gehen könnte. Und es gibt noch einen spezifischen Vorteil, der mit der Dynamik der digitalen Medien, der technischen Entwicklung zusammenhängt: Neue Anwendungen, Geräte etc. können in einer peer-to-peer-Education schneller berücksichtigt werden. Die Jugendlichen wissen meist sofort, was es Neues auf dem Markt der Unterhaltungselektronik, in der Kommunikation und ansonsten im Netz gibt.
Am Elsa-Brändström-Gymnasium (und wahrscheinlich überall) machen das Verhalten und die Meinung eines 14-Jährigens starken Eindruck auf einen 12-Jährigen. Im Guten wie im Schlechten, hier im Guten. Sie sprechen die gleiche Sprache, haben ähnliche Probleme und sind anerkannt als Vorbilder und manchmal schneller akzeptiert als Vertrauenspersonen. Ein gravierender Unterschied zu Erwachsenen.

> Das Projekt „schülerVZ-Scouts" des Elsa-Brändström-Gymnasiums ist aus insgesamt 200 Einsendungen 1. Preisträger des Preises „Wege ins Netz 2010" des Bundeswirtschaftsministeriums in der Kategorie „Soziale Netzwerke". "Wege ins Netz 2010" zeichnete Projekte, Initiativen und Websites aus, bei denen die Vermittlung der sicheren Internetnutzung für Menschen mit keinen oder geringen Kenntnissen im Mittelpunkt standen. In der Jury waren vertreten: Initiative D21 e.V., Deutsche Telekom, Deutschlandfunk, Deutscher Volkshochschul-Verband e.V., Bundesarbeitsgemeinschaft der Freien Wohlfahrtspflege, BITKOM, Bundesverband Digitale Wirtschaft (BVDW), Aktion Mensch und Türkische Gemeinde in Deutschland e.V.

Das Projekt ist von Bundesbildungsministerin Prof. Dr. Annette Schavan beim bundesweiten Wettbewerb „Ideen für die Bildungspolitik" als eine von 52 „Bildungsideen 2011/2011" ausgewählt.

Literatur

Aufenanger, S. (2003): Medienkompetenz und Medienbildung. ajs-Informationen, 1, S. 4-8.

Fileccia, M. (2010) „Die Faust aus dem Netz" in „Praxis Politik, Juni, Ausgabe 3, 2010 im Westermann-Verlag, Ausgabe „Stationenlernen".

Fileccia, M. und Dietrich, T. (2010): „Schüler-VZ-Scouts – ein peer-to-peer-Ansatz" im Dossier vom 4.5.2010 zur Medienbildung auf mekonet: http://www.mekonet.de/t3/index.php?id=44&tx_ttnews[tt_news]=763&tx_ttnew s[backPid]=41&cHash=b3882e0bc2

Fileccia, M. (2010): „Die Grundrechte auf spickmich.de – ein Unterrichtsprojekt über Sinn und Unsinn öffentlicher Lehrerbeurteilungen" in „Recht&Bildung", Informationsschrift Recht und Bildung des Instituts für Bildungsforschung und Bildungsrecht, März 2010, Jahrgang 7, Schwerpunkt-Heft „Lehrerkritik im Internet".

Fileccia, M. (2007): Mediennächte in der Schule. In: Luca, R./Aufenanger, S. (Hrsg.): Geschlechtersensible Medienkompetenzförderung. Schriftenreihe Medienforschung der LfM. Band 58. Düsseldorf 2007. S. 154ff.

Heinen, R. (2010): Nachhaltige Integration digitaler Medien in Schulen aus Sicht der Educational Governance. In: U. Schroeder (Hrsg.), Interaktive Kulturen-Workshop-Band, S. 231-238. Berlin: Logos Verlag.

Kelly, J. A. (2004): Popular opinion leaders and HIV prevention peer education: resolving discrepant findings, and implications for the development of effective community programmes. AIDS care, 16(2), S. 139-150.

Kempen, D. (2007): Aufklärung von Gleich zu Gleich: Peer-Education in der Suchtprävention. Marburg: Tectum-Verlag.

Landesanstalt für Medien (LfM) NRW, Pressemeldung vom 17. Dezember 2010, entnommen: http://www.lfm-nrw.de/aktuell/pressemitteilungen/pressemitteilungen-detail/article/medienkommissionssitzung-vom-17-dezember-2010.html

Mahlmann, P./Schindelhauer, C.: Peer-to-Peer-Netzwerke. Algorithmen und Methoden, S. 6.

Medienpädagogischer Forschungsverbund Südwest. (2009). JIM-Studie 2009 – Jugend, Information, (Multi-)Media. Basisuntersuchung zum Medienumgang. Abgerufen von http://www.mpfs.de/fileadmin/JIM-pdf09/JIM-Studie2009.pdf

Morgan, D. L. (1997): Focus groups as qualitative research. Sage Publications, Inc.

Medienpädagogischer Forschungsverbund Südwest. (1999): KIM-Studie 1999 – Basisuntersuchung zum Medienumgang 6- bis 13-Jähriger in Deutschland. Abgerufen von http://www.mpfs.de/fileadmin/Studien/KIM99.pdf

Schoder, D./Fischbach, K./Teichmann R.: Peer-to-Peer. Ökonomische, technologische und juristische Perspektiven, S. 5.

Westrup, D./Vervenne, M./Kerres, M. (2010): Die Implementierung des SCORM Standards und dessen Implikationen für zukünftige Lehr-/Lernszenarien auf Basis von Drupal. In: U. Schroeder (Hrsg.), Interaktive Kulturen – Workshop – Band, S. 275-280. Berlin: Logos Verlag.

Jörg Allhoff

„Plötzlich ist er ein ganz anderer Schüler"
Außerschulische Lernorte – die indirekten Erzieher

Bisweilen lassen sich durch außerschulische Lernorte Fähigkeiten und Qualitäten bei Schülerinnen und Schülern freilegen, für die im normalen Unterricht der situative Kontext fehlt, sei es im Bereich Disziplin, Zuverlässigkeit, Durchhaltevermögen, fachliches und soziales Engagement, Leistungsbereitschaft, Selbstständigkeit und Lernen im Team, Kreativität und Konfliktbewältigung. Außerschulische Lernorte können eine Ergänzung oder ein Ersatz für den herkömmlichen Unterricht sein. Oft stellen die dort gemachten Erfahrungen eine wichtige Bereicherung der facettenreichen und individuellen Persönlichkeit unserer Schülerinnen und Schüler dar.

„Ich habe immer mehr das Gefühl, dass uns noch eine tolle Zeit dort erwartet." Yen, Schülerin der Klasse 10, in ihrem Berichtsheft über ihr außerschulisches Projekt am Theater Oberhausen. „Schule ist öde. Der Unterricht ist langweilig. Gibt es keine interessanteren Themen? Warum muss ich das lernen? Was soll ich damit anfangen?" Aussagen und Fragen, die jede Lehrerin und jeder Lehrer schon von seinen Schülerinnen und Schülern gehört hat. Gerade „auffällige" Schülerinnen und Schüler stellen sie. „Auffällig", weil sie leistungsstark und unterfordert sind, weil ihr Schulfrust sich in ihrem Verhalten gegenüber Mitschülerinnen und Mitschülern, Lehrerinnen und Lehrern oder der Institution Schule manifestiert, weil sie ihre Lehrerinnen und Lehrer und ihre Eltern immer wieder nerven. Auffällig aber auch, weil sich diese Schülerinnen und Schüler oft ganz anders verhalten, wenn sie den Unterrichtsort Klassenzimmer oder Fachraum verlassen und sich an einem anderen Lernort befinden.

Es ist leider immer noch Alltag, dass außerschulische Lernorte relativ selten aufgesucht werden. Da gibt es die fachgebundene Exkursion in den Wald, ins Museum, ins Theater oder Kino, in die Eislaufhalle, die aber meistens im üblichen Klassenverband mit der jeweiligen Fachlehrerin oder dem jeweiligen Fachlehrer stattfinden und so den Schülerinnen und Schülern wenig Möglichkeiten bieten, individuell andere Seiten, Stärken, Verhaltensweisen an sich zu entdecken.

Im Folgenden werden einige Beispiele von Schülerinnen und Schülern des Elsa-Brändström-Gymnasiums Oberhausen (ELSA) vorgestellt, die ihren „Unterricht" als Projekt an einem außerschulischen Lernort verbracht haben. Es handelt sich um Fallbeispiele, die jedoch die Frage aufwerfen, welche Rolle außerschulische Lernorte für die Persönlichkeitsentwicklung von Schülerinnen und Schülern spielen (können).

Berufspraktikum

Wie an vielen Sekundarschulen leisten auch die Schülerinnen und Schüler des ELSA in der Jahrgangsstufe 9 ein Berufspraktikum ab. Die Schülerinnen und Schüler werden während des Praktikums von einem Lehrer oder einer Lehrerin besucht und bei einigen Schülerinnen und Schülern erleben die Lehrerinnen und Lehrer so manche Überraschung.
Schülerinnen und Schüler, die in der Schule eher durch ihr extremes Outfit auffallen, passen sich den Gegebenheiten des Praktikumbetriebes an – insbesondere, wenn sie es an ihrem Praktikumplatz mit Kunden zu tun haben – und erscheinen plötzlich in ungewohnter, aber angemessener Kleidung. So manche Lehrerin und mancher Lehrer hat sich schon zu der Bemerkung hinreißen lassen, von wem sich der Schüler denn die Krawatte ausgeliehen hätte.
Auch offenbart so manche Schülerin und mancher Schüler im Gespräch am Arbeitsplatz Umgangsformen, die die Lehrerinnen und Lehrer in der Schule oft vermissen. Zu Aha-Erlebnissen für Lehrerinnen und Lehrer, aber auch für die Schülerinnen und Schüler kommt es bisweilen bei der Auswertung der Fragebögen an die Betriebe über das Arbeits- und Sozialverhalten der Praktikanten. Hier wird so manche Eigenschaft oder Fertigkeit positiv hervorgehoben, die die Schülerin oder der Schüler in der Schule (noch) nicht offenbarte oder offenbaren konnte, da offensichtlich der entsprechende situative Kontext fehlte. Da die Schülerinnen und Schüler den inhaltlich gleichen Fragebogen als Selbstbeurteilung ausfüllen, ergibt der Vergleich mit der Fremdbeurteilung durch die betrieblichen Betreuer nicht nur für die Schülerinnen und Schüler manch interessante Aussage über die Persönlichkeit der Praktikanten. Deutliche Unterschiede zwischen der Fremd- und der Selbstwahrnehmung hat schon bei mancher Schülerin und manchem Schüler zu einer Korrektur ihrer bzw. seiner Selbstwahrnehmung geführt. Positive Reaktionen auf Verhaltensweisen, die die Schülerinnen und Schüler in der Schule seltener an den Tag legen, führen oft dazu, dass diese Verhaltensweisen anschließend auch in der Schule „praktiziert" werden.

Projekt Kaisergarten

Im Projekt Kaisergarten betreuen bis zu 15 Schülerinnen und Schüler der Jahrgangsstufen 8 und 9 für mehrere Monate einen Schulgarten. Geleitet wird dieses Projekt ehrenamtlich von einer schulexternen Agraringenieurin und einem Biologielehrer. Anstelle der vier Stunden schulischer Projektarbeit, die am ELSA als fester Bestandteil des Stundenplans im Rahmen des offenen Unterrichts vorgesehen sind, arbeiten die Schülerinnen und Schüler im Rahmen dieses Projektes jeden Mittwoch Nachmittag für vier Unterrichtsstunden im Schulgarten. Neben der Pflege eines ökologisch angelegten Schulgartens mit Nutz- und Zierflächen finden in jeder Projektgruppe zusätzliche Schwerpunktprojekte statt, z.B. Anlage eines Teiches, Gestaltung eines Kräuterhochbeetes, Neugestaltung der Kompostanlage, Steckbriefe der Bäume und Sträucher im Schulgarten, Erstellen eines Küchen-Kräuter-Lexikons. Neben der deutlichen Schwerpunktsetzung im Bereich des praktischen Lernens finden unter Bezugnahme zur jeweiligen praktischen Arbeit theoretische Einheiten statt, z.B. der Unterschied zwischen generativer und vegetativer Vermehrung, Stoffwechselvorgänge in einem Komposthaufen oder Vorteile der Gründüngung.

Die Schülerinnen und Schüler melden sich freiwillig für dieses Projekt, unterschreiben aber eine Vereinbarung, mit der sie die Bedingungen für die Teilnahme, z.B. regelmäßiges und pünktliches Erscheinen, Führen eines Berichtsheftes, pfleglicher Umgang mit den Geräten, akzeptieren. Diese Vereinbarung wird auch von den Eltern der Schülerinnen und Schüler, den Projektleitern, der Schulleitung und einem Vertreter des städtischen Gartenamtes als außerschulischem Partner unterschrieben.

Die Motivation für die Teilnahme an diesem Projekt ist bei den Schülerinnen und Schülern recht unterschiedlich, wie eine schriftliche Befragung, die regelmäßig zum Beginn des Projektes durchgeführt wird, ergibt. Viele Schülerinnen und Schüler reizt das praktische Arbeiten, das sich deutlich von der eher theorie- und textlastigen Projektarbeit in der Schule unterscheidet. Auch die relativ lange Dauer des Projektes und die damit verbundene Möglichkeit, über einen längeren Zeitraum ein Projekt im wahrsten Sinne des Wortes „wachsen" zu sehen, wird als Teilnahmegrund genannt. Manche Schülerinnen und Schüler sprühen geradezu vor Ideen, die sich in ihrer Fülle aber selbst bei solch einem langen Projekt nicht alle realisieren lassen. Einige Schülerinnen und Schüler reizt es, mit der schulexternen Projektleitung zu tun zu haben. Besonders engagierte Schülerinnen und Schüler können das Projekt um eine weitere Projektphase verlängern.

Es soll hier exemplarisch auf zwei hochbegabte Schüler eingegangen werden, die sich für dieses Projekt gemeldet haben.

Marcel hatte in der Erprobungsstufe so massive Schwierigkeiten mit einigen Fachlehrerinnen und Fachlehrern sowie mit Mitschülern, dass er zu Beginn des 6. Jahrgangs in eine Parallelklasse wechseln musste. Hier stabilisierte sich sein Verhalten. Er war weiterhin sehr introvertiert. Sein Arbeitsverhalten im Fachunterricht und in der Frei- und Projektarbeit war meist sehr theorielastig und er bevorzugte Einzelarbeit als Arbeitsform.

Der Junge nahm in der Jahrgangsstufe 8 am Projekt Kaisergarten teil. Für Marcel war es recht ungewöhnlich, dass er sich einer eher praktischen Arbeit zuwandte. Er begründete seine Teilnahme, dass ihn die Projektarbeit in der Schule zu sehr langweile. Marcel arbeitete zuverlässig und zeigte reges Interesse an der praktischen Arbeit und an den theoretischen Erklärungen. Da in diesem Projekt oft in Kleingruppen Aufgaben erledigt wurden, musste Marcel eng mit anderen Schülerinnen und Schülern zusammenarbeiten, was ihm aber – im Gegensatz zu Gruppenarbeiten in der Schule – keine Probleme bereitete, da er erkannt hatte, dass die Aufgaben nur gemeinsam zu erledigen waren. Marcel arbeitete so ordentlich, dass er die Erlaubnis erhielt, das Projekt zu verlängern. Auch in der zweiten Projektphase arbeitete er ordentlich und engagiert. Für mich als sein Klassenlehrer bot sich ein teilweise ganz anderer Schüler als im Schulunterricht dar. Marcel war viel lockerer und sozial engagierter.

Simon, ebenfalls ein sehr begabter Schüler, hat auch im 8. Jahrgang am Projekt Kaisergarten teilgenommen. Simon verfügt über ein umfassendes theoretisches Allgemeinwissen und zeigt dies auch. Seine Klassenlehrerin befürwortete Simons Teilnahme an diesem eher praxisorientierten Projekt ausdrücklich. Simon sprühte im Projekt nur so von Ideen. Die meisten Ideen erwiesen sich jedoch als nicht durchführbar, da Simon zum einen nicht in der Lage war, materielle und zeitliche Ressourcen realistisch einzuschätzen, zum zweiten wollte er alle Ideen alleine realisieren. So wollte er beispielsweise mit Ästen den (Metall-!!)-Geräteschuppen erweitern, um zusätzlichen Stauraum zu schaffen. Er entwarf auch technische Zeichnungen, wie der Anbau aussehen sollte, realisierte jedoch nicht, dass er sich weder über die Statik noch über die nicht vorhandene Menge von Ästen Gedanken gemacht hatte. Sein Arbeitsverhalten im Projekt Kaisergarten war äußerst problematisch, da er sich oft nicht an Arbeitsanweisungen hielt und die meisten Arbeiten nicht beendete. Er begründete dies oft damit, dass ihm die Arbeiten zu schwer seien. Er war nur zu Arbeiten einsetzbar, die man auch alleine durchführen konnte, da er sich weigerte, mit anderen zusammen zu arbeiten. An den theoretischen Themen war er sehr interessiert, da er hier schon über viele Kenntnisse verfügte. Im Falle von Simon kann man keine verändernde Auswirkungen des außerschulischen Lernortes auf sein Arbeits- und Sozialverhalten erkennen, vielleicht hätte er aber auch einfach noch mehr Zeit gebraucht.

Diese zwei Beispiele zeigen, dass außerschulische, stark praxisorientierte Lernorte in einigen Fällen Stärken und Qualitäten bei Schülerinnen und Schülern „freilegen" können – aber nicht notwendigerweise müssen –, die sich im normalen Unterricht nicht offenbaren können.

Projekt Theater Oberhausen

Für die Schülerinnen und Schüler der Jahrgangsstufe 10 besteht seit einigen Jahren am ELSA die Möglichkeit, im Rahmen der Projektarbeit am Theater Oberhausen ein 3-monatiges Theater-Projekt durchzuführen.
Schwerpunkte dieser Projektarbeit sind die Bereiche Dramaturgie, Theaterpädagogik, Maske, Requisite, Bühnenbild. Die Voraussetzungen, die die teilnehmenden Schülerinnen und Schüler mitbringen müssen, sind zeitliche Flexibilität, da die Arbeitzeiten vom jeweiligen Arbeitsort abhängen – auch Wochenendarbeit ist schon mal möglich – als auch Kreativität, da auch künstlerische Aspekte in die Projektarbeit einfließen (können). Dies erfordert eine hohe Einsatzbereitschaft und Zuverlässigkeit.
Gerade Letzteres hat schon manche Schülerin und manchen Schüler an ihre/seine Grenzen gebracht und ihr bzw. ihm den schmalen Grad zwischen Machbarkeit und Selbstüberschätzung aufgezeigt. Andererseits hat sich gerade auch in diesem Projekt gezeigt, dass viele Schülerinnen und Schüler sich oft inhaltlich wie zeitlich weit über das geforderte Maß engagieren. Und sie erleben, wie eine Produktion entsteht, wie während der Inszenierung nicht nur der Regisseur, sondern das ganze Team der Schauspieler sich einbringt und jeder Einzelne seinen Beitrag leistet.
Oft sind durch dieses Projekt Kontakte zum Theater entstanden, die längst den schulischen Rahmen verlassen und die Augen für Kultur geöffnet haben.

Es war und ist eine Binsenweisheit – und wird doch so wenig beachtet: Schülerinnen und Schüler lernen durch Ernstsituationen; es ist für eine Schule sträflich, sich nicht ständig zu bemühen solche situativen Kontexte zu schaffen.

Christine Biermann

Kinder und Erwachsene stärken – das Präventionskonzept der Laborschule gegen sexuellen Missbrauch

Das Kollegium der Laborschule formulierte im April 2010 eine Stellungnahme, quasi eine „Selbstvergewisserung", zu den Missbrauchsfällen in reformpädagogischen Einrichtungen:
„Die in den Medien laufende Debatte zu den Missbräuchen und zum Aufklärungsprozess an der Odenwaldschule hinterfragt die Leitgedanken der Reformpädagogik und nennt auch die Laborschule in diesem Zusammenhang. Daher ist es wichtig, uns der Prinzipien von Laborschularbeit zu vergewissern – sowie zugleich kritisch zu fragen, wo wir uns von der Sprache der Gründungsjahre lösen müssen [...]:

Die Laborschule möchte Kindern vom 5. Lebensjahr bis zum Ende der Regelschulzeit einen Lern- und Erfahrungsraum bieten, in dem sie chancengerecht, ganzheitlich und mit Zeit für eigene Wege ohne Leistungsdifferenzierung lernen und sich in unserer Gesellschaft orientieren. Dabei müssen die individuellen Anliegen und unterschiedlichen Interessen immer wieder neu im Rahmen der Lerngruppe thematisiert, in Regeln des Zusammenlebens gefasst und erprobt werden. Das gilt für die Kinder und Jugendlichen, aber auch für uns Erwachsene, wenn wir Neues entwickeln und uns den Veränderungen in der Gesellschaft stellen wollen.
Diese Grundideen und ihre demokratische Praxis tragen unser Schulprojekt inzwischen seit 36 Jahren – auch über den Generationenwechsel im Kollegium – gerade weil von Anfang an die Veränderung, die lernende Weiterentwicklung mit als Versuchsauftrag formuliert und im Konstrukt des Lehrer-Forscher-Modells arbeitsfähig gemacht wurde"
(Annelie Wachendorff und Melanie Remling für das Kollegium der Laborschule).

Diese Erklärung macht deutlich: Die reformpädagogischen Ideen von der Bedeutung
- jeder einzelnen Person und des Zusammenlebens aller in der Institution Laborschule,
- der Schule als Lebens-, Lern- und Erfahrungsraum,
- der steten Reflexion der Dialektik von Nähe und Distanz (Negt 2010a),

- einer lebendigen von Demokratie geprägten Kommunikationskultur,
- einer Transparenz pädagogischen Handelns,
- einer „guten" Sexualpädagogik und gezielter Präventionsarbeit u.v.m.

werden weiterhin in der Laborschule gelebt, diskutiert, für wichtig erachtet und deshalb gestaltet.

In diesem Sinne stellt auch dieser Beitrag eine Art Selbstvergewisserung dar, eine Zusammenführung von Bausteinen, die nicht nur der Prävention sexueller Gewalt und sexuellen Missbrauchs dienen, sondern zugleich wichtige Elemente unserer täglichen Arbeit sind. Im Folgenden sollen diese einzelnen Bausteine dargestellt und in ihrer Bedeutung für die Missbrauchsprävention diskutiert werden.

Die Kinder stärken – Selbst- und Mitbestimmung

„Dem Einzelnen gerecht werden" – so heißt die zentrale Leitidee des Reformverbundes „Blick über den Zaun", dem wir als Mitgründer seit Jahren angehören. Sie meint, den einzelnen SchülerInnen Raum, Zeit und Aufmerksamkeit zu geben, ihnen individuelle Zugänge in inhaltlicher wie methodischer Hinsicht zu bieten. „Sie fordert aber auch die Auseinandersetzung mit den Erfahrungen und Sichtweisen der anderen. Individualisierung bedeutet also nicht Isolierung und ebenso wenig Beliebigkeit" (Brügelmann 2010). Hier gilt es Balance zu halten und zu gestalten: zwischen den Einzelnen und der Gruppe. Das kann die Stammgruppe – die Klasse – sein, das können die SchülerInnen eines Wahlkurses, eines Flächen- oder Jahrgangsteams[1] sein. Die Teamarbeit der Erwachsenen findet sich bei uns in der bewussten und gestalteten Zusammenführung von Schülergruppen wieder. Die Laborschule hat sich mit ihrem Konzept entschieden, Kinder in verlässlichen Gruppen aufwachsen und lernen zu lassen, die ohne äußere Leistungsdifferenzierung und ohne Noten bis Ende Jg. 9 arbeiten[2]. Die Kinder und Jugendlichen lernen – so unsere Erfahrung, die sich über mehr als drei Jahrzehnte erstreckt – vor allen Dingen für sich selbst, in den ersten Jahren schon mal für die Erwachsenen, vor allen Dingen aber für die Sache, also nach ihren Interessen. Dies macht sie stark, wach, interessiert und diskussionsfreudig.
Was hat dies alles mit Prävention zu tun? In der Laborschule können Kinder – bei uns bereits, wenn sie fünf Jahre sind – erfahren, dass sie eine Stimme haben, dass sie auch „geliebten" LehrerInnen und ErzieherInnen gegenüber ihre Bedürfnisse

---

1 Teambildungen finden in der Laborschule z.B. in den altersgemischten Gruppen der Eingangsstufe räumlich statt: Drei Gruppen mit sechs Erwachsenen bilden ein Flächenteam. Eine andere Organisationsform auf der Erwachsenen – wie Kinderebene ist die des Jahrgangs.

2 Siehe zum Leistungsbegriff und -bewertungssystem der Laborschule den Beitrag von Susanne Thurn – Lohnende Leistung. In diesem Band S. 124.

deutlich äußern können, auch „Nein" sagen dürfen. Sie werden über insgesamt 11 Jahre befähigt, „den Anspruch auf Selbstbestimmung und die Entwicklung eigener Lebens-Sinnbestimmungen zu verwirklichen" (Bildungskommission NRW 1995, 30). Wir verstehen Bildung eben nicht als reine Schulbildung, sondern wollen „Leben und Lernen, Erfahrung und Belehrung aufeinander beziehen und bewusst miteinander [...] verbinden" (Groeben 2005, 40 f.). Wir können damit sicherlich nicht Gewalt und Missbrauch gegen (Laborschul-)Kinder und Jugendliche verhindern, aber wir können Selbstbewusstsein, Würde und auch Widerstand, im Sinne Hartmut von Hentigs „Die Menschen stärken" (1985) fördern.

Erwachsene stärken – Professionalisierung und Teamarbeit

In erster Linie sind die Erwachsenen in der Pflicht, die Balance zwischen einer von allen Seiten gewollten Nähe und einer notwendigen auf Reflexion und Sachlichkeit beruhenden Distanz herzustellen. Die Professionalität liegt dabei u.a. in einer wie Oskar Negt sie bezeichnet „praktischen Situationsklugheit" (Negt 2010a, 8). Schulen, Kollegien können oder sollten sich ethische Regeln geben, aber die Kunst der Arbeit mit dem Kind liegt in der richtigen situativen Einschätzung. Und da kann nur gelten: Die Bedürfnisse des Kindes bzw. des Jugendlichen erspüren, mehr fragen als handeln, besondere Vorsicht bei Körperkontakt walten lassen und gleichzeitig merken, wann und wie es nötig und möglich ist, ein Kind auch mal in den Arm zu nehmen, um es zu trösten, die Hand auf Arm oder Schulter zu legen, um es zu beruhigen oder im Sportunterricht Hilfestellungen – am besten mit vorheriger Ankündigung – zu geben.

Es gilt aber noch weitere Balanceakte vorzunehmen, z.B. den der Vorstrukturierung pädagogischer Prozesse und der Selbstregulierung der Lernenden, denn „keine vernünftige Erziehung und Persönlichkeitsbildung ist möglich, ohne den jungen Menschen einen gewissen Erfahrungsraum von Selbsttätigkeit [...] zu überlassen (Negt 2010a,9). Dazu gehören bei uns viele Freiräume für das Lernen – bei individuellem Lernen ohnehin unerlässlich – und ein hoher Anteil an Wahlmöglichkeiten verschiedener Kurse, damit sich alle SchülerInnen einen großen Teil ihres Lernens selbst zusammenstellen können – ein Profil entwickeln können.

Dazu gehört aber auch die Chance für Kinder und Jugendliche, Konflikte allein oder mit den Erwachsenen regeln zu können, Raum für Gespräche zu haben und nicht alles mit „Stoff" zu füllen. Nur dann kann eine „Kultur der Achtsamkeit, der Anerkennung und des Schutzes" (Wanzeck-Sielert 2010, 10) in der gesamten Schule entwickelt werden. Diese sollte „planmäßig und systematisch als Schulkultur und Qualitätsentwicklung gemeinsam mit allen Lehrkräften und der Schulleitung erarbeitet werden (ebd.).

Zu den notwendigsten Kompetenzen im Sinne professionellen Handelns Erwachsener gehören neben fachlicher Expertise und dem Wissen um die ihm anvertrauten Lernenden selbstbewusstes, autonomes Handeln, Reflexions- und vor allen Dingen Teamfähigkeit. Esslinger stellt sogar den Zusammenhang zwischen LehrerInnen mit „günstigen Kooperationsauffassungen" und deren Verständnis, über die Kooperation mit KollegInnen eine „distanziertere Selbstsicht zu gewinnen" her (Esslinger 2002, 205). Gemeinsam über die schon beschriebenen Balanceakte zu reden, sich über die einzelnen SchülerInnen in institutionalisierten Diagnosekonferenzen ausführlich auszutauschen, die Eltern als Kooperations- und Erziehungspartner zu sehen – das alles trägt, nach unserer langjährig erprobten und reflektierten Praxis, zum Prozess der Professionalisierung von Erwachsenen bei.
Kenntnisse über eine „gute" Sexualerziehung und damit das Wissen über biologische und sexualwissenschaftliche Zusammenhänge sind genauso notwendig wie die Fähigkeit, eigenen Ängsten und Schamgrenzen, Werten und Normen auf die Spur zu kommen. Auch dies gelingt in Teamsitzungen, regelmäßigen Fortbildungen und pädagogischen Konferenzen besser als im eigenen „Kämmerlein".
In den 1990er-Jahren sind in Nordrhein-Westfalen viele LehrerInnen und ErzieherInnen zu MultiplikatorInnen für ihre Schulen zum Thema „Sexueller Missbrauch und sexuelle Gewalt" ausgebildet worden, und flächendeckend hat es zur selben Zeit in vielen Kollegien SchiLf-Maßnahmen[3] dazu gegeben, so dass sowohl die Kollegien eine Grundinformation hatten als auch interne ExpertInnen ausgebildet wurden. Diese Art von Fortbildungen hat unser Kollegium ebenfalls durchlaufen und aktualisiert sie immer wieder.
Außerdem ist es für eine Schule und die einzelnen SchülerInnen wichtig, neben den ihnen bekannten, unterrichtenden Erwachsenen auch weitere Personen als AnsprechpartnerInnen zu haben – das sind bei uns die VertrauenslehrerInnen, eine für SchülerInnen erkennbare ExpertIn an der Schule, die Schulleitung und das Beratungsteam. Alle sind miteinander und mit entsprechenden externen Einrichtungen und Fachleuten in der Stadt wie Beratungsstellen, Mädchenhaus, Polizei, RechtsanwältInnen, TherapeutInnen vernetzt. Viele dieser Personen stehen dabei den Kindern und Jugendlichen genauso zur Verfügung wie den Erwachsenen. Manchmal wird nur eine Beratung gesucht, manchmal wünschen sich SchülerInnen aber auch konkrete Maßnahmen wie eine Unterbringung außerhalb der Familie oder die Begleitung bei einer Anzeige. Mit diesen Personen und einer verabredeten Abfolge von Maßnahmen bei Verdachts- oder gemeldeten Fällen kann zwar nicht Missbrauch verhindert werden, aber er wird aus der „Dunkelzone" hervorgeholt, thematisiert und damit oftmals gestoppt. Dazu muss gesagt werden, dass wir in den letzten Jahren einige Missbrauchsfälle im familiären Umkreis von Kindern vorliegen hatten, begleitet und auch verkraftet haben.

---

3 SchiLf: Schulinterne Lehrerfortbildung

Die Sachen klären – Sexualerziehung und Präventionsarbeit

Prävention ist immer auch Aufklärung – „umfassende Aufklärung, einschließlich der Befähigung, Körperteile und Körperfunktionen zu benennen, ist wichtig, damit Mädchen und Jungen wissen, um was es geht" (Wanzeck-Sielert 2010, 10 f.). Es geht aber auch um die Aufklärung über das Recht auf Selbstbestimmung, allgemein über alle Rechte von Kindern und Jugendlichen, aber auch über das Unrecht und die Verbrechen, die ihnen angetan werden (können). Aufklärung kann manchmal zur (Selbst-)Aufdeckung werden, wenn Kinder z.b. erkennen, dass das, was ihnen schon lange „komisch" vorkommt, tatsächlich Missbrauch ist. Dann kann die Prävention zur Intervention werden, die in die Hände von ExpertInnen gehört. Von der Bedeutung der Netzwerkarbeit rund um eine Schule war schon die Rede.

Aufklärung über den Körper und alles, was damit an Lust, Zärtlichkeitserleben, Lebenskraft verbunden sein kann, sind Bestandteil einer Präventionsarbeit, wenngleich sie nicht mit der direkten Thematisierung von Gewalt und Missbrauch vermischt werden sollten. Sexualerziehung sollte grundsätzlich positiv besetzt sein und u.a. dazu dienen, Sachwissen zu erwerben – Was passiert mit mir in der Pubertät? Wie kann ich sicher verhüten? Wie wächst neues Leben heran?. Sie sollte auch ein Forum für alle Fragen der SchülerInnen bieten, die sie zu den Themen Liebe, Freundschaft, Sexualität haben. Die Laborschule nimmt schon in der Primarstufe eine bedeutende Vermittlerrolle für fachliches Wissen auf der biologisch-medizinischen Ebene wahr und erreicht damit alle SchülerInnen, egal „wie liberal oder religiös-fundamentalistisch ihr Elternhaus ist" (Schmidt/Schetsche 1998, 75). Die Laborschule hat dabei ein Spiralcurriculum für die Sexualerziehung entwickelt, das sich den unterschiedlichen Lebenserfahrungen der SchülerInnen anpasst. Als Prinzipien in allen Unterrichtsprojekten stehen die Partizipation, die Ganzheitlichkeit und der Geschlechterbezug ganz oben. So sind sowohl für die Primar- als auch für die Sekundarstufe zwei große Unterrichtseinheiten entwickelt worden, in denen fächerübergreifend gearbeitet wird (Biermann/Schütte 1996 und Cerulla 2004).

Aber SchülerInnen können mit ihren Fragen nicht immer warten, bis nach Jahren wieder eine weitere Einheit stattfindet. Nach unserer Erfahrung ist es wichtig, zwischenzeitlich Gesprächsmöglichkeiten – wie die Mädchen- und Jungenkonferenzen (s.u.) – anzubieten, die aktuelle Fragen klären können.

Explizite Präventionsarbeit findet in weiteren Projekten ihren Platz: Mehrfach während ihrer 11-jährigen Schulzeit werden die SchülerInnen in Theaterprojekten wie „Mein Körper gehört mir!", „Natürlich bin ich stark!" (Theaterwerkstatt Osnabrück) u.a. über sexualisierte Gewalt informiert. Parallel dazu finden regelmäßige Fortbildungen für alle KollegInnen und Informationsveranstaltungen für die Eltern statt (Koordination: Polizei Bielefeld).

Auch in den Wahlkursen für Mädchen, die in den Jahrgängen 8 bis 10 angeboten werden, sind Themen wie sexueller Missbrauch und sexuelle Gewalt oder auch Vergewaltigung von den Schülerinnen oft gewünscht und bearbeitet. Somit können wir sicher stellen, dass alle Kinder und Jugendlichen im Laufe ihrer Laborschulzeit über diese Themen – altersgemäß und nicht nur einmalig – aufgeklärt worden sind und viele Erwachsene in der Schule erlebt haben, die darüber mit ihnen sachlich reden können und sich somit als potentielle AnsprechpartnerInnen „geoutet" haben.

Demokratie lernen und leben – Transparenz und Kommunikationskultur

„Werte müssen gelebt, demokratisches Handeln muss Teil des Schullebens sein", so Brügelmann noch einmal (Brügelmann 2010). Konkret bedeutet dies für unser Schulleben: Transparenz in viele Prozesse zu bringen – in den Unterricht, in unsere Leistungsanforderungen, in Konflikte in- und außerhalb der Gruppe. Dies kann der deutlich abgesteckte Rahmen einer Unterrichtseinheit mit Pflicht- und Wahlaufgaben sein, die Klärung der individuellen Leistungskriterien für die Abgabe einer Portfolioarbeit, die Erinnerung an Gruppen- oder Schulregeln und die Diskussion und Festlegung von Konsequenzen bei Fehlverhalten. Institutionalisierte Schülermitwirkung in Form von regelmäßigen Versammlungen auf Gruppen-, Team- und Jahrgangsebene, mit und ohne Erwachsene und dem Alter angemessene Einbeziehung der SchülerInnen in schulische Entscheidungen sind weitere wichtige Bausteine. Dazu ist eine Kommunikation wichtig, die regelmäßig oder bei Bedarf stattfinden kann, die in Jungen- und Mädchenkonferenzen ihren besonderen Raum für die Themen findet, die „die Mädchen" und „die Jungen" mal unter sich beraten wollen (Biermann 2010). In diesen Konferenzen entsteht gerade in der Pubertät ein ganz besonders vertrauensvoller Rahmen in der kleineren, geschlechtshomogenen Gruppe, der einen geschützten Raum für die Thematisierung von Sexualität, Missbrauch, Gewalt bietet. Seit über zwanzig Jahren haben wir Erfahrungen mit dieser besonderen Form von Gesprächsgruppen gemacht, die für die Mädchen von einer Frau und für die Jungen von einem Mann geleitet werden sollten. Einmal eingeführt als Forum, in das die Mädchen und Jungen ihre Themen einbringen können, werden sie von den Kindern und Jugendlichen selbst eingefordert. Durch diese gewachsene Kommunikationskultur erleben die SchülerInnen Erwachsene, die Zeit haben für Gespräche, Fragen, Beschwerden. Sie erleben sie in der Schule und auch auf den jährlich stattfindenden Gruppenfahrten, auf denen noch mehr Muße für oft tiefgehende Gruppen- oder auch

Einzelgespräche vorhanden ist. So können sie auf die ihnen bekannten Personen zugehen, wenn sie Kummer haben, oder kennen in der Schule noch viele weitere Personen, die ihnen weiterhelfen können.

Und auch mit den Eltern verbindet uns über regelmäßige Elternabende, institutionalisierte Beratungsgespräche, Hausbesuche, ein mit dem Beratungsteam und der Schulleitung abgestimmtes Krisenmanagement eine „rationale Öffentlichkeit" (Negt 2010b), die wiederum für viel Transparenz auf allen Seiten sorgt.

Fazit

Das Kollegium der Laborschule fühlte sich vor einem Jahr aus Anlass der Missbrauchsfälle in reformpädagogischen Einrichtungen „in besonderer Weise aufgefordert, zu überprüfen, ob wir aufmerksam genug auf unsere Kinder und Jugendlichen achten, ob wir den Raum für rechtzeitige Gespräche schaffen, ob wir die Schülerinnen und Schüler rechtzeitig (und immer wieder) genug stärken, um sich gegen jeden Missbrauch durch Erwachsene schützen zu können und Hilfe zu bekommen" (Wachendorff/Remling).

Nach Diskussionen unter und mit den Eltern und innerhalb des Kollegiums, nach Selbstvergewisserung und „Bestandsaufnahme" unserer Präventionsarbeit, nach Teilnahme von KollegInnen an einigen Kongressen und Workshops zu diesen Themen, um den Außenbezug nicht zu verlieren, können wir sagen: Unsere schulische Arbeit kann Missbrauch sicher nicht verhindern, aber sie kann Kinder und Jugendliche stärken, sie klärt auf und sie kann dazu beitragen, Missbrauch als ein wichtiges, öffentliches Thema zu behandeln und als ein abscheuliches Verbrechen bloßzustellen.

Literatur

Biermann, Christine (2010): Was unter den Nägeln brennt. Mädchen- und Jungenkonferenzen an der Laborschule. Erziehung und Wissenschaft 2/2010, 16f.

Biermann, Christine/Schütte, Marlene (1996): Verknallt und so weiter ... Liebe, Freundschaft, Sexualität. Ein fächerübergreifendes Unterrichtsprojekt für die Jahrgänge 5/6. Wuppertal.

Bildungskommission NRW (1995): Zukunft der Bildung. Schule der Zukunft. Denkschrift der Kommission „Zukunft der Bildung – Schule der Zukunft" beim Ministerpräsidenten des Landes Nordrhein-Westfalen. Neuwied/Kriftel/Berlin.

Brügelmann, Hans (2010): Lernende Reformpädagogen: Historische und aktuelle Verfehlungen sind aufzuarbeiten – Pauschalkritik geht fehl. Süddeutsche Zeitung vom 22.3.2010.

Cerulla, Britta (2004): „Save Sex". Bausteine für einen sexualpädagogischen Unterricht in den Jahrgängen 7-9. Werkstattheft 30. Bielefeld.

Esslinger, Ilona (2002): Berufsverständnis und Schulentwicklung. Eine empirische Untersuchung zu schulentwicklungsrelevanten Berufsauffassungen von Lehrerinnen und Lehrern. Bad Heilbrunn.

Groeben, Annemarie v. d. (2005): Orientierung in der Welt: eine Schule bemüht sich um Bildung für alle. Bad Heilbrunn, 34-48.

Hentig, Hartmut von (1985): Die Menschen stärken, die Sachen klären. Ein Plädoyer für die Wiederherstellung der Aufklärung. Stuttgart.http://de.wikipedia.org/wiki/Spezial:ISBN-Suche/315008072X

Negt, Oskar (2010a): Wer ist eine gute Lehrerin, wer ein guter Lehrer? In: Erziehung und Wissenschaft. Zeitschrift der Bildungsgewerkschaft GEW. 6/2010, 6-9.

Negt, Oskar (2010b): Oskar Negt im FR-Interview: Ein Reformer klagt an. In: Frankfurter Rundschau vom 18.3.2010.

Schmidt, Renate-Berenike/Schetsche, Michael (1998): Jugendsexualität und Schulalltag. Opladen.

Wanzeck-Sielert, Christa (2010): „Was geht das die Schule an?" Zur Handlungskompetenz von Lehrkräften, Schulleitungen und Schulen bei sexueller Gewalt. In: Sexuelle Gewalt – hinsehen und handeln! Lernende Schule Heft 51, 2010, 13. Jahrgang, 4-7.

Barbara Hanusa

Verstehen heisst: Einsehen, wie es kommt!
Ein Beitrag zu Nähe und Distanz in der Ecole d'Humanité

Die Verunsicherung

„Das Jahr 2010 wird als das Jahr der sexuellen Gewalt gegen Kinder in die deutsche Geschichte eingehen." Mit diesem Satz beginnt der TAZ Journalist Christian Füller sein Buch ‚Sündenfall' über die Missbrauchsgeschichte der Odenwaldschule. Sicher ist, dass sich mit dem März 2010 die pädagogische Welt in Internatsschulen verändert hat: Das Ausmass des Missbrauchsskandals an der Odenwaldschule, dessen systematische Verdeckung sowie die Involvierung des ehemaligen Schulleiters Gerold Beckers ist erschreckend. Die Vorfälle treffen uns, die Ecole d'Humanité, als Schwesterschule besonders.

Wir, das ist eine reformpädagogische Gesamtschule, eine der 21 Schulen, die aus der Tradition der Landerziehungsheime hervorgegangen sind und noch heute als solche bestehen. Wir teilen den Schulgründer mit der Odenwaldschule. Der evangelische Theologe Paul Geheeb hat 1910 die Odenwaldschule gegründet, deren Betrieb im März 1934 eingestellt wurde. Aus politischen Gründen emigrierte Geheeb mit seiner Frau Edith Cassirer, einigen MitarbeiterInnen und SchülerInnen in die Schweiz, wo er im April seine Schule als Ecole d'Humanité neu eröffnete, die nach diversen Umzügen, schweren Zeiten und Provisorien im Mai 1946 ihr endgültiges Zuhause auf dem Hasliberg im Berner Oberland gefunden hat. Hier leben, lernen und arbeiten heute 150 Jugendliche und 45 pädagogische MitarbeiterInnen zusammen, derzeit aus über 22 Nationen. Unterrichtet wird in kleinen Kursgruppen in einem deutschsprachigen bzw. in einem amerikanischen System. Das Zusammenleben zwischen Jugendlichen und Erwachsenen ist engmaschig miteinander verknüpft. Wir leben in einem pädagogischen Dorf, das inmitten der Berner Alpen in dem kleinen Bergdorf Goldern in über 1000m Höhe angesiedelt ist. Die Schule verfügt über 14 Chalets, die meisten um einen Campus herum angesiedelt, einzelne davon auch im Dorf, in denen Unterrichtsräume, die pädagogischen Wohngruppen und die Wohnungen der MitarbeiterInnen untergebracht sind. Jeweils fünf bis zehn Jugendliche gehören zu einer sog. pädagogischen Familie, die von einem Paar oder zwei MitarbeiterInnen betreut werden. In einigen Familien gibt es einen dritten, unterstützenden Mitarbeiter bzw. eine

Mitarbeiterin. Jungen und Mädchen leben auf demselben Flur, jeweils zu zweit, nach Geschlechtern getrennt in einem Zimmer. Die Altersstufen in den Gruppen sind gemischt, die meisten kommunizieren zweisprachig. Zehn junge Erwachsene unterstützen die Gemeinschaft als eine Art Aupair, helfen im Haushalt und bei der Betreuung der kleinen Kinder der MitarbeiterInnen. Ansonsten gehen sie zur Schule und fungierten als ‚ältere' Rolemodels.

In der notwendigen, wenngleich zum Teil erhitzt und dann auch unsachlich geführten Diskussion über die Ursachen für sexuelle Übergriffe in pädagogischen Systemen wurde immer wieder betont, dass solche Vorfälle durch die Organisationsstrukturen der Landerziehungsheime geradezu gefördert wenn nicht sogar herausgefordert werden würden: Das Familiensystem, das Duzen zwischen Jugendlichen und Erwachsenen, die abgeschiedene Lage, das Fehlen der elterlichen Kontrolle wie auch der vertrauensvolle und enge alltägliche Umgang in der Schule miteinander würden verstärkt zu Übergriffen führen.
In einem Bericht in den deutschen ‚Tagesthemen' wurde beispielsweise ein Schuhregal in einem Haus der Odenwaldschule gezeigt, in dem Schuhe von SchülerInnen und von MitarbeiterInnen in vertraulichem Chaos nebeneinander standen. Die deutliche, wenngleich unausgesprochene Botschaft: Wer so unkonventionell seine Schuhe ‚parkt', der ist auch von Übergriffen nicht weit entfernt. Vom gemeinsamen Schuhregal bis zum sexuellen Übergriff ist es jedoch ein weiter Weg. Trotzdem stellte sich bei uns unter einigen MitarbeiterInnen eine Unsicherheit bzw. ein ungutes Gefühl ein. Die Selbstverständlichkeit des pädagogischen Bezugs war in Frage gestellt. Eine junge Kollegin formulierte: „Die Leichtigkeit mit den Jugendlichen ist mir verloren gegangen!" Die Vorfälle in der Odenwaldschule und in anderen pädagogischen Institutionen fordern uns heraus, die pädagogische Beziehung, das angemessene und sinnvolle Verhältnis von Nähe und Distanz zwischen Jugendlichen und Erwachsenen, erneut zu reflektieren.

Die pädagogische Beziehung in der Ecole d'Humanité

Die pädagogische Beziehung ist eine der wesentlichen Qualitäten unserer Arbeit. FachbesucherInnen wie auch Eltern melden uns übereinstimmend zurück, dass ihnen die durchgehend freundliche Offenheit im Umgang der SchülerInnen untereinander und mit Erwachsenen auffällt. Beobachtet wird eine ‚natürliche Disziplin' in so gut wie allen Kursen: Im Unterricht würden die SchülerInnen überwiegend den Dingen sinnvoll entsprechend handeln, sich angemessen verhalten und nur vereinzelt Widerstand gegen Lernprozesse leisten. Die Begegnungen zwischen LehrerInnen und SchülerInnen seien von Individualität und nicht von Rollenkonformität geprägt. Die pädagogische Beziehung habe eine besondere Qualität, weil die Lehrenden sich in ihr in hohem Ausmass mit ihrer gesamten Existenz zur Verfügung stellen. So weit die Beobachtungen.

Die besondere Konstellation in unserer Schule ist, dass so gut wie alle Erwachsenen gleichzeitig Familienhäupter und LehrerInnen sind. Das hat zur Folge, dass Erwachsene und Jugendliche sich immer wieder in unterschiedlichsten Rollen oder Aktivitäten begegnen. Jemand kann in meiner Wohngruppe Mitglied sein, gleichzeitig sechsmal in der Woche am Morgenkurs im Deutschunterricht bei mir teilnehmen, ausserdem kann er im Langstreckenschwimmen mit mir durchs Wasser kraulen oder am Skitag mit mir über die Pisten fahren. Ein wichtiges Kriterium, wenn nicht sogar das wichtigste in den Beziehungen zwischen Jugendlichen und Erwachsenen spielt die Möglichkeit der Wahl: Wohngruppen, Morgen- und Nachmittagskurse, begleitende TutorInnen und Vertrauenspersonen können gewählt und gewechselt werden. Die SchülerInnen der Ecole erstellen sich ihre Stundenpläne selbst, das heisst: Sie wählen das Fach, die Lerngruppe und die unterrichtende Person. Im ersten Jahr wird man in eine sog. Ecolefamilie eingeteilt, danach kann man sich in eine Familie wünschen. Jugendliche erfahren ihre LehrerInnen als Personen mit Stärken und Schwächen, Talenten und Grenzen. Sie erleben sie als Mitglied der gesamten internatsbedingten Lebensgemeinschaft. Freiwilligkeit spielt für die Begegnung und Intensivierung der pädagogischen Beziehung eine zentrale Rolle, man ist nicht zwangsweise aufeinander geworfen. Wenn man allerdings miteinander im Prozess ist, kann man einander in dem internationalen pädagogischen Lerndorf schlecht aus dem Weg gehen, was u.a. eine besonders hohe Anforderung an die Konfliktkultur des Systems stellt.

Leben und Arbeiten im Internat stellt gleichzeitig eine hohe Herausforderung an die pädagogische Professionalität dar: Wir erwarten, dass Erwachsene selbstbewusst ihre Rolle als Erwachsene wahrnehmen und sich gleichzeitig in Empathie üben sowie in der Bereitschaft, das Zukünftige in der Entwicklung der Kinder und Jugendlichen zu ahnen und zu respektieren. Trotz und in allem kritischen Feedback sollen unserer SchülerInnen spüren, dass wir an ihr Entwicklungspotenzial glauben, getreu unserer pädagogischen Maxime: Werde der Mensch, der Du bist. Wenn das pädagogische Handeln glückt, erleben sie Anteilnahme und erfahren, dass ihnen zugehört wird, dass sie sich auf Erwachsene verlassen können. Kinder und Jugendliche erleben bei uns verschiedene Erwachsene und können sich so an unterschiedlichen Modellen des Erwachsenseins orientieren und positive Beziehungen zu einzelnen von ihnen entwickeln. MitarbeiterInnen geben ihnen ‚Wurzelgrund auf Zeit'. Das können sie nur, wenn sie sich als PädagogInnen einem hohen erzieherischen Ethos verpflichtet wissen, aus dem heraus sie immer wieder bereit sind, die pädagogische Beziehung in Selbstreflexion, Intervision und Supervision zu betrachten.

Die Selbstreflexion des interpersonellen Beziehungsgeschehens

Auf dem Hintergrund der öffentlichen Thematisierung des massiven Missbrauchs der pädagogischen Beziehung hat sich unser pädagogisches Team, bestehend aus allen MitarbeiterInnen, die unterrichten und eine Ecolefamilie betreuen, mit dem Thema ‚Nähe und Distanz in der Ecole d'Humanité' 2010 zwei Tage lang erneut auseinander gesetzt. Das Ergebnis sind Leitlinien zur Vermeidung sexueller Übergriffe, wie sie derzeit in vielen pädagogischen Einrichtungen entstanden sind bzw. entstehen. Dabei geht es um: 1. Sexuelle Belästigung, 2. Romantische und sexuelle Beziehungen sowie 3. Vorbeugende Massnahmen im Schulalltag. Das Konzept enthält eine klare Darstellung dessen, was erlaubt und verboten ist und ist im Vergleich mit anderen Konzepten sicher nichts Besonderes. Hervorzuheben ist allerdings ein schulspezifischer Anhang, der auf die besonderen Konstellationen in der Internatssituation eingeht. Verstehen heisst: selber einsehen wie es kommt. Diese pädagogische Maxime des Didaktikers Martin Wagenschein haben wir auf die Situation unserer MitarbeiterInnen im pädagogischen Beziehungsgeflecht angewendet und gefragt: Was gilt es im Alltag bezüglich der pädagogischen Beziehung zu bedenken und zu reflektieren? Der Anhang der Leitlinien beschäftigt sich zuerst mit der Frage nach „Freundschaften" zwischen MitarbeiterInnen und SchülerInnen: „MitarbeiterInnen an der Ecole haben viele verschiedene Rollen inne: als Familienhaupt, BeraterIn, MentorIn, Unterrichtende(r), MitschülerIn, WanderleiterIn u.v.m. In welcher Rolle auch immer, müssen sie sich des Abhängigkeitsverhältnisses bewusst sein, in welchem die SchülerInnen zu ihnen stehen, und der damit einhergehenden besonderen Verantwortung und Sorgfaltspflicht. In der Beziehung zwischen MitarbeiterIn und SchülerIn kann es durchaus freundschaftliche Elemente geben. Die Beziehung bleibt aber immer die zwischen einem Verantwortung tragenden Erwachsenen und einem ihm anvertrauten Jugendlichen." Deutlich steht hier an oberster Stelle die Handlungsmaxime, dass Erwachsene Erwachsene bleiben und Jugendliche Jugendliche – unabhängig davon, wie nah man miteinander lebt.

In der sich mit diesem Themenbereich beschäftigenden Arbeitsgruppe wurden Kontrollfragen zur Selbstreflexion des interpersonellen Beziehungsgeschehens erarbeitet. Es reicht nicht aus, dass PädagogInnen wissen, was erlaubt und was verboten ist. In dem vielschichtigen und herausfordernden pädagogischem Beziehungsgeflecht eines Internats mit der beschriebenen Konstruktion der Identität von Unterrichtenden und Erziehenden geht es immer wieder darum, die alltäglichen Interaktionen und Intentionen zu befragen.

„MitarbeiterInnen müssen sich folgende Fragen über ihre Beziehungen und Interaktion mit SchülerInnen stellen:

- Suche ich in dieser Beziehung ein Bedürfnis nach Freundschaft zu befriedigen, das ich woanders befriedigen sollte?
- Verliere ich meine Rolle als der verantwortliche(r) Erwachsene(r) in dieser Beziehung aus den Augen?
- Drehe ich die Abhängigkeit um, indem ich z.b. persönliche Unterstützung, um Rat oder um Bestätigung suche?
- Suche ich meine eigenen seelischen, körperlichen, sozialen Bedürfnisse durch Umarmungen, eine Tasse Tee, einen privaten Spaziergang usw., zu befriedigen?
- Fange ich an, eine(n) bestimmte(n) SchülerIn zu bevorzugen?

Diese Fragen sind auch während der Ferienzeiten relevant. Die pädagogische Beziehung ist nicht ein Mantel, den man zu Beginn der Ferien ausziehen kann, um ihn am Trimesterbeginn wieder anzuziehen, sondern sie gilt für die gesamte Schulzeit des Schülers/der Schülerin.

Um Bevorzugungen oder „spezielle Beziehungen" zwischen MitarbeiterInnen und SchülerInnen zu vermeiden, sollten MitarbeiterInnen nicht:
- „Facebook-Friends" mit gegenwärtigen SchülerInnen sein
- gegenwärtige SchülerInnen als private Gäste einladen (z.B. für eine private Mahlzeit, während der Ferien, für den Besuch in einer Wohnung ausserhalb des Ecole-Geländes, etc.)".

Diese Fragen müssen auf dem Hintergrund der besonderen Lebenssituation von Jugendlichen und Erwachsenen bei uns auf dem Hasliberg verstanden werden. Das Internat liegt in relativer Abgeschiedenheit: wer hier lebt und arbeitet, lässt sich auf eine Arbeits- und Lebensgemeinschaft ein. Eine der wichtigen Leitungsaufgaben ist es darum, darauf zu achten, dass Mitarbeitende regelmässige freie Zeiten am Stück haben, in denen sie den Berg verlassen bzw. ihren eigenen Bedürfnissen nachgehen können. Ausserdem sind ausreichende Kontaktmöglichkeiten und -flächen unter den Erwachsenen die Voraussetzung für eine ausgewogene Lebensweise.

In einem zweiten Teil des Leitlinien-Anhangs geht es um sog. heikle Situationen des Internatslebens: „Im Ecole-Leben kann es zu Situationen kommen, die für SchülerInnen oder MitarbeiterInnen unangenehm werden. Je nach kulturellem und sozialem Hintergrund kann es sehr unterschiedlich sein, welche Situationen und Verhaltensweisen einem Menschen zu nahe treten. Ausserdem gibt es viele Situationen, die falsch interpretiert oder aufgefasst werden können, oder sogar bewusst von nachtragenden SchülerInnen missbraucht werden, um gutmeinende MitarbeiterInnen zu belasten. Da gleichzeitig dieselben Handlungen mitunter unterstützend, sogar notwendig sind, ist es nicht hilfreich diese zu verbieten. Dennoch ist hier eine unvollständige Auflistung derartiger Momente, in denen

LehrerInnen sich fragen müssen: *Will ich das wirklich tun? Wie kann ich es auf sichere, gesunde, „unzweideutige" Art angehen?* – dies sowohl zur Wahrung des Bedürfnisses und Schutzbereiches des Jugendlichen, als auch zur Vermeidung von Missverständnissen und zur Aufrechterhaltung des eigenen Rufes:
- Alleine in einem Raum sein mit einem/r SchülerIn, besonders Schlafzimmer. (wo praktikabel, Türe offenstehen lassen!)
- SchülerInnen umarmen oder andere physische Berührungen (z.b. Hand auf den Rücken legen, etc.)
- Schlafbereiche mit SchülerInnen teilen, z.b. auf Wanderung
- SchülerInnenzimmer betreten ohne Eintrittserlaubnis
- Jede eins-zu-eins Situation, die als Bevorzugung eines/einer Jugendlichen angesehen werden könnte, oder Anzeichen einer unangemessenen Beziehung zeigt
- Alle Arten von physischem Kontakt mit SchülerInnen (von Hilfestellungen im Turnunterricht über Helfen beim Befestigen der Kletterausrüstung)

In heiklen Situationen kann es sinnvoll sein, direkt nachzufragen: Möchtest du in den Arm genommen werden? Kann ich etwas tun? Was brauchst du jetzt gerade? Wenn der Eindruck gewonnen wird, dass eine Situation für eine/n Jugendlichen unangenehm gewesen ist, sollte ebenfalls das Gespräch gesucht werden (allenfalls mit dem Einbezug einer unabhängigen dritten Person oder einer Leitungsperson)."

Auch in diesem Part spielt neben der Sensibilität für die Angemessenheit der eigenen Handlung die kontrollierende Selbstbefragung eine zentrale Rolle: Will ich das wirklich tun? Wie kann ich es auf sichere, gesunde, „unzweideutige" Art angehen? Die ständige Selbstreflexion wurde durch diesen Teamworkshop zum wichtigen Parameter für die angemessene und professionelle Gestaltung von Nähe und Distanz in der gelebten pädagogischen Beziehung im Internat.

Es wäre fatal zu meinen, man könnte oder sollte die pädagogische Beziehung aufgeben. Unsere Schule und ihre Konzeption sowie die SchülerInnen würden Schaden daran nehmen. Es kommt auf die Gestaltung an und die unterliegt pädagogisch-ethischen Massgaben, die in unserer Schule erneut konkretisiert wurden. Diese geben einen professionsorientierten Rahmen, der zugleich eine prophylaktische Massnahme darstellt.

Selbstreflexion und Vertrauen spielen hierbei eine grosse Rolle. Und es braucht gleichzeitig deren Kehrseite, nämlich die der Kontrolle. Alle MitarbeiterInnen unterschreiben eine Selbstverpflichtung für ihr eigenes Handeln und verpflichten sich ausserdem dazu, allfällige Auffälligkeiten in der Beziehung zwischen Jugendlichen und Erwachsenen der Leitung zu melden. Die engen Lebenszusammenhänge zwischen den MitarbeiterInnen im Internat dürfen zu keiner falsch verstandenen Solidarität führen.

Thomas Häcker

Portfolio – ein Medium zur Optimierung und Humanisierung des Lernens

> „Man kann nicht die eigene Selbstbestimmung erweitern,
> indem man von anderen gesteckte Ziele verfolgt."
> (Holzkamp 1997, S. 130)

Einleitung

Der Begriff der Selbststeuerung (bzw. des selbstgesteuerten Lernens) ist in den vergangenen dreißig Jahren in Deutschland gegenüber dem Begriff der Selbstbestimmung deutlich in den Vordergrund getreten. Mit dem Interesse am selbstgesteuerten Lernen ist auch das Interesse an Instrumenten und Medien deutlich gestiegen, die, wie z.B. das Portfolio, Lerntagebücher Lernjournale usw., in dem Ruf stehen, solches selbstgesteuerte Lernen zu fördern.
Die Annahme, selbstgesteuertes Lernen sei gleichzusetzen mit einer emanzipatorischen Erziehung, wäre allerdings kurzschlüssig. Das Einräumen von Selbststeuerung folgt nicht notwendig der pädagogischen Idee, menschliche Emanzipation und personale Selbstbestimmung zu fördern. Das Einfordern von Selbststeuerung steigert unter Umständen sogar die Fremdbestimmung im Lernprozess. Es ist notwendig, die Begriffe Selbst*steuerung* und Selbst*bestimmung* gegeneinander abzugrenzen. Erst dann wird verstehbar, weshalb eine einseitige Betonung der Selbststeuerung im Lernen – wenn sie zu Lasten von Möglichkeiten der Selbstbestimmung geht – problematisch ist: wegen des damit verbundenen Verlusts von Lernsinn trägt sie dazu bei, gerade diejenigen (vor allem motivationalen) Probleme schulischen Lernens zu verschärfen, zu deren Lösung sie beitragen soll. Der große Verdruss, der sich in der Praxis bei der Arbeit mit Portfolios oftmals sehr schnell einstellt, erscheint dann als erwartbare Folge des Versuchs, Portfolios zur Förderung von Selbststeuerung in weitgehend fremdbestimmten Lernprozessen zu (be-)nutzen.

Selbstbestimmung versus Selbststeuerung – ein pädagogisches Grunddilemma

Obwohl die historisch überlieferten Normen der Aufklärung, *Mündigkeit* und *Emanzipation* nicht zwingend logisch begründet werden können, stellt *Selbstbestimmung* in der Schul-Pädagogik dennoch ein konsensfähiges Ziel dar. So wird die Fähigkeit zur Selbstbestimmung in nahezu allen didaktischen Ansätzen als Merkmal eines gebildeten Menschen betrachtet und zu einem Maßstab didaktischen Denkens und Handelns gemacht. Allerdings bleiben die meisten didaktischen Ansätze hinsichtlich von Handlungsempfehlungen bezüglich der Selbstbestimmung eher vage und zurückhaltend.

An der Bielefelder Laborschule wurden hinsichtlich der Frage, worauf sich Selbstbestimmung im Lernen bezieht, von Anfang an zwei unterschiedliche Grundauffassungen vertreten: im einen Fall wurde Selbstbestimmung an die *Selbstwahl der Inhalte*, d.h. an die *Einbeziehung der Schülerinteressen* in den Unterricht geknüpft, im anderen an die *Bestimmung der Lernformen und Methoden* durch die Lernenden (vgl. Büttner & Rosenbohm, 1977). Im Folgenden wird in diesem Sinne zwischen Selbst*bestimmung* (als Mitbestimmung im Lernen, die thematisch-inhaltliche Aspekte einschließt) und Selbst*steuerung* (als Mitbestimmung im Lernen, die sich auf regulativ-operative Aspekte bezieht) unterschieden. Die Trennlinie zwischen Selbst*bestimmung* und Selbst*steuerung* liegt demnach ‚unterhalb' der inhaltlich-thematischen Entscheidungsoptionen (vgl. Abb. 1).

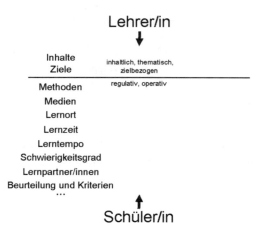

Abb. 1: Die Trennlinie zwischen Selbst*bestimmung* und Selbst*steuerung*

Das Konzept der Selbst*steuerung* scheint ein Dilemma zu lösen, denn sie gewährt beides gleichzeitig: die verlässliche Erreichung vorbestimmter Lernziele einerseits und eine gewisse Mitbestimmung beim Lernen andererseits.
Auf der praktischen Ebene ist es tatsächlich schwierig und aufwändig, weit reichende Mitbestimmung im Lernen umzusetzen. Spätestens zu Anfang der 1980er Jahre führte dies zu der verbreiteten pragmatischen Einschätzung, dass die schulischen Möglichkeiten zur Herbeiführung von Emanzipation vergleichsweise gering seien.
Die Konjunktur des Begriffes der Selbststeuerung ist nicht verwunderlich: der Zielkonflikt, in den Lehrpersonen durch die gleichzeitige Forderung nach *Selbstbestimmung* und *Zielerreichung* geführt werden, kann scheinbar durch die Entkoppelung des *thematischen* von *operativen* Aspekten einerseits und die Beschränkung der Mitbestimmung auf die regulativ-operativen Aspekte des Lernens andererseits gelöst werden. Die grundlegende und prekäre Frage nach dem Verhältnis von Fremd- und Selbstbestimmung wird in dieser Variante allerdings zugunsten eines hohen Maßes an Fremdbestimmung im Lernen beantwortet. Wer Fremdbestimmung als Möglichkeit im Bildungsprozess einräumt, muss auf die für die moderne Pädagogik seit dem Ende des 18. Jahrhunderts grundlegende und nach wie vor ungelöste Frage, wie aus Heteronomie im Bildungsprozess Autonomie wird, Antworten geben. Darum kümmern sich die Theoretiker/innen der Selbststeuerung allerdings auffallend wenig.
Inwiefern ist dies alles für die Arbeit mit Konzepten wie der Portfolioarbeit von Interesse?

Zur Bedeutung thematischer und inhaltlicher Selbstbestimmung für den Lernprozess

Lernprozesse setzen die *aktive Übernahme* der Lernproblematik durch die Lernenden selbst voraus. Eine solche Übernahme kommt allerdings nur dann zustande, wenn die Lernenden antizipieren, dass die Beschäftigung mit den Lerngegenständen aus ihrer Sicht Sinn macht. *Sinn* machen Lernhandlungen aber erst dann, wenn Lernende Anknüpfungsmöglichkeiten bezogen auf ihre jeweils eigenen Perspektiven sehen, d.h. bezogen auf das, was aus ihrer Lebensperspektive von Bedeutung ist. Der Zusammenhang von *Sinn, Bedeutung* und *Lebensperspektive* stellt demnach eine unabdingbare Voraussetzung für nachhaltiges Lernen dar (vgl. Rihm 2004, S. 16). Von selbstbestimmtem Lernen kann daher nur dann gesprochen werden, wenn alle drei Entscheidungen eines Lernaktes vom Lernsubjekt selbst getroffen werden:
1. Die Bestimmung des Lerngegenstandes und der Ziele,
2. die Ableitung operativer Aspekte des Lernprozesses sowie
3. die Bestimmung des Abschlusses des Lerngeschehens.

Bezogen auf schulische Bildungsprozesse ergibt sich aus dem Anspruch auf Selbstbestimmung im Lernen eine *wechselseitige Abhängigkeit* von Lehrer/innen und Schüler/innen: Während einerseits Lehrende weder die Lebensbedeutsamkeit von Inhalten für die Lernenden antizipieren noch die Lebensperspektiven der Lernenden stellvertretend bestimmen können, wissen andererseits Lernende (dies würde ihren Status als Lernende überhaupt ausmachen) nicht, was das von ihnen aus ihrer Lebensperspektive heraus Artikulierte auf dem Hintergrund des gesellschaftlich Allgemeinen bedeutet. Hierfür benötigen die Lernenden die Lehrenden. Anders formuliert: Lehrende bedürfen der Lernenden wegen des Bedeutungsaspekts und Lernende der Lehrenden wegen des Verallgemeinerungsaspekts.

Portfolioarbeit zwischen Optimierung und Humanisierung

Die Beobachtung, dass Portfolios in der Praxis derzeit von Lehrpersonen in allen Bereichen des Bildungssystems aufgegriffen, dann aber oft schnell wieder enttäuscht fallen gelassen werden, stimmt ebenso nachdenklich wie der große Portfolio-Verdruss, der sich bei Schüler/innen und Studierenden oftmals bereits nach kurzer Zeit breit macht. Der Verdacht liegt nahe, dass Portfolios – wie die meisten anderen Lernmedien auch – benutzt werden, um vorbestimmte Lernergebnisse sicher zu stellen und Lernende auf eine ‚sanftere', dafür aber umso umfassendere Weise zu kontrollieren (vgl. Rihm 2004, S. 13). Wenn Schüler/innen in der Schule zwar Selbststeuerung des Lernens zugestanden, Selbstbestimmung dagegen verweigert wird, es also zu einer Entkoppelung des *thematischen* von den *operativen* Aspekten des Lernens kommt, leistet dies der weiteren Entleerung von Lernsinn in der Schule Vorschub. Dieses kann sich im empirisch gut belegten Zweifel vieler Schüler/innen am Sinn und Anwendungsbezug schulischen Lernens ebenso manifestieren wie in einer *inhaltsindifferenten Leistungshaltung* bzw. einer *bürokratischen Arbeitshaltung*. Motivationale Probleme, Widerstände und andere bekannte Begleitphänomene schulischen Lernens lassen sich nicht durch den Einsatz von Portfolios beheben. Im Gegenteil: Es besteht die Gefahr ihrer Verschärfung, wenn der Einsatz von Portfolios verordnet wird und aus der Sicht der Lehrenden ausschließlich der Optimierung operativer Aspekte des Lernens dient.

Schule muss dem Anspruch auf *Bildung* gerecht werden, d.h., „den Menschen durch Bildung zum Subjekt seiner Handlungen, zum Herrn über die Verhältnisse zu machen" (von Hentig 1996, S. 163). Daher muss sie erstens neben dem unabweisbar nötigen *Lernen an vorgegebenen Themen* auch systematisch ein *Lernen unter thematischer Selbstbestimmung* ermöglichen. Zweitens muss sie dazu beitragen, dass die Schüler/innen zunehmend realistischer die jeweils gegebenen Möglichkeiten und Beschränkungen des eigenen Lernens aufklären und einschätzen können.

Das Portfolio stellt zweifellos eine Methode dar, mit Hilfe derer Selbststeuerung im Lernen gefördert werden kann. Eine Festlegung der Portfolioarbeit auf ihren möglichen Beitrag zur Förderung von Selbststeuerung unterschlägt allerdings den emanzipatorischen Impetus, der der Portfolioarbeit von Anfang an eigen ist: Das Portfolio ist ein *Reforminstrument* in dem Sinne, dass es dem üblicher Weise in der Schule verabsolutierten Prinzip der fremdbestimmten Leistungs*feststellung* das Prinzip einer mehr oder weniger selbstbestimmten Leistungs*darstellung* gegenüberstellt (vgl. Häcker, 2005a) und damit dem emanzipatorischen Grundgedanken Geltung verschafft, dass eine Beurteilung von Lernleistungen ohne die Verbindung von Fremdbeurteilung und Selbstbeurteilung unangemessen ist. Die mit dem Portfolio gegebene Möglichkeit, eigene Kompetenzen anhand selbst ausgewählter Leistungsprodukte darstellen zu können, anstatt durch Ziffernnoten, hat manche Autoren dazu gebracht, von einer ‚kopernikanischen Wende' in der Leistungsbeurteilung sprechen (vgl. Vierlinger, 2002).

Das Portfolio als Instrument der Lernprozesseinschätzung

Die Beobachtung eigener Lernaktivitäten gilt als bedeutsamer Bestandteil des selbstgesteuerten Lernens. Selbstbeobachtung, Selbstbeurteilung und Metakognition bilden wesentliche Voraussetzungen dafür, die eigene Aufmerksamkeit zu kontrollieren, Lernstrategiewissen aufzubauen und so das eigene Lernen besser steuern zu können.
Gezielte Reflexionen über das eigene Lernen sind auch das Herzstück des Portfolioprozesses. Sie begründen vor allem das große Interesse von Lehrenden an diesem Lernmedium. Reflexionen finden während des gesamten Entstehungsprozesses des Portfolios statt. Um sie zu unterstützen, werden in der Portfolioarbeit vielfältige Beratungsszenarien angeboten, Vorworte und Nachworte geschrieben sowie ‚Spielregeln' eingeführt. Das eigene Lern- und Arbeitsverhalten sowie die Lernergebnisse werden immer wieder kriterienbezogen reflektiert. Ziel- oder Interessenänderungen, aber auch Irr- und Umwege im Lernprozess werden in Portfolios nachvollziehbar und geben dem eigenen Lern- und Erkenntnisprozess gegebenenfalls eine neue Richtung. Entsprechende aussagekräftige Notizen, Dokumente und Unterlagen werden im Portfolio gesammelt. Die abschließende Selbstbeurteilung bzw. Selbsteinschätzung der Qualität der eigenen Arbeit erfolgt an Hand von Kriterien, die allen am Lehr-Lern-Prozess Beteiligten bekannt sind (Transparenz). Dem partizipativen Anspruch des Portfolioansatzes entsprechend müssen die Lernenden an der Erstellung der Beurteilungskriterien beteiligt werden (vgl. Paulson et al. 1991). Die gemeinsame Erstellung solcher Beurteilungsraster fördert eine Kommunikation zwischen Schüler/innen und ihren Lehrpersonen, bei der die Standards, die in der jeweiligen Lerngruppe und dem jeweiligen Fach eingehalten

werden sollen, gemeinsam festgelegt und geklärt werden (vgl. Dumke & Häcker 2003). Diese geben dem eigenen Lernen Orientierung und sind daher von großer Bedeutung für das selbstgesteuerte Lernen.

Reflexionen dürfen sich allerdings nicht ausschließlich auf die operativen Aspekte des Lernens beschränken. In ihrer Einseitigkeit laufen solche Reflexionen Gefahr, die Frage der Qualität von Lernergebnissen individualistisch zu verkürzen: Sie blenden die konkreten situativ-institutionellen Lernbedingungen aus und betreiben damit einseitig die *Perfektionierung individuellen Lernhandelns*. Weil die Qualität von Lernergebnissen aber in einem komplexen Zusammenspiel zwischen der *Qualität des Angebots* und der *Qualität seiner Nutzung* entsteht (vgl. Fend 1981; Helmke 2004), führt die Ausblendung der *situativen Lernbedingungen* bei der Beurteilung der Qualität von Lernergebnissen in der Konsequenz zu einer Ausblendung der Frage der Qualität des Lernangebotes. In schulischen Lehr-Lern-Kontexten wird bei der Beurteilung von Lernergebnissen in der Regel *nicht* gefragt, ob die Lernenden Gelegenheit hatten, herauszufinden, *wie* sie am besten lernen, ob sie bei ihrem Lernen angemessen *unterstützt* wurden, ob sie in ihrem *eigenen Tempo* lernen konnten, ob sie Lern*ort*, *-zeitpunkt* und die *-partner* wählen konnten usw.. Im schulischen Alltag kommt es in der Regel nicht zu einer gemeinsamen *Einschätzung der Qualität der Lernergebnisse unter Berücksichtigung der Lernbedingungen*.

Der mögliche Sinn von Reflexion über den eigenen Lernprozess und seine Resultate, nämlich eine *Lernprozesseinschätzung* vorzunehmen und die für ein besseres Lernen gegebenenfalls notwendigen Veränderungen gemeinsam vorzunehmen oder einzufordern, wird durch die Ausblendung der situativ-institutionellen Lernbedingungen unterlaufen. Wo die Reflexion des eigenen Lernprozesses in der Portfolioarbeit verordnet, individualistisch verkürzt und obendrein noch bewertet wird, werden Portfolios darüber hinaus – dies zeigt sich in der Praxis – schnell zu einem weiteren Instrument der schulischen Täuschungskultur, neigen Schüler/innen dazu, Portfolioarbeit im Stile *formaler Anforderungserfüllung* zu betreiben (vgl. Häcker 2006, S. 260ff.). Wird das Portfolio von Schüler/innen als ein Mittel der Steigerung von Kontrolle und der Ausweitung der schulischen *Totalität des Bewertens* (Holzkamp 1995, S. 379) wahrgenommen, entsteht eine eigene Art von Prosa, die man in Abwandlung eines Begriffes von Holzkamp als „defensives Reflektieren" (Häcker 2005b, S. 7) bezeichnen könnte: Die Reflexion dient dann nicht der Erweiterung von Möglichkeiten, sich die Welt lernend zu erschließen, sondern der Abwehr möglicher negativer Konsequenzen, die eine Verweigerung der verordneten Reflexion nach sich ziehen könnte. Das *Täuschen* kann hier als verdeckte „Gegenstrategie" (Holzkamp 1993, S. 452 u. S. 461) der Schüler/innen betrachtet werden, als Versuch, sich dem schulischen *Bewertungsuniversalismus* zu entziehen.

Portfolioarbeit, die eine Lernprozesseinschätzung unterstützt, sich gleichzeitig aber nicht an der skizzierten ideologischen Produktion von Erfolg und Misserfolg beteiligen will, muss der *Tendenz zur Ausblendung der Kontexte* entgegenwirken. Sofern sie den Situationsbezug des (Lern-)Handelns, d.h. dessen *institutionelle Vermitteltheit* betont, ohne gleichzeitig die *Verantwortlichkeit der Lernenden* für ihr Lernen darüber in Abrede zu stellen, muss sie mehrere Ebenen in ihre Reflexionen einbeziehen (vgl. Tab. 1):

Tab. 1: Einschätzung der Qualität der Lernergebnisse unter Berücksichtigung der Lernbedingungen

Portfolioarbeit dient der Reflexion förderlicher und hinderlicher Aspekte ...
1. ... des eigenen Lern-, Lehr- und Arbeitsverhalten,
2. ... des Lehr-Lern-Arrangements,
3. ... des institutionellen Kontextes.

Der Begriff der *Lernprozesseinschätzung* beruht dann auf einer Erweiterung des Blickwinkels von der rein operativen Seite auf den gesamten Lernprozess: Das Lehr-Lern-Arrangement und der institutionelle Kontext, innerhalb derer das Lernen stattfindet, kommen in den Blick, eine Voraussetzung dafür, die Lage, in der ich mich als Lernende(r) befinde und damit zugleich meine Selbstbestimmungsmöglichkeiten einschätzen zu können.

Eine Lernprozesseinschätzung beinhaltet zweierlei: Zum einen die individuelle und gemeinschaftliche Einschätzung von Lernprozessen und Lernresultaten durch alle am Lern-Lehr-Prozess Beteiligten, zum anderen die kooperative Veränderung der Lernbedingungen. Beides sind wesentliche Voraussetzungen jeder Unterrichtsentwicklung. Das Portfolio kann als Grundlage solcher Reflexionen Entwicklungsprozesse auf allen drei Ebenen unterstützen. Als *Medium der kritischen Analyse von Lernsituationen* kann ein Lernportfolio absichtsvoll und systematisch evaluativen Zwecken und damit der pädagogischen Qualitätsentwicklung und -sicherung von Unterricht dienen (vgl. Häcker 2004; Rihm 2004).

Portfolioarbeit aus der Perspektive von Schüler/innen

Im Rahmen von Interviews mit Schüler/innen 7. Klassen (HS u. Gy) zur Portfolioarbeit (vgl. Häcker 2006, S. 223ff.) wurden verschiedene Einschätzungsfragen gestellt, zu denen Ankreuzmöglichkeiten auf einem Protokollbogen bestanden. Zwei Fragen richteten sich auf den empfundenen Schwierigkeitsgrad und die

Nutzung des Portfolios im Rahmen der Projektarbeit:
1. »Die Aufgabe, ein Portfolio schreiben zu müssen, ist…« (Ankreuzmöglichkeiten: zu leicht, leicht, gerade richtig, schwer, zu schwer)
2. »War es für dich persönlich sinnvoll, ein Portfolio anzulegen?« (Ankreuzmöglichkeiten: Nein, Ja, Weiß nicht)

In den zwei 7. Klassen schätzten übereinstimmend etwa zwei Drittel der Schüler/innen den Schwierigkeitsgrad der Aufgabe, ein Portfolio zu schreiben (Frage 1), subjektiv als „gerade richtig" ein, während jeweils knapp ein Viertel der Klassen die Anforderung als „schwer" bezeichnete. Jeweils drei Schüler/innen in beiden Klassen kennzeichneten die Aufgabe, ein Portfolio zu schreiben, als „zu schwer". Über beide Klassen hinweg wurde damit die Erstellung eines Portfolios im projektorientierten Unterricht damit als eine anspruchsvolle Aufgabe wahrgenommen.

Schularttypische Akzeptanzunterschiede
Das Portfolio förderte aus der Sicht der Schüler/innen beider Klassen das *inhaltlich-thematische Lernen*, aber auch das Lernen auf sozialer und persönlicher Ebene sowie im Bereich dynamischer Fähigkeiten. Unterricht mit Portfolios wurde als anregend empfunden. Portfolios förderten die Wahrnehmung prozessualer Aspekte des eigenen Lernens (*einen Lernfortschritt sehen*) und die Reflexion über die eigene Arbeit (*Bewusstmachung, Nachdenken*). Mit dem Portfolio wurde die Annahme verbunden, das darin enthaltene Wissen könne auch für später noch eine Bedeutung haben. Schließlich verringerte das Arbeiten mit Portfolios im Unterricht die Angst aus Sicht der Schüler/innen, wie folgender Interviewausschnitt einer Siebtklässlerin aus der Hauptschule verdeutlicht:

> »Im Unterricht ist das wie auf einer Bühne, alle sehen her, man steht auf der Bühne und hat oft Angst. Beim Portfolio ist das anders: Man muss sich nicht melden, man kann schreiben, was man will, wenn etwas falsch ist, dann erfährt man das in der Lehrerberatung – das ist nicht so schlimm – als vor der Klasse.«

Als *nicht sinnvoll* wurde das Portfolio von Schüler/innen empfunden (Frage 2) wenn aus ihrer Sicht der *Freiraum* zu stark *eingeschränkt* war, wenn sie selbst nicht *konsequent* am *Arbeiten* waren (wobei damit *konsequentes Arbeiten* als Voraussetzung für gelingende Portfolioarbeit betrachtet wurde) oder ihnen das *Portfolio* für den entsprechenden Lernprozess nicht als *zwingend notwendig* erschienen war. Ein zu *hoher Zeit- und Arbeitsaufwand, Kollisionen mit anderen schulischen Anforderungen* sowie der Zweifel daran, dass Portfolioarbeit eine wirkliche *Bedeutung* für die eigene *Zukunft* habe, ließ Portfolioarbeit als *nicht sinnvoll* erscheinen. Darüber hinaus verhinderten *Sprachprobleme* und die Tatsache, dass man bei der Erstellung eines Portfolios sehr viel *schreiben* muss (schriftsprachlich-reflexive Orientierung), seine Erstellung sinnvoll finden zu können.

In der Hauptschulklasse standen *operativ-lernstrategische Stärken* des Portfolios und die damit verbundene Erleichterung des eigenen Lernens an erster Stelle der Begründungen dafür, weshalb die Schüler/innen es sinnvoll fanden, Portfolios zu erstellen. Dem folgten unmittelbar das *Interesse am Thema* und der *anregendere Unterricht*. In der Gymnasialklasse waren es in erster Linie der höhere Lerneffekt, die Verbesserung operativer Aspekte des eigenen Lernens sowie der mit der Portfolioarbeit zugleich anregender gewordene Unterricht, die seine große Akzeptanz begründeten. Die deutlich größere Akzeptanz des Portfolios in der Hauptschulklasse könnte damit zusammenhängen, dass hier einige Schüler/innen im Portfolio *eine ihnen gemäße Lernstrategie* entdeckt haben, womit der Aspekt der Optimierung des Lernens hier noch etwas stärker hervortritt als bei den Gymnasiasten.

Von der Selbststeuerung über die Mitbestimmung zur Selbstbestimmung?
Am Ende des zweiten Jahres im Rahmen eines wissenschaftlich begleiteten Portfolioprojektes verfügten zwei mittlerweile 8. Klassen (Hauptschule und Gymnasium) über ein vergleichbares Maß an Erfahrungen in der Arbeit mit Portfolios im projektorientierten Unterricht. Da die beiden Klassen im Verlaufe des Projektes „neugierig" aufeinander geworden waren und Interesse an einem Erfahrungsaustausch signalisierten, nutzte das Forschungsteam diese Gelegenheit im Rahmen seiner rollenden Planung zur Durchführung einer Gruppendiskussion (vgl. Häcker 2006, Kap. 6.5).
In der Diskussion nennen die Schüler/innen notwendige Rahmenbedingungen (Voraussetzungen) und Erfahrungen mit der Portfolioarbeit. Die Vorzüge der Arbeit mit Portfolios erstrecken sich auf die Bereiche
- der Lernökonomie (einfacher, schneller, effektiver lernen und länger behalten),
- der Selbständigkeit (man wird selbständig),
- der Selbstreflexion (über sich selbst nachdenken),
- des Lernklimas (man wird nicht wie sonst durch das Thema durchgeschoben) sowie
- der Darstellbarkeit von Prozessaspekten (man sieht die Arbeit).

Als *Rahmenbedingungen* wurden Aspekte genannt, die den didaktischen Kategorien der
- Individualisierung (im eigenen Tempo arbeiten, Zeit selbst einteilen, in eigenen Schritten lernen, aussuchen, wie man lernt) und der
- thematischen Selbstbestimmung (aussuchen, was man lernt) zuzuordnen sind.

Das Ende der Gruppendiskussion war durch eine Quasi-Beratungssituation geprägt. Der externe Moderator bat die Schüler/innen um Tipps für die Fort- und Weiterbildung von Lehrer/innen, die gerne mit Portfolios arbeiten wollen. Diese Sequenz der Gruppendiskussion ließ sich inhaltsanalytisch in fünf Kategorien zu-

sammenfassen. Die von den Schüler/innen gegebenen Ratschläge beziehen sich auf die Notwendigkeit:
1. der Klärung ressourcenmäßiger Voraussetzungen als Grundlage der Entscheidung für bzw. gegen den Einsatz von Portfolios,
2. der Schaffung stundenplanmäßiger Voraussetzungen,
3. der Koordination zwischen den in der Klasse unterrichtenden Lehrer/innen,
4. des Einbezuges der Schüler/innen und der Erweiterung von deren Entscheidungsmöglichkeiten sowie
5. der Klärung psychologischer Voraussetzungen offener Aufgabenstellungen.

Die Schüler/innen bezogen nicht nur die Frage notwendiger Ressourcen (*Zeit*) und institutioneller Rahmenbedingungen (*passender Stundenplan, Koordination der Lehrer/innen*) in ihre Beratung ein, sondern plädierten auch für den Verzicht auf den Methodeneinsatz („*es lieber lassen*") für den Fall, dass die notwendigen Ressourcen *nicht* zur Verfügung stehen. Lehrpersonen müssten sich zudem innerlich darauf einstellen und damit umgehen lernen, dass bei offenen Aufgabenstellungen Ergebnisse anders aussehen können, als sie dies erwarten.

Dialektik der Selbstbestimmung

Wenn Lernende ihren eigenen Lernprozess (z.B. in Portfolios) reflektieren, entsteht bzw. zeigt sich ein Wissen über die widersprüchliche Lage, in der sie sich bei schulisch organisiertem Lernen oftmals befinden. Dieses Wissen, als Kenntnis der förderlichen und hinderlichen Bedingungen des eigenen Lernens, ist eine wesentliche Voraussetzung für die Realisierung selbstbestimmten Lernens. Denn nur auf der Grundlage dieser Kenntnis können Lernende Verfügung über notwendige *Lern*bedingungen einfordern. Um ihrerseits Selbstbestimmung realisieren zu können, müssen sich Lehrpersonen ihres widersprüchlichen Verhaltens erstens bewusst werden und zweitens dessen gesellschaftliche Vermitteltheit und Begründetheit erkennen, um dazu dann selbst begründet Stellung nehmen und ihrerseits Verfügung über notwendige *Lehr*bedingungen einfordern zu können.
Wenn das vorhandene Wissen darüber, was das Lernen auf individueller, unterrichtlicher und institutioneller Ebene fördert beziehungsweise behindert, zur Weiterentwicklung des eigenen Lernens, des Lehr-Lern-Arrangements sowie institutioneller Prozesse genutzt werden soll, bedarf es erstens Prozessen gemeinsamer Reflexion über Möglichkeiten und Beschränktheiten des eigenen Handelns (Holzkamp 1996, S. 98) zwischen allen am schulischen Lernen Beteiligten und zweitens eines systematischen ‚Ortes' im Unterricht bzw. in der Schule, an dem diese stattfinden kann.

Schluss

So sehr die Arbeit mit Portfolios auch auf der Ebene von Einsichten Voraussetzung für selbstbestimmtes Lernen fördern kann, so wenig darf übersehen werden, dass Portfolioarbeit per se die grundständigen Funktionswidersprüche des Systems Schule nicht aufzulösen vermag. Sie macht diese mitunter eher noch deutlicher sichtbar. Das Portfolio kann gleichermaßen eine *systemstabilisierende*, wie eine *reformorientierte* Funktion erfüllen. Es kann sowohl eine andere Kultur des Umganges mit Lernen und Leistungen in der Schule begründen bzw. Voraussetzungen für ihre mögliche Veränderung schaffen, als auch lediglich die bestehenden Verhältnisse aushaltbar und fortsetzbar machen.

Die Arbeit mit Portfolios – so zeigt sich in der Praxis – kann wertvolle Beiträge zum Aufbau eines gemeinsamen Wissens darüber leisten, was das Lernen in der Schule auf individueller, unterrichtlicher und institutioneller Ebene fördert beziehungsweise (be-)hindert. Dieses (Kontext-)Wissen ist in hohem Maße selbstbestimmungsrelevant, weil die Möglichkeit, selbstbestimmt zu lernen, die Kenntnis der Lage voraussetzt, in der sich Lernende befinden. Es kann wiederum auf allen drei Ebenen zur Weiterentwicklung des eigenen Lernens, des Lehr-Lern-Arrangements sowie institutioneller Prozesse genutzt werden. Der Aufbau und die Nutzung solchen Wissens kann ein erster Schritt auf dem Weg sein, thematische Selbstbestimmung im Unterricht zu stärken, d.h. eigene Lerninitiativen anzeigen und realisieren zu können. Die Frage, ob Lernen an fremdgesetzten oder selbstbestimmten Themen stattfindet, liegt auf einer grundsätzlicheren Ebene als die nachgeordnete Frage des Einsatzes von Portfolios. Ob Portfolios neben der *Optimierung* von Lernprozessen auch zu ihrer *Humanisierung* beitragen können, entscheidet sich an der Frage, ob subjektive Lerngründe in der Schule anerkannt werden und entsprechend geltend gemacht werden können. Weitgehend offen ist dabei allerdings, welche Voraussetzungen seitens der Lehrer/innen und der Institution gegeben sein müssen, um sich auf eine solche Verständigung und damit auf eine dialogische Weiterentwicklung des Lernens und des Unterrichts einzulassen.

Literatur

Büttner, G. & Rosenbohm, V. (1977). Selbstbestimmung der Schüler. In G. v. Alten, G. Büttner, G. Everts, R. Görlich, C. Haux, K. Heidenreich, E. Naumann, L. Peter, V. Rosenbohm & A. Scheer (Hrsg.), *Laborschule Bielefeld: Modell im Praxistest. Zehn Kollegen ziehen ihre Zwischenbilanz.* (S.157-176). Reinbek bei Hamburg: Rowohlt.

Dumke, J., & Häcker, T. (2003). Standards, die Schüler entwickeln? *Lernende Schule, 6* (24), 48-53.

Fend, H. (1981). *Theorie der Schule.* (2. durchges. Aufl.). München, Wien und Baltimore: Urban und Schwarzenberg.

Häcker, T. (2004). Selbstbestimmung fördern. Portfolioarbeit in Schreib- und Lesezentren. In Gerd Bräuer (Hrsg.), *Schreiben(d) lernen. Ideen und Projekte für die Schule.* (S.144-158). Hamburg: edition Körber-Stiftung.

Häcker, T. (2005a). Mit der Portfoliomethode den Unterricht verändern. *Pädagogik, 57* (3), 13-18.

Häcker, T. (2005b). Portfolio als Instrument der Kompetenzdarstellung und reflexiven Lernprozesssteuerung. *bwp@ - Berufs- und Wirtschaftspädagogik online*. Heft 8, Online in Internet: URL: http://www.bwpat.de/ausgabe8/haecker_bwpat8.pdf. [Stand 31-10-2005].

Häcker, T. (2006). *Portfolio: ein Entwicklungsinstrument für selbstbestimmtes Lernen. Eine explorative Studie zur Arbeit mit Portfolios in der Sekundarstufe 1*. Baltmannsweiler: Schneider Verlag Hohengehren.

Helmke, A. (2004). *Unterrichtsqualität. Erfassen, bewerten, verbessern*. (2.Aufl.). Seelze: Kallmeyer.

Hentig, H. v. (1996). *Bildung. Ein Essay.* München: Hanser.

Holzkamp, K. (1993). *Lernen. Subjektwissenschaftliche Grundlegung*. Frankfurt am Main;New York: Campus.

Holzkamp, K. (1995). *Lernen. Subjektwissenschaftliche Grundlegung. Studienausgabe*. Frankfurt am Main; New York: Campus.

Holzkamp, K. (1996). Manuskripte zum Arbeitsprojekt ‚Lebensführung': Die wissenschaftssprachlichen Grundlagen der Psychologie. *Forum Kritische Psychologie*, (36), 75-112.

Paulson, F. L., Paulson, P. R., & Meyer, C. A. (1991). What Makes a Portfolio a Portfolio? Eight thoughtful guidelines will help educators encourage self-directed learning. *Educational Leadership, 48* (5), 60-63.

Rihm, T. (2004). Portfolio: Baustein einer neuen Lernkultur? *Informationsschrift zur Lehrerbildung, Lehrerfortbildung und pädagogischen Weiterbildung*, (67), 13-31 [Online in Internet URL http://www.ph-heidelberg/org/suschu].

Vierlinger, R. (2002). Die kopernikanische Wende in der schulischen Leistungsbeurteilung. *Grundschule*, (6), 22-24.

III. Organisation

Erika Risse

Reformpädagogik und Schulleitung

In der Diskussion über die Reformpädagogik wurde der Bereich der Schulleitung bisher wenig beachtet, folglich gibt es auch kein „System reformpädagogischer Schulleitung". Es gab zwar in der Geschichte der Reformpädagogik charismatische Personen, die Schulen gründeten und leiteten. Sie mit heutigen Schulleiterinnen und Schulleitern zu vergleichen, wäre aber absurd. Vor mehr als hundert Jahren gründeten solche Schulleiter Schulen als private Alternativen aus Protest gegen das öffentliche Schulwesen, heute sind reformpädagogische Ideen sowohl in den Schulen in freier Trägerschaft zu finden wie auch unter den öffentlichen Schulen. Auf jeden Fall sind sie Teil der Gesellschaft; ihr Protest bezieht sich – wenn überhaupt – auf Entwicklungen innerhalb der Gesellschaft, von der sie selbst Teil sind: Deshalb entstehen heute reformpädagogische Schulen auch nicht mehr fernab auf dem Lande, um Schülerinnen und Schüler vor einer „bösen Welt" zu schützen. Dies wäre auch angesichts der durch das Internet sich ausbreitenden globalisierten Kommunikation eine absurde Vorstellung.

Merkmale reformpädagogischer Schulen

Zunächst einmal sollte geklärt werden, was unter einer „Reformpädagogischen Schule" zu verstehen ist. Wer sich mit Reformpädagogik beschäftigt, weiß, dass unter dem Begriff „Reformpädagogik" eine Vielzahl pädagogischer Strömungen und Arbeitsansätze verstanden wird. Es gibt jedoch einige unhintergehbare Kriterien in der Praxis, die alle reformpädagogischen Schulen kennzeichnen. Das Besondere solcher Schulen besteht darin, dass sich in Unterricht und Schulleben die folgenden Kriterien möglichst in ihrer Gesamtheit widerspiegeln. Damit wird eine bestimmte Haltung im Denken und Handeln sichtbar, welche die „Schulphilosophie" einer reformpädagogischen Schule ausmacht:

1. das Lernen vom Kinde und seiner Lebenswelt aus
2. eine kindzugewandte Haltung aller Erwachsenen in der Schulgemeinde
3. das Klima einer positiven Beziehungskultur ohne Druck und die Möglichkeit zu Nähe und Bindungen
4. der Umgang mit Heterogenität aufgrund der Erkenntnis, dass es keine homogenen Lerngruppen geben kann

5. die Individualisierung des Lernens sowie die Erkenntnis und Akzeptanz, dass Lernen immer konstruktivistisches Lernen ist
6. die Gestaltung der Schule als Leistungsschule, in der die Stärken der Schülerinnen und Schüler im Mittelpunkt stehen und Leistungen aus einem ganzheitlichen Denken heraus in vielfältiger Weise erbracht und bewertet werden können
7. das Erlebnis einer Gemeinschaft, das Wissen um soziale Regeln, die Notwendigkeit von Kooperation und das Lernen in einer und für eine Demokratie
8. die Rolle des Lehrers als Lernbegleiter und Lerncoach
9. die Akzeptanz des Raumes als „Dritten Erzieher" und die Gestaltung einer kindgemäßen und lernfördernden Umgebung
10. die Öffnung von Schule und die Zusammenarbeit mit außerschulischen Partnern
11. die kontinuierliche Orientierung an einer besseren Zukunft

Die Aufzählung dieser Kriterien zeigt, wie komplex es ist und welcher Professionalität es bedarf, eine Schule, die sich in diesem Denkhorizont bewegt, zu verwalten und zu führen.

Bestimmte persönliche Voraussetzungen für die Leitung einer Schule mitbringen

Gibt es eine besondere Spezies unter heutigen Schulleiterinnen und Schulleitern, die man insbesondere reformpädagogisch orientierten Schulen zuordnen kann? Sicher tragen sie nicht mehr, wie Paul Geheeb vor hundert Jahren, Rauschebärte, Knickerbockerhosen und Sandalen an bloßen Füßen, sicher kommen auch nicht alle aus der Studentenbewegung der 68er und sind als solche mit langen Haaren und Schlabberjeans zu erkennen. Aber wenn es sie gibt, was zeichnet sie aus? Gemeinsam mit den sogenannten Gründungsschulleitern der Reformpädagogik haben sie sicher den kritischen Blick für Realitäten in der Gesellschaft und in der Schulpraxis, haben den Mut und die Zivilcourage, die Rahmenbedingungen und Lernprozesse ihrer Schulen zu verändern, die mit einer reformpädagogischen Auffassung von Schule nicht vereinbar sind. Das Denken und Handeln von Schulleiterinnen und Schulleitern reformpädagogischer Schulen ist erfahrungsgemäß durch die folgenden Merkmale geprägt:
- Sie haben eine Vision von Schule, die den o.g. Kriterien der Reformpädagogik entspricht, und sie zeichnen sich aus durch Dynamik und Engagement, um ihrer Vision durch konkretes Handeln möglichst nahe zu kommen.
- Sie haben einen Blick und ausgeprägtes Verständnis für schülerorientiertes, lebensnahes, erfolgreiches und nachhaltiges Lernen und die dazugehörigen Me-

thoden und Lerninstrumente. Dafür müssen sie nicht nur die Lebenswelt ihrer Schülerinnen und Schüler wahrnehmen, sondern auch Kenntnisse über die Zusammenhänge des Lernens aus lernpsychologischer und neurobiologischer Sicht besitzen.
- Um die pädagogisch relevanten aktuellen Entwicklungen zu kennen, dürfen sie sich auch nicht scheuen, Kontakte mit anderen Schulen und Partnern ihrer Schule sowie der Wissenschaft und der Politik zu pflegen. Die Quelle ihrer Arbeit speist sich aus dem „Blick über den Tellerrand" und der Zugehörigkeit zu Netzwerken.
- Zu ihrer Auffassung der Schulleiterrolle gehört – und das mag sie insbesondere von anderen Schulleiterinnen und Schulleitern unterscheiden – ihr Denken und Handeln kontinuierlich zu reflektieren, es auf den Prüfstand zu stellen, nicht weil sie ständig Zweifel haben, sondern sie wollen Zusammenhänge wissen, fragen nach dem Warum und Wieso und unterstützen Regeln und Verfahren nur, wenn sie einen Sinn in ihnen sehen. Im Idealfall sind sie ihr eigener Coach (Miller 2011).
- Dazu brauchen sie die Mitarbeit aller Beteiligten, insbesondere die der Lehrerinnen und Lehrer. Schulentwicklung speist sich aus vielen Ideen; steile Hierarchien würden solche Ambitionen zunichte machen. Reformpädagogisch orientierte Schulleiterinnen und Schulleiter sind erfinderisch in der Entwicklung von Anreizsystemen für ihre Mitarbeiter und Mitarbeiterinnen und scheuen sich nicht vor den Anforderungen einer „Führungskraft als Coach".
- Wie die Lehrerinnen und Lehrer ihrer Schule haben sie deshalb einen regelmäßigen Bedarf an umfassender Fortbildung. Und genau wie die Kolleginnen und Kollegen in ihrer Schule sind sie Suchende, die sich gemeinsam mit ihren Mitarbeitern auf den Weg machen. Auch dazu nutzen sie Netzwerke.
- Sie haben keine Scheu, sich Qualitätsmessungen zu stellen, nicht weil sie der Meinung sind, besser als andere zu sein, sondern um aus Ergebnissen, seien es Erfolge oder Entwicklungsbedarfe, für sich und das System, das sie leiten, zu lernen.
- Sie betrachten ihre Schule als „lernende Organisation".

Dass sie auch „Manager" von Schulbetrieben sind, versteht sich von selbst, aber eben „pädagogische Manager". Management und pädagogische Führung sind zwei Seiten derselben Medaille.

Das Kollegialverständnis stärken

Schulentwicklung ist niemals die Sache einzelner. Wenn eine Schule sich kontinuierlich an einer besseren Zukunft orientieren soll, wenn die Lebenswelt der Kinder und Jugendlichen wahrgenommen werden und in die Schulentwicklung einfließen soll, dann kann nicht eine Schulleiterin oder ein Schulleiter das allein seligmachende Wissen dafür haben. Es ist wichtig, gute, innovative Ideen, die in den Köpfen vieler stecken, zusammenzutragen. Dies aber gelingt nur bei flachen Hierarchien, bei Kooperation aller Beteiligten.

Wie kann dies konkret aussehen? Eine demokratisch verfasste Schule hat immer ihre Gremien, in denen die Lehrerschaft, die Eltern und die Schülerinnen und Schüler bestimmte Mitbestimmungsrechte wahrnehmen können. Dies allein macht aber noch keine echte Demokratie aus; formale Entscheidungen sind wichtig, gewährleisten aber noch keine lebendige Schulgemeinschaft. Und doch kann eine dauerhafte Partizipation nicht abhängig sein von Zufällen und Einzelpersonen.

Deshalb ist es wichtig, Strukturen zu schaffen, in denen sich Menschen mit ihren Mitwirkungs- und Mitgestaltungsbedürfnissen wiederfinden. Dazu bilden die offiziellen Gremien den Rahmen, lassen aber nur gewählte Mitglieder zu und schließen andere engagierte Personen aus. Eine Möglichkeit zur Gegensteuerung ist es, neben die offiziellen Gremien Diskussionsrunden, Kreativgruppen oder Projektgruppen (PG) zu stellen, sie als ‚Braintrust' für neue Ideen zu etablieren, eine Arbeit, die eine Steuergruppe allein gar nicht leisten kann. Solche Projektgruppen widmen sich einem Thema und existieren auf Zeit, weil sie sich erübrigen, wenn ein Entwicklungsschwerpunkt die Entscheidungsphase erreicht hat. (s. Abb. – Terminologie aus NRW).

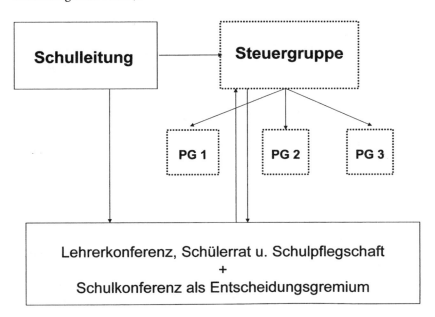

Dies „degradiert" den Schulleiter oder die Schulleiterin nicht zum bloßen Moderator; die Grafik zeigt deutlich die eigenständige Stellung der Schulleitung. Eine pädagogische Führung bedeutet, eine eigene klare Vision zu haben und gleichzeitig Machbarkeitsstrukturen zu kennen, dabei Argumenten gegenüber zugänglich zu sein, d.h. eigene Überzeugungen auf den Prüfstand stellen zu können und offen für Meinungsänderungen zu sein. Ein objektives Prüfkriterium bei allen Entscheidungen aber muss sein, dass die Orientierung für jedwedes Handeln im Interesse der Kinder und Jugendlichen geschieht und nicht z.B. Erleichterungen im Verwaltungshandeln die Pädagogik verdrängen.

Gestaltungsfreiheit nutzen

Freiheit bedeutet immer auch die Übernahme von Verantwortung. Eine reformpädagogisch orientierte Schule kann keine unfreie Schule sein, ist aber damit immer auch der Verantwortung verpflichtet, Qualität im Interesse einer besseren Zukunft für ihre Schülerinnen und Schüler zu garantieren.
In einigen Bundesländern gibt es Tendenzen zu mehr Selbstständigkeit und Eigenverantwortlichkeit von Schulen. So können Schulen ihre Lehrerinnen und Lehrer selbst auswählen, können sich ein Schulprogramm geben, so dass man von einer „Schulpersönlichkeit" sprechen kann, die für Eltern und Kinder in einem bestimmten Profil bzw. einer Schulphilosophie erkennbar ist. Schulleiterinnen und Schulleiter verkörpern in ihrer Person für viele Eltern diese Schulphilosophie; ihnen vertrauen sie ihr Kind an.
Allerdings gibt es bei allen wohlwollenden Entwicklungen und in politischen Diskussionen beschworenen Perspektiven hin zu mehr Autonomie in Deutschland noch immer ein sehr starres Regel- und Rahmenwerk, das Schulleitungen wenig Spielraum für eigene Entscheidungen lässt. Allein die Verfügungsgewalt über ein Budget würde hier große Erleichterungen bringen, etwas, was viele Schulen in freier Trägerschaft schon immer hatten und manchmal gar nicht wissen, welchen „Schatz" sie damit haben. Auch vom Ausland könnte in diesem Zusammenhang viel gelernt werden.
Aber vor allem geht es um den pädagogischen Gestaltungsfreiraum. In Abhängigkeit von ihrer jeweiligen Klientel sollten Schulen selbst Entscheidungen treffen dürfen, z.B. ob sie Schülerinnen und Schülern in der Pubertät eine außerunterrichtliche „Auszeit" gönnen, in der anders und anderes gelernt werden darf, wie sie die Struktur ihres Ganztagsangebots gestalten, wie sie außerschulische Partner, z.B. den Sportverein oder das Theater, in den Unterricht einbinden, wann und was sie evaluieren und vieles mehr. Schulleiterinnen und Schulleiter sind hier nicht nur mit Ideen gefragt, sondern vor allem mit ihrer Strukturierungsfähigkeit, mit der Verhinderung eines „Trödelmarktes beliebiger Ideen". Unterstützungsagenturen

könnten bei einer konsequenten und kriteriengeleiteten Schulentwicklung helfen, beim Erstellen eines Schulprogramms, das als Grundlage für das konkrete schulische Alltagshandeln gelten kann (Risse 1998). Solche Unterstützungsagenturen sollten frei und nach Bedarf angeworben werden können. Reformpädagogische Schulen sollten nicht im Gleichschritt gehen müssen, wenn sie das Lernen vom Kinde und seiner Lebenswelt aus ernst nehmen und auf heterogene Lerngruppen flexibel reagieren wollen.

Deutlich sei in diesem Zusammenhang gesagt, dass ein solches Vorgehen nichts mit geringerer Leistung zu tun hat. Wer sich die Freiheit zu eigener Schulgestaltung und der dazugehörigen Offenheit von Lernwegen nimmt, steht in der Verantwortung, das Ziel, also die vergleichbaren allgemeingültigen schulischen Abschlüsse, zu erreichen. Wer Kindern dabei hilft, zu eigenen Persönlichkeiten zu werden, wird niemals Abstriche beim zu erlernenden Wissen machen, nur wird dieses Wissen komplexer, umfassender und nachhaltiger sein als nur abfragbare Kenntnisse.

Für eine solche Auffassung von Schule wird ein reformpädagogischer Schulleiter kämpfen und versuchen, die Rahmenbedingungen dafür zu schaffen bzw. zu erhalten. Sein Dilemma ist, dass er die Lehrerinnen und Lehrer überzeugen muss, in diesem Sinne Lernprozesse zu initiieren und zu begleiten, dass sie aber dann auch Arbeitsbedingungen vorfinden müssten, die solche Lernvorgänge ermöglichen.

Erziehungsaufgaben annehmen

Die Anforderungen an Schulen sind groß und werden immer größer. Schulen sollen häufig das leisten können, wozu die Gesellschaft und manchmal auch die Familien keine Lust haben oder woran sie scheitern. Wenn 10 – 15% aller Kinder ohne Bindungserfahrung aufwachsen (Bauer 2011), dann muss man sich nicht wundern, wenn die Pädagogik und damit auch die Schule als „Reparaturwerkstatt" gesehen werden.

Reformpädagogisch orientierte Schulen sehen ihre Aufgabe nicht nur in der Wissensvermittlung, sondern sie akzeptieren auch die erzieherischen Aufgaben, die immer mehr von ihnen eingefordert werden, weil sie das Kind und den Jugendlichen als ganzen Menschen sehen. Wirkliche reformpädagogische Schulen sind deshalb notwendigerweise Ganztagsschulen und solche Schulen, in denen auch die Lehrerinnen und Lehrer sich nicht nur zu ihren Unterrichtsstunden aufhalten. Die umfassendste Form in diesem Sinne sind Internate, in denen Lernen und Leben eine Einheit bilden. Schulleitungen sollten entsprechend Prioritäten verfolgen bei der Raumplanung und dem Zeitbudget.

Transparenz und eine offene Kommunikation zwischen allen Beteiligten ist hilfreich bei der Einigung auf eine bestimmte pädagogische Haltung und Vorgehensweise. Schulleitungen übernehmen hier ein „Wächteramt": Alle beteiligten Erwachsenen sollten an einem Strang und in eine Richtung ziehen. Druck auf Kinder und Strafen sind im pädagogischen Handlungsraum immer schlechte Vorgehensmuster und widersprechen reformpädagogischen Prämissen, aber das Einüben von sozialem Miteinander, das Einhalten sozialer Regeln und Rituale können einer Beziehungskultur dienen und respektvolle Nähe und die so notwendigen vertrauensvollen Bindungserfahrungen für Kinder und Jugendliche ermöglichen. Lehrerinnen und Lehrer müssen sich dabei aber der Unterstützung ihrer Schulleitung sicher sein, denn für alle Pädagogen beginnt hier eine Gratwanderung, bei der sie sicher wissen müssen, dass sie nicht allein gelassen werden.

Personalpflege als Aufgabe sehen

Hier besteht die Hauptaufgabe für Schulleiterinnen und Schulleiter an reformpädagogisch orientierten Schulen – und nicht nur an solchen. Werden ältere Lehrerinnen und Lehrer z.B. mit neuen Medien konfrontiert und müssen damit umgehen lernen, darf kein Klima der Angst, der Beschämung und des Drucks herrschen. Wichtig ist, dass in einer reformpädagogischen Schule allgemein die Überzeugung herrscht, dass eine Pädagogik vom Kinde aus die richtige Grundlage für schulisches Handeln ist. Erfahren Lehrerinnen und Lehrer im Alltag, dass diese Prämisse von den Kollegen gelebt und von der Schulleitung unterstützt wird, fällt es ihnen leichter, in diesem Sinne Wege zu beschreiten – und seien sie auch noch so unkonventionell.
An deutschen Schulen gibt es für Schulleiterinnen und Schulleiter fast keine Möglichkeit der Personalförderung mit Anreizsystemen. Finanzielle Zuwendungen bei besonderen Leistungen sind an deutschen öffentlichen Schulen nicht möglich, werden aber auch kaum gefordert, obwohl es Beispiele gibt, dass finanzielle Anreize, gekoppelt mit besseren Schülerleistungen, durchaus positive Effekte zeigen (Hopf 2010). Beförderungen gibt es so spärlich, dass sie nicht zu Buche schlagen, außerdem hat die Schulleitung in öffentlichen Schulen manchmal nicht einmal Einfluss darauf. An Schulen, in denen das Klima einer positiven Beziehungskultur herrscht, ist die Wertschätzung durch andere Erwachsene, und hier insbesondere durch die Schulleitung, eine hohe Motivation für Einsatz und Engagement. Schulleiterinnen und Schulleiter müssen besonderen Einsatz für die Schülerinnen und Schüler und für die Schule bewusst registrieren und dürfen nicht müde werden, ihren Mitarbeiterinnen und Mitarbeitern ein ehrliches und offenes Feedback – auch auf der Grundlage von Zielvereinbarungen – zu geben. Erfolge sollten gewürdigt und z.B. auch publiziert werden, sei es in einem Newsletter der Schule oder auch nach außen. Lehrerinnen und Lehrer brauchen ein Forum, wo ihre Arbeitsschwerpunkte geschätzt werden.

Lehrerinnen und Lehrer haben eine akademische Ausbildung. Häufig werden sie aber mit ihren Fähigkeiten nicht ernst genug genommen, haben sie es doch vorwiegend mit Minderjährigen zu tun. Wenn weiter oben davon die Rede ist, dass Schulleitungen einen Reflexionsraum brauchen, so gilt das auch für ihre unterrichtenden Mitarbeiter und Mitarbeiterinnen. Wo aber schaffen Schulleitungen solche Reflexionsräume – zeitlich und räumlich? Der Alltag lässt sie – anscheinend – nicht zu. Schulleitungen sollten hier sensibel einschätzen, was sie an Rahmenbedingungen ermöglichen können, damit Reflexion, z.B. auch Supervision, bei Kolleginnen und Kollegen stattfinden kann. Jede Schule, die eine Idee verfolgt, die sich z.B. der Reformpädagogik verpflichtet fühlt, braucht dringend die Möglichkeit der Gespräche darüber. Der notwendige Konsens im alltäglichen Handeln kann nur sicher gestellt werden, wenn miteinander gesprochen wird, und dies nicht nur zufällig bei der Begegnung auf dem Gang, sondern organisiert mit entsprechender Priorität.

Eine solche Vergewisserung von Leitideen für das gemeinsame schulische Handeln durch regelmäßige kollegiale Gespräche, z.B. im Team, findet aber nur statt, wenn auch hier die Schulleitung ihr Wächteramt wahrnimmt, auf die Durchführung drängt und den Raum dafür schafft. In diesen Zusammenhang gehören auch kollegiale Hospitationen und ggf. auch kollegiale Fallberatungen, wenn die Schulleitung für kontinuierliche Fortbildungen in diesem Bereich sorgt und professionell mit solchen Methoden umgegangen wird.

Es darf aber nicht nur um die Pflege des eigenen Schulpersonals gehen, sondern auch andere Personen, die in Netzwerken zu Partnern der Schule werden, bedürfen regelmäßiger wertschätzender Kontakte. Manche solcher Kontakte lassen sich nicht delegieren, sie muss die Schulleitung selbst wahrnehmen; das heißt, jede Situation sensibel auszuloten.

Demokratie lernen

Kein Schulleiter und keine Schulleiterin reformpädagogischer Schulen wird sich in die Verwaltungsarbeit flüchten und sich insgeheim vorstellen, dass eine Schule ohne Schüler angenehmer sei. Wer zur Demokratie erziehen will, muss als Schulleitung Schülerinnen und Schülern die Gelegenheit zur ernsthaften Mitgestaltung und Mitwirkung geben, diese ggf. auch gegenüber Kolleginnen und Kollegen durchsetzen. Demokratisches Handeln von Schülerinnen und Schülern in der Schule bedarf der Ernstsituation, für die vor allem die Schulleitung mit ihrer Begegnungsweise gegenüber Schülern und mit ihrem Handeln steht. Dass in manchen Schulen die Schülervertretung vor sich hindümpelt, hat nicht selten damit zu tun, dass sie zur Spielwiese herabgestuft wird oder zu leicht durchschaubaren Schaukämpfen herhalten muss. Dabei ist es schon in der Grundschule möglich,

Kindern bei echten Entscheidungsfragen eine Stimme zu geben. Schülervertretungen sind ernst zu nehmende Gremien in einer reformpädagogischen Schule; der wöchentliche Jour fix mit der Schulleitung sollte eine Selbstverständlichkeit sein, ebenso die Mitarbeit mit Sitz und Stimme in allen Projektgruppen und offiziellen Gremien.

Zusammenfassung

Auf allen Ebenen reformpädagogischer Schulen gilt die Regel, dass die Menschen in ihrer Eigenart zu achten und zu schätzen sind, dass ihre Stärken wahrgenommen werden und ein Schulklima von vertrauensvoller Interaktion lebt. Die Schulleitungen haben auch hier ein Wächteramt. Und wenn Schülerinnen und Schüler dies alles erleben, dann besuchen sie eine Schule, die sich „reformpädagogisch" nennen darf und eine Schulleitung hat, die sich diesen Ideen verpflichtet fühlt.

Literatur
Bauer, J. (2011). Schmerzgrenze, München: Blessing Verlag.
Herrmann, U. (2010). Reformpädagogik und Pädagogik-Reform am Beginn des 21. Jahrhunderts. In: „Pädagogische Führung" 5/2010, Kronach: Carl Link Verlag.
Hopf, D. (2010). Erfolgreiches Lehren in der Schule. Anmerkungen zum Stand der Forschung. In: DDS – Die Deutsche Schule 102, 3/2010 (S. 268-279). Münster: Waxmann.
Miller R. (2011), Selbst-Coaching für Schulleiterinnen und Schulleiter. Weinheim: Beltz Verlag.
Risse, E. (1998). Schulprogramm – Worum es in der Praxis geht. In: E. Risse (Hrsg.), Schulprogramm, Neuwied: Hermann Luchterhand Verlag.

Wolf-Dieter Hasenclever

Reformpädagogik –
Bildung für Nachhaltige Entwicklung

Bildung für Nachhaltige Entwicklung

Wir befinden uns immer noch in der UN-Dekade „Bildung für eine Nachhaltige Entwicklung" (BNE).[1] Der Begriff der Nachhaltigkeit – sustainability stammt aus der Forstwirtschaft. Er besagt nicht mehr und nicht weniger als dass ein Wald so bewirtschaftet wird, dass stets, über die Generationen hinweg, der gleiche Nutzen aus seiner Bewirtschaftung gezogen werden kann. Anders ausgedrückt: Es darf nur so viel abgeholzt werden wie nachwächst.
Nachhaltige Entwicklung, die den Grundsätzen der ökologischen Verantwortung, der sozialen Gerechtigkeit und der wirtschaftlichen Entwicklung verpflichtet ist, hat eine ethische Dimension, die auch die Verantwortung der jetzt Lebenden für künftige Generationen umfasst. Der in der Präambel erhobene Anspruch ist hoch:
„Die Menschheit steht an einem entscheidenden Punkt ihrer Geschichte. Wir erleben eine Festschreibung der Ungleichheiten zwischen und innerhalb von Nationen, eine Verschlimmerung von Armut, Hunger, Krankheit und Analphabetentum sowie die fortgesetzte Zerstörung der Ökosysteme, von denen unser Wohlergehen abhängt. Eine Integration von Umwelt- und Entwicklungsbelangen und die verstärkte Hinwendung auf diese wird indessen eine Deckung der Grundbedürfnisse, höhere Lebensstandards für alle, besser geschützte und bewirtschaftete Ökosysteme und eine sicherere Zukunft in größerem Wohlstand zur Folge haben. Keine Nation vermag dies allein zu erreichen, während es uns gemeinsam gelingen kann: in einer globalen Partnerschaft im Dienste der Nachhaltigen Entwicklung."[2]

---

1 Die Vollversammlung der Vereinten Nationen hat mit Verabschiedung der Resolution 57/254 am 20.12.2002 die Jahre 2005 bis 2014 zur Weltdekade „Bildung für eine Nachhaltige Entwicklung" ausgerufen.
2 Die Agenda 21 ist als entwicklungs- und umweltpolitisches Aktionsprogramm auf der Konferenz für Umwelt und Entwicklung der UN von 172 Staaten im Juni 1992 in Rio de Janeiro beschlossen worden. Quelle: www.un.org/Depts/german/conf/agenda21/agenda_21.pdf, Zitate aus der Präambel, 1.1. und aus Kap. 36.3 (Zugriff 10.5.2011).

Das Ziel einer Nachhaltigen Entwicklung für die ganze Menschheit lässt sich ohne eine umfassende und kulturübergreifende Bewusstseinsänderung nicht erreichen. Daraus erwächst ein umfassender Bildungsauftrag: Ohne Bildung und Weiterbildung ist das Erreichen dieses Ziel nicht vorstellbar. Dies entspricht auch der Erkenntnis der Staatengemeinschaft:

In Kapitel 36.3.der AGENDA sind die wesentlichen Aussagen zur Bildung zusammengefasst:
„*Bildung ist eine unerlässliche Voraussetzung für die Förderung einer Nachhaltigen Entwicklung und die Verbesserung der Fähigkeit der Menschen, sich mit Umwelt- und Entwicklungsfragen auseinanderzusetzen. ... Sowohl die formale als auch die nichtformale Bildung sind unabdingbare Voraussetzungen für die Herbeiführung eines Bewußtseinswandels bei den Menschen, damit sie in der Lage sind, ihre Anliegen in Bezug auf eine Nachhaltige Entwicklung abzuschätzen und anzugehen. Sie sind auch von entscheidender Bedeutung für die Schaffung eines ökologischen und eines ethischen Bewusstseins sowie von Werten und Einstellungen, Fähigkeiten und Verhaltensweisen, die mit einer Nachhaltigen Entwicklung vereinbar sind....*"
Es besteht bei den politischen Akteuren auch in Deutschland Einigkeit darüber, dass die Vermittlung von Faktenwissen über die Zusammenhänge von Mensch, Natur und Technik unverzichtbar ist, um Menschen mit Handlungskompetenz zur gesellschaftlichen Teilhabe bei der Gestaltung einer nachhaltigen Entwicklung zu befähigen. In einem parteiübergreifenden Antrag[3] haben alle Fraktionen des Deutschen Bundestages darüber hinaus u.a. festgestellt: „*Dabei kommt es darauf an, im Sinne eines umfassenden Nachhaltigkeitsbegriffs die Interdependenz von Ökologie, wirtschaftlicher Leistungsfähigkeit und sozialer Gerechtigkeit zu verdeutlichen. Bildung muss auf vernetztes, interkulturelles Lernen abzielen, insbesondere darauf, ein Bewusstsein für die globalen Auswirkungen des eigenen Handelns und die eigene Verantwortung beim Umgang mit natürlichen Ressourcen zu schaffen*".
Hier wird bereits deutlich, dass Bildung für Nachhaltige Entwicklung erheblich mehr sein muss als die Addition zusätzlicher neuer „nachhaltiger" Inhalte zu bestehenden Lernziel- oder Kompetenzkatalogen, die sich ja in der Substanz aus dem alten Bildungskanon entwickelt haben. Es geht vielmehr um eine Transformation des herkömmlichen Lehrbetriebes in neue (innere und äußere) Formen, die neben dem Wissen um Fakten das Verständnis der komplexen Herausforderungen, neben Handlungskompetenzen die Motivation zum Handeln, neben Fertigkeiten die Entwicklung der Kreativität zentral ermöglichen. Vor allem aber geht es um das Übernehmen von Verantwortung und das Erlernen partnerschaftlichen Verhaltens.[4]

---

3 Bundestagsdrucksache 15/2758 vom 1.7.2004
4 Vergl auch: Lernfähigkeit: Unser verborgener Reichtum. Bericht der Weltkommission „Bildung im 21. Jahrhundert" (Delors-Report). Hg. Deutsche UNESCO-Kommission. Neuwied 1997.

Wie sind bislang die Anforderungen der BNE-Dekade in Deutschland umgesetzt worden? Der wesentliche Kern dessen, was in den Schulen bis heute gelernt wird, orientiert sich an den Lehrplänen der vergangenen Jahrzehnte – trotz aller gut gemeinten Kompetenzorientierung. An den Sekundarschulen (also Schulen oberhalb der 4. Klasse) ist die Fragmentierung des Unterrichts in zahlreiche einzelne Fächer von den Entwicklungen unbeeinflusst geblieben. Das Potenzial neuerer Kerncurricula zur Vernetzung der Fächer unter dem Gesichtspunkt der Nachhaltigkeit wird in der Praxis noch nicht hinreichend genutzt. Auch die Unterrichtsmethodik und das Lehrerhandeln im Unterricht hat sich in der größeren Zahl der Fälle in den letzten Jahrzehnten kaum verändert.[5]

Demgegenüber gibt es eine Vielzahl einzelner Schulen, die BNE in den Bereichen, die freiem Handeln zugänglich sind, also in Arbeitsgemeinschaften, Projektwochen, Schulpartnerschaften, aber auch in auf Zusammenwirken verschiedener Fächer ausgerichteten eigenen Schulcurricula umsetzen konnten. Dies betrifft z.B. UNESCO-Projektschulen, Transfer 21-Schulen, Klimaschulen usw.[6]

Festzuhalten ist aber: Es ist noch nicht gelungen, die grundlegende Transformation in unserem Bildungs- und Schulwesen zu verwirklichen, die zur ganzheitlichen Umsetzung der Anforderungen einer umfassend verstandenen Bildung für Nachhaltige Entwicklung umzusetzen.

Können reformpädagogische Ansätze einen wesentlichen Beitrag zur Bildung für Nachhaltige Entwicklung leisten?

Von „der Reformpädagogik" zu sprechen verbietet die enorme Unterschiedlichkeit der Ansätze: Von Lietz bis Hahn, von der Schule Louisenlund zu den Waldorfschulen... Sie zu analysieren ist nicht Aufgabe in diesem Artikel.

Eines aber hatten die Gründer mit ihren verschiedenen Ansätzen gemeinsam: Die in Deutschland existierenden staatlichen Schulen erschienen ihnen blutleer, autoritär, vollkommen an den Bedürfnissen der Kinder und Jugendlichen vorbei ausgerichtet. Sie wollten die Bildung und Erziehung weit offener, vielfältiger, kindgemäßer, auch fröhlicher und kreativer gestalten. Ihre Schulen sollten Gegenmodelle zur staatlichen Regelschule sein. Es ging ihnen dabei immer um die Entwicklung der ganzen Persönlichkeit, die Bildung von Kopf, Herz und Hand.

---

5 Vergl. z.B. den periodischen Bericht 2008 der Niedersächsischen Schulinspektion, S.116 (Realschulen): „*In den anderen Fächern* (Anm.:außer Deutsch) *ist ein sinnvoller Wechsel zwischen Lehrgang, Unterrichtsgespräch und* selbstständigem Lernen nicht im erforderlichen Maße zu beobachten." Ähnlich Gymnasien: Ebenfalls S.116. Quelle: http://nibis.ni.schule.de/~infosos/ftp/pdf/Period_Bericht_2008.PDF (Zugriff 10.5.2011)

6 Eine Vielzahl praktischer Beispiele aus staatlichen Schulen (Klimaschule, Transfer 21-Schulen usw.) sowie weitere links finden sich z.B. unter http://bneagentur.de/index.html (Zugriff 11.5.2011)

So kann man im Wesentlichen ein gemeinsames Anliegen erkennen: Es ging um das Heranbilden starker, autonomer Persönlichkeiten mit hinreichender Kenntnis über die Welt und ihre Zusammenhänge, die sich einer Handlungsethik verpflichtet fühlen. Otto Seydel weist in seinem Beitrag „Pädagogische Begegnungen"[7] in der Zeitschrift „Pädagogik" darauf hin, dass besonders die Deutschen Landerziehungsheime, die ja durchweg als Schulen auf dem Lande gegründet wurden, mit ihrer Rund-um-die-Uhr-Pädagogik eine Strukturentscheidung getroffen haben, die einem umfassenden Verständnis von Bildung und Erziehung Rechnung trägt: *„Ein Lernen mit Kopf, Herz, Hand und Fuß ist in einem solchen Rahmen konsequent zu verwirklichen; .... Das soziale Lernen geschieht nicht durch Belehrung, sondern durch Erfahrung".*

In der Ganzheitlichkeit des pädagogischen Ansatzes der Reformpädagogik liegt der Berührungspunkt zur Bildung für Nachhaltige Entwicklung – in der fehlenden Ganzheitlichkeit der Bemühungen im größten Teil des staatlichen Schulwesens liegt die Schwäche seiner Umsetzung. Es ist daher zu erwarten, dass aus den Jahrzehnte währenden, in einigen Fällen schon jahrhundertealten Erfahrungen von reformpädagogisch arbeitenden Schulen Erkenntnisse für die praktische und organisatorische Ausgestaltung einer Bildung für Nachhaltige Entwicklung abzuleiten sind.

Jedem Schulpraktiker ist klar, dass die Umgestaltung des bisherigen Schulwesens hin zu einer Lebensschule, die in ganzheitlicher Weise Persönlichkeitsbildung, Verantwortungserziehung, Kenntnisse der grundlegenden Sachverhalte und der Entwicklung und Struktur der Gesellschaft, Vernetzungswissen und Problembewusstsein erreichen soll, eine schwierige und nicht kurzfristig zu lösende Aufgabe darstellt. Wesentlich für den neuen Ansatz ist die Fähigkeit und die Motivation der Lehrerinnen und Lehrer, ihn zu ihrer eigenen Sache zu machen. Am Beispiel der Schule Marienau, an der seit 1987 versucht wurde, sich einer Pädagogik des „Ökologischen Humanismus"[8] anzunähern, gelang dies weitgehend dadurch, dass bestehende Freiräume der Schule konsequent ausgenutzt und erweitert wurden: *„Das Wichtigste aber war das Gewähren von Freiheit, den jeweiligen Unterricht, das eigene Projekt so zu organisieren, wie der oder die Verantwortliche dies jeweils für richtig hielt."*[9]

Daraus folgt zunächst: Eine Schulleitung, der es um die Einführung von BNE an ihrer Schule als zukünftige Leitlinie im Schulprogramm geht, muss den Lehrkräften, die in irgendeiner Weise Bildung für Nachhaltige Entwicklung praktizieren

---

7 Otto Seydel: „Pädagogische Begegnung", in: Pädagogik, Heft 7-8, 2010, Beltz, Weinheim
8 Vergl. Ingrid Classen-Bauer: „Wege der Erziehung zum ökologischen Humanismus" in: „Reformpädagogik heute- Wege der Erziehung zum ökologischen Humanismus", Wolf-Dieter Hasenclever (Hrsg.), Peter Lang, Frankfurt 1993, S. 87 ff.
9 Wolf-Dieter Hasenclever: „Ansätze zu einer Pädagogik des ökologischen Humanismus" in a.a.o S. 124

wollen, die Freiheiten geben, dies auch zu tun – und zwar so, wie sie es sich vorstellen. Dass auch in dieser Beziehung Schulen der Reformpädagogik staatlichen Schulen weit vorangelaufen sind, hängt natürlich ganz wesentlich von der Tatsache ab, dass sie als Schulen in freier Trägerschaft von vorneherein weniger reglementiert und mit mehr Freiheiten ausgestattet waren.
Es ist zu beobachten, dass dieser Erfahrungsschatz im Begriffe ist, auch im staatlichen Schulbereich wirksam zu werden. In den Bundesländern setzt sich die Stärkung der Eigen- bzw. Selbstverantwortung der Schulen bis in die Schulgesetze hinein zunehmend durch. Oft ist damit die politische Absicht der Entbürokratisierung verbunden. Generell geht mit dieser Entwicklung eine Stärkung der Schulleitungen gegenüber den Behörden einher, beabsichtigt ist aber stets auch eine Verbesserung der Freiräume auch der Lehrkräfte. Sicherlich bleibt den Leitungen die Aufgabe der Koordination und einer vernünftigen organisatorischen Einbettung. *„Gelingt es, durch die Idee der Eigenverantwortung mehr Raum zum Experimentieren, Modellieren, eigenverantwortlichem Entwickeln und Herstellen neuer Unterrichts- und Beteiligungsmodelle zu geben, wird sich dies unweigerlich auch auf den Bildungsprozess der Kinder und Jugendlichen auswirken."*[10]
Die gestärkte Eigen- bzw. Selbstverantwortung der Schulen kann und soll zu inneren Entwicklungsprozessen führen, die die Qualität der Schulen insgesamt steigern. Dabei geht es wesentlich um Persönlichkeitsbildung:
„Das Ziel der eigenverantwortlichen Schule ist die Qualitätssteigerung der schulischen Bildung. .... Zu den vermittelnden Kenntnissen und Fähigkeiten müssen auch Haltungen und Wertvorstellungen hinzukommen. Ethische Erziehung und Persönlichkeitsbildung sind wesentliche Zukunftsaufgaben, derer sich die eigenverantwortliche Schule annehmen muss."[11]
Eigenverantwortung, Autonomie im Sinne ganzheitlicher Bildung und Erziehung, dies ist eine Aufgabe, bei der Schulen der Reformpädagogik im besten Sinnen Vorreiter waren. Autonomie ermöglicht Lernen durch Erfahrung – Erfahrungen im sozialen und natürlichen Umfeld einer jeden Schule, die nicht durch zentrale Vorschriften vorgegeben werden können. Sozialpraktika, Tier- und Gartenpflege, verpflichtende Austauschprogramme und vieles andere sind Arbeitsfelder, die fast alle reformpädagogischen Schulen pflegen. Dass wesentliche Persönlichkeitseigenschaften und Werteorientierungen nur durch Erfahrungslernen zustande kommen können, ist inzwischen durch die Hirnforschung hinreichend untersucht und bestätigt.[12]

---

10 Wolf-Dieter Hasenclever: „Die Idee verankern- Erste Schritte in die Praxis" in „Eigenverantwortliche Schule, ein Leitfaden", Busemann, Oelkers, Rosenbusch (Hrsg.), Luchterhand, Köln 2007, S. 51
11 Armin Lohmann/Wolf-Dieter Hasenclever in: a.a.o. S. 218
12 Vergl. Manfred Spitzer: „Lernen". Spektrum, Heidelberg 2002, besonders S. 340 ff.

Eine weitere Erkenntnis aus der Arbeit der Schulen der Reformpädagogik ist die Tatsache, dass durch den ganzheitlichen pädagogischen Ansatz über die Fächer hinweg und die große Bedeutung der Kreativitätsbildung Kinder und Jugendliche ihre jeweiligen, oft in einzelnen Schulfächern nicht erkennbaren Talente entdecken können, Lehrkräfte sie verändert wahrnehmen und individuell fördern. Die Erfahrung zeigt, dass so auch die Motivation der Schülerinnen und Schüler in anderen, konventionellen Lernbereichen zumeist erheblich steigt.

Stets hat sich erwiesen, dass beim Prozess der (Neu)Ausrichtung einer Schule ein hervorragendes Weiterbildungsangebot für die Lehrkräfte unverzichtbar ist. So haben z.B. die Hermann-Lietz-Schulen durch die Einrichtung einer „Lietz-Akademie" die Weiterbildung für ihre Lehrkräfte systematisiert und attraktiv gestaltet, mit dem Ergebnis, dass die Zustimmung innerhalb der Kollegien zu integrierten Projekten, zu neuen Unterrichtsformen und zum Stellenwert der Persönlichkeitsbildung und der Werteerziehung fast einmütig ist und die überwältigende Mehrheit sich in diesen Prozess mit konstruktiven Vorschlägen und eigenen Maßnahmen einbringt.

Folgende Grundsätze lassen sich – in aller Kürze – aus den Erfahrungen der Reformpädagogik im Hinblick auf die breite Grundlegung einer Bildung für Nachhaltige Entwicklung festhalten:

- Die Entwicklung der Persönlichkeit, die Entwicklung des „Selbst" wird in allen Bereichen der Schule wichtiger genommen als die Informationsvermittlung.
- Durch Vertrauen und Zutrauen sollen die Kräfte des Einzelnen ganzheitlich gefördert werden: Kopf (die Intellektualität), Herz (die Emotionalität und Werteorientierung) und Hand (die praktischen Fähigkeiten und die Körperlichkeit) werden prinzipiell gleich geachtet und entwickelt.
- Die Fähigkeit und die Bereitschaft, Verantwortung für sich und andere zu übernehmen, werden schon so früh wie möglich geweckt und gefördert. Dies muss bereits im Vorschulalter beginnen.
- Respekt vor der Natur und Toleranz und Verständnis für anders denkende und andersartige Menschen sind selbstverständliche Prinzipien auch im täglichen Umgang in der Schule. Sie sollten durch geeignete Regelsysteme allen Mitgliedern der Schulgemeinschaft vor Augen gehalten werden.
- Verknüpfendes Denken und die Fähigkeit, sich selbst Informationen gerade auch mit den modernsten Technologien zu beschaffen und auszuwerten, werden systematisch herangebildet und trainiert. Dies erfordert freie Phasen auch im Unterricht.

Grundfragen, die die Schülerinnen und Schüler heute wirklich interessieren und die für ihre Zukunft wichtig sind, müssen zentral im Unterricht immer wieder auf das jeweilige Alter zugeschnitten thematisiert werden, auch wenn sie schwierig und nur unvollständig zu beantworten sind.

Solche Fragen sind z.B.:
- Wie sieht es mit der Zukunft der Arbeitsplätze in Bezug auf die sich rasant entwickelnden Informations- und Steuerungstechniken aus und was bedeutet dies im Hinblick auf die Aussichten für Menschen mit niedrigem Ausbildungsniveau?
- Gibt es Möglichkeiten, Armut und Hunger in der Welt zu überwinden – und wie ist dies mit dem Schutz der Natur bei noch erheblich steigenden Bevölkerungszahlen vereinbar?
- Wie können das Zusammenleben der Menschen und die sozialen Leistungen in unserer schnell alternden Gesellschaft so organisiert werden, dass die Jungen nicht unzulässig belastet werden?
- Wie kann man bei der Fülle der Informationen lernen, Wichtiges von Unwichtigem zu unterscheiden?
- Wie können staatliche Institutionen so verändert werden, dass sie effektiv und zielorientiert für die Zukunftssicherung der Gesellschaft arbeiten können und die Teilhabe der Bürgerinnen und Bürger auch bei komplizierten Vorhaben gesichert werden kann?

Dass die Behandlung solcher Fragen unbedingt Unterrichtsformen wie z.B. Zukunftswerkstätten, selbstständiges Recherchieren, praktische Phasen und Workshops erfordert, liegt auf der Hand.

Der Erfahrungsschatz der Schulen der Reformpädagogik – sicherlich unterschiedlich, aber insgesamt reichhaltig in Bezug auf einen großen Teil der genannten Grundsätze und Fragen – könnte auch für die staatlichen Schulen leicht gehoben werden. Es ist an der Zeit, im Hinblick auf die breite und ganzheitliche Verankerung einer Bildung für Nachhaltige Entwicklung im ganzen Schulwesen den in vielen Schulgesetzen geforderte Austausch zwischen freien und staatlichen Schulen konsequenter zu betreiben und durch Fortbildungsprogramme zu unterstützen.[13]

---

13 Vergl. z.B. § 152 NSchG und die Begründung dazu.

Inge Hansen-Schaberg

Geschlechterkonstruktionen in reformpädagogischen Kontexten

In einigen Landerziehungsheimen und in öffentlichen Versuchsschulen der Weimarer Republik war die gemeinsame Erziehung der Mädchen und Jungen meist ebenso Bestandteil der Konzeption wie die Selbsttätigkeit des Kindes, die Selbstbestimmung, die Erziehung zur Demokratie und der Erkenntnisgewinn durch Anschauung, Erlebnis und Erfahrung.[14] In der Argumentation für die Koedukation wurden die „Natürlichkeit", die sozialisatorisch günstige ausgleichende Wirkung der Geschlechter aufeinander, auch für das spätere Ehe- bzw. Berufsleben, sowie die politische Gleichberechtigung und Wahrnehmung staatsbürgerlicher Rechte und Pflichten angeführt. Der gemeinsamen Erziehung und Unterrichtung fiel die Aufgabe zu, die „Kunst zu üben, daß Menschen verschiedenen Geschlechts trotz, ja gerade in ihrer geschlechtlichen Verschiedenheit einander verstehen und würdig miteinander leben, erfüllt von dem klaren und starken Bewußtsein einer *besonderen* Art schwerer Verantwortung, die jeder Mensch gegenüber Angehörigen des anderen Geschlechtes zu tragen hat" (Geheeb 1926/2002, S. 26, Hervorhebung i.O.). Hier und in einer Vielzahl zeitgenössischer Schriften wurde die ansonsten beschworene Individualität des einzelnen Kindes zugunsten dezidierter Ansichten über die Geschlechtscharaktere aufgegeben. Wie dies auf Bildungskonzeptionen und die Gestaltung des Schullebens und des Unterrichts wirkte, soll im Folgenden betrachtet werden. Daran anschließend geht es um die Frage, ob und inwiefern emanzipatorische Prozesse in reformpädagogischen Kontexten evoziert wurden, und um einen Ausblick auf Genderforschung und die heutige schulische Praxis.

Geschlechterpolarität in Bildungskonzeptionen

Seit dem letzten Drittel des 18. Jahrhunderts bis weit ins 20. Jahrhundert hinein wurde von einer grundlegende Andersartigkeit der Geschlechter als anthropologischer Konstante ausgegangen, wie die Historikerin Karin Hausen in ihrer Studie über die Polarisierung der „Geschlechtscharaktere" (1976) aufzeigt. Aus der Tren-

---

14 Die Ausführungen basieren auf meinen Untersuchungen zu historischen reformpädagogischen Schulkonzepten, vgl. Hansen-Schaberg 1996a; 1996b; 1997; 1999; 2007.

nung von Erwerbs- und Familienleben im Bürgertum wurde die Legitimation eines separierten Schulwesens für Mädchen und Jungen abgeleitet und durchgesetzt, bis am Ende des 19. Jahrhunderts mit der Forderung nach gleichberechtigten Bildungsabschlüssen auch die Koedukation Erwägung fand.
Im Rückgriff auf Johann Gottlieb Fichte wurde ein Abschnitt aus seiner 10. Rede an die Nation (1808) vielfach bemüht: „Es versteht sich ohne unser besonderes Bemerken, daß beiden Geschlechtern diese Erziehung auf dieselbe Weise zuteil werden müsse. Eine Absonderung dieser Geschlechter in besondere Anstalten für Knaben und Mädchen würde zweckwidrig sein, und mehrere Hauptstücke der Erziehung zum vollkommnen Menschen aufheben. Die Gegenstände des Unterrichts sind für beide Geschlechter gleich; der in den Arbeiten stattfindende Unterschied kann, auch bei Gemeinschaftlichkeit der übrigen Erziehung, leicht beobachtet werden" (Fichte 1808/1955, S. 169). Die von Fichte angedeuteten geschlechtsspezifischen Unterschiede bei der Aufnahme und Verarbeitung der Unterrichtsinhalte und die Komplementäraufgaben wurden rezipiert: „Auch muß das Verhältnis der beiden Geschlechter zueinander im ganzen, starkmütiger Schutz von der einen, liebevoller Beistand von der anderen Seite, in der Erziehungsanstalt dargestellt und in den Zöglingen gebildet werden" (Ebd., S. 169 f.). Daraus wurde abgeleitet, dass sich erst durch die gemeinsame Erziehung die unterschiedlichen Eigenschaften in ihrer Reinform herauskristallisieren könnten, bei den Knaben „Selbstbeherrschung und Ritterlichkeit", bei den Mädchen „Selbstbewahrung, Zurückhaltung und weibliche Würde" (Geheeb 1931, S. 489), und dass evtl. vorhandene Abweichungen von der Norm sich so ausgleichen würden: „Ein weichlicher Knabe ist ja bei den Mädchen ebenso unbeliebt wie ein burschikoses Mädchen bei den Knaben. Darin besteht gerade das Wunderbare der gegenseitigen Beeinflussung der Geschlechter, dass der männliche Einfluss im Mädchen die gesunde Entfaltung der weiblichen Eigenart hervorlockt, und umgekehrt; – die Wirkung der Koedukation auf die Eigenart der Geschlechter also keineswegs eine nivellierende, wohl aber – im Sinne körperlicher und geistiger Gesundheit – ausgleichende ist" (Geheeb 1914/2010, S. 90 f.).
Dementsprechend wurde die Koedukation in der Odenwaldschule als bewusste pädagogische Maßnahme praktiziert, wobei zudem eine weitere, schon damals nicht unumstrittene Intention verfolgt wurde, nämlich der Ausbildung „echter Weiblichkeit" nachzuspüren: „Die glücklichsten Vorbedingungen für die Entstehung reiner weiblicher Bildung finden sich gewiß in der Atmosphäre einer Lebensgemeinschaft, die von den Grundsätzen, Gesinnungen und Einrichtungen der Koedukation erfüllt ist" (Geheeb 1926/2002, S. 30).

Geschlechterverhältnisse in der Gestaltung des Schullebens und des Unterrichts

Die Koedukation gehörte zum pädagogischen Konzept der Versuchsschulen in den 1920er Jahren und wurde auf schulorganisatorischer Ebene geregelt, jedoch in der Schulpraxis kaum hinsichtlich der Curriculum-Entscheidungen, der Didaktik und Methodik reflektiert, sondern als Vorzug wahrgenommen: „Im allgemeinen wird der Unterricht durch die Anwesenheit der Knaben und Mädchen lebendiger, anregender und vielseitiger. Ein didaktischer Künstler wird das verschiedenartige Reagieren der beiden Geschlechter für seine Zwecke ausnutzen; der Unterricht kann durch den gegenseitigen Austausch und das beiderseitige Zusammenwirken an Lebhaftigkeit und Eindringlichkeit nur gewinnen" (Krause 1929, S. 26). Bezogen auf die Unterrichtsfächer wurde durchgängig eine Vorliebe der Jungen für Mathematik, Naturkunde, Geschichte, Erdkunde und technische sowie handwerkliche Fächer beschrieben, während die Mädchen Musik, Deutsch- und Fremdsprachenunterricht bevorzugten. Im Unterricht selbst wurde den Mädchen idealtypisch die Zuständigkeit für Gefühl, Gemüt und Genuss und eine emotionale Herangehensweise zugeschrieben, während die Jungen die intellektuelle Verarbeitung und Führung in der Klasse übernahmen. Die Geschlechterpolarität wurde demzufolge selten in Frage gestellt, im Gegenteil, die Tradierung von Geschlechterrollenstereotypen ist – mit wenigen Ausnahmen – ein durchgängiges Phänomen der aus der schulischen Praxis berichtenden zeitgenössischen pädagogischen Publizistik.[15]

Wenn allerdings genaue Beobachtungen der koedukativen Praxis erfolgten, wie in den für das Provinzialschulkollegium verfassten unveröffentlichten Berichten Fritz Karsens über die Aufbauschule des Kaiser-Friedrich-Realgymnasiums in Berlin-Neukölln, dann scheinen an einigen Stellen neben den Stereotypen Abweichungen von dem erwarteten Verhalten auf: „Wir machten die Erfahrung, daß die Mädchen in diesem Alter (Untertertia, I.H.-S.) mehr als die Jungen bereit zur Übernahme von Arbeiten sind. Das wirkt anregend auf die Knaben. Es entsteht ein reger Wetteifer, der das Leben im Unterricht sichtlich fördert. Bei der Auswahl der Gedichte macht sich der Unterschied der Geschlechter und daher die gegenseitige Anregung und die Notwendigkeit, einander Zugeständnisse zu machen, besonders erfreulich bemerkbar. [...] Behandeln die Jungen lieber technische Fragen, auch in Verbindung mit dem Geschichts- und Erdkunde-Unterricht, stellen sie sich geschickter an im Entwerfen erläuternder Zeichnungen, so sind die Mädchen für Erlebnisaufsätze, sind viel gewandter im Ausdruck und heben auf diese Weise das Niveau der Klasse. Doch gilt diese Differenzierung nicht ausschließlich. So haben beispielsweise die Jungen die Anregung zur Ausschmückung der Klasse

---

15 Siehe z.B. Quellentexte in: Hansen-Schaberg 2005.

gegeben" (Karsen 1925, zit. n. Hansen-Schaberg 1999, S. 136). In seinem zweiten Bericht über diese Klasse schreibt er, dass sich der Gemeinschaftssinn der Klasse auch im Unterricht entwickelt habe: „Die Mädchen erkennen mehr die Überlegenheit der Knaben in Mathematik und den naturkundlichen Fächern an und nehmen gern ihre Hilfe in Anspruch. Andererseits liegt das Wortführeramt in Englisch und den deutschkundlichen Fächern noch immer in den Händen eines Mädchens" (Karsen 1926, ebd., S. 137). In der neuen Untertertia wurde eine gegenseitige Förderung festgestellt: „Die Erlebnisaufsätze der Mädchen und die Vorträge der Jungen über technische, historische und gegenwartskundliche Stoffe offenbarten bald die verschiedenen Interessenrichtungen, weckten aber wechselseitig den Wunsch nach Versuchen in der fremden Technik", und in Mathematik und Physik wurde beobachtet, dass „jetzt die technisch-praktisch weniger begabten Mädchen auch bereits selbst experimentieren und in den Mathematikstunden fast aktiver sind als die Jungen" (Ebd., S. 137 f.).

Die festgefügten Annahmen gerieten hier etwas ins Wanken, weil als männlich definierte Felder von Mädchen besetzt wurden, allerdings ist die Geschlechterordnung wieder hergestellt, wenn es um die Beschreibung von Studienfahrten geht: „Bei Wanderungen und im Landheim wird aus den Kindern eine Gruppe mit familienmäßiger Arbeitsteilung: die Mädchen nähen, kehren aus, waschen ab, die Jungen holen Essen, schütteln Decken, tragen Feuerholz" (Karsen 1927, ebd., S. 139). Da kommen „ritterliche" und „mütterliche" Zuschreibungen zum Tragen, die auch Willy Steiger, der Reformpädagoge der Versuchsvolksschule in Dresden-Hellerau, in seinem Büchlein „Fahrende Schule" anspricht. Den Jungen apostrophierte er Mut, Ausdauer, Begeisterung, aber auch Übermut und schätzt ihre „derbe robuste Art". Sie sind die Helfer, Führer und Beschützer der Mädchen, denen er Angst, weiblichen Sanftmut, Zartheit und Mütterlichkeit und die Zuständigkeit für Flickarbeiten und für das Kochen zuschreibt (Steiger 1924, S. 63).

Neben dieser polaren Geschlechterordnung konnte die Kindzentrierung in der Pädagogik auch darin bestehen, eine Geschlechtsneutralität suggerieren. Eventuell kam hier zum Tragen, dass die pädagogische Bewegung „Vom Kinde aus" sich dem infantilen Geschöpf widmete, ohne sein Geschlecht, seine Sexualität und die dem Alter entsprechenden Reifungsprozesse zu antizipieren. Die praktizierte scheinbare Gleichbehandlung der Mädchen und der Jungen hatte jedoch durch die Orientierung auf männlich dominierte Themenbereiche, Einflusssphären und gesellschaftliche Perspektiven die Durchsetzung andro-ideeller Strukturen zur Folge. Nicht einmal im Ansatz wurden Themen aus der Frauenbewegung oder weibliche Lebensentwürfe und Berufsbiographien ebenso selbstverständlich wie etwa der Beruf des Vaters, die männlich geprägte Industriearbeit und die Arbeiterbewegung behandelt. Durch die Vernachlässigung frauenemanzipatorischer Positionen und Inhalte fand die Vermittlung eines androzentrischen Weltbildes statt, das am ehesten Leitbilder und Orientierungshilfen für Jungen bot.

Die vermeintliche Zentrierung auf das Kind bedeutete somit in der koedukativen Schulrealität eine unterschiedliche Behandlung *der Mädchen* und *der Jungen* und möglicherweise die Nichtbeachtung der individuellen Persönlichkeit. Interessensgegensätze zwischen Mädchen und Jungen, zwischen Individuum und Gemeinschaft und auch zwischen Kindern und Erwachsenen wurden nicht thematisiert, und die aus der Jugendbewegung entlehnten Prinzipien der Führung und des Geführtwerdens spalteten sich in der Kinder- und Jugendgruppe in der Regel auf die Geschlechter auf.

Emanzipatorische Prozesse in reformpädagogischen Kontexten?

Die Pädagogik in den koedukativen Versuchsschulen verdeckte eine Problemsicht auf das Geschlechterverhältnis, aber wie aus den oben zitierten Beobachtungen deutlich wird, wurden „Abweichungen" vom erwarteten Verhalten durchaus registriert. Der reformpädagogisch organisierte Unterricht ermöglicht(e) das. Denn der selbsttätige Umgang mit verschiedensten Materialien, die selbständige Erarbeitung von Themen des eigenen Interesses, die Arbeit in kleinen und großen Gruppen und die Gesprächskultur eröffnet(e) jedem einzelnen Kind – auch bei Dominanz patriarchalischer Strukturen – die Chance, sich mit den Inhalten zu identifizieren bzw. Nischen und Freiräume zu finden. Wenn das Prinzip der Freiwilligkeit angewandt wurde, konnten Mädchen am Werkunterricht teilnehmen, und „weibliche" Unterrichtsangebote, wie Kochen, Handarbeit, Säuglingspflege (auch mit Puppen spielen), wurden auch für Jungen zugänglich. Indirekt waren also Ansatzpunkte zur Identitätsfindung und zur Befreiung von einengenden Geschlechterrollenzuweisungen vorhanden. Somit war auf der Ebene der praktischen Pädagogik die Chance gegeben, den Widerspruch zwischen der ideologischen Orientierung am Geschlechtscharaktermodell und dem politischen Anspruch einer einheitlichen Bildung für alle aufzuheben und die Individualität der Schülerinnen und Schüler zu fördern.

Insbesondere durch das der Reformpädagogik eigentümliche Spannungsfeld zwischen Individuum und Gemeinschaft war eine Erziehung jenseits patriarchaler Leitbilder und Orientierungsmuster und zur Loslösung von geschlechterpolaristischen Zuschreibungen und Einengungen gegeben. Es stellt sich jedoch die Frage, ob die Emanzipation der Frau nicht eher in den öffentlichen höheren Mädchenschulen gefördert wurde, deren Lehrpläne für Deutsch und Geschichte die Einbeziehung von weiblichen Lebensentwürfen, die Hervorhebung der geschichtlichen Bedeutung einzelner Frauen, von „Heldinnen", von Gattinnen und Mütter bedeutender Männer, von Missionarinnen, Ärztinnen und Kulturpionierinnen in den Kolonien und die Auseinandersetzung mit „wertvoller Frauendichtung" aufweisen, die den Mädchen Möglichkeiten zur Identifikation, zur Auseinandersetzung mit den Geschlechterverhältnissen und Anregungen für eigene Lebenspläne boten (vgl. Richtlinien 1925, S. 230).

Genderforschung und die heutige Praxis in reformpädagogisch orientierten Schulen

Die vielversprechenden Entwicklungen wurde ab 1933 gewaltsam beendet, und erst in den 1970er Jahren entstand in der BRD etwa zeitgleich mit der Wiederbelebung der reformpädagogischen Tradition die neue Frauenbewegung und mit ihr ab den 1980er Jahren eine erneute Debatte über die Koedukation (vgl. Faulstich-Wieland 1996). Jetzt erst wurde eine subtile Benachteiligung der Schülerinnen durch das Curriculum und die Schulbücher und in der Mehrzahl auch die Orientierung der Mädchen auf den Reproduktionsbereich durch die Schule nachwiesen. Es folgten Studien, die die Diskriminierung der Mädchen in der schulischen Interaktion, Probleme des Umgangs der Geschlechter miteinander und Ambivalenzen im Selbstkonzept der Mädchen aufdeckten und Lösungsstrategien, z.B. die Frage des geschlechtergetrennten Unterrichts, untersuchten: „In den ca. drei Jahrzehnten der Neuen Frauenbewegung waren ihre erkenntnis- und handlungsleitenden Motive geprägt durch die Betonung von Geschlechtergleichheit und die Betonung von zweigeschlechtlicher Differenz ebenso wie durch die Vervielfältigung, Überbrückung, Verflüssigung und Aufhebung der Differenz bis hin zur Überwindung der Kategorien Frau und Mann" (Prengel 2004, S. 97).
Die unterschiedlichen Ansätze der Genderforschung haben in die pädagogischen Praxisfelder Eingang gefunden,[16] hier stellt sich jedoch die Frage ihrer Umsetzung speziell in reformpädagogischen Zusammenhängen. Zunächst muss konstatiert werden, dass Reflexionen über das Geschlechterverhältnis in den aktuellen Publikationen über Reformschulen meist nicht vorhanden sind. Eine der wenigen Ausnahmen stellt ein Beitrag über die Arbeit an der Laborschule Bielefeld für die „Entwicklung des Konzepts einer geschlechterbewussten Pädagogik" seit Anfang der 1990er Jahre dar (Biermann/Lintzen/Schütte 2005), und auch in dem Sammelband über die Reformschule Kassel findet dies Berücksichtigung (Röhner/Rauschenberger 2008). Das heißt nun nicht, dass der Themenkomplex in anderen Reformschulen ausgeblendet wird, aber vielleicht ist es doch wichtig, alle Lehrenden zu ermutigen, in ihrer pädagogischen Praxis das Geschlecht als soziale Konstruktion in seiner binären Klassifizierung kritisch zu untersuchen und sich am Abbau hierarchischer, immer noch biologistisch verbrämter Machtstrukturen „im Ringen um die Demokratisierung des Geschlechterverhältnisses" (Prengel 2004, S. 97) zu beteiligen. Und in diesem Bildungsprozess kann eine reformpädagogisch arbeitende Schule mit ihrem differenzierten Blick auf das Individuum einen substantiellen Beitrag leisten.

---

16 Siehe Handbuch Gender und Erziehungswissenschaft (2004), Kapitel 3.

Quellen

Geheeb, Paul: Koedukation als Lebensanschauung (1914). Wiederabdruck in: Paul Geheeb: Die Odenwaldschule 1909-1934. Hrsg. von Ulrich Herrmann. Jena 2010, S. 81-92.

Geheeb, Paul: Koedukation und weibliche Bildung (1926). Wiederabdruck in: Hansen-Schaberg, Inge / Schonig, Bruno (Hrsg.): Landerziehungsheim-Pädagogik. Reformpädagogische Schulkonzepte, Band 2. Baltmannsweiler 2002, S. 26-31.

Geheeb, Paul: Die kulturelle Bedeutung der Koedukation. In: Pädagogische Warte 38 (1931), S. 487-495.

Krause, Wilhelm: Höhere Waldschule Berlin-Charlottenburg. Berlin 1929.

Richtlinien für die Lehrpläne der höheren Schulen Preußens. Hrsg. von Hans Richert, 1. und 2. Teil, Berlin 1925.

Steiger, Willy: Fahrende Schule. Leipzig 1924.

Literatur

Biermann, Christine / Lintzen, Brigitte / Schütte, Marlene: Kritische Koedukation trägt Früchte: Die Entwicklung des Konzepts einer geschlechterbewussten Pädagogik. In: Thun, Susanne / Tillmann, Klaus-Jürgen (Hrsg.). Laborschule – Modell für die Schule der Zukunft. Bad Heilbrunn/Obb. 2005, S. 129-142.

Faulstich-Wieland, Hannelore: Abschied von der Koedukation? In: Kleinau, Elke/Opitz, Claudia (Hg.): Geschichte der Mädchen- und Frauenbildung in Deutschland, Bd. 2: Vom Vormärz bis zur Gegenwart. Frankfurt a. M. 1996, S. 386-400.

Fichte, Johann Gottlieb: Reden an die deutsche Nation (1808). Hamburg 1955.

Handbuch Gender und Erziehungswissenschaft. Hrsg. von Glaser, Edith / Klika, Dorle / Prengel, Annedore. Bad Heilbrunn/Obb. 2004.

Hansen-Schaberg, Inge: „Mütterlichkeit" und „Ritterlichkeit"? Zur Kritik der Ideen zur Koedukation in der pädagogischen Reformbewegung und in der Frauenbewegung. In: Neue Sammlung 36 (1996a), S. 641-662.

Hansen-Schaberg, Inge: Die pädagogische Reformbewegung und ihr Umgang mit der Koedukation. In: Kleinau, Elke/Opitz, Claudia (Hrsg.): Geschichte der Mädchen- und Frauenbildung in Deutschland. Bd. 2. Frankfurt a.M. 1996b, S. 219-229.

Hansen-Schaberg, Inge: Bildliche Darstellungen zum Thema Reformpädagogik, Geschlechterverhältnis und Koedukation. In: Schmitt, Hanno / Link, Jörg-W. / Tosch, Frank (Hrsg.): Bilder als Quellen der Erziehungsgeschichte. Bad Heilbrunn/Obb. 1997, S. 167-187.

Hansen-Schaberg, Inge: Koedukation und Reformpädagogik. Untersuchung zur Unterrichts- und Erziehungsrealität in Berliner Versuchsschulen der Weimarer Republik. Berlin 1999.

Hansen-Schaberg, Inge (Hrsg.): Die Praxis der Reformpädagogik. Dokumente und Kommentare zur Reform der öffentlichen Schulen in der Weimarer Republik. Bad Heilbrunn/Obb. 2005.

Hansen-Schaberg, Inge: „wobei sich der Verkehr der beiden Geschlechter in Unbefangenheit und schöner Harmonie vollzieht" – Koedukation in der Waldschule. In: Link, Jörg-W./ Tosch, Frank (Hrsg.): Bildungsgeschichte(n) in Quellen. Bad Heilbrunn/Obb. 2007, S. 153-168.

Hausen, Karin: Die Polarisierung der „Geschlechtscharaktere" – Eine Spiegelung der Dissoziation von Erwerbs- und Familienleben. In: Conze, Werner (Hrsg.): Sozialgeschichte der Familie in der Neuzeit Europas. Stuttgart 1976, S. 363-393.

Prengel, Annedore: Zwischen Gender-Gesichtspunkten gleiten – Perspektivitätstheoretische Beiträge. In: Glaser, Edith / Klika, Dorle / Prengel, Annedore (Hrsg.): Handbuch Gender und Erziehungswissenschaft. Bad Heilbrunn/Obb. 2004, S. 90-101.

Röhner, Charlotte / Rauschenberger, Hans (Hrsg.): Kompetentes Lehren und Lernen. Untersuchungen und Berichte zur Praxis der Reformschule Kassel. Baltmannsweiler 2008.

Christof Laumont

Wie ich lebe und mich gebe –
Internat versus Ganztagsschule

Schulen und Internate vermitteln jungen Menschen Bildung und Erziehung und bereiten sie auf ihren Lebensweg und auf ihre Rolle in der Gesellschaft vor. Bildung ist die Summe des Wissens und der Fähigkeiten, die der Mensch erwirbt zur Orientierung in der Welt. Erziehung ist die Vermittlung von Werten und Regeln. Charakter ist die Haltung zu Werten und Regeln.
Mit umfassenderen und weitergehenden Möglichkeiten, als Ganztagsschulen sie bieten können, zielen Internate auf Charakterbildung und Werteerziehung.

Geschlossenes und offenes Curriculum

Internate und Ganztagsschulen können und sollen den Tagesablauf sinnvoll rhythmisieren durch den Wechsel und eine gute Verteilung verschiedener und verschiedenartiger kognitiver, kreativer, sportlicher und sozialer Aktivitäten auf den Tag – mit bewegten und beruhigten Pausen, mit Freizeit und mit gemeinsamen Mahlzeiten.
Im Internat beginnt der Tag mit einem gemeinsamen Frühstück.
Was für ein gutes Internat selbstverständlich sein sollte, kann auch die gute Ganztagsschule leisten: Alle gemeinschaftlichen Aktivitäten, Unterricht, sportliche, künstlerische, handwerkliche und sonstige Betätigungen finden im Wesentlichen auf einem Campus und unter einem organisatorischen Dach statt.
Während in der Ganztagsschule der Schultag eine zeitliche und räumliche Grenze zum Familienleben vor Beginn und nach Ende der Ganztagsaktivitäten hat, verbinden und durchmischen sich im Internat die formellen und organisierten Aktivitäten mit den informellen Ereignissen des Privatlebens. An die Stelle des geschlossenen Curriculums des organisierten Ganztags tritt das offene Curriculum des Zusammenlebens in der Gemeinschaft rund um die Uhr, das mehr Überraschungen bereithält – und Überraschungen sind die informellen Lernanlässe des Alltagslebens, die mitunter aus banalen bis sehr komplexen Problemen resultieren: Wie wasche ich richtig? Was gehört wozu bei der Mülltrennung? Welche Milch soll ich kaufen? Fragen zum richtigen Benehmen, zur Gesundheit, zum Umgang mit Geld, zur Internetnutzung etc.

Die Schule, auch die Ganztagsschule, spart, ja sperrt den Alltag und das Privatleben weitestmöglich aus, die Ganztagsschule verdeckt ihn mit ihren zeitfüllenden Angeboten und der durchgetakteten Aufsichtspflicht. Im Internat finden der Alltag und das Privatleben nicht nur statt, sondern Pausen und Freiräume von der Durchgestaltung und Portionierung des Tages sind programmatischer Teil einer Pädagogik, zu der auch das Geschehenlassen aus beobachtender Distanz gehört. Dies ist die Basis der Verantwortung und Fürsorge in der Internatspädagogik, die das Zusammenleben von Schülerinnen und Internatsverantwortlichen als handlungsorientierte Zusammenarbeit und als Zusammenwirken um der Sache willen begreift. Dieses Zusammenwirken darf weder mit der unbedingten Gemeinschaft der Familie noch mit permanentem Infotainment verwechselt werden.

Wer bin ich und wie viele?

Eine wichtige Konfliktquelle in der Schule, auch in der Ganztagsschule, ist die mögliche Divergenz zwischen familiärer Identität und einem schulischen Rollen-Ich: Wie ich zu Hause lebe und wie ich mich in der Schule gebe, das kann weit auseinanderfallen! Schamgefühle und Sehnsüchte können zu einem Doppelleben – besser: zu einem Leben in Parallelwelten – führen.

Im Internat ist das Doppelzimmer Kern der Gemeinschaft. Auch hier kann der oder die Neue dem Zimmerpartner etwas vormachen, vorgeben, ein anderer zu sein, als er zu Hause ist. Aber beim gelingenden Internatsleben begegnen die Zimmerpartner einander authentisch, und es entsteht eine Internatsidentität in Kontinuität zwischen der Rolle in der Zimmerpartnerschaft und den verschiedenen Aktivitäten im unterrichtlichen und internatlichen Leben.

Ein großer Vorteil der Internatsidentität besteht darin, dass selten jemand in der Wahrnehmung durch die Mitschüler und die Erwachsenen festgelegt wird auf seine Rolle allein in der Klasse (als Clown, Streber, Rädelsführer etc.) oder auf eine fremd- oder selbstzugeschriebene Aussehens- oder Verhaltensbesonderheit. Neben oder sogar vor die Klasse treten andere Gruppen, vor allem die Wohngruppe im Internat, die in der Regel geschlechtergetrennt und klassen- bzw. jahrgangsübergreifend, manchmal auch koedukativ zusammengesetzt ist. Außerdem gibt es die Sportmannschaften, denen die Schülerin/der Schüler beitritt, die Arbeitsgemeinschaften, die sie/er wählt, die Tischgruppe, in der die Mahlzeiten eingenommen werden, die Gremien der Schülermitverantwortung und manches mehr.

In der Internatsgemeinschaft kann sich der Einzelne mithin nicht nur mit seinen schulischen Leistungen, sondern in seinen vielseitigen Interessen und Begabungen zeigen und kann auch entsprechend differenziert und facettenreich mit seinen Stärken und Schwächen, seinen Rollen und Funktionen wahrgenommen werden.

Eine Gemeinschaft ist dann stark, wenn sie die Vielgesichtigkeit und Vielschichtigkeit jedes Einzelnen nicht nur aushält, sondern fördert und jedem dabei hilft, sich darin zu entwickeln.

In der Ganztagsschule wird der Tag in additiven Aktivitäten sinnvoll gestaltet – Internatsleben hingegen ist gelebte Identität in Rollenvielfalt: Wie ich lebe und wie ich mich gebe, beides fällt in eins!

Das Mentorat

Von entscheidender Bedeutung für die Entwicklung eines jungen Menschen in Schule, Ganztagsschule oder Internat ist, dass diese Entwicklung nicht nur verwaltet und gestaltet, sondern in der Wahrnehmung gebündelt und von zentralen Bezugspersonen begleitet und verantwortet werden kann. Hier verfügt das gute Internat über entscheidende Vorteile in der organisatorischen und kommunikativen Verknüpfung und Durchdringung von Unterricht und Internatsleben.

Die Fäden sollten zusammenlaufen bei einer persönlichen Vertrauensperson aus dem pädagogischen Kollegium, die jede Schülerin und jeder Schüler für sich bekommt, im besten Fall wählt. An der Schule Birklehof ist diese Person die Mentorin bzw. der Mentor. Er/Sie begleitet und stärkt die schulische, persönliche und soziale Entwicklung des Mentees durch regelmäßige Gespräche und steht auch in der Kommunikation mit Kollegium und Eltern.

Das Mentorat verbindet den Überblick über die Schulgemeinschaft und Detailkenntnisse zum Mentee und bietet Verlässlichkeit für den Schüler und Verantwortlichkeit gegenüber den Eltern.

Das Mentorat soll nach Möglichkeit eine schullebenslange Verbindung sein, die Kontinuität bewahrt über Schuljahresgrenzen hinweg bei Wechseln von Klassen- und Fachlehrern und bei einem Wechsel der internatlichen Wohngruppe oder von deren Betreuung.

Im Dienst für die Gemeinschaft

Eine wichtige Säule der Internatserziehung – und im Ganztageskontext schwer zu realisieren – ist das soziale Lernen durch die Verpflichtung zu Diensten für die innerschulische oder auch außerschulische Gemeinschaft.

Im Internat lernen die Schülerinnen und Schüler, ihre Fähigkeiten und ihre Tatkraft in den Dienst anderer und der Gemeinschaft zu stellen.

Alle Schülerinnen und Schüler des Birklehofs müssen einen Dienst tun, in der Regel verpflichtet man sich für ein Schuljahr und kann im nächsten Jahr den Dienst wechseln.

Dafür gibt es eine breite Palette von Diensten: Das Aufdecken der Tische im Esssaal oder die Brotausgabe in der großen Pause sind Dienste eher für jüngere Schüler. Sportplatz- oder Flaschendienst gehören in den Bereich des Räumens und Instandhaltens. Beim Computerraum- oder Bibliotheksdienst übernehmen die Dienstmitglieder Verantwortung für Räume und deren Nutzung. Die Fahrradwerkstatt oder die Feuerwehr bieten Gestaltungsräume für technisch Interessierte. Sanitätsdienst, Technikdienst und Schulversammlungskomitee übernehmen wichtige Funktionen bei der Durchführung schulischer Veranstaltungen. Haushelfer assistieren den für die Internatsbetreuung verantwortlichen Hauserwachsenen bei organisatorischen Abläufen.

Die Postausgabe wird von Schülern übernommen. Es gibt eine Schülerfahrbereitschaft und einen Esssaalläuferdienst (An- und Abklingeln der Mahlzeiten, Übermittlung von Nachrichten während des Essens.). Die Mitglieder des Aufnahmeteams führen am Internat interessierte Familien und andere Gäste über den Campus und durch die Gebäude.

Dienst leisten können ältere Schüler auch durch die Betreuung jüngerer, etwa durch Hausaufgabenhilfe, Unterhaltungsangebote vor dem Zubettgehen oder Übernahme eines Schülermentorats.

Einmal pro Schuljahr übernimmt jeder Schüler und jede Schülerin einen Vormittag lang Küchendienst.

Nach außen gerichtete Dienste haben vor allem sozialen Charakter: Hausaufgabenhilfe für Kinder aus dem Dorf, vor allem Kinder aus Migrantenfamilien, die ihr Deutsch verbessern müssen; kleine Betreuungsaufgaben wie Einkaufen oder Vorlesen für Bewohner eines nahegelegenen Alten- und Pflegeheims.

Manche Internate ergänzen ihr Diensteprogramm durch Kooperationen mit öffentlichen oder gemeinnützigen Institutionen, etwa mit Aidshilfe-Initiativen, oder durch Projektfahrten zur Teilnahme an multilateral, teilweise sogar international verankerten Projekten in aller Welt.

Gelebte Schülermitverantwortung und Werteerziehung

Die Dienste sind eine tragende Säule der Mitgestaltung des Schullebens durch die Schülerinnen und Schüler und damit Teil gelebter Schülermitverantwortung. Die Gremien und die Organisation der Schülermitbestimmung sind am Birklehof – wie an den meisten jener Internatsschulen, die mehr interne als externe Schüler haben – stärker durch die Internatswohngruppen als durch die Klasseneinteilung bestimmt und strukturiert: Die Wohngruppen des Internats wählen Vertreter in das Schülerparlament; die ein Viertel bis ein Drittel der Schülerschaft ausmachenden Externen wählen ihre Vertreter aus den Schulstufen. Die Delegierten des Schülerparlaments wählen aus ihren Reihen Konferenzteilnehmer, die zusammen mit den direkt von der Schülerschaft gewählten Schülersprechern ein Teilnahmerecht an allen Lehrerkonferenzen (ausgenommen Notenkonferenzen) ausüben. Besonders wichtig ist die Teilnahme an Disziplinarkonferenzen, das sind Verfahren zu gravierenden Regelverstößen.

Gelebte Schülermitverantwortung ist die Grundlage der Charakterbildung und Werteerziehung im Internat; deren fundamentale Ziele sind Mündigkeit und Empathie.

Pubertierende und Adoleszenten müssen lernen, verständlich und verständig, mündig zu kommunizieren, das eigene Ich in Beziehung mit den Mitmenschen zu sehen und zu setzen, die Bedürfnisse der Mitmenschen anzuerkennen. Denn eine angemessene Selbstwahrnehmung ist die Voraussetzung für Empathie mit anderen.

Mündigkeit definieren wir mit Immanuel Kant als das Vermögen, sich seines Verstandes ohne Leitung eines anderen zu bedienen – und seit Kant ist Mündigkeit zentrales Ziel einer Erziehung im Zeichen der Aufklärung. Der mündige Gebrauch der Vernunft soll dem Wohl der Gesellschaft dienen. Mündigkeit bedeutet ursprünglich Volljährigkeit, Geschäftsfähigkeit, rechtliche Eigenverantwortung. Kant hat also den eigentlich juristischen Begriff philosophisch und pädagogisch umgedeutet, indem er die volksetymologisch eingeflossene Bedeutung von Mund und Rede nach vorne rückt und als Erster Mündigkeit klar von der Volljährigkeit abtrennt: Der mündige Bürger gemäß Kant ist viel mehr als einfach nur volljährig, und heute wünschen wir uns als Pädagogen Mündigkeit der Jugendlichen durchaus vor der Volljährigkeit. Mündigkeit ist das selbstbewusste und vernunftgeleitete Eintreten für die eigenen Interessen. Selbstbewusste Schülerinnen und Schüler reden mit und treten für ihren Gestaltungsspielraum ein, der in einem Internat deutlich größer sein kann als in einer Ganztagsschule. Und Freude an der Gestaltung liegt in der Natur des Menschen.

Zusätzlich zu den aktiven und engagierten Gremien der Schülermitverantwortung bieten weitere schülergeleitete Komitees und Gruppen vielfältige Möglichkeiten zur mündigen Mitgestaltung des Schullebens und der Gemeinschaft, etwa bei der Gestaltung von Festen, der Durchführung von Schülerdiscos oder der Leitung einer Cafeteria.

Mündigkeit ermöglicht Verantwortung für die Gemeinschaft. Die zweite Voraussetzung zur Verantwortung für andere ist Empathie. Mündigkeit kommt aus dem Ego des Menschen und bringt deshalb Empathie nicht von selbst mit sich.

Gemeinschaft und Verständnis für die Meinung und die Bedürfnisse anderer wird gelernt, wo man sie zur Lösung von Problemen braucht: beim Kompromisseschließen im Doppelzimmer oder auf dem Gang, in der Internatswohngruppe, beim Erarbeiten einer Theaterproduktion oder eines Orchesterkonzerts, in der Schulfeuerwehr, in der Konfliktbewältigung im Internatsalltag, der sich generell durch eine hohe soziale Kontrolle auszeichnet.

Eine heilsame Kur gegen Egoismus und Narzissmus kann auch ein Austauschaufenthalt an einer Partnerschule sein, wie ihn der Birklehof allen Schülerinnen und Schülern, die es wünschen, ermöglichen kann, und zwar auf allen Kontinenten dank einem internationalen Netzwerk von über 80 Schulen. Längere Austauschaufenthalte etwa in Indien oder Südafrika führen oft zu lehrreichen Konfrontationen mit neuen Erfahrungsräumen und anderen Wertesystemen, die die Selbstwahrnehmung ganz neu konfigurieren können.

Erziehungspartnerschaft

In Schule, Ganztagsschule oder Internat sollen Kinder und Jugendliche selbstbewusst und ihrer selbst gewiss werden. Sie üben und lernen, Verantwortung für sich, für andere und für die Umwelt zu übernehmen. Sie gewinnen Orientierung für den weiteren Lebensweg besonders gut durch Lernanlässe, die auf praktische oder soziale Erfahrungen aufbauen.

Die Zeitläufte und die gesellschaftliche Stimmung sind dafür nicht einfach; sie sind stark geprägt durch eine egomanisch-narzisstische Ich-alles-sofort-Haltung. Die Leitsymbole dieser Einstellung sind Ego-Shooter, Casting-Shows oder Smartphones für 13-Jährige.

Gegen die Windmühlen der Ich-alles-sofort-Haltung muss die Erziehung unverdrossen ankämpfen, das können aber auch die beste Schule und das beste Internat nur in enger Zusammenarbeit und Erziehungspartnerschaft mit den Eltern.

Helga Boldt

Gegründet 2009: Die Neue Schule Wolfsburg

Die Gründung einer neuen Schule, zumal einer Schule in freier Trägerschaft, ist mit vielfältigen Chancen und Herausforderungen verbunden. Eine Chance liegt in dem immer offener und systematischer werdenden Dialog zwischen Schulpraxis, Bildungswissenschaft, Bildungsverwaltung, Arbeitswelt und Zivilgesellschaft zu Fragen der Schulqualität. Es bildet sich, so ist der Eindruck, ganz allmählich eine gemeinsame Vorstellung von guter Schule heraus, die sich aus internationalen Diskursen und historischen Erkenntnissen speist, mit vielen praktischen Beispielen hinterlegt ist und auch für „Neulinge" eine wichtige Orientierung bildet. Die Qualitätsstandards der „Blick über den Zaun-Schulen" oder die Formulierung der Qualitätsbereiche für den Deutschen Schulpreis seien hier als Beispiele genannt. Eine besondere Herausforderung liegt in dem Wissen, dass wesentliche Prozesse der Schulentwicklung auch von einer sehr ambitionierten neuen Schule nicht einfach übersprungen werden können, sondern durch beharrliche und reflektierte Alltagspraxis angeeignet werden müssen. Im folgenden Beitrag soll an drei Beispielen aus der Gründungssituation die enge Beziehung zwischen Schulorganisation und pädagogischen Gestaltungsmöglichkeiten dargestellt werden.

Mit Beginn des Schuljahres 2009/2010 hat die Neue Schule Wolfsburg, konzipiert als Ganztagsschule von 1-13, ihre Arbeit aufgenommen. Im nunmehr dritten Schuljahr 2011/12 werden 120 Primarschülerinnen und -schüler zwischen fünf bis acht Jahren und 250 Fünft-, Sechst- und Siebtklässler von inzwischen 55 Erwachsenen unterschiedlicher Professionen durch den Tag begleitet und beim Lernen unterstützt. Die Nachfrage nach Aufnahme an dieser besonderen Schule, einem gemeinsamen Projekt der Stadt Wolfsburg und der Volkswagen AG, war von Anfang an, nicht nur wegen des Verzichts auf die Erhebung von Schulgeld, überwältigend. Im Einvernehmen zwischen dem Träger der Schule und der Stadt Wolfsburg wurde es der Schule aufgegeben, das Aufnahmeverfahren für die Jahrgänge 1 und 5 so zu gestalten, dass die Schülerschaft der soziokulturellen Mischung der Stadtregion Wolfsburg entspricht: mitten in der Stadt soll eine Ganztagsschule in freier Trägerschaft entstehen, in der jedes Kind, jeder Jugendliche im Rahmen seiner individuellen Möglichkeiten Exzellenz erfahren und entfalten kann. Das zuvor durch eine internationale Kommission erarbeitete Konzept legt den pädagogischen Schwerpunkt auf Begabungsförderung und Internationalität und fokussiert fachlich auf Naturwissenschaft/Technik, Kunst/Kultur sowie Wirtschaft. (Genaueres hierzu unter www.neue-schule-wolfsburg.de) Deutlich wird dabei der Anspruch formuliert, die besonderen Gestaltungsmöglichkeiten einer Schule in freier Trägerschaft zu nutzen, um beispielhaft Lern- und Erfahrungsräume zu entwickeln, in denen individuelle Begabungen bestmöglich gefördert, Forschergeist entwickelt und Globalitätssinn in sozialer Verantwortung ausgeprägt werden. Der Bildungslandschaft in Deutschland Impulse zu geben, auch diesem Ziel, das der Träger Volkswagen bei der Gründung formulierte, soll und will die Schule gerecht werden. Die Klassenfrequenz wurde bewusst auf 20 Schüler im Primarbereich und 22 Schüler im Sekundarbereich begrenzt. Als Standort der Schule wurde, sehr zur Freude der Schule, ein altes, seit vielen Jahren von der Volkshochschule genutztes Schulgebäude gewählt, das stadtzentral in unmittelbarer Nachbarschaft von Theater, Planetarium, Bibliothek und Kunstmuseum liegt, hinreichend Erweiterungsoptionen bietet und zudem direkt an ein großes Waldgebiet angrenzt. Der Träger Volkswagen eröffnet der Schule vielfältige Möglichkeiten, Kinder und Jugendlichen frühzeitig und fortdauernd für naturwissenschaftlich-technische Phänomene zu begeistern: Im Experimentierhaus „phaeno" oder am außerschulischen Lernort „Autostadt" können Schülerinnen und Schüler an technisch-naturwissenschaftlichen Workshops teilnehmen. Noch eindrucksvoller für die Kinder und Jugendlichen ist allerdings die unmittelbare Nähe zu Produktion, Forschung und Entwicklung bei Volkswagen. Nicht nur in der Schule mit Lego-Robotern zu experimentieren, sondern z.B. robotergesteuerte Produktion in der Fertigung zu beobachten und Roboter dort auch im Rahmen eines Workshops selbst steuern zu können, schafft eine unmittelbare Nähe zwischen Theorie und Praxis und fordert Exzellenz in diesem Bereich geradezu heraus. Unterstützt wird dieses Interesse durch Forscherpaten, die den Sekundarklassen zugeordnet sind und die unterrichtliche Arbeit mit ihrer Expertise bereichern. Zentrale Themen der Technik, Naturwissenschaft und Wirtschaft, wie z.B. Energie, Automation und Mobilität, werden so über alle Jahrgänge hinweg zu festen Bestandteilen des Curriculums. Das Gründungskollegium, zunächst 10, inzwischen 35 Lehrerinnen und Lehrer, bewegt sich gegenwärtig in der durchaus produktiven Spannung zwischen anspruchsvoller pädagogischer Konzeption und schulischem Alltagsleben. Unterstützt wird es hierbei von einem wissenschaftlichen Beirat, der in dieser Funktion die Arbeit der Errichtungskommission fortsetzt, und von einem Kuratorium, das das gesellschaftliche Umfeld der Schule in besonderer Weise abbildet.

Räume

Jedes Lernen entfaltet sich in informellen oder bewusst gestalteten Räumen, deren Anregungsqualität einen hohen Einfluss auf die Intensität der Lernprozesse besitzt. Die konkrete Herausforderung, ein vorhandenes Gebäude aus den 50er-Jahren innerhalb weniger Wochen von Grund auf neu zu gestalten und einzurichten, wurde von den Initiatoren der Schule und dem Gründungskollegium bewusst angenommen: mehr Licht und Luft durch Entfernung von Wänden, ein in sich stimmiges Farbkonzept, das den Innenraum gliedert, akustische Dämmung in Räumen und Flurbereichen, Schaffung von Räumen, Nischen, Außenflächen für selbstständiges Arbeiten, Inanspruchnahme gestalterischer und funktionaler Beratung bei der Auswahl des geeigneten Mobiliars für flexible Unterrichtsorganisation (man ahnt gar nicht, wie viele unnütze und unbrauchbare Schulmöbel auf dem Markt zu finden sind), Fachräume für naturwissenschaftlich-technische Praxis, Teamräume mit qualitätvollen Lehrerarbeitsplätzen als Voraussetzung für wirksame Teamstrukturen, erste Schritte zum Ausbau einer technischen hochwertigen ICT-Ausstattung bis hin zu einem Farbleitsystem bei Heften, Mappen, Kleinmaterialien. In einem ersten baulichen Kraftakt entstand nach wenigen Monaten aus dem provisorischen Eingang, dem ehemaligen Hinterausgang der Volkshochschule, ein einladendes Eingangsforum. Parallel wurde gemeinsam mit den Eltern das asphaltierte Außengelände aufgebrochen und mit Bewegungsgelegenheiten ausgestattet und auch die Planung zur Realisierung eines großzügigen Anbaus für die Sekundarstufe I, der perspektivisch in einen Bildungscampus unter Einbeziehung von Sekundarstufe II, Stadtbibliothek, Volkshochschule und anderen öffentlichen Bildungsträgern integriert werden soll, wurde voran getrieben. Diesen Planungen vorgelagert war die Formulierung pädagogischer Anforderungen an die Raumgestaltung, differenziert nach Schulstufen bis hin zur Beschreibung einer räumlichen Fassung für das „Lernen für junge Erwachsene in der Sekundarstufe II". Sowohl Kinder als auch Erwachsene nehmen diesen Prozess und die vielen Teilergebnisse als Wertschätzung wahr und auch Provisorisches wird mit Blick auf eine stimmige Planung akzeptiert. Schülerinnen und Schüler fühlen sich ermutigt, die Räume durch eigene Aktivität anzueignen und von Anfang an die Ergebnisse der Unterrichtsarbeit innerhalb und außerhalb des Klassenraums sichtbar zu machen. Jede Einzelentscheidung gemeinsam zu bedenken und zu beraten, erfordert allerdings viel Zeit und Geduld; beides war anfangs überhaupt nicht vorhanden. Es gab und gibt aber keine Alternative dazu, diese besondere Chance zu nutzen, neu entstehende Lernräume mit größtmöglicher Sorgfalt zu planen und zu gestalten. Das Zeitfenster für derart umfassende materielle Entscheidungen ist nur kurz geöffnet und die Folgen – positive wie negative – sind so bedeutsam: Schließlich werden die Schülerinnen und Schüler 10 000 bis 15 000 Stunden ihres wachen Lebens in diesen Räumen verbringen, manche Mitarbeiterinnen und Mitarbeiter ein Vielfaches davon. Und nur, wenn die Räume von den Nutzerinnen und Nutzern angeeignet und ihre Raumqualität bewusst wahrgenommen wird, werden Achtsamkeit und Sorgfalt entwickelt werden können.

Tag – Woche – Jahr

Der hohe Anspruch, ganztägig anregungsreiches und verständnisintensives Lernen zu ermöglichen, ist immer nur in vielen kleinen Schritten zu realisieren. Einige Fragen mussten allerdings bereits in den ersten Wochen klar beantwortet und in eine Struktur überführt werden: Wie beginnt der Schultag ohne Hektik und dennoch intensiv? Wie lassen sich Zeiten für unterschiedliche Lernformate verlässlich in die Schulwoche integrieren? Wie lässt sich das Jahr so gliedern, dass Zeit für Projekte, für das Lernen außerhalb, für besondere Vorhaben sicher verfügbar bleibt? Welche Zeit bleibt unverplant und damit offen für Ungewöhnliches? Und – ebenso elementar wie herausfordernd: Wie können 300 und mehr Kinder / Jugendliche täglich gemeinsam gutes Essen genießen, damit auch die elementaren Bedürfnisse an einem langen Schultag respektiert werden?

Entstanden ist ein Zeitraster, das täglich mit einer langen Frühlernzeit beginnt: die Lehrerinnen und Lehrer sind vor den Kindern im Klassenraum; die Kinder entscheiden selbst, wann sie den Lernraum betreten und beschäftigen sich dann allein oder in Gruppen mit ihren eigenen Lerngelegenheiten. Wenn sie Hilfe, Zuwendung, Gespräch wünschen, ist Zeit genug, darauf einzugehen. Und auch umgekehrt: Wenn es Konflikte zwischen Lehrern und Schülern zu klären gibt, Lernprobleme zu beheben sind, Versäumtes nachzuarbeiten ist, lassen sich Verabredungen verlässlich in diese Zeit legen. Und auch für das gemeinsame Essen und für unverplante Bewegungspausen ist genügend Zeit, mehr als zwei Stunden am Tag, vorgesehen.

> (Anm: Im Schulvertrag ist festgelegt, dass alle Kinder gemeinsam ein einfaches nahrhaftes Frühstück erhalten und gemeinsam zu Mittag essen. Diese Regelung ist außerordentlich nützlich, aber niemand sollte die logistischen Herausforderungen unterschätzen, die mit dieser Alltagssituation verbunden sind. Esskultur an einer Ganztagsschule entsteht nicht naturwüchsig, sondern durch hohen fachlichen, organisatorischen und pädagogischen Einsatz.)

Darüber hinaus gibt es, neben den vielen klassenbezogenen offenen Unterrichtsformen, in jeder Woche eine „Golden Time", vierstündig im Primarbereich, zweistündig im Sekundarbereich, in der die Klassenverbände aufgelöst und die Lehrerbesetzung verdoppelt ist: Jedes Kind, jeder Jugendliche soll in dieser Zeit an selbst gestellten Aufgaben, an dem jeweils individuell besonderen nächsten Lernschritt arbeiten und das Ergebnis nach einigen Monaten, am so genannten „Golden Day", der Schulöffentlichkeit präsentieren. Hierzu werden themen- und interessenbezogen kleine Lerngruppen, 8 bis 12 Schülerinnen und Schüler, gebildet, die mit mehr oder weniger Lehrerunterstützung arbeiten. Nach zweijährigem Experimentieren mit diesem Organisationsmodell können wir an vielen Beispielen dokumentieren: Die elementare Erfahrung, durch zielstrebiges Arbeiten einen wichtigen Lernschritt aus eigener Kraft bewältigt zu haben, stärkt Kinder und Jugendliche und ermutigt sie, sich auch in anderen Bereichen mehr zuzutrauen. Ein Drittes: Der Wunsch nach einer guten Balance zwischen der Lust, häufig an besonderen Lernorten zu arbeiten, und dem Erfordernis, Lernprozesse, die der Kontinuität bedürfen, ohne permanente Unterbrechungen anlegen zu können, hat zu einer Jahresgliederung geführt, die sowohl im Primar- als auch im Sekundarbereich fünf Wochen in besonderer Weise definiert: drei Wochen sind als Vorhabenwochen festgelegt und bestimmten Projekten, Klassenfahrten, außerschulischen Kooperationen, Praktika gewidmet. Zwei weitere Wochen sind für Lernentwicklungsgespräche vorgesehen, also für den intensiven und strukturierten Dialog zwischen den Schülern/Schülerinnen und ihren Lehrkräften. Letzteres ist die Voraussetzung dafür, Eltern und Schülerinnen/Schülern differenzierte individuelle Rückmeldungen zum Lernverhalten und zur Leistungsentwicklung unter Verzicht auf Ziffernnoten und Halbjahreszeugnissen geben und dieses auch verlässlich dokumentieren zu können. Strukturen dieser Art müssen von Anbeginn an tragfähig entwickelt werden, um pädagogische Freiräume entfalten zu können. Tut man dieses nicht, erschlagen die Alltagsanforderungen allzu leicht die pädagogische Phantasie.

Schulentwicklung

Eine Schule in Gründung kann sich nur entwickeln, wenn der Entwicklungsprozess in besonderer Weise von den in ihr Tätigen angeeignet und gestaltet wird. In einer Gründungssituation gibt es noch kein stützendes Korsett von Regeln, Gewohnheiten und Traditionen, keine Nischen, um sich temporär aus der Verantwortung zu nehmen. Gelingendes und Mitreißendes wird sofort von allen Beteiligten wahrgenommen, Missstimmungen, Unzulänglichkeiten und Irrwege ebenso. Begeisterung und Enttäuschungslast liegen dichter beieinander als dies bei entwickelteren Schulen der Fall ist.
Jeder gemeinsamen Entscheidung muss, wenn sie tragfähiger Baustein der Schulkultur werden soll, individuelles Nachdenken, vielstimmiges Formulieren und gemeinsames Beraten vorausgehen. Weil dies so ist, müssen Entscheidungsprozesse immer wieder bewusst verlangsamt werden. Und je dringlicher und vielfältiger die Sachzwänge werden, desto häufiger muss es „Zwischenstopps" geben. Die bekannte Faustformel, schulische Lernprozesse so zu organisieren, dass 30% der zur Verfügung stehenden Zeit individuell gelernt, 30 % in Kleingruppen gearbeitet, 30% instruierend („frontal") gestaltet werden und 10 % beratend in der Großgruppe erfolgen sollten, lässt sich auch auf Kollegien, insbesondere auf neue Kollegien übertragen. Die zur Verfügung stehende Zeit, die Organisationsstrukturen, die Entscheidungsprozesse sollten so angelegt sein, dass auch im Schulentwicklungs-

prozess die unterschiedlichen Sozialformen ihren Raum finden. Und umgekehrt: Wenn die individuelle Nachdenk- und Schreibzeit fehlt, wenn keine „Instruktion" z.b. durch schulinterne Fortbildung erfolgt, wenn es keine entwickelte Fachgruppen- und Teamstruktur gibt, kann Schulentwicklung nicht gelingen. Ein Kollegium braucht Anlässe, Strukturen und geregelte Verfahren, um gemeinsam lernen, sich wechselseitig beraten, sich gemeinsam entwickeln zu können. Dies gilt in besonderer Weise für ein Kollegium, dessen Mitglieder aus sehr unterschiedlichen Lernkulturen kommen und gerade erst beginnen, eine gemeinsame „Sprache" zu entwickeln. Heterogenität ist aber auch hier eine Chance: Jeder neue Kollege, jede neue Kollegin bringt andere Kompetenzen mit, die in ihrer Unterschiedlichkeit für den Gesamtprozess der Schulentwicklung wirksam werden können. Wenn es gelingt, dieses Potenzial zu erkennen und zu nutzen, stärkt das die Schulentwicklung insgesamt. Der Schulträger Volkswagen geht auch hier neue Wege: Es gibt nicht nur die arbeitsvertragliche Verpflichtung, sich kontinuierlich fortzubilden, sondern diese Verpflichtung wird materiell abgesichert: Jährlich sind 10 Tage während der unterrichtsfreien Zeit für schulinterne Fortbildung und darüber hinaus weitere 10 Tage für individuelle Fortbildung vorgesehen. Die Kosten hierfür, auch für kostenintensive Langzeitfortbildung, übernimmt der Schulträger vollständig und bringt damit zum Ausdruck, dass anspruchsvolle Schulentwicklung nicht ohne permanente Personal- und Organisationsentwicklung gelingen kann.

Fazit

Im Prozess der Gründung einer neuen Schule verdichten sich Vorgänge wie in einem Brennglas: scharfe Konturen, kaum Schattierungen, Begeisterung und Misserfolgserleben liegen eng beieinander, die Empfindlichkeit ist groß, die internen und äußeren Erwartungen hoch, der Gestaltungsraum, aber auch das Fehlerrisiko riesig. Die Rückbindung an ein anspruchsvolles pädagogisches Konzept und einen wissenschaftlichen Beirat sowie die Unterstützung durch einen exponierten privaten Träger und die Kommune geben immer wieder Orientierung. Die Einbindung in pädagogische Netzwerke öffnet darüber hinaus den Blick auf die Entwicklungsprozesse anderer Schulen, macht gemeinsames Lernen möglich und ist deshalb unverzichtbar. Die Gründung der Neuen Schule Wolfsburg, das ist den in ihr Tätigen sehr bewusst, ist auch Ausdruck der Hoffnung, dass Bildungsprozesse nicht nur in dieser besonderen Stadt und Region, sondern insgesamt in Deutschland besser gelingen können: Begabungen erkennen und systematisch fördern, Heterogenität als Chance nutzen, Lernen nicht in Fächern, sondern in Sinnzusammenhängen organisieren, formale Bildungsabschlussoptionen lange offen halten, berufsbezogene und allgemeine Bildung in Beziehung setzen, schulische Bildung als Teil eines lebensbegleitenden Bildungsprozesses anlegen, technische und kulturelle Bildung, Naturwissenschaft und Vielsprachigkeit, konkrete lokale Verantwortungsübernahme und Weltorientierung, alles dieses nicht als Ausschließungsverhältnisse, sondern als integrale Bestandteile einer ganzheitlichen Persönlichkeitsentwicklung einordnen – aus dem Blick auf diese Ziele speist sich immer wieder die Energie für die „Mühen der Ebene". Die Neue Schule Wolfsburg nimmt die Herausforderung an, mit ihrer Arbeit den konkreten Nachweis zu liefern, dass Kinder und Jugendliche an einer Schule unter besseren Bedingungen auch besser lernen können. Über die Resultate wird zu gegebener Zeit berichtet werden.

IV. Voneinander lernen

Hans Brügelmann, Axel Backhaus und Hans Kroeger

„Blick über den Zaun"
Selbstorganisation und Weiterentwicklung reformpädagogischer Praxis

„Blick über den Zaun" ist ein Schulverbund reformpädagogisch orientierter Schulen. Er wurde 1989 von 20 Schulen aus sehr unterschiedlichen pädagogischen Traditionen gegründet, um über wechselseitige Schulbesuche voneinander zu lernen. Gemeinsam haben die Schulen Grundüberzeugungen entwickelt, die alle Mitglieder des Verbunds verbindet, deren Konkretisierung aber immer wieder neu auszuhandeln ist[1].
Inzwischen hat der Verbund rund 120 Mitglieder, die sich in 14 Arbeitskreisen organisiert haben[2].

Die Berufung auf reformpädagogische Traditionen wird inhaltlich durch vier Leitideen bestimmt[3], die zur Orientierung und Evaluation der alltäglichen Arbeit in über 100 konkrete Standards übersetzt wurden[4] (s. Beispiel/e im Kasten S. 274f. und vollständig im Teil C, S. 310ff.). Die Leitideen sind nicht aus einer reformpädagogischen Theorie abgeleitet, sondern aus der kritischen Reflexion der eigenen schulischen Praxis erwachsen:

---

1 Vgl. Blick über den Zaun (2011): Was heißt „Reformpädagogik" heute? Der „Blick über den Zaun" im Dialog über Erziehung, Beziehung und persönliche Nähe in der Schule. www.blickueberdenzaun Publikationen.
2 S. zum aktuellen Stand und zu vertiefenden Informationen www.blickueberdenzaun.de sowie Groeben, A. v. d. (2010): Wir wollen Schule machen. Eine Streitschrift des Schulverbunds „Blick über den Zaun". Barbara Budrich Verlag: Opladen.
3 Die inhaltliche Konkretisierung durch die folgenden vier Zitate ist entnommen aus: Groeben, A. v. d., u.a. (2005): Unsere Standards. Ein Diskussionsentwurf, vorgelegt von „Blick über den Zaun" – Bündnis reformpädagogisch engagierter Schulen. In: Neue Sammlung, 55. Jg., H. 2, 253-297.
4 Inzwischen wurden die für Lehrer/innen formulierten Standards auch in einfacherer Sprache für Eltern und Kinder übersetzt, vgl. Brügelmann, H./ Backhaus, A. (2011): Kinder als Kinderschützer. Ms. für Buchholz, Th., u.a. (Hrsg.) (2011): Kinderschutz in gemeinsamer Verantwortung von Jugendhilfe und Schule. VS Verlag für Sozialwissenschaften: Wiesbaden (in Vorb.).

„Den Einzelnen gerecht werden" – individuell fördern und fordern

Unterricht wird dann besonders erfolgreich sein, wenn Lehrerinnen und Lehrer produktiv mit der immer gegebenen Heterogenität der Lernenden umgehen, sie also nutzen und nicht durch Selektion zu verringern oder gar zu vermeiden suchen. Leistung ist von den individuellen Voraussetzungen her zu fördern – und zu fordern. Sie angemessen zu erfassen setzt differenziertere Formen der Lernbeobachtung und der Leistungsrückmeldung voraus als Ziffernnoten bieten.

„Die wichtigsten Vorgaben für jede Schule sind die ihr anvertrauten Kinder und Jugendlichen, so, wie sie sind, und nicht so, wie wir sie uns wünschen mögen. Sie haben ein Recht darauf, als einzelne, unverwechselbare Individuen mit unverfügbarer Würde ernst genommen zu werden. Sie haben ein Recht darauf, dass die Schule für sie da ist und nicht umgekehrt."

Dem Einzelnen gerecht wird man dabei nicht durch eine Differenzierung „von oben", d.h. dadurch dass ein/e Lehrer/-in 26 Arbeitsblätter für 26 Kinder bzw. Jugendliche konzipiert; individuell zu unterrichten heißt den Schüler/-innen die Verantwortung für ihr Lernen in die Hand zu geben – für eine Individualisierung „von unten"[5]. Annemarie von der Groeben stellt dar, dass dieser zentrale Bereich der Standards eine bleibende Herausforderung ist – unabhängig davon, auf welchem Stand sich eine Schule befindet[6].

„Das andere Lernen" anregen und stärken

Lernen kann nachhaltig nur gelingen, wenn es auf aktive Aneignung der Lerngegenstände und Kompetenzen und auf eine Vielfalt der Aneignungswege angelegt ist. Erklärungen durch fachkundige Erwachsene und Mitschüler/-innen und das Üben von Fertigkeiten gehören ebenso dazu wie selbstständiges Erkunden, Raum für informelles Lernen, gemeinsame Projekte.

„Schulen haben die Aufgabe, die Heranwachsenden mit den Grundlagen unserer Kultur vertraut zu machen: Wissenschaft und Technik, Religion und Philosophie, Kunst, Musik und Literatur. Bildung heißt, sich diese Grundlagen je individuell und gemeinsam mit anderen erschließen zu können, sich Sinn- und Wertfragen zu stellen, sich in der Demokratie zu bewähren, die Verfahren der Wissenschaft

---

5 Brügelmann, H. (2010): Den Einzelnen gerecht werden. Raus aus der ‚Individualisierungsfalle'. In: ‚Blick über den Zaun' (2010): Den Einzelnen gerecht werden – Leistung herausfordern – begleiten – würdigen. Dokumentation der Tagung des Schulverbunds ‚Blick über den Zaun' 02.-04. Mai 2010 / Bensberg. Reformpädagogische Arbeitsstelle/ Universität: Siegen.

6 Groeben, A. v. d. (2010): Individualisierung des Lernens – Unsere Standards als bleibende Herausforderung. A. a. O.

und die Formen und Wirkungen ästhetischen Gestaltens zu erproben und zu verstehen. Lernen ist umso wirksamer, je mehr es an Erfahrung, (Selbst-)Erprobung, Bewährung und Ernstfall gebunden ist. Lernen ist umso weniger wirksam, je stärker es nur rezeptiv, fremdgesteuert, einseitig kognitiv bleibt."

„Schule als Gemeinschaft" – Demokratie lernen und leben

Man kann nicht *nicht erziehen*. Junge Menschen lernen immer aus der Art, wie ihre Mitmenschen, d.h. die Erwachsenen genauso wie die Mitschüler/-innen mit ihnen umgehen. Werte müssen deshalb gelebt werden, ebenso demokratische Umgangsformen. Das ist keine Sache einzelner Fächer, sondern des gesamten Schullebens: Schule muss sich deshalb als Raum der Begegnung von Generationen und Milieus gestalten – nicht als ein Ort der Belehrung „von oben"[7].
„Demokratie und Schule sind wechselseitig aufeinander angewiesen. Die Schule muss selbst ein Vorbild der Gemeinschaft sein, zu der und für die sie erzieht. Sie muss ein Ort sein, an dem Kinder und Jugendliche die Erfahrung machen, dass es auf sie ankommt, dass sie gebraucht werden und ‚zählen'. Sie muss ihnen die Zuversicht mitgeben, dass das gemeinte gute Leben möglich ist, dass es dabei auf jeden Einzelnen ankommt, dass Regeln und Ordnungen hilfreich und notwendig sind. Zu diesem guten Leben gehört, dass die Unterschiedlichkeit und Vielfalt der Menschen als Reichtum angesehen wird, dass Schwächere geschützt werden, dass die gemeinsam festgelegten Regeln und geltenden Werte dem Egoismus der Einzelnen Grenzen setzen."

Schule als lernende Institution – Reformen von innen und unten initiieren

„Die Schule muss auch darin Vorbild sein, dass sie selbst mit dem gleichen Ernst lernt und an sich arbeitet, wie sie es den Kindern und Jugendlichen vermitteln will. Sie muss eine sich entwickelnde Institution sein und sich zugleich treu bleiben. Ihre Arbeit ist nie ‚fertig', weil sie auf sich wandelnde Bedingungen und Anforderungen jeweils neu antworten muss."
Die Qualität von Schule zu evaluieren und gemeinsam mit allen Beteiligten (dem pädagogischen und nichtpädagogischen Personal, Eltern und Schüler/-innen) zu entwickeln erfordert sensiblere Instrumente als die in den letzten Jahren etablierten standardisierten Verfahren – und Respekt gegenüber der Arbeit der beteiligten Personen.

---

7 Vgl. ausführlicher zur Begründung und Kritik die kontroverse Diskussion in: In: Erwägen Wissen Ethik. Streitforum für Erwägungskultur, 21. Jg., H. 1/2010.

Die Schulen haben diese Grundgedanken aus der reformpädagogischen Tradition auf ihre aktuelle Situation hin neu fokussiert. Sie stellen keine „Heilslehre" dar, an die man „glaubt", sondern sind Ansprüche an die eigene Arbeit; Ansprüche, die als niemals vollständig zu erreichende, aber immer Orientierung gebende Ziele formuliert sind. Keine Schule kann von sich behaupten, alle Standards zu erfüllen.

Die Ansprüche verweisen auf unvermeidliche Spannungen, mit denen sich *alle* Schulen auseinandersetzen müssen: Erfahrungsbezug versus fachliche Systematik; Individualisierung versus Gemeinsamkeit; informelles versus organisiertes Lernen; Selbstbestimmung versus Anerkennung gesellschaftlicher Anforderungen. Dass die „Blick über den Zaun"-Schulen den jeweils ersten Pol besonders betonen (ohne dabei aber den zweiten aus den Augen zu verlieren), hängt vor allem damit zusammen, dass im Schulalltag oft der zweite die Oberhand gewinnt.

Ähnliche Ansprüche finden sich inzwischen – als Folge langjähriger und erfolgreicher reformpädagogischer Versuche – auch in vielen staatlichen Richtlinien. Das Besondere: Blick über den Zaun hat diese Leitideen in konkrete Kriterien übersetzt – als Orientierung für die Alltagsarbeit in den Schulen, nicht als Behauptung ihrer allgegenwärtigen Realität. Im Gegenteil: Der Ausweis des Mitgliedstatus' im Schulverbund ‚Blick über den Zaun' bedeutet nicht die Zertifizierung einer Schule in dem Sinne, dass sie diesen Standards voll entspräche, sondern die Aufnahme einer Schule, die sich ernsthaft darum bemühen will, diesen Standards im Alltag Stück für Stück besser gerecht zu werden.

Mit den Standards für das pädagogische Handeln der einzelnen Lehrperson korrespondieren Anforderungen an Rahmenbedingungen, die die Schule als Institution zu schaffen hat, und solche, für die Bildungspolitik und Schulverwaltung verantwortlich sind.

Standards für pädagogisches Handeln	*Standards für schulische Rahmenbedingungen*	*Standards für systemische Rahmenbedingungen*
Jede Schülerin, jeder Schüler kann in jeder Unterrichtsstunde gut „mitkommen".	Der Unterricht ist so angelegt, dass auch lernschwache Schülerinnen und Schüler sich ein Mindestpensum aneignen können.	Fachliche Standards werden als Mindeststandards formuliert.

Die Standards richten sich stets parallel an unterschiedliche Adressaten. Jeder einzelne ist angehalten, Schule im dargestellten Sinne zu verändern, aber ohne das Zusammenspiel aller Adressaten können Fortschritte nicht erreicht werden. Dies zeigt ein zweites Beispiel auf:

Standards für pädagogisches Handeln	*Standards für schulische Rahmenbedingungen*	*Standards für systemische Rahmenbedingungen*
Die Schülerinnen und Schüler wissen, wohin sie gehören, wohin ihre Sachen gehören und die der anderen. Sie finden ihren Klassenraum geordnet vor.	Die Klassenräume sind so ausgestattet, dass alles, was die Schülerinnen und Schüler brauchen, in klarer, übersichtlicher Ordnung vorhanden ist.	Für die Ausstattung der Räume stehen genügend Sachmittel zur Verfügung.

Die Aufgabe für Lehrer/-innen besteht darin, eine geordnete Lernumgebung vorzubereiten und mit den Schüler/-innen weiterzuentwickeln. Es wird aber deutlich: Wenn nicht für eine hinreichende Ausstattung gesorgt ist, wird dieses Ziel erschwert, wenn nicht zum Scheitern gebracht. Dies soll das pädagogisches Personal nicht dazu bringen, die Hände in den Schoß zu legen, sondern alle Kräfte für eine Verbesserung zu sammeln, die unter den jeweilig gegebenen Rahmenbedingungen möglich ist.

Trotz aller Anstrengungen bleibt ein Unterschied zwischen Programmatik und Praxis bestehen – auch in den Schulen des „Blick über den Zaun". Da er den Schulen bewusst ist, haben sie über die vergangenen 20 Jahre hinweg ein eigenes Verfahren der Evaluation und Schulentwicklung entwickelt: Peer-Review durch „kritische Freunde". Dieses wichtige Praxiskonzept soll in Ergänzung zu den inhaltlichen Standards verhindern, dass diese nur in Sonntagsreden erinnert werden.

Dafür ist der Verbund in Arbeitskreisen mit je acht bis zehn Mitgliedsschulen organisiert. Jeder Arbeitskreis besteht aus Schulen unterschiedlichen Entwicklungsstands, die zudem bewusst aus unterschiedlichen Regionen, unterschiedlichen pädagogischen Traditionen und unterschiedlichen Schulformen und -stufen sowie Trägerschaften stammen. Jeweils zwei Vertreter/innen pro Schule treffen sich in der Regel zweimal pro Jahr (Frühjahr und Herbst) zu einem mehrtägigen Schulbesuch in einer der Schulen[8]. Zu dem Team zählen je ein Vertreter der Schulleitung und des Kollegiums. Sie reisen zu der einladenden Schule, so dass etwa 15-20 „kritische Freunde" zu Besuch in die einladende Schule kommen.

Die gastgebende Schule lädt ein und richtet den Besuch aus – orientiert am gemeinsamen Verfahren, das sie an die Gegebenheiten vor Ort und ihre konkreten Fragen/ Bedürfnisse anpasst. Zunächst stellt sich die Schule vor – oftmals füh-

---

8 Vgl. im Einzelnen zur Durchführung der Schulbesuche: Backhaus, A., u.a. (2009): „Blick über den Zaun": Schulen lernen von Schulen. Vorschläge zur Planung und organisatorischen Ausgestaltung von Peer-Reviews durch kritische Freunde. Reformpädagogische Arbeitsstelle ‚Blick über den Zaun' an der Universität: Siegen.

ren Schüler/-innen die Gäste durch die Schule – und ermöglicht einen Einblick in den Stand der ihrer Entwicklung. Die Gäste hospitieren in der Schule und nehmen an der ganzen Breite ihrer Aktivitäten teil. Sie besichtigen diese mit der Brille eines im Vorfeld in der Schule erarbeiteten und oftmals an den Standards des Verbunds orientierten Hospitationsauftrages. Neben der Hospitation ist Zeit für Gespräche mit Kolleg/-innen (auch persönlichen Rückmeldungen zum erlebten Unterricht), (ehemaligen) Schüler/-innen und Eltern. Die Gäste bereiten gemeinsam eine Rückmeldung vor, die an das Gesamtkollegium gegeben wird, evtl. noch einmal gesondert an die Schulleitung, inzwischen teilweise auch an Schüler/-innen, z.B. in den Mitwirkungsgremien.

Die Rückmeldung ist das zentrale Element eines Schulbesuchs. Gelingt es, ein Feedback zu geben, welches kritisch, aber nicht verletzend oder niederschmetternd ist, welches eine konstruktive weitere Schulentwicklung ermöglicht? Dabei gilt es, sowohl „Tapferkeit vor dem (kritischen) Freund" zu zeigen als auch abzuwägen in dem Wissen, dass die „Wirkung" wichtiger ist als die „Wahrheit".
Die Rückmeldung gliedert sich in der Regel in drei Antwortbereiche zu den Fragen:
- Was hat mich überrascht, ggf. irritiert?
- Was hat beeindruckt? Was nehme ich gerne mit?
- Was lasse ich gerne hier?

Wichtig dabei ist, dass die BesucherInnen keinen Konsens über das Gesehene erzielen müssen. Wenn 15-20 Expert/-nnen der Schulpraxis in einer Schule hospitieren, so ist gerade die Vielfalt der „fremdem Blicke" ein großer Gewinn.

Abschließend reflektiert der Arbeitskreis den Besuch, zieht daraus Konsequenzen für die weitere gemeinsame Arbeit und vereinbart neue Termine. Beim nächsten Besuch berichtet die zuletzt besuchte Schule über Konsequenzen, die sie aus den Rückmeldungen gezogen hat. Im besten Fall profitieren alle vom Besuch: die ausrichtenden wie die besuchenden Schulen. Die gastgebende Schule erhält Rückmeldungen und profitiert davon unmittelbar, aber auch die BesucherInnen nehmen Anregungen mit, die in der eigenen Schule wirksam werden können. Dabei ist es unerheblich, auf welchem Entwicklungsstand eine Schule ist: Auch erfahrene Kolleg/-innen können in einer Schule, die noch nicht so weit ist, lernen, sofern sie die Offenheit mitbringen, etwas lernen zu wollen.

Damit gewinnt das Motto „Lernende Schule" eine doppelte Bedeutung: Schule als Ort selbstständigen Lernens für Schüler/-innen - und Schule als lernende Institution, die sich selbst weiterentwickelt.

Für die Lehrer/-innen heißt das, dass sich ihre Rolle in zweifacher Hinsicht verändert: Gegenüber den Schüler/-innen relativiert sich ihr überkommener Autoritätsanspruch, gegenüber der Wissenschaft und Verwaltung können umgekehrt sie selbst eine dialogische Rolle reklamieren. Dies hat der Deutsche Bildungsrat bereits vor über 35 Jahren gefordert[9] – damals einer der Gründe für seine Auflösung. Es gibt also selbst im trägen System Schule Fortschritte – auch dank der Beharrlichkeit von ReformpädagogInnen...

---

9 Deutscher Bildungsrat (1974): Zur Förderung praxisnaher Curriculumentwicklung. Empfehlungen der Bildungskommission. Bundesdruckerei: Bonn.

Josef Watschinger

Der Schulverbund Pustertal

Auf dem Weg zu einer neuen Qualität von Kooperation in einer gemeinsam verantworteten Bildungslandschaft

Mit dem Schulautonomiegesetz wurde in Südtirol Verantwortung an die Schulen abgegeben. Gleichzeitig aber wurden Möglichkeiten eröffnet, diese Verantwortung auch annehmen zu können. Was Schulen nicht allein schaffen, kann im Verbund mit anderen Schulen bzw. Institutionen angegangen werden. So haben sich z.B. die Schulen und Kindergärten des Pustertales zusammengetan, um gemeinsam einen Teil der neuen schulischen Herausforderungen anzugehen. Der eingeschlagene Weg stellt eine wirksame Möglichkeit dar, Bildungsverantwortung im Dialog so zu portionieren und zu verteilen, dass sie angenommen werden kann. Die Arbeits- und Entwicklungsergebnisse sprechen für sich. Im Pustertal wächst über den Schulverbund eine Bildungslandschaft, die sich zunehmend selbst trägt.

Den Schulverbund Pustertal gibt es seit ca. 8 Jahren und zwar seit in Kraft treten des Gesetzes zur Schulautonomie. Der Verbund begann klein. Im Zuge der Autonomisierung wurden die Schulen verpflichtet, Schulprogramme zu erstellen. Weil viele dazu Hilfe brauchten, beschlossen einige Schulen sich zusammenzutun, um gemeinsam Beratung einzukaufen. Aus diesem gemeinsamen Einkaufen entwickelte sich eine erste intensivere Zusammenarbeit. Die Erfahrungen waren so überzeugend, dass beschlossen wurde, die Zusammenarbeit auf andere Bereiche auszudehnen. Schon recht bald klinkten sich weitere Schulen in den Verbund ein. Heute sind alle Kindergärten und Schulsprengel (kleine Netzwerke, die mehrere Pflichtschulen umfassen) des Pustertales, zwei Oberschulen, eine Berufsschule, eine Fachschule sowie eine kirchliche Privatschule Mitglieder des Verbundes, also weit über 100 Kindergärten und Schulen – und das Ziel ist mittlerweile ein gemeinsames, nämlich von einer Summe von Einzelschulen und Einzelinitiativen durch eine aufeinander abgestimmte Bildungsarbeit hin zu einer gemeinsam verantworteten und gemeinsam getragenen Bildungslandschaft zu kommen.

Die Voraussetzung, dass so ein Verbund überhaupt entstehen konnte, schaffte das Schulautonomiegesetz.

Das Schulautonomiegesetz – neue Verantwortung aber auch neue Möglichkeiten

In Anlehnung an das Staatsgesetz wurde in Südtirol am 29. Juni 2000 das Landesgesetz Nr. 12 erlassen, das den Schulen im Lande eine weitreichende Autonomie gibt. Die Einzelschulen bzw. Schulsprengel erhielten Rechtspersönlichkeit. Mit der Übertragung von Verantwortung an die Schulen vor Ort, wurde den Schulen die Beantwortung gewichtiger Bildungsfragen zugespielt und die Gestaltung der eigenen Wirksamkeit in die Hände gelegt.

Das Schulautonomiegesetz verschiebt aber nicht nur Verantwortung von oben nach unten, sondern bietet zugleich Möglichkeiten an, diese neu übertragene Verantwortung auch annehmen zu können. Das, was die autonome Schule in ihrer Begrenztheit nicht zu bewältigen vermag, kann in Zusammenarbeit mit anderen angegangen werden. Das Gesetz bietet Möglichkeiten an, neue Allianzen einzugehen. Die Fülle und Komplexität der Aufgaben, die von außen an die Schule herangetragen werden und die sich die Schule auf Grund von inneren Notwendigkeiten selbst stellt, verlangen geradezu nach Zusammenarbeit. Diese Zusammenarbeit ermöglicht das Schulautonomiegesetz.

Auszüge aus dem Südtiroler Gesetz „Autonomie der Schulen"

„Die autonomen Schulen sind verantwortlich für die Festlegung und Verwirklichung ihres Bildungsangebotes. Zu diesem Zweck arbeiten sie auch mit anderen Schulen und den lokalen Körperschaften zusammen." (Art. 2, Abs. 2)

„Die Schulen üben für sich allein oder im Schulverbund die Autonomie der Forschung, der Schulentwicklung und der Schulversuche aus, indem sie die kulturellen, sozialen und wirtschaftlichen Gegebenheiten des Umfeldes berücksichtigen; sie sind im Besonderen zuständig für:
a) Untersuchungen im Bereich der Planung und der Bewertung,
b) die interne berufliche Fortbildung des Personals,
c) die methodische und fachliche Innovation,
d) die Vertiefung der mannigfachen Bedeutung der Informations- und Kommunikationstechnologien sowie deren Verwendung im Bildungsprozess,
e) die pädagogische Dokumentation und deren Verbreitung innerhalb der Schule,
f) den Austausch von Informationen, Erfahrungen und Unterrichtsmaterialien." (Art. 8, Abs. 2)

„Durch Vertrag können sich Schulen zu einem Schulverbund zusammenschließen, um institutionelle Zielsetzungen auf Grund vereinbarter Projekte gemeinsam zu verwirklichen." (Art. 9, Abs. 1)

„Der Vertrag kann Unterrichtstätigkeiten, Untersuchungen, Schulentwicklung, Schulversuche, interne Fortbildung, Verwaltung, Organisation sowie die Beschaffung von Gütern und Diensten zum Gegenstand haben; er kann auch den zeitweiligen Austausch von Lehrpersonen zwischen den Schulen vorsehen." (Art. 9, Abs. 2)

„Das funktionale Plansoll kann so festgelegt werden, dass es möglich ist, Personal, das nachweislich besondere Erfahrungen und Fähigkeiten besitzt, mit Organisations- und schulübergreifenden Koordinierungsaufgaben sowie mit der Führung von Werkstätten zu betrauen." (Art. 9, Abs. 4)

„Die Schulen können, sowohl einzeln als auch im Schulverbund, Verträge mit Universitäten, mit Körperschaften, Unternehmen, Vereinigungen oder mit einzelnen Fachleuten, die einen Beitrag zur Umsetzung besonderer Ziele leisten können, abschließen." (Art. 9, Abs. 6)

„Die Schulen können Konsortien bilden oder öffentlichen wie auch privaten Konsortien beitreten, um Bildungsaufgaben zu erfüllen, die dem eigenen Schulprogramm entsprechen." (Art. 9, Abs. 8)

„Im Rahmen der organisatorischen und der didaktischen Autonomie können die Schulen, entweder einzeln, im Schulverbund oder zu Konsortien zusammengeschlossen, ihr Bildungsangebot unter Beachtung des kulturellen, sozialen und wirtschaftlichen örtlichen Umfeldes erweitern. Die Initiativen sehen auch die Nutzung der Einrichtungen und Technologien außerhalb der Unterrichtszeit, Beziehungen zur Arbeitswelt und die Teilnahme an Projekten des Landes, des Staates und der Europäischen Union wie auch öffentlicher Institutionen im In- und Ausland vor." (Art. 10, Abs. 1)

Die Kraft zum „Umkehrschub"

Die oben aufgelisteten Ausschnitte zeigen, dass das Schulautonomiegesetz die Kraft besitzt einen „Umkehrschub" einzuleiten.
Das Gesetz schafft die Voraussetzungen, dass sich vor Ort stabile, sich selbst tragende autonome Strukturen bilden können, die ihrerseits im selben Geiste den Aufbau autonomer Strukturen fördern können.
Schulen können sich zu lebendigen und dynamischen Organisationen entwickeln, die selbst etwas wollen, die mit anderen kooperieren und für sich und mit anderen die Verantwortung für das übernehmen, was sie tun.

Zusammenarbeit bedarf klarer Vereinbarungen – die Satzung des Verbundes

Auf der Grundlage der oben angeführten Auszüge aus dem Schulautonomiegesetz wurde der Schulverbund Pustertal gegründet. Eine gemeinsam ausgehandelte und verabschiedete Satzung regelt die Zusammenarbeit und definiert die Arbeitsfelder, in denen der Verbund tätig wird.

Die Präambel

In der Präambel der Satzung wird das Pustertal als ein logischer Raum der Zusammenarbeit bezeichnet. Das legt nahe, dass sich Institutionen und Vereine, die im Bildungsbereich tätig sind, vernetzen, ihre Entwicklungsarbeit aufeinander abstimmen und die Qualität der Bildungsarbeit gemeinsam sichern und optimieren. Systematischer Austausch und gemeinsame Entwicklungsinitiativen sollen die Schulentwicklung im Bezirk beleben, Arbeitsteilung und die gemeinsame Nutzung von Ressourcen und von Ergebnissen Kindergärten und Schulen entlasten. Die gemeinsame Orientierung in der Bildungsplanung sowie der gezielte Einsatz von Ressourcen und Kompetenzen sollen den Kindern und Jugendlichen ein vielfältiges Bildungsangebot in einer in sich abgestimmten Bildungslandschaft garantieren.

Die Arbeitsfelder

Als Arbeitsfelder scheinen in der Satzung folgende auf:

- Schaffung von gemeinsamen Orientierungsschienen in der Bildungsarbeit
- Unterstützung und Abstimmung der Initiativen und Maßnahmen in der Umsetzung von Schulreformen und Innovationen
- Förderung und Unterstützung von systematischer Arbeit an den Leitbildern, Schulprogrammen und in der Unterrichtsentwicklung
- Gezielte Implementierung von Evaluationsabläufen in die Schulentwicklungsarbeit
- Zusammenführung der Lehrerkollegien der Grund- und der Mittelschule
- Fortbildung auf Bezirksebene
- Aus- und Aufbau von Beratungsstellen auf Bezirksebene und Zusammenarbeit mit dem Pädagogischen Beratungszentrum Bruneck
- Schaffung von besonderen übergemeindlichen Bildungsangeboten für Kinder und Jugendliche
- Schaffung von Unterstützungsangeboten und -strukturen für Eltern, Kindergärtnerinnen, Lehrpersonen und Führungskräften
- Elternfortbildung und Elterninformation
- Aufbau von Vernetzung zwischen Kindergärten und Schulen und mit anderen Institutionen

Steuerung durch das Gremium der Direktoren

Die Steuerung der gesamten Tätigkeiten des Schulverbundes erfolgt durch das Gremium der Direktoren. Zu diesem Zwecke treffen sich die Direktoren aller

Mitgliedsdirektionen/-institutionen mindestens dreimal im Jahr zu einer gemeinsamen Sitzung. Bei Notwendigkeit arbeiten die verschiedenen Stufen auch parallel an eigenen Themen, wobei ein sich gegenseitiges Berichten der Arbeitsergebnisse garantiert wird.

Jeweils im August eines jeden Jahres werden in einer zweitägigen Klausurtagung gemeinsam mit den freigestellten Projektleitern die Arbeitsschwerpunkte für das darauf folgende Schuljahr definiert, Vereinbarungen getroffen und Verbindlichkeiten gesetzt.

Im Gremium der Direktoren wird der Vorsitzende gewählt, der für drei Jahre im Amt bleibt. Der Vorsitzende vertritt den Schulverbund nach außen.

Gesamtkoordinierung der Tätigkeiten
Eine Lehrperson übernimmt die Gesamtkoordinierung der im Schulverbund laufenden Tätigkeiten. Diese Lehrperson wird vom Unterricht freigestellt und übernimmt folgende Aufgaben:
- Koordinierungsarbeit auf der Ebene der Lehrpersonen
- Erstellung der Tätigkeitsprogramme und Organisation der geplanten Tätigkeiten
- Begleitung der Schulentwicklungsarbeit in den Schulverbundsdirektionen
- Koordinierung der im Schulverbund geplanten Fortbildung
- Leitung, Moderation und Begleitung von Arbeitsgruppen
- Informationsaufbereitung und Organisation der Informationsweitergabe im Schulverbund
- Dokumentation von Ergebnissen, Mitarbeit an Publikationen
- Erhebung von Interessen, Wünschen, Bedürfnissen
- Koordinierung der Evaluation der Arbeit im Schulverbund

Der pädagogische Beirat
Dem Gremium der Direktoren steht der Pädagogische Beirat mit beratender Funktion zur Seite. Jeder Sprengel/jede Bildungsinstitution ist im Beirat durch eine von der jeweiligen Schule/Institution ernannte Person (in der Regel Lehrperson, Kindergärtnerin…) vertreten. Bei Projekten, die Schüler, Eltern, Verwaltungspersonal betreffen, werden die entsprechenden Vertretungen hinzugezogen.

Der Beirat sichtet und bewertet Projektanträge und gibt Empfehlungen in Bezug auf die Umsetzung, erstellt Gutachten und liefert Anregungen und Impulse. Für alle Projekte und Initiativen, die die Unterrichts- und Schulentwicklung betreffen, ist ein Gutachten des Pädagogischen Beirates einzuholen. Der Beirat wird vom Vorsitzenden/Koordinator des Schulverbundes einberufen, wenn Bedarf besteht. Die zu begutachtenden Anträge werden den Mitgliedern des Beirates rechtzeitig zugestellt, damit Absprachen mit Mitgliedern der eigenen Schule/Institution

möglich sind. Die Sitzungen des Beirates werden vom Schulverbundskoordinator geleitet. Die Ergebnisse werden protokollarisch festgehalten und allen Mitgliedern des Schulverbundes zugänglich gemacht.
Das Gremium der Direktoren plant in Berücksichtigung der Empfehlungen des Beirates die Schulverbundstätigkeiten und veranlasst die entsprechenden Maßnahmen. Es ernennt Projektverantwortliche, welche die Tätigkeiten koordinieren und leiten und Verantwortung für das Erreichen der Ziele übernehmen. Die Projektverantwortlichen arbeiten eng mit dem Direktorengremium zusammen und informieren regelmäßig über den Verlauf und den Stand der Projektarbeiten.

Die Finanzierung und die Verwaltung von Ressourcen
Die Tätigkeiten des Schulverbundes werden wie folgt finanziert:
- Eigenmittel der einzelnen Direktionen
- Sonderzuweisungen
- Sponsorengelder

Die Finanzierung der Initiativen im Schulverbund übernehmen die Partner zu gleichen Teilen. Eine Direktion übernimmt die Verwaltung der Geldmittel. Die Mitgliedsdirektionen überweisen den jährlich vereinbarten Pauschalbetrag an die verwaltende Direktion. Die Höhe der jährlichen Beiträge ergibt sich aus der Hochrechnung der für die geplanten Aktivitäten notwendigen Geldmittel und einer Pauschale für nicht berechenbare Spesen, die sich im Laufe eines Jahres ergeben können. Der Direktor der verwaltenden Direktion berichtet regelmäßig im Gremium der Direktoren über die getätigten Ausgaben und legt am Ende des Schuljahres eine Jahresabschlussrechnung mit Kurzbericht vor. Ein eventueller Überschuss wird mit der Quote des darauf folgenden Jahres verrechnet.
Die personellen Ressourcen, die über den Schulverbund zum Einsatz kommen, werden ebenfalls von allen Partnern über das funktionale Plansoll zu gleichen Teilen gestellt. Eventuelle Freistellungen von Lehrpersonen werden bereits bei der Erstellung des Plansolls berücksichtigt.
Für die Bezahlung von internen Überstunden (Verwaltung, Unterricht, Fortbildungstätigkeit) wird auf Grund einer Hochrechnung ein Schulverbundskontingent eingerichtet, das zu gleichen Teilen von den Kontingenten der einzelnen Direktionen abgebucht wird.
Zusätzliche Verbindlichkeiten ergeben sich durch Vereinbarungen, die im Laufe des Schuljahres im Gremium der Direktoren getroffen werden. Diese Vereinbarungen werden in Form von Beschlüssen gefasst, müssen einstimmig genehmigt sein und werden in schriftlicher Form an alle Partner weitergegeben.

Die Tätigkeiten des Schulverbundes

Die Tätigkeiten des Schulverbundes entwickeln sich aus den jeweiligen Notwendigkeiten heraus. Da, wo allen der Schuh drückt bzw. wo gemeinsame Visionen „brennen", wird angesetzt. Angegangen werden in der Regel Themen und Aufgaben, die in der Zusammenarbeit leichter und besser zu bewältigen sind als in Alleingängen bzw. in denen durch Arbeitsteilung eine Entlastung der Einzelschulen erreicht wird. Es werden Schulentwicklungsthemen aufgegriffen und bearbeitet, notwendige Stützsysteme gemeinsam aufgebaut, Veranstaltungen organisiert und es wird der Dialog zwischen den Schulen und mit den Partnern in der Bildungslandschaft des Pustertales aktiv gepflegt. In der Verbundsarbeit können die autonomen Schulen ihre jeweiligen Realitäten stimmig zu dem gestalten, was sie sind und was gebraucht wird.

Die nachfolgend beschriebenen Tätigkeiten des Schulverbundes Pustertal – eine exemplarische Auswahl aus unterschiedlichen Bereichen – machen deutlich, dass in der Zusammenarbeit Prozesse und Ergebnisse zu erreichen sind, die ganz anders tragen als zentral verordnete und nach konventionellen mechanistischen Prinzipien konzipierte.

Gemeinsame Fortbildungstätigkeiten

Bereits seit einigen Jahren wird ein Großteil der internen Fortbildung gemeinsam organisiert. In einer eigenen Broschüre werden die Angebote bekannt gemacht – mittlerweile sind es pro Schuljahr bereits mehr als siebzig.
Im Laufe der Jahre wurde ein griffiges Fortbildungskonzept und ein wirksames Organisationsmodell entwickelt sowie die Zusammenarbeit systematisch ausgebaut. Ausgehend von den konkreten Fortbildungsbedürfnissen der Lehrpersonen und orientiert an den Erkenntnissen der Schul- und Unterrichtsforschung planen Fachkoordinatoren bzw. andere Arbeitsgruppen die Fortbildungsangebote für die Verbundsschulen. Zu jedem Fach- bzw. Schulentwicklungsbereich hat sich mittlerweile eine Arbeitsgruppe gebildet, die in der Regel von einem Schuldirektor koordiniert und geleitet wird. Diese Gruppen, in denen Lehrpersonen verschiedener Schulen vertreten sind, haben es sich zur Aufgabe gemacht, die Fachdidaktik weiterzuentwickeln, innovative Ansätze einzubringen und die Schul- und Unterrichtsentwicklung durch gute Fortbildungsangebote zu stützen.
Lehrpersonen übernehmen also selbst die Verantwortung für eine qualitätsvolle Fortbildung im Bezirk – vielleicht gerade deshalb ein Erfolgsmodell. Die Fortbildung wird sehr gut angenommen. Aus den Veranstaltungen heraus entwickeln sich zum Teil neue Initiativen, die in der Regel von sich selbst organisierenden Arbeitsgruppen vorangetrieben werden.

Neben der Fortbildung für Lehrpersonen organisiert der Verbund auch Veranstaltungen für Eltern, für das Verwaltungspersonal und für die Schulführungskräfte.

Frühförderung und Entwicklungsbegleitung
In der Unterrichtspraxis wurde immer wieder bemängelt, dass Lerndefizite und Lernstörungen zu spät „diagnostiziert" und dass gezielte Fördermaßnahmen nur unzureichend oder oft auch gar nicht gesetzt werden. Auf die Funktionsdiagnosen, erstellt von den Psychologischen Diensten für Schüler mit Anrecht auf Stützmaßnahmen, konnte die Schule kaum mit gezielten Förderprogrammen antworten. Ausgehend von diesem gemeinsam erfahrenen Defizit, bildete sich eine Arbeitsgruppe bestehend aus Lehrern verschiedener Schulen und Vertretern des Psychologischen Dienstes. In Eigenregie organisierte sich die Gruppe mit den Mitteln des Verbundes eine Ausbildung, sammelte und entwickelte geeignete Abklärungs- und Förderinstrumente für die Hand des Lehrers und baut jetzt zunehmend Beratungskompetenz auf, um den Lehrpersonen stützend unter die Arme greifen zu können. Während einige dieser Lehrpersonen ausschließlich die Beratung von Lehrpersonen ausüben, haben andere schon diagnostische und pädagogisch therapeutische Aufgaben mit Schülern übernommen. In regelmäßigen Treffen wurden und werden Fallbeispiele besprochen, Instrumentarien auf ihre Brauchbarkeit überprüft und Erfahrungen ausgetauscht. Die meisten Mitglieder der Gruppe haben bereits von ihren Schulen Teilfreistellungen erhalten und arbeiten als „Beratungslehrpersonen" in den jeweiligen Schulen bzw. Sprengeln.
Da der Beratungsbedarf sehr groß ist, werden jetzt weitere Lehrpersonen gesucht, die in diesen Arbeitsbereich einsteigen. Zurzeit wird unter wissenschaftlicher Begleitung eine „Kompetenz-Landkarte" entworfen, die jene Kompetenzen beschreibt, die Beratungslehrpersonen aufbauen sollten. Ausgehend von dieser Systematik wird dann eine Kursfolge konzipiert, über die die Neulinge eine Grundausbildung erfahren.
In diesem Projekt arbeitet der Schulverbund eng mit dem Schulamt und dem Pädagogischen Beratungszentrum zusammen. Das Schulamt hat sich bereit erklärt, das Projekt Frühförderung/Entwicklungsbegleitung mitzudenken und Ressourcen zur Verfügung zu stellen. Der Schulverbund hat sich im Gegenzug bereit erklärt, eine Evaluation durchzuführen und die Ergebnisse dem Schulamt zu übermitteln sowie in einer Tagung auf Landesebene das Konzept sowie die Erfahrungen allen interessierten Schulen vorzustellen.

Das Unterstützungssystem „Frühförderung/Entwicklungsbegleitung" ist mittlerweile ein Selbstläufer. Die Motivation, sich selbst weiter zu entwickeln, liegt in der Gruppe selbst. Die Erfahrung, wichtige Arbeit zu leisten, die selbst erfahrenen Erfolge und das Wissen, in einem vom ganzen Bezirk getragenen Unterstützungssystem tätig zu sein, liefert die Energie für die weitere Arbeit.

Wie das Lernen individualisieren? - ein ganz aktuelles Thema im Verbund
„Individualisierung des Lernens" ein Thema, das auch im Pustertal die Köpfe der Schulleute heißlaufen lässt. Wie können wir dieser Forderung gerecht werden? Die Idee, die dahinter steht, leuchtet ein. Klar ist für die meisten, dass sich im Unterricht etwas ändern muss. Die Frage ist, wo soll angesetzt werden, um nachhaltig etwas zu verändern.

In verschiedenen Arbeitsgruppen und Gremien des Verbundes wurde intensiv darüber beraten, bis der Konsens gefunden war: Wir brauchen gute Selbstlernpakete, die Struktur bieten aber gleichzeitig Freiräume für individuelle Ansätze geben. Wir brauchen Selbstlernpakete, die unterschiedliche Zugänge ermöglichen, die unterschiedliche Fähigkeiten berücksichtigen, die Schülerinnen und Schüler innerlich berühren und so aufbereitet sind, dass sie Selbstlernprozesse am Laufen halten. Wir brauchen Selbstlernpakete zu bildungsrelevanten Themen, die so konzipiert sind, dass im Bearbeiten derselben allmählich Kompetenzen entstehen, die lebenstüchtig machen.

Und da eine Zusammenarbeit im Verbund in dieser Sache auf der Hand liegt, wurde die Thematik zu einem Arbeitsschwerpunkt für die nächsten Jahre erklärt. Zurzeit werden Kriterien für gute Selbstlernpakete erstellt und verschiedene Varianten von Selbstlernpaketen erprobt. Es hat sich eine Arbeitsgruppe gebildet, die sich intensiv mit dem Thema beschäftigen wird. In nächster Zeit will die Arbeitsgruppe gemeinsam ein fächerübergreifendes umfassendes Selbstlernpaket erstellen und erproben. Auf Grund der Erfahrungen aus der Praxis und von Erhebungen zur Zielerreichung soll ein „Orientierungsmodell" entstehen. Ausgehend von den Rahmenrichtlinien des Landes sollen dann nach und nach praxistaugliche Selbstlernpakete für die einzelnen Fächer und wo möglich, die Fächer verbindend, entstehen.

Die Selbstlernpakete sollen in Zukunft im Sinne von Renate Girmes als „Bildungsaufgaben" an die Schulen gehen.

Wenn Schulen eines ganzen Bezirkes an so einer Sache arbeiten, dann scheint die Umsetzung realisierbar. Die Tatsache, dass stufenübergreifend daran gearbeitet wird, trägt dazu bei, dass Übergänge von der einen Stufe in die nächste zunehmend reibungsloser und stimmiger verlaufen.

Da ein solches Unternehmen koordiniert werden muss und Beratung und Begleitung braucht, wurde jetzt eine Lehrperson zur Hälfte ihres Dienstauftrages für diese Tätigkeit freigestellt. Wie bereits oben erwähnt, haben die Schulen des Verbundes aus ihrem „funktionalen Plansoll" (Pool an Personalressourcen, der der autonomen Schule zugewiesen und von dieser verwaltet wird) einen kleinen Teil in den gemeinsamen Topf der Verbundes gegeben und damit die Freistellung ermöglicht. Damit hat sich der Verbund den Hüter der Sache/des Themas geschaffen. Ein Dranbleiben ist damit garantiert.

Die Initiative ist auf dem Weg. Es wird sich zeigen, was daraus entsteht.

Schularchitektur und „anderes Lernen"

Die Umsetzung eines „etwas anderen Lernens" im Hinblick auf die Individualisierung hat gezeigt, dass die Kindergärten und Schulbauten in ihrer baulichen Konzeption das behindern, was neu entstehen soll. Diese ähnlichen Erfahrungen an verschiedenen Standorten im Verbund haben die Energie geliefert für das Projekt „Metamorphose einer Schule".

In Zusammenarbeit mit dem Institut für Architektur der Universität Innsbruck und mit Gemeinden und Schulen im Bezirk wurden Studien gemacht, mit dem Ziel, Ideen zu sammeln, wie bestehende Schulgebäude durch kleine und vor allem kostengünstige Eingriffe „praxistauglicher" gemacht werden können. Ausgehend von der Individualität der bestehenden Altbausubstanz wurden Wege gesucht, mit möglichst geringem Aufwand die Voraussetzungen für die Essentials des neuen Lernens zu schaffen.

Brauchbare Ideen sind nun vorhanden. Jetzt müssen die bestehenden Anlagen allmählich mit einfachen Mitteln auf das „neue Geschehen" in der Schule angepasst werden.

Die nächsten Studien sind bereits geplant. Weitergehen soll es mit Studien, die das Ziel verfolgen, praxistaugliches Mobiliar für eine „andere Lernkultur" zu entwerfen.

Der Schulverbund wird hier forschend tätig. Das Forschungsthema entsteht vor Ort an den Schulen auf Grund eines Bedarfes oder einer Notwendigkeit. Es zeigt sich, dass die Erkenntnisse der Forschungstätigkeit, in der die Schule eine aktive Rolle spielt, anders angenommen werden als schulfern entwickeltes Wissen, das den Schulen gut gemeint aufgedrängt wird.

Projekt Landart

Der Schulverbund hat auf Anregung der Fachkoordinatorengruppe Kunst in Zusammenarbeit mit Partnern (Forstamt, Amt für Naturparke, Bezirksgemeinschaft, verschiedenen Stiftungen…) ein Freiluftatelier für Landart-Projekte ausgewiesen. Kinder und Jugendliche können hier unter freiem Himmel schöpferisch tätig werden. Die Natur und die Landschaft sollen als Gestaltungsmaterialien dienen, die Intuition als Wegweiser.

Im Juni 2008 wurde das Projekt „Landart Toblach" offiziell eröffnet. Dazu setzten verschiedene Künstler erste starke Botschaften in die Waldlandschaft. Seitdem sind aber Kinder und Jugendliche, begleitet von Pädagogen und Künstlern, die eigentlichen Gestalter dieses Ortes.

Die Schulen des Pustertales haben sich mit diesem Freiluftatelier einen externen Lernort geschaffen, um Kinder und Jugendliche zu einem schöpferischen Dialog mit der Natur anzuregen. Junge Menschen sollen sich selbst in ihrer Beziehung zur Natur wahrnehmen und in ihrer Persönlichkeit wachsen können.

Drei begehbare hölzerne Riesenhäuser und der dazwischen liegende Versammlungsplatz mit einer Föhre in der Mitte sind das Herzstück des Freiluftateliers. Eines der 3 Baumhäuser ist der Kunst in und mit der Natur gewidmet. Für das Projekt „Landart Toblach" dient dieses Baumhaus als Museum, in dem die verschiedenen Aktionen dokumentiert werden. In den beiden anderen Baumhäusern wird auf die Bedeutung des Werkstoffes Holz aufmerksam gemacht.
Das Waldareal rund herum ist das Freiluftatelier. Etwas weiter entfernt davon, aber immer in der Umgebung von Toblach, gibt es einige kraftvolle „Satellitenplätze" in uriger Landschaft. Hier soll das Gestalten in und mit der Natur zu einer ganz besonderen Herausforderung werden.

Welche Möglichkeiten bietet das Freiluftatelier:
- Klassen bzw. Schulen können hier einen Landart-Projekttag verbringen und ihre Spuren hinterlassen.
- Es sind mehrtägige Aktionen in Begleitung eines externen Experten möglich – dann wird vorwiegend an den Satellitenplätzen gearbeitet.
- Verschiedene Aktionen gemeinsam mit einem Künstler können organisiert werden.
- In regelmäßigen Abständen werden vom Schulverbund Pustertal Veranstaltungen bzw. Angebote und Fortbildungen organisiert. Diese werden rechtzeitig mitgeteilt. Einzelne, Gruppen oder ganze Schulen können sich dazu anmelden.

Um Anregungen und Impulse zu erhalten hat der Schulverbund eine kleine Bibliothek zum Thema Landart eingerichtet, die interessierten Lehrpersonen des Verbundes zur Verfügung steht.

Die Finanzierungen von Künstlern und externen Begleitern erfolgt über den Schulverbund, über die Partner des Projektes und die dafür gewonnenen Sponsoren.

Themen und Projekte mit Menschen verknüpfen

Der Schulverbund versucht Themen und Projekte mit den richtigen Menschen zu verknüpfen, damit Begonnenes am Leben bleibt oder im besten Fall sogar zu einem Selbstläufer wird. Einzelne oder Gruppen, die intrinsisch motiviert sind und über die notwendigen Kompetenzen verfügen, werden mit wichtigen Aufgaben betraut bzw. erhalten die Aufgaben, „die sie sich selbst geben". Solche Menschen müssen „hochgradig" kommunikativ sein und durch ihre klare aber einfühlsame Art möglichst viele erreichen.

Nicht jede Leitungs-, Koordinierungs- bzw. Entwicklungstätigkeit kann neben einer vollen Unterrichtsverpflichtung geleistet werden. Deshalb erhalten Lehrpersonen vor allem Teilfreistellungen, um klar definierte Aufgaben übernehmen und an der Sache dran bleiben zu können. Die notwendigen Personalressourcen kommen von einem Schulverbundstopf, der von allen Mitgliedsschulen gespeist wird. In Südtirol erhalten die Schulen ein funktionales Plansoll (ein auf Grund von Kriterien errechnetes Personalkontingent), das von der Schule selbst verwaltet wird. Von diesem funktionalen Plansoll werden laut einer gemeinsamen Vereinbarung kleine Teile in den Schulverbundstopf abgegeben. So können es sich die Schulen des Verbundes leisten, wichtige Aufgaben mit Personalressourcen zu versehen, d.h. mit den richtigen Menschen zu verknüpfen. Freistellungen werden in der Regel für drei Jahre gewährt, um längerfristig planen und um die notwendige Kontinuität garantieren zu können. Aus diesem Schulverbundstopf werden zurzeit die Vollzeitstelle des Schulverbundskoordinators genommen sowie Teilzeitaufträge für verschiedene Projekte und Initiativen: Neue Medien, Arbeit an Bildungsaufgaben, Begleitung von Zweitsprachlehrpersonen, Integrierte Sprachdidaktik…

Begleitung durch einen „Kritischen Freund"

Seit seinen Anfängen wird der Schulverbund von einem „Kritischen Freund" begleitet, der die Entwicklungstätigkeiten im Verbund kritisch unter die Lupe nimmt, wissenschaftlich begutachtet und auf den verschiedensten Ebenen Beratung anbietet. Zu diesem Zwecke wurde ein externer Experte mit einem klaren Auftrag auf begrenzte Zeit vertraglich verpflichtet. Die dafür anfallenden Kosten wurden in der Regel vom Pädagogischen Institut übernommen.

Was unterm Strich herausschaut

Schulverbünde sind im Grunde nichts anderes als logische Zusammenschlüsse, damit „unterm Strich" für alle mehr herausschaut. Die Zusammenarbeit in einem Verbund von Schulen bringt eine ganze Reihe von Vorteilen:
- In der Zusammenarbeit mit Partnern kann Schule im Dialog neu gestaltet werden.
- Schulen können die notwendigen Unterstützungssysteme, die sie brauchen, stimmig und in Eigenregie entwickeln.
- Schulen können das Wissen, das sie aufbauen, über funktionierende Netzwerke sich gegenseitig zur Verfügung zu stellen.
- Vorhandene Kompetenzen können sich in erweiterten Wirkungsfeldern besser entfalten. Ressourcen können gezielter und wirtschaftlich günstiger eingesetzt werden.

- In Schulverbünden können anfallende Aufgaben arbeitsteilig angegangen werden – das entlastet Einzelschulen.
- In der Zusammenarbeit entstehen Verbindlichkeiten – das garantiert ein Dranbleiben an der Sache.
- In der Zusammenarbeit der Schulen entstehen wichtige Kompetenzen, wie z.B. die Fähigkeit zu kooperieren.
- Teamarbeit geht vor „Einzelkämpfertum". Im Zusammenwirken von Schulen entstehen Fähigkeiten, die über die Fähigkeiten von Einzelschulen hinausgehen. Ein Verbund von Schulen ist mehr und anders als die Summe der Einzelschulen.

Der Schulverbund – ein Glied in einem logisch strukturierten, dynamischen Bildungsgefüge

Bildungsapparate als Gesamtes werden nicht selten als schwerfällig, wenig beweglich und realitätsfern erlebt. Hinter dem Schulautonomiegesetz in Südtirol steht eine Philosophie, die ein Gesamtgefüge an autonomen Einheiten entwirft, die im Dialog bleiben und gemeinsam die Verantwortung für die Weiterentwicklung des Bildungssystems übernehmen. In diesem Gesamtgefüge gilt es, die Verantwortung im gemeinsamen Dialog zu portionieren und so zu verteilen, dass sie angenommen werden kann, weil überschaubar und weil die notwendigen Kompetenzen und Ressourcen vorhanden sind. Nicht Weisungen und Anordnungen, sondern das Schaffen von Ermöglichungsstrukturen sind dabei das Geheimnis für eine neue, von innen heraus motivierte Bildungsarbeit.

Der Schulverbund ist im diesem logisch strukturierten, dynamischen Bildungsgefüge ein Glied von vielen – in diesem Fall eines, in dem mehrere autonome Einheiten zusammenarbeiten. Die Architektur dieses Bildungsgefüges trägt und bleibt dynamisch, wenn die einzelnen Teile (auch als Verbünde) im Dialog bleiben, sich gegenseitig wertschätzen und neben dem Fokussieren auf das Eigene und Unmittelbare auch den Blick auf das Gesamte und das mögliche Zukünftige behalten.

Im Falle des Schulverbundes Pustertal zeigt sich, dass in der Zusammenarbeit mit anderen Gliedern des Bildungsgefüges – auch mit jenen, die die ehemalige Zentrale bildeten – die Chance besteht, die traditionellen, tief verankerten Muster des linearen Durchsteuerns zu überwinden und zu einer neuen Qualität von Kooperation und damit zu einem besseren Bildungsangebot zu kommen.

Dieser Beitrag erschien erstmals in Herbert Buchen, Leonhard Horster, Hans-Günter Rolff (Hrsg.): Schulverbünde und Schulfusion – Notlösung oder Impuls, S. 127-140, Stuttgart 2009.

Christian Petry

Aus der Wundertüte – reformpädagogische Initiativen der Forschungsgruppe Modellprojekte

Reformpädagogik ist mir immer ein wenig wie die Bezeichnung einer Wundertüte vorgekommen, in die man greifen konnte, wenn man praktische Ideen für die Lösung schwieriger pädagogischer Aufgaben suchte. Das war in hohem Maße der Fall in den sechziger Jahren, als nach einer Phase, die in einem UNESCO-Bericht „the two decades of non-reform" genannt wurde, die Bildungsreform das dominante politische Thema wurde. In der Grundschulreform, beim Aufbau der damals neuen Gesamtschulen, bei Versuchen zur Integration von Behinderten, bei der politischen Bildung und bei vielen anderen Bemühungen zur Weiterentwicklung des stagnierenden Bildungswesens und der Jugendhilfe wurde von praktischen Anregungen aus den Beständen der Reformpädagogik Gebrauch gemacht:
Die Landerziehungsheime, die Waldorfschulen, Peter Petersen, Maria Montessori, Celestine Freinet, Martin Wagenschein und viele, viele andere versprachen Hilfe, wenn man nach einer Pädagogik vom Kinde aus suchte, oder flexible Differenzierung, individuelle Förderung, entdeckendes Lernen, alternative Wege der Leistungsmessung, soziales Lernen, die Ganztagsschule und ein demokratisches Schulleben verwirklichen wollte.
Und dies ist auch heute noch nicht anders, auch wenn man sich der Herkunft der praktischen Ideen of nicht mehr bewusst ist.
Es gab eine zweite wichtige Anregungsquelle für die Gestaltung der Bildungsreform: das waren die Sozialwissenschaften, die sich mit dem Bereich Bildung zu beschäftigen begannen, die pädagogische Entwicklungspsychologie, die Bildungssoziologie, die Erziehungswissenschaften u.a. Die Verwandlung von analytischen wissenschaftlichen Konstrukten in praktische pädagogische Ziele war gewiss oft sehr anfechtbar; aber es ist schwer zu bestreiten, dass der Bezug der Praxis auf die sich stürmisch entwickelnden Wissenschaften durch große Hoffnungen und Erwartungen geprägt war.
Die Bildungswissenschaften hatten darüber hinaus auch eine legitimatorische Funktion im Rahmen der Bildungspolitik. Die übergroßen Erwartungen an die praktische Wirksamkeit der Wissenschaften nahmen erst nach dem Ende des Bildungsrats und nach der Verkündung der reformkritischen „Wende" langsam ab. Sie erfreuen sich aber bis zum heutigen Tag eines gewissen Prestiges sowohl in

der pädagogischen Praxis wie im Rahmen der steuernden Politik. In dieser Lage wurde auf Initiative des Stifterverbandes für die Deutsche Wissenschaft 1966 der Verein Forschungsgruppe Modellschulen gegründet, der heute mit der gleichen Abkürzung FGM Forschungsgruppe Modellprojekte heißt.

Die FGM hatte vom Stifterverband zwei Aufgaben auf den Weg bekommen: die in den Landerziehungsheimen tradierten, oft verborgen existierenden Anregungen der Reformpädagogik für die aufbrechende Bildungsreform zugänglich zu machen und die durch die Sozial- und Erziehungswissenschaften erschlossenen und begründeten Reformimpulse in die Landerziehungsheime zurück zu tragen.

Das Ziel einer wissenschaftlich angeleiteten Weiterentwicklung der Landerziehungsheime kam bald ins Stocken. Zu groß war der Sog, den die Bedürfnisse der Reformpraxis in den staatlichen Schulen erzeugten.

Aber die FGM prägte in ihrer Arbeit ein Merkmal aus, das sie bis heute auszeichnet: Sie übernahm nicht umstandslos reformpädagogische Praxisanregungen, sondern sie versuchte diese sozusagen wissenschaftlich aufzuarbeiten, kritisch zu analysieren und ihre möglichen Funktionen für die Schulentwicklung zu bestimmen. Reformpädagogik ist ja keine Theorie und ihre Praxis in der ersten Hälfte des 20. Jahrhunderts war oft nicht frei von Ideologie und Heilserwartungen. Man kann zum Beispiel von den Waldorfschulen viel lernen, aber es fällt jenen manchmal schwer, die mit deren anthroposophischen Rahmen nicht viel anfangen können. Das Gleiche kann einem geschehen, wenn man sich den Blick auf die Landerziehungsheime durch die Schriften ihres Gründers Lietz verstellt, oder bei den Montessori Schulen die politische Biografie von Maria Montessori im Auge hat. Die Frage, sozusagen der Cantus Firmus der FGM, war, welche Praxis auch unter den kritischen Augen der Wissenschaft stand hielt. Ein Beispiel:

Spielen in der Schule

Benita Daublebsky hatte als Führerin der katholischen Pfadfinderinnen Österreichs geeignete Spiele für die wöchentlichen Gruppentreffen und für die Gestaltung der Lager gesammelt. Auf diese griff sie zurück, als in der Schule Birklehof eine Kindergruppe durch Unruhe, Streit und Aggressivität auffiel und sie als Schulpsychologin gebeten wurde, hier etwas zu tun. Zunächst versuchte sie es mit den gesammelten Spielen; aber es zeigte sich, dass deren kompetitiver Charakter sozusagen Öl ins Feuer goss. Also veränderte sie und erfand neue Spiele, die es erlaubten, anders miteinander umzugehen, die trotz der Reduktion von Konkurrenz Spaß machten. Es entstand „die Spielstunde", das Konzept interaktiven Kinderspiels im Curriculum der Schule, das sich im Birklehof bis heute gehalten hat.

In einer der ersten Sitzungen einer FGM-Entwicklungsgruppe von Wissenschaftlern und Praktikern erzählte Benita Daublebsky von ihrer Spielstunde, was da-

bei geschieht und wie die Kinder reagieren. Sie erklärte eine Spielsituation: Die Kinder sitzen im Kreis. Die Aufgabe ist, möglichst rasch mit der rechten Hand einen Schlag weiter zu geben. Die Zeit, die es kostet, bis der Schlag wieder bei der Spielleiterin ankommt, wird gemessen. Dann geschieht das Gleiche mit der linken Hand. So entsteht eine Konkurrenz rechts gegen links.
Am Ende fragte ein Schüler einmal nachdenklich „Wenn wir rechts herum gegen links herum kämpfen, sind wir zwei Gruppen. Habe ich dann eigentlich auch zwei Ichs?"
Die an Herbert Mead geschulten Wissenschaftler waren fasziniert.
Benita Daublebsky beschrieb die Spiele und die Erlebnisse, die sie damit hatte. Die Wissenschaftler/innen, versuchten auszudeuten, was hier geschah. Lothar Krappmann z.B. machte darauf aufmerksam, dass für die Kinder hier eine Beziehungsfalle entstehen kann, wenn es einerseits das Ziel ist, die eigene Befindlichkeit auszudrücken und auszuspielen, sie andererseits friedlich und freundlich einander zugewandt sein sollen. Und wenn sie etwas oder jemand sehr stört, wie sollen sie das dann ausdrücken? Benita Daublebsky antwortete darauf mit Empfehlungen für die Rolle des Spielleiters oder der Spielleiterin und nahm damit zugleich Stellung zu der heute so heftig diskutierten Frage nach Nähe und Distanz. Spielleiter sollen nicht mitspielen, sondern aufmerksam dem Verlauf folgen, z.B. das Entstehen solcher Beziehungsfallen beobachten und behutsam in der Dimension des Spiels intervenieren. Das Buch „Spielen in der Schule", das aus dieser Zusammenarbeit entstand, war sehr erfolgreich und hat zum Entstehen der Spielpädagogik viel beigetragen.
Frühe Warnungen von Benita Daublebsky allerdings, die Spiele nicht zu funktionalisieren für den Fachunterricht oder anderen pädagogischen Zwecken unterzuordnen, wurden nicht beachtet. Vielleicht konnten sie nicht beachtet werden. Die Spielstunden als autonome und freie Erfahrungsräume konnten sich im staatlichen Schulesen nicht durchsetzen. Man findet sie in Grundschulen oder eben in Schulen mit reformpädagogischer Tradition, aber nicht in den vom Pisa-Druck belasteten Sekundarschulen. Nach wie vor ist diese Form des Spielens eine Hoffnung für die kindgerechte Gestaltung der Schule.
Wolfgang Edelstein hat in Benita Daublebskys „Spielen in der Schule" einen noch heute gültigen Aufsatz geschrieben mit dem Titel: „Produktives Lernen und befreites Spielen". Darin wird gezeigt, was man auch im Kern der Schule, im Unterricht also, von solchem befreiten Spiel lernen könnte. In neuen Forschungen und Entwicklungen über Kinderrechte und Kindeswohl kommt man zurück auf die Hoffnung, dass das Spielen bei der Gestaltung des Lernens auch nach dem Kindergarten und Grundschule eine größere, um nicht zu sagen zentrale Rolle bekommt: als Erfahrungsdimension eines demokratischen, durch Selbstbestimmung und Selbstwirksamkeit bestimmten Schulklimas. Die Erwartung ist dabei, dass sich im Spiel bei Kindern die Grundqualifikationen entwickeln können, die für die Gestaltung einer demokratischen Kultur gebraucht werden können.

Der weitere Weg

Die FGM folgte dem Weg, der durch dieses erste Projekt gebahnt wurde: Sie beschäftigte sich mit der Entwicklung eines sozialwissenschaftlichen Curriculums. Dieses sollte, ausgehend von den Erfahrungen eines demokratisch gestalteten Schullebens, entwicklungsgerechtes Lernen in den von den Sozialwissenschaften erschlossenen Bereichen ermöglichen. Sie griff dabei den reformpädagogischen Ansatz auf, bei dem Curriculumentwicklung von der primären Motivation und den Bedürfnissen der gegenwärtigen Lebenssituationen ausgeht, und verband diesen Ansatz mit dem Ziel, die Struktur der Disziplinen zu vermitteln und nach der Bedeutung für zukünftige Lebenssituationen zu fragen.
Es wurden in der Folge zwei amerikanische Social Studies Curricula adaptiert (Hilda Taba und Jerome Bruner), die beide in der reformpädagogischen Tradition von Dewey stehen und einerseits die Beachtung der affektiven Dimension des Lernens in ihren Unterrichtsplanungen sichern wollen, andererseits eine Praxis entdeckenden Lernens zeigen und diese mit Vorschlägen für ein Lehrertraining verknüpfen. Jerome Bruner kann überdies deutlich machen, wie die Förderung kognitiver Entwicklung im Feld des sozialen Lernens praktisch aussehen kann.
Das Interesse an der Curriculumentwicklung verblasste in den 80er Jahren. Damit geriet aber der Kern der Schule an den Rand des Reforminteresses. Das änderte sich erst durch den Pisa-Schock. Das Pisa Programm der OSCE enthält durchaus nicht nur Aspekte, die auf die Entwicklung von Kompetenzen im Bereich der klassischen Unterrichtsfächer zielen, sondern auch verschiedene Kompetenzen im sozialen Bereich. In Deutschland allerdings wurden die Pisa-Studie vor allem als Aufforderung zur Neugestaltung der Lehrpläne und einer Konzentration zur Vermittlung kognitiver Kompetenzen rezipiert.
Die FGM hat in dieser Lage zwei Impulse aufgenommen, die versprachen und versprechen, an den Kern der Schulentwicklung zu führen. Mit Hilfe der Jacobs Stiftung, der Freudenberg Stiftung und dann der Bund-Länder-Kommission für Bildungsplanung ist es Wolfgang Edelstein, Rainer Brockmeyer und Erika Risse in den 90er Jahren gelungen, unter dem Stichwort „Selbstwirksamkeit" ein Netz von Schulen zusammen zu bringen, das sich auf einen umfassenden Ansatz zur Neugestaltung von Schule einigen konnte. Auch hier handelt es sich um eine sehr gelungene Verbindung von alten reformpädagogischen Prinzipien zur Eigeninitiative und Verantwortungsübernahme unter dem Motto „Werde, der Du bist, werde, die du bist" und sozialwissenschaftlichen Erkenntnissen. Diese besagen, dass nur dort, wo früh Aktivitäten zur Eigeninitiative bei der Lösung von Problemen (des Unterrichts- und des Schullebens) gefördert werden, sich auch die Fähigkeiten und Kompetenzen entwickeln, die langfristig im Leben gebraucht werden.

Anreiz für Lehrende

Das jüngste Projekt, das auf reformpädagogischem Grund gewachsen ist, heißt Anreize für Lehrerinnen und Lehrer. Reformpädagogische Schulen sind darauf angewiesen, dass die in ihnen arbeitenden Lehrerinnen und Lehrer nicht nur Fächer unterrichten wollen, sondern ihre Rolle sehr viel weiter verstehen: Dass sie sich als Erzieher/innen und Kümmerer sehen, bereit sind, Lebenszeit für andere Dimensionen des Lernens und Aufwachsens von Kindern zu geben, und sich um der Bildung von Kindern willen um Bindungen zu ihnen bemühen. Kurz: Es braucht Lehrerinnen und Lehrer, die bereit sind mit Kindern zu leben und auch außerhalb des Unterrichts Anteil an deren Lebenswelten zu nehmen. Es gibt Menschen, die nach einem solch weiten Verständnis der Lehrerrolle suchen, wenn sie den Lehrerberuf ergreifen, und es gibt viele junge Lehrerinnen und Lehrer, die – ohne klare Vorstellungen von ihrem Beruf – dafür offen sind. Die Schwierigkeit unseres Schulsystems ist, dass dieses weite Verständnis der Lehrerrolle nicht gefördert und gestützt, sondern eher negativ sanktioniert wird. Viele Lehrer/innen, die sich enthusiastisch darauf einlassen mehr sein zu wollen als Fachvermittlungsbeamte, haben von ihren Kollegen zu hören bekommen: „Verdirb hier nicht die Preise." Das Anreizsystem für Lehrer in Deutschland ist sehr flach. Es begünstigt diejenigen nicht, die sich über die gebotenen Mindestverpflichtungen hinaus engagieren, und es sanktioniert auch diejenigen nicht ernsthaft, die noch unter diesen Standards bleiben.

Nun gibt es Schulen, wie die vom Deutschen Schulpreis ausgezeichneten, in denen die Kolleg/innen offensichtlich ihre Rolle sehr weit interpretieren, und in denen daher viele Elemente reformpädagogischer Praxis realisierbar sind und realisiert werden. Die FGM beschäftigt sich schon einige Zeit mit der Frage, wie die Anreizsysteme in öffentlichen Schulen so gestaltet werden können, dass sie ein weites Verständnis der Lehrerrolle stützen.

Dass dieses gebraucht wird angesichts der wachsenden sozialen und ethnischen Heterogenität der Schülerschaft, der steigenden Zahl von nicht gut funktionierenden Familien und insgesamt angesichts des Erziehungsnotstands in vielen Bereichen, den wir feststellen, scheint mir evident zu sein. Gemeinschaftsschulen und Ganztagsschulen, die vor dem Hintergrund der so angedeuteten Problemlage entstehen, brauchen Lehrerinnen und Lehrer, die sich nicht auf die unterrichtliche Bewältigung des Stoffes beschränken. Dies von ihnen umstandslos zu fordern und nur mit Druck erreichen zu wollen, wäre allerdings falsch. Es braucht dafür ein effektives und verständnisvolles Unterstützungssystem. Keinesfalls darf man die Lehrerschaft mit den Forderungen nach Erweiterung der Rolle alleine lassen. Deshalb hat sich die FGM seit ihrer Gründung an der Entwicklung Regionaler Pädagogischer Zentren und später Regionaler Arbeitsstellen (RAA) beteiligt, die die Bildungs- und Integrationsförderung zum Ziel haben.

Und der Missbrauch? Können wir die Forderung nach der Erweiterung der Lehrerrolle auch nach dem Gau in der Odenwaldschule, also in der Mitte der Reformpädagogik-Bewegung, umstandslos fortsetzen? Darüber werden wir wie alle Bildungseinrichtungen noch lange nachzudenken haben. Eines ist aber schon jetzt zu sehen: Wir alle, die wir Verantwortung tragen für das Aufwachsen von Kindern, werden unsere Augen nicht mehr davor verschließen können, dass es immer wieder Erwachsene gibt, die ihre Macht, die sie gegenüber Kindern haben, nutzen, um ihre eigenen emotionalen und auch sexuellen Bedürfnisse zu befriedigen. Daraus ergibt sich für alle, die die Bindung von Erwachsenen und Kindern als Voraussetzung für das Lernen verstehen, eine Verpflichtung über Verfahren nachzudenken, wie solche Menschen an der Übernahme von lehrenden und erziehenden Berufen und der Übernahme von Machtpositionen gegenüber Kindern gehindert werden können, und wie die Kontrolle der eigenen Sexualität und die Herstellung eines balancierten Verhältnisses von Nähe und Distanz Teil der Professionalisierung dieser Berufe werden können. Man wird dabei an die Ausbildung therapeutischer Berufe anknüpfen können, die einen Verhaltenskodex für die Steuerung der Beziehung zwischen Therapeut und Patient/in entwickelt hat.

Zum Schluss

Die Initiativen, die hier genannt sind, wurden unter dem Begriff Reformpädagogik versammelt. Zur Zeit ihrer Entwicklung war das nicht immer der Fall. Es bestand sozusagen keine Notwendigkeit, sich stets auf diesen historischen Begriff zu beziehen. Die Bezüge zu den verschiedenen Aspekten dieser Tradition waren eine Selbstverständlichkeit. Dass ich einen Strang der Geschichte der FGM unter diesem Gesichtspunkt zusammengefasst habe, liegt daran, dass die Geltung von Prinzipien der Reformpädagogik und ihrer Praxis zur Zeit generell bestritten werden. Unter Rückgriff auf Forschungen im Umkreis der Pisastudien gerät sozusagen alles unter Verdacht, was nicht Fachunterricht ist: die Pädagogik „vom Kinde aus", die Bemühungen um Erziehung und soziales Lernen, Forderungen für eine Ausweitung der Funktionen von Schule und deren sozialpädagogische Öffnung. Unter Druck ist also die gesamte Reformbewegung, die sich auf Traditionen der Reformpädagogik zurückführen lässt. Die positiven Folgen dieser Tradition sind keineswegs nur in privaten Schulen, sondern auch in vielen staatlichen Schulen zu finden, vor allem auch in solchen, die in den Pisa-Tests gut abschneiden. Es wäre unvernünftig, diese Tradition über Bord zu werfen, weil sie kriminell missbraucht worden ist. Und es ist eine Frage der Argumentationsökonomie, eine Pädagogik „vom Kinde aus" mit dem Begriff zu verteidigen, der an ihrem Anfang stand, und deren einzelne praktische Elemente, wie die Geschichte der FGM zeigt, auch wissenschaftlich gut legitimiert werden können. Aber es besteht angesichts der Möglichkeit, Nähe zu missbrauchen, auch die Notwendigkeit solcher rationalen Kontrolle einer emphatischen Bewegung.

Teil C
Perspektiven

Ulrich Herrmann

Die Zukunftsschule[1]

Was die Zukunft betrifft, sagte Ernst Bloch ganz richtig, ist der utopische Gedanke der einzig realistische, weil man die Zukunft ja nicht kennen kann. Nun gibt es gute Utopien – Zukunftsentwürfe in der Spur von Gegenwartstendenzen, und manchmal sind Zukünfte auch schon eingetreten, bevor sie bemerkt werden konnten. Es gibt schlechte Utopien: Chimären. Chimärisch sind „Visionen" von Zukunftsschulen, deren Neubeginn und Entwicklung von einer *tabula rasa* ausgehen. Richtig ist vielmehr, dass das Schulsystem von geschichtlich gewachsenen Erfahrungen und Erwartungen und von kulturell gewachsenen Handlungsnormen der Akteure geprägt ist; das Schulsystem ist als Teilsystem unserer soziokulturellen Systeme der Kultur und der institutionellen Organisation und Reproduktion unserer Gesellschaft. Das Schulsystem kann nicht im Ganzen aus seinen geschichtlich gewachsenen Kontexten herausgelöst werden. Das geht lediglich für einzelne Schulgründungen, so wie es Hermann Lietz am Ende des 19. Jahrhunderts bei der Gründung seiner Landerziehungsheime gelang: angesichts der strukturellen Unreformierbarkeit des Systems, so Lietz, könne es reformpädagogisch nur mit unabhängigen Neugründungen vorwärts gehen. Für das Schulsystem im Ganzen muss heute eine andere Vorgehensweise maßgeblich sein: schrittweise Veränderungen in überschaubaren Zeithorizonten mit der Unterstützung wichtiger Akteure, besonders jener, die in der Regel vergessen werden: die älteren Schülerinnen und Schüler. Alle reden von der Zukunft der jungen Generation, aber von der Mitgestaltung der Rahmenbedingungen dieser Zukunft in Gremien und Runden Tischen, durch Anhörungen und Initiativen werden sie in der Regel ferngehalten!

Ein guter Zukunftsentwurf ist für unsere staatlichen bzw. kommunalen öffentlichen Schulen und unser Schulsystem im Ganzen erforderlich, weil wir seit Jahrzehnten mit erheblichem personellen Einsatz und materiellen Aufwand etwas ganz und gar Erfolgloses (und deshalb auch Sinnloses) praktizieren: mit einem Schulsystem von vorgestern und einem Schulbetrieb von gestern junge Leute

---

1 Dieser Text wurde auf Wunsch der Herausgeber dieses Bandes als Essay verfasst, so dass ich hier auf alle gelehrten Nachweise verzichten darf. Der kundige Leser wird bemerken, wo ich Anleihen gemacht habe; der Unkundige kommt im Internet über die jeweiligen Stichworte und bibliographischen Datenbanken weiter.

auf das Leben von morgen vorzubereiten. Es wird an Symptomen und Details herumgedoktert, um sein Funktionieren zu perfektionieren, was aussichtslos ist, weil sich angesichts der heutigen Erfordernisse an und Herausforderungen für die Schulen deren Grundkonstruktion als verfehlt erweist. Um ein Bild zu gebrauchen: Unser Schulsystem entstammt in seiner Gliederung und Betriebsförmigkeit dem 19. Jahrhundert, im wesentlichen aus der Zeit vor dem Automobil, aber kein Mensch käme heute auf die Idee, mit den damaligen Benutzungsordnungen öffentlicher Wege und Straßen den heutigen Straßenverkehr regeln zu wollen. Aber im Schulsystem soll sich immer noch die Klassengesellschaft widerspiegeln: Volks-/Hauptschule, Bürger-/Realschule, Gymnasium.

Die Kritiken und Antworten pädagogischer Reformbestrebungen seit dem ausgehenden 19. Jahrhundert auf die „Alte Schule" durch die „Neue Schule" für „Neue Menschen" in einer „Neuen Gesellschaft" hießen „Neue Erziehung" oder eben: Reformpädagogik. Ob die notwendigen Reformbestrebungen am Beginn des 21. Jahrhunderts als eine modifizierte Fortsetzung der Reformpädagogik(en) des 20. Jahrhunderts verstanden werden können oder sollen, hängt von systematisch-vergleichenden Betrachtungen ab, für die hier nicht der Ort ist. Hier geht es vielmehr um einige Grundlinien von Pädagogikreform und Reformpädagogik im 21. Jahrhundert, die den „utopischen" Rahmen von Einzelmaßnahmen und Einzelschritten bilden.

Der Schulzweck

Heute ist es üblich, schul*politische* Debatten über Schulformen und -stufen, deren Lehrplanbesonderheiten und Leistungsstandards zu führen. Diese Debatten sind hochgradig partei- und verbandspolitisch vorgeformt und instrumentiert; vor allem mit Schulpolitik werden Wahlkämpfe geführt (und gewonnen oder verloren). Geschähe dies mit den üblichen regierungspraktischen Konsequenzen – Modifikationen der Schulformen, der Lehrerbildung, der Lehrpläne usw. – auf anderen Politikfeldern – z.B. der Rechts- oder Steuer-, der Verkehrs- oder Innenpolitik –, käme auf die Obergerichte eine Klageflut zu, weil „die Öffentlichkeit" eine willkürliche Änderung der Geschäftsgrundlagen des Alltagslebens nur in begrenztem Umfang zu tolerieren geneigt ist. Weil aber Schulkinder keine politisch wirksame Lobby haben – die Elternschaft ist entweder stumm oder inaktiv, die Lehrerschaft politisch gespalten, die Schulverwaltung immobil, der (kommunale) Schulträger entmachtet, die Parlamente und Regierungen agieren auf der Linie von Parteien-Mehrheiten –, ist die Schulpolitik offensichtlich ein (partei-)politisch unbegrenzter „Profilierungs"-Bereich.

Diesem unerträglichen Zustand, der einer der Hauptgründe für die derzeitige Schulmisere ist, kommen wir nicht dadurch bei, dass wir an die pädagogische

Einsicht der Akteure appellieren (diese ist in der Regel gar nicht vorhanden), und wir können auch nicht darauf hoffen, dass *der* zentrale Bereich der Zukunftsvorsorge für die jungen Generationen – Schule und Ausbildung – aus dem Parteienstreit herausgenommen werden (so z.B. im Bundesland Bremen, in NRW, seit Jahrzehnten auf der Ebene des Gesamtstaates in Schweden), weil auch dies einen grundsätzlichen Verständigungsprozess in der Sache voraussetzt. Hier ist nur weiterzukommen, wenn der *politisch de*regulierte Diskurs über Schule pädagogisch *re*reguliert wird, jedoch nicht in der Engführung auf Leistungsstandards, sondern in der Rückbesinnung auf den weitgehend in Vergessenheit geratenen „Schulzweck".

Staatliche Gesetze und Verordnungen regeln üblicherweise in § 1 ihren „Zweck" und im Folgenden die Maßnahmen und Zuständigkeiten für die Sicherstellung bzw. die Erreichung des betreffenden „Zwecks". Da die staatlichen öffentlichen allgemeinbildenden und beruflichen Schulen bzw. das Schulsystem, das sie bilden (und nur davon ist hier die Rede), allesamt immer zugleich mehreren Zwecken dienen – dem individuellen Bildungs- und Qualifikationsstreben, den gesellschaftlichen Zielen des staatsbürgerlichen Verantwortungsbewusstseins und beruflichen Tüchtigkeit –, müssen auf der einen Seite allgemeine Formulierungen *des* Schulzwecks und auf der anderen Seite Bestimmungen der jeweiligen *Partial*zwecke einzelner Schulformen oder -stufen diesem Umstand Rechnung tragen. Um nochmals das Bild des Straßenverkehrs zu bemühen: Die Straßenverkehrsordnung gilt in ihren allgemeinen Bestimmungen für *alle* Verkehrsteilnehmer, damit alle sicher zu ihren Zielorten gelangen können, wobei ihnen Zeit- und Wegeaufwand überlassen bleibt. Und es gibt spezielle Anordnungen für Radfahrer und LKWs, PKWs und Busse, Pferde und Fußgänger. Analog das Schulsystem:

- *Alle* Schulen dienen der *individuellen* Erziehung und Bildung, Unterrichtung und Qualifizierung *aller* schul- und ausbildungspflichtigen Kinder und Heranwachsenden, orientiert an ihrem optimal erreichbaren Niveau. Sie sind *Schulen der werdenden Persönlichkeit.*
- *Alle* Schulen vermitteln bzw. sichern eine schulische Elementar- und Grundbildung, nach Möglichkeit einer vertiefte Schulbildung. *Alle* Schulen ermöglichen bzw. fördern *Alphabetisierung und Literarisierung* (ggf. mehrsprachig). Schulbesuch bedeutet, in Kultur(en) heimisch werden können. *Schulpolitik ist Kulturpolitik.*
- *Alle* Schulen stehen im Dienste der *Förderung des Engagements für unser Gemeinwesen* (Staat und Gesellschaft), sie sind Schulen des Staatsbürgers und des Gemeinwohls. *Schulpolitik ist Sozialpolitik.*
- *Alle* Schulen dienen der staatsbürgerlichen politischen Bildung. *Schulpolitik ist Gesellschaftspolitik.*
- *Alle* Schulen vermitteln bzw. sichern eine Berufs-/Studien-/wahl-/orientierung. *Schulpolitik ist Wirtschaftspolitik.*

Da nicht alle Schülerinnen und Schüler allen Erwartungen der Schule gerecht werden können, muss der demokratische Grundsatz gelten: Gleichheit bedeutet, dass Ungleiches ungleich behandelt werden muss. (Würde eine Strafrechtsnorm auf jeden Tatbestand ohne Rücksicht auf Tathergang und Täter[persönlichkeit] angewandt, würde dies zu grober Ungerechtigkeit und zu keinem Rechtsfrieden führen.) Leicht und schwer lernende Schüler, vielseitig interessierte und noch sehr förderungsbedürftige müssen jeweils unterschiedliche Lern-, Arbeits-, Erfahrungs- und Bewährungsformen finden, die ihnen ihre jeweils optimalen Qualifikationen ermöglichen, und das können nicht die herkömmlichen Schulabschlüsse und ihre „Berechtigungen" sein. Daraus folgt nicht eine institutionelle Trennung von Schullaufbahnen in getrennten Schulformen, weil der dann erforderliche Verteilungsmechanismus, wie die Erfahrung und die PISA-Daten lehren, zu höchst unbefriedigenden Ergebnissen führt, sprich: massenhaften Fehlplatzierungen. Nicht nur das, schlimmer noch: Wer erst einmal „unten" platziert wurde, dem traut man fast gar nichts mehr zu, er hat keine Chance, vom Anspruchsvolleren wenigstens etwas mitzuhören und zu -sehen; ein Aufstieg ist die Ausnahme. Deshalb darf es im Anschluss an die Primarschule, die ohnehin von allen Kindern besucht wird, nur eine weiterführende Sekundarschule für *alle* Kinder geben, mit entsprechenden differenzierten Übergängen und Anschlüssen aus den Sekundarstufen I und II (Mittlere Reife, Hochschulreife) in eine Berufsausbildung, einen weiterführenden Schulbesuch, ein Studium.

Die Sekundarschule kann und soll nicht das Gymnasium ersetzen, schon gar nicht in seinen verschiedenen Profilformen, wohl aber das Berechtigungsmonopol der „Reifeprüfung" brechen und neben dem Gymnasium einen gleichwertigen, aber nicht gleichartigen Abschluss eröffnen. Das Schulsystem ist daher in Stufen, nicht in Säulen auszugestalten, um vor allem stufeninterne Durchlässigkeit zu ermöglichen und individuelle Entwicklungsbeschleunigungen und -verzögerungen sowie Leistungszuwächse und -einbrüche auffangen und für individuelle Prognosen nutzen zu können. Das ohnehin sinnlose, aber kostspielige Sitzenbleiber-Elend entfällt von selber; jede Schülerin, jeder Schüler erreicht seinen für ihn optimalen Abschluss in individuellen Zeiträumen (zu den Folgen für den Schulbetrieb s.u.). Der Schulzweck kann sich heute und in Zukunft nicht mehr herleiten aus den *Verteilungs*notwendigkeiten großer Schülerströme im ausgehenden 19. Jahrhundert, verbunden mit standespolitischen Strategien von Begünstigung und Benachteiligung innerhalb einer Klassengesellschaft. Vielmehr muss sich der Schulzweck angesichts der Folgen des demographischen Wandels – das Verhältnis von Angebot und Nachfrage im Bereich der Berufsbildung dreht sich um! – orientieren an den durch die Verfassungen des Bundes und der Länder ohnehin garantierten individuellen *Zugangs*berechtigungen als *Beteiligungsrechten* und an den gesamtgesellschaftlich erwünschten *Zugangskompetenzen* für *alle*. Aus der Schulbesuchs*pflicht* erwächst bei entsprechender Wahrnehmung dieser Pflicht denn auch der Anspruch auf *Erfolg*: zeigen zu können, was man kann, und nicht dafür abgestraft zu werden für das, was man auch mit Fleiß und Ausdauer nicht hat zuwege bringen können. An die Stelle von Selektion muss eine Pädagogik der Ermutigung treten. Es geht nicht länger um *Ab*schlüsse, sondern um *An*schlüsse.

Der Schulbetrieb

Die herkömmliche Betriebförmigkeit der Schule ist im Halbtagsbetrieb gekennzeichnet durch die systemische Trennung von Lehrer-Lehrtätigkeit am Vormittag und Schüler-Lernarbeit am Nachmittag. Aus den Schulaufgaben wurden Hausaufgaben, und die Lehrkräfte sehen nicht (oder nur in winzigen Zeitfenstern), wie ihre Schüler arbeitend lernen, und können ihnen deshalb auch keine wirklich wirksame Lernstandsdiagnostik geben. Das mag sich durch den Ganztagsbetrieb ändern.

Der Ganztagsbetrieb hat jedoch noch einen anderen pädagogischen Sinn, der nicht genug unterstrichen werden kann: die Chance, dass eine Schulgemeinde zusammenwächst.

Eine Schulgemeinde muss der Ort für Erfahrungen werden, die Mitverantwortung für die Gemeinschaft und Bewährung durch Mitgestaltung ermöglichen. „Werte" kann man nicht *verbatim* vermitteln (wohl erläutern), sie müssen in der eigenen Lebenspraxis *erfahren* werden: nur so entstehen Gesinnung und Haltung. Eine Schulgemeinde ist für die meisten Heranwachsenden heute der einzige Ort, an dem „soziale Kohäsion" erzeugt wird, gerade auch durch die Erfahrung des Andersseins und der Toleranz, der Hilfsbereitschaft und Solidarität. Deshalb darf die Schule der Zukunft als eine Werte erfahrbar machende prinzipiell und in mehrfacher Hinsicht nur eine Schule der *Inklusion* sein:

- Grundschulen waren dies immer schon, weil sie von *allen* Kindern besucht werden müssen (getrennte „Vorschulen" zur Vorbereitung auf weiterführende Schulen verbietet die Verfassung seit Weimar).
- *Alle* Schulen inkludieren immer schon Kinder aus den unterschiedlichsten Sozial- und Kulturmilieus, wenn auch abnehmend mit den Bildungserwartungen von Eltern an unterschiedliche weiterführende Schulformen, so dass sich unter Hand eine manifeste Exklusion durchgesetzt hat.
- *Alle* Schulen inkludieren alle „normalen" Kinder, trotz ihrer enormen Entwicklungsabstände und differenten Entwicklungsgeschwindigkeiten und -profile, und obwohl diese Kinder im Laufe ihrer Schulzeit durch die Schule immer *unterschiedlicher* werden.

Hinzukommen muss:
- Alle Schulen müssen Kinder aufnehmen, die „anders" sind: deren Begabungen und Interessen, Profile und Leistungsschwerpunkte andere sind als die schulischen Normalitätserwartungen (wie sie die Lehrpläne spiegeln).

- Alle Schulen müssen Kinder mit Handicaps aufnehmen, seien es Teilleistungsschwächen oder -stärken (sog. Hochbegabte), wenn deren angemessene Betreuung und Förderung sichergestellt ist.
- Alle Schulen müssen Kinder mit Behinderungen oder Verhaltensauffälligkeiten aufnehmen, soweit für diese Kinder dadurch die individuell erforderliche Betreuung und Förderung gewährleistet ist. Es muss beachtet werden, dass Lehrkräfte mit pflegerischen oder therapeutischen Aufgaben überfordert sind.

Inklusion: dazu gehören dann auch in aller Konsequenz die Kinder mit Migrationshintergrund!
Das alles kann natürlich nur gelingen, wenn der Schulbetrieb von den Zwängen der Standardisierung und der Gleichschrittigkeit (im Jahrgang, im Lehrplan, bei Leistungsüberprüfungen) befreit wird und wenn der Umfang und die Schwierigkeit von Aufgaben sowie der Zeitrahmen für ihre Erfüllung innerhalb flexibler Rahmensetzungen individuell freigegeben wird. Es müssen ja nur z.B. der Lehrplan durch einen Aufgabenpool (in Projekten) ersetzt, das Schuljahr in Arbeitsphasen aufgeteilt oder die Pest der ständigen Tests durch leistungsfördernde Überprüfungen und Präsentationen zu verabredeten Zeitpunkten ersetzt werden. Systemisch gesprochen kann der Grundgedanke auch so formuliert werden: Abkehr von der Angebots- und Hinwendung zur Nachfragestruktur des Lernens und Arbeitens. Viele Reformschulen arbeiten so seit über 100 Jahren, und die überaus erfolgreiche deutsche Universität arbeitete vor ihrer aktuellen Demolierung durch das Bachelor/Master-System genau *so*! Damit wird das schulische arbeitende Lernen und lernende Arbeiten nicht nur qualitätvoller, sondern führt einen überaus wünschenswerten Bildungseffekt mit sich, um den es ja eigentlich gehen sollte und der heute im wesentlichen verhindert wird: die Gewöhnung an Arbeitshaltungen und Qualitätsmaßstäbe und damit zu einer realistischen Selbsteinschätzung der Heranwachsenden hinsichtlich ihrer Leistungsfähigkeit als eines wesentlichen Aspekts der Persönlichkeitsentwicklung und damit als eines Hauptzwecks von Schule.

Das Personal

Schule ist mehr als Unterricht, gewiss. Aber Lehrkräfte können nicht auch noch Sozialarbeiter und Freizeitanimateure, Krisen- und Bewährungshelfer usw. sein, denn sie sitzen ohnehin in einer Zwickmühle: forderndes und führendes Vorbild und freundschaftlicher Kamerad sein, Anreger und Beurteiler, Helfer und Richter. Es ist kein Wunder, dass sie sich in der Regel auf eine Rolle als Instruktor zurückziehen – müssen, weil sie in der Regel auch gar nichts anderes gelernt haben und von den Eltern vor allem eines erwartet wird: guter Unterricht als Voraussetzung guter Schulleistungen ihrer Kinder.

Mit der Änderung der Betriebsförmigkeit der Schule im Ganztagsbetrieb ändert sich notwendigerweise auch das Berufsbild des Lehrers, ändern sich die Anforderungen an ihn, muss er selber zu einem modifizierten Berufsverständnis kommen: nicht Unterricht erteilen, sondern Schüler lernen machen; im Rahmen des Lehrplans nicht Standardwissen vermitteln, sondern Themen, Fragestellungen, erklärungsbedürftige Sachverhalte präsentieren, die Aufmerksamkeit, Neugier und Interesse an der Suche nach Antworten wecken, bei der sie auf seinen Rat und seine Hilfe angewiesen sind. Deshalb muss jede Lehrkraft eine hohe fachliche Kompetenz haben, darin aber erschöpft sich nicht die *berufliche*: Anregen und Vermitteln sind Künste, die sorgfältig erworben und gepflegt werden müssen. Aber auch das trifft noch nicht den personalen Kern der Lehrerpersönlichkeit: Sie muss förderliche Beziehungen aufbauen können, sich um die Kinder und jungen Leute kümmern, ihnen zugewandt sein, sie wissen lassen, dass sie als Personen wahrgenommen werden, dass sie ihm wichtig sind, dass er gern mit ihnen zusammen ist, dass er in allen ihren Schwierigkeiten an ihrer Seite ist.

Die Ausbildung und die Rekrutierung des Personals hat beträchtliche Mängel, je nach Ausbildungsort: mal mehr pädagogisch-psychologische, mal eher fachliche. So gut wie gar nichts geschieht für die Persönlichkeitsentwicklung und die Sensibilisierung für die vielfältigen Beziehungs- und Interaktionsformen, die die Schüler aufmerksam registrieren und in ihren Verhaltensweisen spiegeln. Im Berufsalltag wird auch zu wenig darauf geachtet, dass Lehrkräfte sich mit ihren Hobbies wahrnehmbar machen, bei denen sie Schüler „anstecken" können, denn: Schule ist mehr als Unterricht.

Noch einmal: Wozu Schule?

Heutzutage sollen Kinder und junge Leute in der Schule Antworten geben auf Fragen, die sie selber gar nicht gestellt haben. So verfährt der „fragend-entwickelnde" Unterricht, am Lehrplan und dem Fachwissen der Lehrkraft orientiert, nicht jedoch an den Interessen der Schüler. Demzufolge muss dieser Sachverhalt umgedreht werden: Schule soll anleiten, gute Fragen zu stellen und Antworten zu suchen. Schule soll keine Lehrplanvollzugsanstalt sein, sondern helfen, dass junge Menschen sich mit sich, mit anderen, in der Welt zurechtfinden können. Ihre Fragen sind: Wer bin ich? Was kann aus mir werden? Wer mag mich? Wo gehöre ich hin? Dazu Antworten zu finden soll Schule helfen, damit die jungen Leute etwas mit sich anfangen können, wenn sie die Schule *verlassen* haben!

Das Ziel der Erziehung ist die Bildung des Menschen. Der Zweck des Unterrichts ist die Aufklärung des Kopfes. Der Zweck des Schullebens ist die Förderung von Gesinnungen und Haltungen für das gemeinsame Leben und Engagement in unseren Gemeinwesen. Denn, wie der Staatsrechtler und ehemalige Bundesrichter Böckenförde formulierte: „Der freiheitliche, säkularisierte Staat lebt von Voraussetzungen, die er selbst nicht garantieren kann." Einer der entscheidenden Orte, wo diese Voraussetzungen grundgelegt werden, ist die Schule. Die Zustände in Staat und Schule spiegeln sich. Ohne die Zukunftsschule werden wir nicht auf die Zukunft unseres Gemeinwesens hoffen können.

Wozu Reformpädagogik im 21. Jahrhundert?

Die Arbeitsschule und der Morgenkreis, die „vorbereitete Umgebung" und die Projektarbeit, der Forscherkoffer und die Gruppenarbeit müssen nicht neu erfunden werden. Was einmal Reformimpuls gewesen ist und sich bewährt hat, verwandelt Reformpädagogik und „Normal"-Pädagogik, in den verschiedenen Schulformen und -stufen in unterschiedlicher Intensität und Ausprägung – vorausgesetzt, das nachrückende Personal wird damit in Studium, Aus- und Weiterbildung vertraut gemacht und zu zeitgemäßer Weiterentwicklung instand gesetzt. (Das Selbstorganisierte Lernen SOL ist dafür ein Paradebeispiel.) Pädagogisch sehen und denken lernen geht nicht ohne die Kenntnis der Klassiker der Reformpädagogik; das Rad muss nicht neu erfunden werden; von geschichtlichen Erfahrungen sollte man lernen; Irrtümer und Fehlentwicklungen, Versäumnisse und Fehler sind vermeidbar. Lektüre schützt nicht nur vor Ignoranz, sondern auch vor Neuentdeckungen. Pädagogische Professionalität wird nicht durch Methodentraining angeeignet, sondern durch den verstehenden und fördernden Umgang mit Kindern und jungen Leuten.

Der Kern von Reformbemühungen kann heute nicht auf dem Gebiet von Didaktik und Methodik liegen – hier gibt es Defizite bei Kenntnissen, wie Gehirne lernen, wie Zweisprachigkeit gelingen kann, wie mit den elektronischen Medien umzugehen ist usw. –, sondern besteht in der Fokussierung auf die *systemischen* Bedingungen von Schulstruktur und Schulerfolg. Hier gilt die oben genannte Forderung der *pädagogischen Re*-Regulierung der derzeitigen *politischen De*-Regulierung der Diskurse über Bildungs- und Schulpolitik, Unterrichtsqualität und Schulleistung. Gegen die Pest der Ökonomisierung und gegen die Leistungsstandards der Kultusministerkonferenz hat der Verbund von Reformschulen in Deutschland „Blick über den Zaun" „Unsere Standards" gesetzt: *das* reformpädagogische Programm für das 21. Jahrhundert. Reformpädagogisches Sehen und Denken beginnt unabweisbar stets aufs Neue: mit neuen Schülern nämlich, die das Neue sind: sie selbst. Sich immer aufs Neue mit ihnen auf *ihren* Weg des Lernens und Lebens begeben, das verwandelt den Instruktor in den Entwicklungshelfer, *das* ist reformpädagogischer Habitus. Die Zukunftsschule ist ohne Reformpädagogik nicht zu haben.

Schulverbund „Blick über den Zaun"
Reformpädagogische Arbeitsstelle

Was ist eine gute Schule?
Leitbild und Standards

Inhaltsverzeichnis

Vorwort

Leitbild

Standards

1 Den Einzelnen gerecht werden – individuelle Förderung und Herausforderung
   1.1 Individuelle Zuwendung, Betreuung
   1.2 Individualisierung des Lernens
   1.3 Förderung/Integration
   1.4 Feedback, Lernbegleitung, Leistungsbewertung

2 „Das andere Lernen" – erziehender Unterricht, Wissensvermittlung, Bildung
   2.1 Lernen in Sinn zusammen hängen/Erfahrungsorientierung
   2.2 Selbstverantwortetes, selbsttätiges Lernen
   2.3 Freude am Lernen und Gestalten
   2.4 Differenzierung
   2.5 Qualitätskriterien für/Bewertung und Präsentation von Leistungen

3 Schule als Gemeinschaft – Demokratie lernen und leben
   3.1 Achtungsvoller Umgang/Schulklima
   3.2 Schule als Lebens- und Erfahrungsraum
   3.3 Schule als demokratische Gemeinschaft und Ort der Bewährung
   3.4 Öffnung der Schule/Teilhabe an der Gesellschaft

4 Schule als lernende Institution – Reformen „von innen" und „von unten"
   4.1 Schulprofil und Schulentwicklung
   4.2 Arbeitsklima und Organisation
   4.3 Evaluation
   4.4 Fortbildung

Vorwort

Schulen können viel voneinander lernen, wenn sie sich regelmäßig wechselseitig besuchen und sich vor Ort austauschen: über ihre pädagogischen Konzepte und deren Umsetzung im schulischen Alltag, über ihre gelungenen – aber auch ihre fehlgeschlagenen – Schulentwicklungsprojekte, über ihre aktuellen Vorhaben und mittelfristigen Pläne und die damit verbundenen Hoffnungen und Erwartungen. Schulen können insbesondere dann viel voneinander lernen, wenn sie sich markant voneinander unterscheiden nach Schulformen und Schulstufen und Schulprogrammen, nach ihrem jeweiligen schulischen Umfeld und dessen sozialen, ökonomischen und (bildungs)politischen Prägungen, nach ihrer staatlichen bzw. privaten Trägerschaft. Die Begegnung mit einer Schule, die nach ihrem Bildungsauftrag und ihrer pädagogischen Tradition wie auch nach ihrer Klientel und ihren Arbeits- und Lernbedingungen deutlich anders ist als die eigene Schule, ermöglicht überraschend viele produktive Erkenntnisse gerade auch über die eigene Praxis, und sie bietet eine Fülle von oft ganz neuen Anregungen für deren Weiterentwicklung.

Diese beiden Erfahrungen haben die 15 Mitgliedsschulen eines Arbeitskreises „Blick über den Zaun" in mehr als einem Jahrzehnt (1989 bis 2002) gesammelt und auf ihren alljährlichen Treffen – reihum in jeweils einer von ihnen – immer wieder bestätigt gefunden.

Diese 15 Schulen haben Anfang 2003 das ihnen gemeinsame und ihre Arbeit bestimmende Leitbild einer guten Schule beschrieben. Sie haben dazu ihre vier pädagogischen Grundüberzeugungen formuliert und ihnen einen Katalog von Leitfragen zugeordnet, mit deren Hilfe sie die konkrete Einlösung dieses Leitbilds überprüfen wollten.

Das Leitbild stand im Mittelpunkt eines „Aufrufs für einen Verbund reformpädagogisch engagierter Schulen", den der Arbeitskreis im gleichen Jahr publizierte. Dabei ging er davon aus,

- dass es bundesweit eine große Anzahl von Schulen aller Schulformen und Schulstufen gebe, die ihre eigenen Vorstellungen von einer guten Schule in diesem Leitbild aufgehoben finden und sich damit identifizieren könnten; und
- dass die Zusammenarbeit und der intensive Erfahrungsaustausch von Schulen unterschiedlicher Prägung, wie sie im Arbeitskreis „Blick über den Zaun" praktiziert wurde, ein übertragbares Modell darstellen könne für eine zivilgesellschaftliche Initiative zur Schulentwicklung an Einzelschulen und damit auch zur Bildungsreform im Ganzen.

Beide Annahmen haben sich bestätigt: im Mai 2004 erhöhte sich die Zahl der Mitgliedsschulen auf 33, die sich nach dem Motto „aus 1 mach 4" zu vier Arbeits-

kreisen mit jeweils 3 – 4 „alten" und 4 – 5 „neuen" Mitgliedsschulen formierten. Aus dem „Arbeitskreis" wurde der „Schulverbund" Blick über den Zaun. Ihm gehören inzwischen (August 2011) 120 Schulen in 14 Arbeitskreisen an. (Liste der Schulen: siehe www.blickueberdenzaun.de)
Anfang 2005 hat der Schulverbund seine Standards einer guten Schule vorgelegt. Sie präzisieren die vier Grundüberzeugungen des Leitbilds auf den Ebenen des pädagogischen Handelns, der schulischen Rahmenbedingungen und der systemischen Rahmenbedingungen. Sie sind als ein Mittel zur Selbstverständigung angelegt und können zugleich als Parameter für die Selbstevaluation von Schulen dienen. Ihr Einsatz und der Umgang mit ihnen werden derzeit bei den Schultagungen in den Arbeitskreisen und an den Einzelschulen des Schulverbunds erprobt.
In einer weiterführenden „Denkschrift" hat der Schulverbund Ende 2006 den Versuch unternommen, den schulpolitischen Hintergrund dieser Standards zu formulieren. Diese Denkschrift und die auf ihr fußende „Erklärung von Hofgeismar" können im Internet unter www.blickueberdenzaun.de abgerufen und dort auch als Broschüre bestellt werden.

Unser Leitbild einer guten Schule

Den Einzelnen gerecht werden – individuelle Förderung und Herausforderung

Wir sind überzeugt:
Die wichtigsten Vorgaben für jede Schule sind die ihr anvertrauten Kinder – so wie sie sind, und nicht so, wie wir sie uns wünschen mögen. Sie haben ein Recht darauf, als einzelne, unverwechselbare Individuen mit unverfügbarer Würde ernst genommen zu werden. Sie haben ein Recht darauf, dass die Schule für sie da ist und nicht umgekehrt.

Wir überprüfen deshalb die Qualität unserer Schule anhand der folgenden Leitfragen:
- Was tut unsere Schule, um den einzelnen Kindern/Jugendlichen die Gewissheit zu geben, dass sie als Personen wahrgenommen, ernst genommen und angenommen werden? Was tun die Erwachsenen, um ihnen „auf Augenhöhe" zu begegnen, um sie als „ganze" Menschen und nicht als defiziente, noch unfertige Wesen zu sehen und anzunehmen?
- Was tut unsere Schule, um möglichst gut zu verstehen, wie Kinder denken und lernen? Was tut sie, um das Lernen so vielfältig anzulegen, wie es den Vorausset-

zungen und Möglichkeiten der Kinder entspricht? Welche Mittel, Methoden, Hilfen stellt sie bereit, damit jede Schülerin/jeder Schüler nicht nur „mitkommen", sondern eigenständig, zunehmend selbstverantwortlich und mit Freude lernen, seine Möglichkeiten, Interessen und Begabungen voll entfalten kann?
- Was tut unsere Schule, um die Lernfreude und die Neugier, die alle Kinder mitbringen, herauszufordern und zu entwickeln? Was tut sie für diejenigen, die ihrer Hilfe besonders bedürfen, weil sie „anders" sind, beispielsweise besondere Lernprobleme oder herausragende Begabungen haben oder durch ihre Herkunft und Lebensumstände besonders belastet und benachteiligt sind?
- Was tut unsere Schule, um jedem Kind/Jugendlichen verständliche und hilfreiche Rückmeldung zu geben? Was tut sie, um Lernschwierigkeiten und Blockaden rechtzeitig zu erkennen, und welche Hilfen bietet sie an? Wie arbeitet sie dabei mit den Eltern zusammen?

„Das andere Lernen" – erziehender Unterricht, Wissensvermittlung, Bildung

Wir sind überzeugt:

Schulen haben die Aufgabe, die Heranwachsenden mit den Grundlagen unserer Kultur vertraut zu machen: Wissenschaft und Technik, Religion und Philosophie, Kunst, Musik und Literatur. Bildung heißt, sich diese Grundlagen je individuell und gemeinsam mit anderen erschließen zu können, sich Sinn- und Wertfragen zu stellen, sich in der Demokratie zu bewähren, die Verfahren der Wissenschaft und die Formen und Wirkungen ästhetischen Gestaltens zu erproben und zu verstehen. Lernen ist umso wirksamer, je mehr es an Erfahrung, (Selbst-)Erprobung, Bewährung und Ernstfall gebunden ist. Lernen ist umso weniger wirksam, je stärker es nur rezeptiv, fremdgesteuert, einseitig kognitiv bleibt: „paper and pencil" sind wichtige Hilfsmittel, aber schlechte Lehrmeister. Lernen braucht Erlebnis und Erfahrung ebenso wie Übung und Systematik; seine Qualität hängt davon ab, wie sich beide ergänzen. Lernen ist ein individueller Prozess, der sich im sozialen Kontext vollzieht, ist angewiesen auf kooperatives Handeln, Erforschen und Erproben. Neugier, „Forschergeist", Lernfreude und Ernst sind die Voraussetzung für die aktive „Aneignung von Welt", die den Kern von Bildung ausmacht. Die wichtigste Aufgabe der Schule ist, Lernen so anzulegen, dass daraus Bildung werden kann. Darum braucht Lernen Freiraum: die Freiheit der Schule, den Unterricht jeweils neu zu denken und auf Bildung anzulegen, Zeit und Freiheit für aktive Formen der Aneignung, für selbstständiges und selbsttätiges Lernen und eigenverantwortliches Handeln. Lernen braucht individuelle und gemeinsame Rückmeldung, Präsentation und gesellschaftliche Anerkennung von Ergebnissen.

Wir überprüfen deshalb die Qualität unserer Schule anhand der folgenden Leitfragen:
- Was tut unsere Schule, um Fachlernen nicht zu isolieren, sondern in größere Sinnzusammenhänge einzubetten, aus denen sich vernetzendes Denken entwickeln kann? Wie ermöglicht sie Lernen an und aus der Erfahrung, Lernen am Ernstfall? Wie bezieht sie ihre Erziehungsziele in den Unterricht ein? Welchen Anteil haben Anschauung und Anwendung am Lernen? Was tut die Schule, um nicht nur Wissen zu vermitteln, sondern Verstehen zu lehren?
- Was tut unsere Schule, damit die Schülerinnen und Schüler ihr Lernen schrittweise in die eigene Verantwortung nehmen? Wie ermöglicht sie Selbsttätigkeit und Selbstständigkeit? Wie fehlerfreundlich ist sie? Was tut sie, um Zeit zu geben für trial and error, Erforschen und Erproben? Was tut sie, um kooperatives Lernen zu ermöglichen und planvoll anzulegen?
- Was tut unsere Schule, um die Freude am gemeinsamen oder individuellen Lernen durch vielfältige und interessante Angebote zu erhalten und anzuregen? Was tut sie, um die Freude an der Gestaltung anzuregen, das Bewusstsein für Ästhetik zu pflegen und in das Schulleben und Lernen einzubeziehen?
- Was tut unsere Schule, um auf die unterschiedlichen Lernstände und Fähigkeiten ihrer Schülerinnen und Schüler mit flexiblen Lernformen und -zugängen zu antworten? Welche diagnostischen Instrumente und welche Differenzierungsmaßnahmen setzt sie ein? Wie ermöglicht sie die Entwicklung unterschiedlicher individueller Leistungsprofile?
- Was tut unsere Schule, um ein gemeinsames Bewusstsein von Leistung und verständliche Maßstäbe für ihre Qualität zu verankern? Was tut sie, um vielfältige Formen der Präsentation zu entwickeln? Was tut sie, um individuelle und gemeinsame Arbeitsprozesse zu begleiten, zu fördern und durch Beratung und Rückmeldung anzuregen? Welche Formen entwickelt sie dafür?

Schule als Gemeinschaft – Demokratielernen und leben

Wir sind überzeugt:
Demokratie und Schule sind wechselseitig aufeinander angewiesen. Die Schule muss selbst ein Vorbild der Gemeinschaft sein, zu der und für die sie erzieht. Sie muss ein Ort sein, an dem Kinder und Jugendliche die Erfahrung machen, dass es auf sie ankommt, dass sie gebraucht werden und „zählen". Sie muss ihnen die Zuversicht mitgeben, dass das gemeinte gute Leben möglich ist, dass es dabei auf jeden Einzelnen ankommt, dass Regeln und Ordnungen hilfreich und notwendig sind. Zu diesem guten Leben gehört, dass die Unterschiedlichkeit und Vielfalt der Menschen als Reichtum angesehen wird, dass Schwächere geschützt werden,

dass die gemeinsam festgelegten Regeln und geltenden Werte dem Egoismus der Einzelnen Grenzen setzen. Dazu gehört auch die Erfahrung von gemeinsamen Festen, Feiern und Reisen, von selbst gestalteter freier Zeit und Diensten an der Gemeinschaft, von Orientierung in der Arbeitswelt und der Suche nach dem eigenen Platz in der Gesellschaft. Die Werte, zu der die Schule erzieht, müssen mehr als „Unterrichtsstoff" sein; Selbstständigkeit und Verantwortung, Solidarität und Hilfsbereitschaft, Empathie, Zuwendung und Mitleid müssen im Alltag gelebt werden. Die Zukunft der „Bürgergesellschaft" hängt auch davon ab, ob und wie die nachwachsende Generation sich ihre kulturelle Überlieferung und ihre Werte aneignet; dazu gehört auch, andere Kulturen zu verstehen und achten zu lernen.

Wir überprüfen deshalb die Qualität unserer Schule anhand der folgenden Leitfragen:
- Was tut unsere Schule für ein Klima der Achtung, der gegenseitigen Hilfe und Freundlichkeit? Wie gehen die Menschen miteinander um – Erwachsene untereinander, Erwachsene mit Kindern und Kinder untereinander?
- Was tut unsere Schule, um das Leben der Kinder/Jugendlichen in der Schule reich und vielfältig zu gestalten? Was tut sie, um ein Ort für Erfahrung und Bewährung zu sein? Wie gestaltet sie ihr Schulleben, ihre Feste, Rituale, Feiern? Wie gestaltet sie ihre Räume, ihr Gebäude und ihr Umfeld?
- Was tut unsere Schule, um selbst eine Gesellschaft im Kleinen zu sein, an der demokratisches Handeln von Klein auf gelernt wird? Welche Regeln gibt sie sich und wie verfährt sie dabei? Wie sind die Kinder und Jugendlichen einbezogen? Welche Rolle spielen die Schülervertretungen? Wie arbeiten Schule und Eltern zusammen? Wie sind die Eltern in das Schulleben einbezogen? Wie geht die Schule mit unterschiedlichen kulturellen Traditionen und Wertvorstellungen um? Was tut sie für eine geschlechterbewusste und interkulturelle Pädagogik?
- Was tut unsere Schule, um sich zur „Welt" zu öffnen? Was tut sie für eine sich schrittweise erweiternde Teilhabe der Kinder und Jugendlichen am Leben der Erwachsenen? Wie arbeitet sie mit der Kommune, mit Institutionen zusammen? Wie bereitet sie auf den Beruf vor? Wie bereitet sie schrittweise darauf vor, auch auf die „große" Politik Einfluss zu nehmen?

Schule als lernende Institution –
Reformen „von innen" und „von unten"

Wir sind überzeugt:
Die Schule muss auch darin Vorbild sein, dass sie selbst mit dem gleichen Ernst lernt und an sich arbeitet, wie sie es den Kindern und Jugendlichen vermitteln will. Sie muss eine sich entwickelnde Institution sein und sich zugleich treu bleiben. Ihre Arbeit ist nie „fertig", weil sie auf sich wandelnde Bedingungen und Anforderungen jeweils neu antworten muss. Ihre Qualität bemisst sich daran, was sie tut, um solche Antworten zu finden. Dazu braucht die Schule Freiraum und übernimmt Verantwortung: für Beobachtung, Kritik, Verständigung und Umsetzung der Ergebnisse in Reformarbeit. Sie muss in der Überzeugung arbeiten können, dass eine bessere Pädagogik nicht „von außen" und „von oben" verordnet, sondern jeweils neu mit dem Blick auf die Kinder und Jugendlichen „von innen" und „von unten" entwickelt werden muss.

Wir überprüfen deshalb die Qualität unserer Schule anhand der folgenden Leitfragen:
- Was tut unsere Schule, um sich ein eigenes Profil zu geben? Wie werden ihre pädagogischen Prinzipien, ihr Selbstverständnis im Schulleben und im Unterricht konkret umgesetzt? Wie kommt das im Schulprogramm und im schulinternen Lehrplan zum Ausdruck? Wie nutzt die Schule ihre Entwicklungsfreiheit?
- Was tut unsere Schule, um das gemeinsame Bewusstsein von ihrer Identität zu stärken und immer wieder neu zu verankern? Wie fördert sie Kooperation, gegenseitige Hospitationen, kollegiale Zusammenarbeit, beispielsweise in Jahrgangs- oder Fachteams? Wie organisiert und strukturiert sie ihre Arbeitsgruppen, Konferenzen, Entwicklungsprozesse?
- Was tut unsere Schule, um die eigene Arbeit immer wieder an den Zielen zu prüfen? Wie ermöglicht sie kritische und distanzierte Beobachtung? Wie geht sie mit Ergebnissen externer Evaluation um und wie verarbeitet sie Kritik? Welche Formen der Evaluation verwendet sie selbst?
- Was tut unsere Schule, um eine lernende, an sich arbeitende Einrichtung zu bleiben? Wie arbeitet sie mit anderen Institutionen zusammen? Was tut sie für eine systematische Fortbildung der Kolleginnen und Kollegen im Sinne der Schulentwicklung?

Unsere Standards einer guten Schule

Die im Folgenden aufgeführten Standards operationalisieren und präzisieren unsere Vorstellungen von einer guten Schule, wie wir sie im vorstehenden Leitbild zusammengefasst haben, und stellen darum hohe Ansprüche. Sie können von keiner Schule „alle" „immer" erfüllt werden. Pädagogik ist aber prinzipiell an derartigen Soll-Vorgaben orientiert und muss sich nach ihnen ausrichten. So kann zum Beispiel die vernünftige und friedliche Regelung von Konflikten zwar nie als gesichert, muss aber immer als Standard gelten.

Unsere Standards sind denen für fachliches Lernen vor- und übergeordnet. Sie drücken implizit unsere kritische Distanz gegenüber den von der KMK vorgelegten „Bildungsstandards" aus, weil diese die Frage, was *Schulen* gut macht, nicht in den Blick nehmen. Der gegenwärtige Trend, die Qualität von Schulen nahezu ausschließlich an den Ergebnissen zentraler schulfachbezogener Tests zu messen, ist aus unserer Sicht pädagogisch und didaktisch kontraproduktiv.

Gute Schulen lassen sich erkennen an der Art und Weise, wie dort Menschen miteinander umgehen, wie das Lernen angelegt und begleitet wird. Gute Schulen – in dem hier präzisierten Sinn – befähigen ihre Schülerinnen und Schüler sehr wohl auch zu guten Fachleistungen. Umgekehrt lassen aber gute Fachleistungen allein nicht unbedingt auf eine gute Schule schließen, weil sie auch durch Mittel erreicht werden können, die eine gute Schule nicht anwendet. Schulqualität entscheidet sich an *Prozessen*, die in ihrem notwendig sehr komplexen Kontext durch zentrale Wissensprüfungen nicht sichtbar gemacht werden können. Bildung bedeutet nach unserem Verständnis mehr als Wissen – und dafür braucht es eine „gute Schule". Die Frage nach der Qualität einer Schule wird durch die gegenwärtig favorisierten Formen der Evaluation eher verstellt. Diese einseitige Verengung zu korrigieren ist ein zentrales Anliegen dieser Initiative. Wir plädieren damit zugleich für andere Formen und Verfahren der Evaluation, wie sie z.B. unter den „Blick-über-den-Zaun"-Schulen üblich sind. (Vgl. dazu ein Gutachten von Prof. Hans Brügelmann/Universität Siegen, das dieser für unseren Schulverbund erarbeitet hat: „Scharfe Brillen, wache Augen und ein einfühlsamer Blick. Zur Bedeutung von technischer Präzision und sozialer Kontrolle bei der Evaluation pädagogischer Standards." Das Gutachten ist abrufbar unter *www.blickueberdenzaun.de* und kann dort auch als Broschüre bestellt werden.)

Unsere Standards beziehen sich auf die vorab definierten und in unserem Leitbild einer guten Schule festgelegten pädagogischen Grundüberzeugungen und folgen in ihrer Anordnung deren Systematik. Sie sind jeweils drei Ebenen zugeordnet: der des pädagogischen Handelns, der der schulischen Rahmenbedingungen und der der systemischen Rahmenbedingungen. Diese Unterscheidung ist nicht immer trennscharf, so dass es zu Überschneidungen kommt.

Die tabellarische Anordnung der Standards soll sichtbar machen, dass und wie die drei Ebenen und die mit ihnen verbundenen Zuständigkeiten miteinander verschränkt und aufeinander bezogen sind. So lassen sich die Standards für pädagogisches Handeln auch als Ansprüche an die Schule lesen, diese Rahmenbedingungen zu schaffen. Und diese wiederum können als Appell an die staatlichen Instanzen verstanden werden: Wenn Schulen in dem hier gemeinten Sinn gut sein sollen, müssen diese systemischen Rahmenbedingungen gewährleistet sein.

1. Den Einzelnen gerecht werden – individuelle Förderung und Herausforderung

Die wichtigsten Vorgaben für jede Schule sind die ihr anvertrauten Kinder, so, wie sie sind, und nicht so, wie wir sie uns wünschen mögen. Sie haben ein Recht darauf, als einzelne, unverwechselbare Individuen mit unverfügbarer Würde ernst genommen zu werden. Sie haben ein Recht darauf, dass die Schule für sie da ist und nicht umgekehrt.

Die Standards zu dieser Vorgabe sind nach folgenden Rubriken differenziert:

1.1 Individuelle Zuwendung, Betreuung
1.2 Individualisierung des Lernens
1.3 Förderung/Integration
1.4 Feed Back, Lernbegleitung, Leistungsbewertung

1.1 Individuelle Zuwendung, Betreuung

Standards für pädagogisches Handeln	*Standards für schulische Rahmenbedingungen*	*Standards für systemische Rahmenbedingungen*
Die Schülerinnen und Schüler werden täglich begrüßt und verabschiedet, wenn sie in die Schule kommen bzw. die Schule verlassen.	Jede Lerngruppe hat täglich Unterricht bei der Klassenlehrerin/dem Klassenlehrer oder der Lehrkraft, die sie/ihn vertritt. Jede Gruppe wird von zwei Erwachsenen betreut.	
Sie wissen, wohin sie gehören, wohin ihre Sachen gehören und die der anderen. Sie finden ihren Klassenraum geordnet vor.	Die Klassenräume sind so ausgestattet, dass alles, was die Schülerinnen und Schüler brauchen, in klarer, übersichtlicher Ordnung vorhanden ist.	Für die Ausstattung der Räume stehen genügend Sachmittel zur Verfügung.
Sie haben feste Ansprechpartner, und diese haben Zeit für sie.	Für individuelle Gespräche gibt es feste oder informelle Zeiten.	Im Zeitbudget für Lehrerinnen und Lehrer ist Zeit für Beratung und Betreuung verpflichtend vorgesehen.
In der Gruppe können sie ihre Erlebnisse und Probleme vorbringen.	Es gibt feste Zeiten für die Betreuung der Gruppe.	
Sie finden Hilfe und Beratung für persönliche Probleme bei allen für sie zuständigen Erwachsenen.	Zu den Zuständigkeiten aller Erwachsenen gehört Beratung und Hilfe bei persönlichen Problemen. Beratungslehrer/innen haben unterstützende Funktion.	Beratung ist Teil der Lehrerausbildung. Lehrerinnen und Lehrer wissen, welche unterstützenden Systeme professionelle Hilfe leisten.
Sie finden Hilfe und Beratung für gesundheitliche Probleme.	Das Curriculum der Schule weist Bausteine zur Gesundheitserziehung aus, die in der Verantwortung aller Lehrerinnen und Lehrer liegt. Diese kennen und beachten Symptome für gesundheitliche Probleme und wissen, welche unterstützenden Systeme zur Verfügung stehen. In der Schule gibt es einen Sanitätsdienst.	Gesundheitserziehung ist Bestandteil der Lehrerausbildung. Unterstützende Systeme sind miteinander vernetzt (gemeinsame Verantwortung)

Standards für pädagogisches Handeln	Standards für schulische Rahmenbedingungen	Standards für systemische Rahmenbedingungen
Sie wissen, dass die Schule in Kontakt mit ihrer Familie steht und hilft, für Probleme Lösungen zu finden. Die Eltern finden in der Schule Beratung und Unterstützung.	Die Schule sichert kontinuierliche und institutionalisierte Kontakte mit den Eltern und schafft dafür unterschiedliche Anlässe. Die Schule arbeitet bei der Beratung der Eltern mit verschiedenen Unterstützungssystemeng zusammen.	Im Zeitbudget der Lehrenden sind Kontakte mit Eltern verpflichtend vorgesehen.
Die Lehrerinnen und Lehrer handeln entsprechend dem Leitbild der Schule.	Die Schule hat ein Leitbild, dem Lehrerinnen und Lehrer, Schülerinnen und Schüler und Eltern verpflichtet sind.	Die Schule kann Lehrerinnen und Lehrer auswählen. Die Schule ist berechtigt, verpflichtende Vereinbarungen mit Mitarbeitern und Eltern zu schließen.
Die Lehrerinnen und Lehrer begegnen den Schülerinnen und Schülern respektvoll und „auf Augenhöhe" (auch sprachlich).	Gespräche der Erwachsenen untereinander über Schülerinnen und Schüler sind von Achtung getragen. Für solche Gespräche gibt es regelmäßige Anlässe, zum Beispiel Teambesprechungen.	
In der Schule wird den Schülerinnen und Schülern gutes, nahrhaftes Essen geboten.	In der Schule stehen ansprechend und funktional ausgestattete Räume für gemeinsame Mahlzeiten zur Verfügung. Das angebotene Essen ist abwechslungsreich und gewährleistet eine gesunde Ernährung.	Die Ausstattung der Schulen entspricht den Anforderungen gesunder Ernährung.

Standards für pädagogisches Handeln	Standards für schulische Rahmenbedingungen	Standards für systemische Rahmenbedingungen
Sie finden in der Schule viele Gelegenheiten für Bewegung, Spiel und Sport.	Die Schule ist durch kind- und jugendgerechte Anlagen als „bewegte Schule" ausgestattet. Die Anlagen sind den Tag über zugänglich. Das Schulgelände ist nach pädagogischen Gesichtspunkten funktional und abwechslungsreich gestaltet.	Die Richtlinien für Schulbau und für die Gestaltung des Schulgeländes orientieren sich an pädagogischen Kriterien. Sie gewährleisten, dass die Schule unterschiedlichen Bedürfnissen und Begabungen durch eine flexible Ausstattung gerecht werden kann.
Sie können sich in ruhige Räume zurückziehen.	Es gibt in der Schule geschützte Räume, die Stille ermöglichen.	Die Schule kann Experten aus unterschiedlichen Berufsgruppen einstellen.
Sie finden in der Schule viele Gelegenheiten für musisches und handwerkliches Tun.	Die Schule ist mit altersgerecht unterschiedlichen Räumen und Lerngelegenheiten ausgestattet, die zu musischem und handwerklichen Tun einladen. Diese sind den Tag über zugänglich. An den Lernorten sind Experten aus verschiedenen Berufen tätig, die zum Personal der Schule gehören.	

1.2 Individualisierung des Lernens

Standards für pädagogisches Handeln	*Standards für schulische Rahmenbedingungen*	*Standards für systemische Rahmenbedingungen*
Jede Schülerin, jeder Schüler kann in jeder Unterrichtsstunde gut „mitkommen".	Der Unterricht ist so angelegt, dass auch lernschwache Schülerinnen und Schüler sich ein Mindestpensum aneignen können.	Fachliche Standards werden als Mindeststandards formuliert.
Jede Schülerin, jeder Schüler kann in jeder Unterrichtsstunde Leistungen erreichen, die – gemessen an ihren/ seinen Voraussetzungen – „gut" sind.	Der Unterricht ist auf unterschiedliche Leistungsniveaus angelegt.	Fachliche Standards sind differenziert ausgelegt.
Die Lehrenden kennen die individuellen Lernstände. Sie verstehen individuell verschiedene Lernmöglichkeiten und -wege.	Die Schule stellt den Lehrenden Zeit und Hilfsmittel zur Verfügung, ihre diagnostische Kompetenz weiter zu entwickeln.	Diagnostische Kompetenz ist Bestandteil der Lehrerausbildung.
	Der Unterricht ist dialogisch angelegt: Das Verstehen der Lernwege gehört ebenso zur Aufgabe der Lehrenden wie die Vermittlung des Sachwissens.	Die Methode des Dialogischen Lernens nach Ruf/ Gallin ist Bestandteil der Lehrerausbildung.
Die Lehrerinnen und Lehrer arbeiten in Teams zusammen, zu deren Aufgaben pädagogische Beratungsgespräche über die Schülerinnen und Schüler gehören.	Im Zeitplan der Lehrerinnen und Lehrer ist die Gelegenheit und die Verpflichtung zu Teamberatungen vorgesehen.	Im Zeitbudget der Lehrerinnen und Lehrer sind Teamberatungen verpflichtend vorgesehen.
Die Schülerinnen und Schüler erwerben ein Repertoire unterschiedlicher Methoden und lernen sie sinnvoll anzuwenden.	Das Schulcurriculum weist aus, welche Methoden in welchem Zusammenhang gelernt werden können.	Methodenkompetenz gehört zur Lehrerausbildung.

Standards für pädagogisches Handeln	Standards für schulische Rahmenbedingungen	Standards für systemische Rahmenbedingungen
Die Lehrenden bedienen individuell verschiedene Lernmöglichkeiten und -wege. Die Schülerinnen und Schüler finden alle Materialien vor, die sie für ihre Arbeit brauchen.	Lernmaterial, Räume und Sachmittel sind auf Differenzierung der Lernwege ausgelegt. Die Schule verfügt über ein für alle Lehrenden zugängliches Archiv, wo Unterrichtsmaterial gelagert und eingesehen werden können. Die vorbereitete Lernumgebung ist Prinzip der Unterrichtsgestaltung.	
Sie haben genügend Zeit, um ihre Arbeit in ihrem eigenen Tempo zu erledigen.	Die Schule antwortet durch flexible Zeitplanung auf die unterschiedlichen Bedürfnisse der Schülerinnen und Schüler.	

1.3 Förderung, Integration

Standards für pädagogisches Handeln	*Standards für schulische Rahmenbedingungen*	*Standards für systemische Rahmenbedingungen*
Alle Schülerinnen und Schüler finden in der Schule herausfordernde und spannende Lerngelegenheiten.	Zum Schulprogramm gehört ein eigenes Förderkonzept. Es zielt darauf, dass alle Schülerinnen und Schüler ihre Fähigkeiten möglichst gut entwickeln können. Dazu gehört: Die Schülerinnen und Schüler sind in alle Entscheidungen einbezogen, die ihr Lernen betreffen Sie können in unterschiedlichen Gruppierungen lernen; der Klassenverband kann verlassen werden, zeitweise auch die Schule. Sie können einen Teil des Unterrichts wählen. Sie können die Lerngelegenheiten der Schule nutzen und Unterricht bei Experten (Nicht-Lehrern) haben Die Schule bietet professionelle Beratung und Hilfe an. Sie kooperiert mit sonderpädagogischen Fachkräften, die in die Jahrgangsteams integriert sind, und mit anderen Experten/Institutionen.	Das Schulsystem ist auf Inklusion, nicht auf Exklusion angelegt. Schulen sind berechtigt, Lerngruppen und Lernzeiten flexibel zu planen. Sie sind nicht auf Jahrgangsklassen festgelegt. Kurse im Wahlbereich können von Nicht-Lehrern erteilt werden. Die Schulentwicklung zielt auf Integration. Den Schulen werden sonderpädagogische Fachkräfte zugewiesen.
Sie werden nach ihren Lernwünschen gefragt, und diese werden ernstgenommen.		
Sie werden individuell beraten und begleitet.		
Sie lernen, die eigenen Begabungen und Defizite einzuschätzen und darauf angemessen zu reagieren.		
Ihre Begabungen werden herausgefordert und gefördert.		
Für Lernprobleme finden sie geeignete Hilfen.		

1.4 Feed Back, Lernbegleitung, Leistungsbewertung

Standards für pädagogisches Handeln	*Standards für schulische Rahmenbedingungen*	*Standards für systemische Rahmenbedingungen*
Die Schülerinnen und Schüler erhalten für ihre Leistungen verständliche und hilfreiche Rückmeldungen. Die Rückmeldungen orientieren sich primär an dem, was der/die Einzelne geleistet hat und kann.	Die Leistungen der Schülerinnen und Schüler werden auf unterschiedliche Weise ausgewiesen und bewertet. Die Schule entwickelt dafür altersgemäß differenzierte Formen der Rückmeldung und Bewertung. Die Schule begründet gegenüber den Eltern ihre Kriterien der Leistungsbewertung (z.B. Aufklärung über die Zensuren-Problematik) und versichert sich durch kontinuierliche Überzeugungsarbeit ihres Einverständnisses.	Die Schulen erhalten die Freiheit, bis zur 9. Klasse auf Noten zu verzichten. Andere Formen der Leistungsbewertung (z.B. Lernberichte) werden als gleichwertig anerkannt, die Zeitanteile dafür im Budget verrechnet. Schulen können auf Nicht-Versetzung („Sitzenbleiben") verzichten und die dadurch gesparten Lehrerstunden anderweitig verwenden. Fachliche Anforderungen werden nicht als jahrgangsbezogene Regelstandards, sondern als progressionsbezogene Mindeststandards ausgewiesen.
Die Rückmeldungen spiegeln den zurückgelegten Lernweg, gemessen am individuellen Leistungsvermögen und bezogen auf die individuell erreichbare fachliche Progression.	Das Schulcurriculum weist die fachliche Progression in Form von Stufen aus, die von allen durchlaufen werden, jedoch mit unterschiedlichem Tempo und unterschiedlichen individuellen Verweildauern (Mindeststandards, nicht Jahrgangsnormen).	

Das noch nicht Erreichte wird so zurückgespiegelt, dass die Rückmeldung als konstruktive Hilfe erfahren wird.	Für die Leistungsrückmeldung sind im Schulcurriculum verbindliche Verfahren vorgesehen. Sie zielen darauf, die individuelle Leistung zu sehen, zu fördern und zu werten. Dazu gehören verbindliche Beratungsgespräche mit Eltern und Kindern, die protokolliert werden, Berichte oder andere Formen individueller Rückmeldung, Vereinbarungen zur individuellen Förderung, Förderpläne.	Individuelle Leistungsbegleitung und -bewertung ist Bestandteil der Lehrerausbildung. Dazu gehören: Beratungsgespräche schriftliche Formen individueller Rückmeldung Umgang mit Portfolios und anderen Formen individueller Leistungsbegleitung (z.B. Lerntagebuch) der Umgang mit Feed Back.
Die Rückmeldung weist konkrete Hilfen zur Bewältigung der nächsten Lernschritte aus.		
Die Rückmeldung ist dialogisch: Die Schülerinnen und Schüler sind in die Bewertung einbezogen.		
Die Schule stellt individuelle Förderprogramme und kompetente Unterstützung bereit.		
Die Förderprogramme werden in Förderplänen festgelegt, diese werden regelmäßig ausgewertet und fortgeschrieben.		
Die Schülerinnen und Schüler geben den Lehrenden ihrerseits Feed Back über den Unterricht.	Feed Back wird als Bestandteil der Unterrichtskultur etabliert.	

2. „Das andere Lernen" – erziehender Unterricht, Wissensvermittlung, Bildung

Schulen haben die Aufgabe, die Heranwachsenden mit den Grundlagen unserer Kultur vertraut zu machen: Wissenschaft und Technik, Religion und Philosophie, Kunst, Musik und Literatur. Bildung heißt, sich diese Grundlagen je individuell und gemeinsam mit anderen erschließen zu können, sich Sinn- und Wertfragen zu stellen, sich in der Demokratie zu bewähren, die Verfahren der Wissenschaft und die Formen und Wirkungen ästhetischen Gestaltens zu erproben und zu verstehen. Lernen ist umso wirksamer, je mehr es an Erfahrung, (Selbst-)Erprobung, Bewährung und Ernstfall gebunden ist. Lernen ist umso weniger wirksam, je stärker es nur rezeptiv, fremdgesteuert, einseitig kognitiv bleibt: „paper and pencil" sind wichtige Hilfsmittel, aber schlechte Lehrmeister. Lernen braucht Erlebnis und Erfahrung ebenso wie Übung und Systematik; seine Qualität hängt davon ab, wie sich beide ergänzen. Lernen ist ein individueller Prozess, der sich im sozialen Kontext vollzieht, ist angewiesen auf kooperatives Handeln, Erforschen und Erproben. Neugier, „Forschergeist", Lernfreude und Ernst sind die Voraussetzungen für die aktive „Aneignung von Welt", die den Kern von Bildung ausmacht. Die wichtigste Aufgabe der Schule ist, Lernen so anzulegen, dass daraus Bildung werden kann. Darum braucht Lernen Freiraum: die Freiheit der Schule, den Unterricht jeweils neu zu denken und auf Bildung anzulegen, Zeit und Freiheit für aktive Formen der Aneignung, für selbstständiges und selbsttätiges Lernen und eigenverantwortliches Handeln. Lernen braucht individuelle und gemeinsame Rückmeldung, Präsentation und gesellschaftliche Anerkennung von Ergebnissen.

Die Standards zu dieser Vorgabe sind nach folgenden Rubriken differenziert:

2.1 Lernen in Sinnzusammenhängen/Erfahrungsorientierung
2.2 Selbstverantwortetes, selbsttätiges Lernen
2.3 Freude am Lernen und Gestalten
2.4 Differenzierung
2.5 Qualitätskriterien für/Bewertung und Präsentation von Leistungen

2.1 Lernen in Sinnzusammenhängen/Erfahrungsorientierung

Standards für pädagogisches Handeln	Standards für schulische Rahmenbedingungen	Standards für systemische Rahmenbedingungen
Fachliches Lernen geschieht an kulturell und individuell bedeutsamen Gegenständen.	Das schulinterne Curriculum bietet Freiraum für unterschiedliche Inhalte; es erlaubt, Lerngegenstände so auszuwählen, wie es dem Stand der Gruppe entspricht.	Für die Unterrichtsarbeit der Schule sind Ziele vorgegeben, nicht Wege. Zur Autonomie der Schule gehört die Freiheit, die Stundentafel umzugruppieren und mit der Lernzeit frei umzugehen. Die Kernlehrpläne lassen den Schulen maximale Spielräume für die Gestaltung des schuleigenen Curriculums.
Der Unterricht orientiert sich primär an den Anforderungen der Sache, nicht an den Fächergrenzen, und zielt auf vernetzendes Denken.	Die Schule ist in Jahrgangsteams gegliedert; die Planung des Unterrichts erfolgt in den Teams, die in einem Jahresplan die zentralen Unterrichtseinheiten/Projekte und deren Themen festlegen.	
Mehrere Fächer wirken zusammen, soweit ein gründliches Verständnis der Sache dies erfordert.	Die Fächer sind mit unterschiedlichen Anteilen an fächerübergreifenden Themen beteiligt; die Fachkonferenzen legen fest, welche Anteile der Fachsystematik damit abgedeckt sind. Zeit für fachimmanentes Lernen und Üben wird im notwendigen Mindestumfang im Jahresplan ausgewiesen.	Die Budget-Autonomie gewährleistet, dass die Schule über ihre Mittel für Ausstattung und für Personal-Einstellung frei verfügen kann.
Systematische Belehrung ist der aktiven Aneignung nachgeordnet; sie ergänzt diese, soweit die Sache es erfordert.		
Lernen vollzieht sich wesentlich als individuelle, aktive Aneignung, als ganzheitlicher Prozess; die Schülerinnen und Schüler bekommen dazu Anregungen und Anleitung.	Die Schule ist so ausgestattet, dass selbstständiges, aktives Lernen begünstigt wird (Lernorte, ggf. stadtteilbezogen: Werkstätten, Theater- und Kunsträume, Labore, Sportstätten, Küche, Bibliothek, frei zugängliche Internet-Plätze...). Diese Lernorte werden von Fachpersonal betreut.	

Standards für pädagogisches Handeln	Standards für schulische Rahmenbedingungen	Standards für systemische Rahmenbedingungen
Für solches Lernen sind zusammenhängende Zeitblöcke vorgesehen.	Der Stunden- und Jahresplan weist flexible Zeiten aus: kurze Einheiten für kognitiv-fachliches Lernen, längere für experimentell-praktisches Lernen, Zeit für Freiarbeit, mehrere Wochen für fächerübergreifende Unterrichtseinheiten/Projekte.	
Die Schülerinnen und Schüler lernen oft außerhalb der Schule: in Betrieben, kulturellen Einrichtungen, bei Exkursionen, Reisen...	Außerschulische Lernorte werden planvoll in den Unterricht einbezogen. Die Schule kooperiert mit Betrieben, mit kommunalen und anderen Einrichtungen.	Außerschulisches Lernen ist Bestandteil des Unterrichts und offiziell als solcher anerkannt. Die Schule kann Nicht-Lehrer als Fachleute einstellen. Sie kann Verträge mit Betrieben abschließen.
Sie erfahren Lernen als etwas, was mit ihnen zu tun hat und ihnen die Möglichkeit bietet, sich als Person zu bewähren; ihnen wird verantwortliches Handeln zugetraut und zugemutet.	Die Schule vermittelt Praktikumsplätze, sie stellt Möglichkeiten für Exkursionen und Reisen zur Verfügung, vermittelt und hält Kontakte, so dass die Schülerinnen und Schüler auf sich gestellt, aber nicht alleingelassen sind.	
Der Zusammenhang zwischen den Anforderungen der Sache und der dafür nötigen Übungs- und Lernarbeit ergibt sich für sie einsehbar und sachlich begründet.	Fachkurse sind so weit wie möglich an überfachliche Einheiten angegliedert.	
Die Schülerinnen und Schüler erschließen sich fachliche Zugänge so weit wie möglich durch eigenes Erproben und Experimentieren (genetisches Lernen).	Der Unterricht ist methodisch auf selbsttätiges Lernen und Erproben „Mit Kopf, Herz, Hand und Fuß" (Pestalozzi) angelegt.	

2.2 Selbstverantwortetes, selbsttätiges Lernen

Standards für pädagogisches Handeln	Standards für schulische Rahmenbedingungen	Standards für systemische Rahmenbedingungen
Die Schülerinnen und Schüler sind in die Planung des Unterrichts einbezogen: Ihre Fragen und Vorschläge werden aufgegriffen und ernst genommen.	Planungen von Unterrichtseinheiten/Projekten beginnen mit einem „Brainstorming", dessen Ergebnisse vom Jahrgangsteam aufgegriffen werden.	
Sie erfahren die Auseinandersetzung mit Sachen als produktive Herausforderung.	Anzustrebende Produkte/Ergebnisse werden vorab besonders verdeutlicht, so dass die Schülerinnen und Schüler konkrete Lernanreize und Orientierungen haben.	
Sie ordnen sich Spezialistengruppen zu und erwerben Expertenwissen.	Der Unterricht ist auf Gemeinsamkeit und Differenzierung angelegt (s.u.).	Unterschiedliche Formen von Leistungen (Projektergebnis, Portfolio, Gruppenbericht...) werden als gleichwertig anerkannt. Prozess- und Produktbewertung sind gleichwertig. Prüfungs- und Bewertungsformen unterstreichen die Bedeutung von Selbstständigkeit beim Lernen.
Sie lernen, sich erreichbare Ziele zu setzen, planen und reflektieren ihre Arbeit und setzen dafür geeignete Verfahren und Formen ein (Projektskizzen und -pläne, Mindmap, Lerntagebuch ...).	Die selbstständige Zielsetzung und Planung von Lernprozessen ist fester Bestandteil des Unterrichts und wird ebenso überprüft wie die Lernergebnisse bewertet werden.	
Sie stärken ihre Selbstwirksamkeitsüberzeugung durch Herausforderungen, die bis an ihre Leistungsgrenze reichen und bewältigt werden können.	Die Unterrichtsangebote sind so angelegt, dass alle Schülerinnen und Schüler herausgefordert sind, ihre Leistungsmöglichkeiten voll auszuschöpfen.	
Sie koordinieren die Arbeit der Gruppe, legen Verfahren, Zeiten und Regeln fest und achten auf deren Einhaltung.	In allen Fächern kommt Gruppenarbeit als Standard-Situation vor; es gibt Absprachen über verbindliche Regeln, Verfahren, Methoden zur Optimierung der Gruppenarbeit.	
Sie konzipieren und planen besondere individuelle Leistungen über längere Zeit. Sie kennen und verwenden dafür notwendige oder hilfreiche Verfahren (Logbuch, Lerntagebuch ...) und wissen, wo und wie sie Unterstützung finden.	Der Unterricht in allen Fächern fördert selbstständiges, eigenverantwortliches Arbeiten. Die Schule vereinbart und vermittelt ein Methoden-Curriculum, das in altersgemäßer Stufung an geeigneten Inhalten eingeübt wird.	Die Schule ist auch außerhalb der Unterrichtszeit für Lehrerinnen und Lehrer, Schülerinnen und Schüler zugänglich.

2.3 Freude am Lernen und Gestalten

Standards für pädagogisches Handeln	Standards für schulische Rahmenbedingungen	Standards für systemische Rahmenbedingungen
Die Schülerinnen und Schüler sind gefordert, Produkte ihrer Arbeit in die ihnen mögliche Bestform zu bringen.	Die ästhetische Qualität ist ein wichtiges Kriterium für die Anerkennung und Bewertung von Leistungen.	
Sie erfahren die Gestaltung von Arbeitsergebnissen als anspruchsvolle Herausforderungen und erleben, dass sich solche Mühe lohnt. Sie orientieren sich (auch) am angestrebten Produkt, wenn sie ihre Arbeit konzipieren und reflektieren. Sie gestalten ihre Arbeitsprodukte nach eigenen Vorstellungen.		
Sie nehmen wahr, dass sie mit ihren Arbeitsergebnissen die Schule mit gestalten. Sie haben die Möglichkeit, mit den Ergebnissen ihrer Arbeit in der Schule Spuren zu hinterlassen.	Die Ästhetik des Schulbaus korrespondiert mit ihrem Programm. Bei der Gestaltung des Schulgebäudes und -geländes werden Schülerarbeiten planvoll einbezogen.	
Sie erfahren phantasievolle Formen der Anerkennung für die Ergebnisse ihrer Arbeit und der Arbeit anderer. Sie erleben, dass sie stolz auf Ergebnisse ihrer Arbeit sein können und dass ihre Schule stolz auf sie ist.	Die Schule entwickelt eine Kultur der Anerkennung: Anlässe, Formen und Verfahren der öffentlichen Würdigung von Personen und ihren Leistungen. Die Mitglieder der Schulgemeinschaft zeigen, worauf und warum die Schule stolz ist.	

2.4 Differenzierung

Standards für pädagogisches Handeln	*Standards für schulische Rahmenbedingungen*	*Standards für systemische Rahmenbedingungen*
An der Sache orientierter Unterricht ist auf Gemeinsamkeit und Vielfalt angelegt: gemeinsame Lern- und Verstehensprozesse, verbunden mit inhaltlichen Varianten, unterschiedlichen Zugängen und Methoden. Das systematische Fortschreiten bemisst sich an der aufsteigenden fachlichen Progression in individueller Abstufung. Für erfahrungsorientiertes Lernen (Erlebnis, Anschauung, Anwendung) ist eine Vielfalt der Zugänge und Möglichkeiten konstitutiv. Üben, Wiederholen, Festigen geschieht an Aufgaben, die den individuellen Möglichkeiten und Lernständen gerecht werden.	Unterricht wird in zusammenhängenden thematischen Einheiten geplant. Das schuleigene Curriculum weist fachliche Mindeststandards für alle Fächer aus, in denen gemeinsame Lerninhalte und -verfahren als systematische Progression sichtbar werden. Erfahrungsorientiertes Lernen (z.B. Projekte) mit individuell unterschiedlichen Zugängen bildet den Kern des schuleigenen Curriculums und der Unterrichtsplanung im Jahrgangsteam. Materialien werden gesammelt und sind einsehbar. Ein Übungs-Curriculum ist Teil der Unterrichtsplanung. Die Materialien werden gesammelt und sind einsehbar.	Die fachlichen Anforderungen sind als gedachte systematische Progression (Mindeststandards) vorgegeben. Sie gelten nicht als Jahrgangsnormen.
Die zeitliche Planung lässt genügend Raum für individuelles Lernen.	Der Stundenplan begünstigt individualisierende Lernformen (ausgewiesene Stunden für Freiarbeit oder thematische Blöcke mit integrierter Freiarbeit).	
Die Lernräume sind für flexibles Arbeiten ausgelegt.	Die Klassenräume eines Jahrgangs liegen nebeneinander. Auch Verkehrsflächen (Flure) und Lernräume werden für das Arbeiten in Kleingruppen genutzt, die Möbel sind entsprechend angeordnet. Internet-Plätze sind verfügbar und zugänglich.	

Standards für pädagogisches Handeln	*Standards für schulische Rahmenbedingungen*	*Standards für systemische Rahmenbedingungen*
Materialien und Hilfsmittel sind übersichtlich angeordnet, leicht zugänglich und entsprechen den unterschiedlichen Bedürfnissen der Schülerinnen und Schüler.	Zur Unterrichtsplanung der Jahrgangsteams gehört das Zusammenstellen eines Material-Pools.	
Bücher zum Thema sind in reicher Auswahl vorhanden.	Die Schule verfügt über eine entsprechende Ausstattung: Sie hat eine eigene Bibliothek oder nutzt eine nahe Stadtteil-Bibliothek. Frei zugängliche Internet-Plätze stehen zur Verfügung.	
Die unterschiedlichen Lernstände innerhalb einer Lerngruppe sind allen Lehrenden bekannt, ebenso individuelle Fördermaßnahmen.	Förder- und Differenzierungsmaßnahmen werden in der Jahrgangskonferenz beraten. Für deren Arbeit sind im Konferenzplan regelmäßige Zeiten vorgesehen.	Beratungszeiten sind im Zeit-Budget verpflichtend vorgesehen und anerkannt.
Jede Unterrichtssequenz ermöglicht und fördert individuell unterschiedliche Lern- und Leistungsprofile.		Alle Fächer sind gleichwertig, es gibt keine Haupt- und Nebenfächer. Abschlüsse werden als Anschlüsse definiert und nach unterschiedlichen Profilen vergeben. Diese bestehen aus Modulen, die nach einem Punktsystem berechnet werden, verschiebbar und ergänzbar sind (Prinzip Durchlässigkeit).
Das Unterrichtsangebot der Schule ermöglicht und fördert individuell unterschiedliche Lern- und Leistungsprofile (Pflicht- und Wahlunterricht).	Das Unterrichtsangebot der Schule ist auf das Zusammenspiel von Pflicht- und Wahlkursen angelegt.	
	Die Wahlangebote sind gleichwertig; mit jedem Wahlprofil ist jeder Abschluss erreichbar.	

2.5 Qualitätskriterien für/Bewertung und Präsentation von Leistungen

Standards für pädagogisches Handeln	Standards für schulische Rahmenbedingungen	Standards für systemische Rahmenbedingungen
Individuelle Lernwege und Lernergebnisse werden in geeigneter Form dokumentiert (Logbuch, Lerntagebuch, Portfolio...)	Zentrale Maßstäbe für das Schulcurriculum sind Individualisierung und Differenzierung.	Unterschiedliche Formen von Leistungen (Projektergebnis, Portfolio, Gruppenbericht...) werden als gleichwertig anerkannt. Prozess- und Produktbewertung sind gleichwertig. Die Qualität der Präsentation wird in die Bewertung von Leistungen einbezogen. Individuelle Formen der Leistungsbewertung (Portfolio, Zertifikate...) werden als gleichwertig anerkannt.
Für diese Dokumentation ist der einzelne Schüler/die einzelne Schülerin verantwortlich. Zugleich bieten diese Dokumente einen Überblick über Unterrichtsinhalte und geforderte Leistungen.	Den inhaltlichen Bausteinen entsprechen Bausteine für die Präsentation und Bewertung von Leistungen.	
Die Leistungsbewertung orientiert sich an der individuellen Leistung. Ihr Bezugsrahmen ist der zurückgelegte Lernweg und sein Ergebnis, bezogen auf das individuelle Leistungsvermögen.		
Defizite werden als individuell erreichbare Ziele und konkrete Lernschritte zurückgemeldet.		

3. Schule als Gemeinschaft – Demokratie lernen und leben

Demokratie und Schule sind wechselseitig aufeinander angewiesen. Die Schule muss selbst ein Vorbild der Gemeinschaft sein, zu der und für die sie erzieht. Sie muss ein Ort sein, an dem Kinder und Jugendliche die Erfahrung machen, dass es auf sie ankommt, dass sie gebraucht werden und „zählen". Sie muss ihnen die Zuversicht mitgeben, dass das gemeinte gute Leben möglich ist, dass es dabei auf jeden Einzelnen ankommt, dass Regeln und Ordnungen hilfreich und notwendig sind. Zu diesem guten Leben gehört, dass die Unterschiedlichkeit und Vielfalt der Menschen als Reichtum angesehen wird, dass Schwächere geschützt werden, dass die gemeinsam festgelegten Regeln und geltenden Werte dem Egoismus der Einzelnen Grenzen setzen. Dazu gehört auch die Erfahrung von gemeinsamen Festen, Feiern und Reisen, von selbst gestalteter freier Zeit und Diensten an der Gemeinschaft, von Orientierung in der Arbeitswelt und der Suche nach dem eigenen Platz in der Gesellschaft. Die Werte, zu der die Schule erzieht, müssen mehr als „Unterrichtsstoff" sein; Selbstständigkeit und Verantwortung, Solidarität und Hilfsbereitschaft, Empathie, Zuwendung und Mitleid müssen im Alltag gelebt werden. Die Zukunft der „Bürgergesellschaft" hängt auch davon ab, ob und wie die nachwachsende Generation sich ihre kulturelle Überlieferung und ihre Werte aneignet; dazu gehört auch, andere Kulturen zu verstehen und achten zu lernen.

Die Standards zu dieser Vorgabe sind nach folgenden Rubriken differenziert:

3.1 Achtungsvoller Umgang/Schulklima
3.2 Schule als Lebens- und Erfahrungsraum
3.3 Schule als demokratische Gemeinschaft und Ort der Bewährung
3.4 Öffnung der Schule/Teilhabe an der Gesellschaft

3.1 Achtungsvoller Umgang/Schulklima

Standards für pädagogisches Handeln	*Standards für schulische Rahmenbedingungen*	*Standards für systemische Rahmenbedingungen*
Die Schülerinnen und Schüler erfahren an ihrer Schule, dass Menschen achtungsvoll miteinander umgehen. Der gegenseitige Umgang orientiert sich an der „goldenen Regel" der Empathie und Gegenseitigkeit (Reversibilität). Sie lernen, die Formen des gegenseitigen Umgangs achtsam wahrzunehmen und bewusst zu pflegen.	Grundsätze und Grundregeln des gegenseitigen Umgangs sind im Programm der Schule verankert. Diese Vereinbarung ist allen Beteiligten (Lehrer, Eltern, Schüler) bekannt und wird von ihnen akzeptiert (z.B. Schulvertrag). Die Formen des Umgangs miteinander sind als fortlaufende Aufgabe in die Schulentwicklung einbezogen.	Schulen können mit Eltern sowie mit den Schülerinnen und Schülern verbindliche Vereinbarungen treffen.
Sie erfahren und praktizieren Formen der Höflichkeit, die sie im Austausch mit anderen reflektieren und akzeptieren. Sie erfahren und praktizieren Rituale, deren Sinn und Grenzen sie im Austausch mit anderen reflektieren und akzeptieren. Sie erfahren, dass sie in der Schule gehört werden, so wie sie anderen zuhören, dass das, was sie vorzubringen haben, wichtig ist und „zählt". Sie achten auf ihre Sprache und lernen, die Wirkung von Sprache gemeinsam zu reflektieren. Sie lernen, durch bewusstes Sprachverhalten der Unachtsamkeit und Verrohung der Sprache entgegenzuwirken. Sie lernen, Gespräche aufmerksam und diszipliniert zu führen. Sie vereinbaren Gesprächsregeln und achten auf ihre Einhaltung.	In den Gruppen werden Umgangsformen, Regeln und Rituale vereinbart, reflektiert und in altersgemäßer Form dokumentiert. Im Stundenplan sind feste Zeiten für Gruppen-angelegenheiten vorgesehen. Das Curriculum der Schule sieht vor, wie gemeinsam vereinbarte Elemente der Sprachkultur in altersgerechter Form vermittelt werden. Die Gruppen legen ihre Gesprächsregeln schriftlich fest.	Die Stundentafel weist feste Zeiten für Gruppenangelegenheiten aus („Klassenratsstunde" und andere Formen der Beratung, beispielsweise Jungen- und Mädchenkonferenzen); diese werden im Zeitbudget der betreuenden Lehrerinnen und Lehrer ausgewiesen und voll angerechnet.

Standards für pädagogisches Handeln	Standards für schulische Rahmenbedingungen	Standards für systemische Rahmenbedingungen
Sie lernen, Konflikte als zum Leben gehörig anzunehmen, offen anzusprechen, sie friedlich und vernünftig zu lösen. Sie lernen schrittweise Formen und Verfahren konstruktiver Konflikt-Bearbeitung.	Die Regelung von Konflikten ist Aufgabe aller Lehrerinnen und Lehrer. Dafür ist Zeit vorgesehen. Das Schulcurriculum sieht Formen und Verfahren der Konfliktregelung als verbindliche Vorgabe vor.	Strategien der Konfliktbewältigung gehören zum Programm der Lehrerausbildung.
Sie lernen, mit Sachen achtsam umzugehen und sie als Bestandteil des gemeinsamen Lebens zu respektieren. Sie lernen, Grenzen als begründeten Schutz des gemeinsamen Lebens zu respektieren und Grenzüberschreitungen nicht passiv hinzunehmen.	Das Schulprogramm sieht institutionalisierte Versammlungen kleinerer oder größerer Gruppen oder der Schulgemeinschaft vor. Grenzüberschreitungen, gemessen an den für die Schule geltenden Normen, werden als solche bewusst gemacht und nicht geduldet. Sie werden durch geeignete Formen der Wiedergutmachung beantwortet. Auch Erwachsene müssen sich diesem Verfahren unterwerfen und sich ggf. vor dem Klassenrat verantworten.	Die üblichen Sanktions-Maßnahmen werden ergänzt, teilweise ersetzt durch einen Katalog möglicher Sozialdienste.

3.2 Schule als Lebens- und Erfahrungsraum

Standards für pädagogisches Handeln	Standards für schulische Rahmenbedingungen	Standards für systemische Rahmenbedingungen
Die Schülerinnen und Schüler erleben die Schule als einen Lebensort, wo sie sich wohl fühlen und unterschiedlichen Bedürfnissen nachgehen können: In der Schule wird ihnen gutes, nahrhaftes Essen geboten. Sie finden in der Schule viele Gelegenheiten für Bewegung, Spiel und Sport. Sie finden in der Schule geschützte Ruheräume, die Stille ermöglichen. Sie finden in der Schule viele Gelegenheiten für musisches und handwerkliches Tun. Sie erleben das Schuljahr als rhytmisierte Zeit mit besondereren Höhepunkten (Festen, Präsentationen, gemeinsamen Aktionen... Feste werden gemeinsam vorbereitet und gestaltet.	Die Gestaltung der Schule und ihres Umfelds ist Bestandteil des Schulprogramms. In der Schule stehen ansprechend und funktional ausgestattete Räume für gemeinsame Mahlzeiten zur Verfügung. Das angebotene Essen ist abwechslungsreich und gewährleistet eine gesunde Ernährung. Die Gestaltung der Mahlzeiten ist ein Baustein der Schulkultur. Die Schule ist durch kind- und jugendgerechte Anlagen als „bewegte Schule" ausgestattet. Die Anlagen sind den Tag über zugänglich. Das Schulgelände ist nach pädagogischen Gesichtspunkten funktional und abwechslungsreich gestaltet. Die Schule ist mit altersgerecht unterschiedlichen Räumen und Lerngelegenheiten ausgestattet, die zu musischem und handwerklichen Tun einladen. Diese sind den Tag über zugänglich. An den Lernorten sind zu bestimmten, allen bekannten Zeiten Experten aus verschiedenen Berufen tätig, die zum Personal der Schule gehören. Die Gestaltung des Schullebens und seiner besonderen Höhepunkte werden in einem Jahresplan festgehalten. Die Schule hat eine etablierte Festkultur.	Die Ausstattung der Schulen entspricht den Anforderungen gesunder Ernährung und eröffnet vielfältige Bewegungsmöglichkeiten. Die Richtlinien für Schulbau und für die Gestaltung des Schulgeländes orientieren sich an pädagogischen Kriterien. Sie gewährleisten, dass die Schule unterschiedlichen Bedürfnissen und Begabungen durch eine flexible Ausstattung gerecht werden kann. Experten aus unterschiedlichen Berufsgruppen gehören zum Personal der Schulen.

Standards für pädagogisches Handeln	Standards für schulische Rahmenbedingungen	Standards für systemische Rahmenbedingungen
Die Schülerinnen und Schüler erleben den Schultag als rhythmisierte Zeit: Konzentration und Entspannung, Ruhe und Bewegung, „kopflastiges" und praktisches Lernen, Unterricht und Freizeit bilden eine ausgewogene Balance.	Der Stundenplan wird nach dem Kriterium der Ausgewogenheit gestaltet. Rhythmisierung und Kontinuität der Tagesgestaltung gehören zum pädagogischen Programm. Die Schule hat eine etablierte Pausenkultur: Sie stellt vielfältige Möglichkeiten zur individuell unterschiedlichen, aktiven Gestaltung der Pausen zur Verfügung.	Die Schule kann die zur Verfügung stehende Zeit nach pädagogischen Kriterien frei gestalten.
Die Schülerinnen und Schüler gestalten ihre Lern-umgebung verantwortlich nach eigenen Vorstellungen. Sie übernehmen Ämter und Dienste im Rahmen des Gruppen- und Schullebens.	Die Schule setzt Maßstäbe für die Gestaltung der Räume und lässt Spielraum für besondere Wünsche der Gruppen. Ämter und Dienste für alle sind im Schulprogramm vorgesehen, die Form altersgerecht unterschiedlich.	Die Schulen haben die Freiheit, die Räume nach pädagogischen Kriterien selbst zu gestalten.
Die Schülerinnen erleben kulturelle Tätigkeiten in altersgerechter Form als Bestandteil des gemeinsamen Lebens. Dafür sind besondere Zeiten und Formen der Präsentation vorgesehen.	Kulturelle Darbietungen und Ereignisse sind ein fester Bestandteil des Schullebens. Es gibt dafür besondere Zeiten und Formen (Versammlungen, Monatsfeiern…) sowie Räume.	Die Schulen sind so ausgestattet, dass die räumlichen, personellen und materiellen Voraussetzungen zur Gestaltung des kulturellen Lebens gegeben sind.
Die Schülerinnen und Schüler erfahren bei unterschiedlichen Anlässen, wie ihre Gruppe sich den Eltern präsentiert und diese in ihr Leben einbezieht.	Die Eltern sind in das Schulleben einbezogen. Dafür gibt es institutionalisierte Anlässe und Formen.	

3.3 Schule als demokratische Gemeinschaft und Ort der Bewährung

Standards für pädagogisches Handeln	*Standards für schulische Rahmenbedingungen*	*Standards für systemische Rahmenbedingungen*
Die Schülerinnen und Schüler erleben täglich, dass und wie sie gemeinsame Angelegenheiten miteinander regeln können. Sie lernen, sich für solche Gespräche gemeinsame Regeln zu geben. Sie lernen schrittweise geeignete Verfahren der Strukturierung solcher Gespräche.	Politik als „bewegliche Regelung gemeinsamer Angelegenheiten" (Hartmut von Hentig) gehört als fester Bestandteil zum Programm und Curriculum der Schule. Dafür werden feste Zeiten und altersgerecht unterschiedliche Formen zur Verfügung gestellt (vom Klassenrat bis zur Schulversammlung). Der Ablauf, die Formen und Verfahren solcher Versammlungen werden gemeinsam eingeübt. Sie sind allen Beteiligten bekannt.	Die Stundentafel weist feste Zeiten für Gruppenangelegenheiten aus („Klassenratsstunde" und andere Formen der Beratung, beispielsweise Jungen- und Mädchenkonferenzen); diese werden im Zeitbudget der betreuenden Lehrerinnen und Lehrer ausgewiesen und voll angerechnet.
Die Schülerinnen und Schüler erleben täglich, dass und warum sie Verantwortung für sich und andere übernehmen müssen – nicht nur für das eigene Lernen, sondern auch für das gemeinsame Leben. Die Gruppe berät und beschließt gemeinsam über die zu leistenden Arbeiten und Dienste. Die Schülerinnen und Schüler wachsen schrittweise in die Verantwortung Erwachsener hinein. Sie erleben, dass die Gemeinschaft ihren Einsatz braucht und verlangt. Sie lernen, ihre Standpunkte und Interessen zu entwickeln, sich bewußt zu machen und mit anderen abzugleichen, gemeinsame Ziele und Vorschläge zu artikulieren und selbstbewusst und angemessen zu vertreten.	Die Schule hat ein altersgerecht gestuftes „Dienste- und Ämter-Curriculum": für gruppenspezifische und allgemeine Angelegenheiten (z.B. Reinigung des Schulgeländes, Busbegleitung, Lotsendienst, Cafeteria ...). Das Schulcurriculum sieht besondere Anlässe für eigenverantwortliche Tätigkeiten vor (Projekte, Reisen, Sozialdienste, Praktika, politische Initiativen, selbstständige Recherchen, Betreuung von Kindern durch Ältere ...). Die Schule kann eigene Firmen betreiben und Schülerinnen und Schüler mit entsprechenden Aufgaben betrauen.	Die Schule ist berechtigt, den Schülerinnen und Schülern zunehmend verantwortliches und selbstständiges Handeln (auch außerhalb der Schule) zuzumuten. Die Schule kann eigene Firmen betreiben und Verträge abschließen.

Standards für pädagogisches Handeln	Standards für schulische Rahmenbedingungen	Standards für systemische Rahmenbedingungen
Die Schülerinnen und Schüler erleben, dass es in ihr eindeutige Wertmaßstäbe gibt, deren Geltung von ihnen eingefordert wird und werden kann.	Die Schule hat in ihrem Leitbild verankert, nach welchen Maßstäben Verantwortung eingefordert und Handeln bewertet werden kann. Es gehört zu den Aufgaben aller Erwachsenen, diese Maßstäbe immer wieder bewusst zu machen.	
Unterschiedliche Wertmaßstäbe und Verhaltensweisen werden bewusst gemacht, Toleranzgrenzen werden ausgehandelt.	Alle Schüler und Eltern sind, ungeachtet ihres kulturellen Hintergrunds, dem Leitbild der Schule verpflichtet.	Die Schule ist berechtigt, verpflichtende Vereinbarungen mit Eltern zu treffen (Schulvertrag) und diese Verträge ggf. auch zu kündigen.
Vorstellungen über das eigene und das andere Geschlecht und deren Verhaltensweisen werden thematisiert und reflektiert.	Es gehört zu den Aufgaben aller Erwachsenen, Mädchen und Jungen bei ihrer geschlechtsspezifischen Sozialisation sensibel und einfühlsam zu begleiten, stereotypen Vorstellungen und verfestigtem „Rollenverhalten" entgegenzuwirken. Die Schule entwickelt nach Maßgabe ihrer Möglichkeiten „Bausteine" für eine geschlechterbewusste Pädagogik.	

3.4 Öffnung der Schule/Teilhabe an der Gesellschaft

Standards für pädagogisches Handeln	Standards für schulische Rahmenbedingungen	Standards für systemische Rahmenbedingungen
Die Schülerinnen und Schüler erfahren im Schulalltag, dass und wie das schulische Umfeld in ihr Leben und Lernen einbezogen wird.	Die Schule gestaltet ihr Umfeld nach Maßgabe ihrer Möglichkeiten: nach pädagogischen und ästhetischen Kriterien (vgl. Abschn. 3.2).	Zur Gestaltung des Schulgeländes nach pädagogischen Kriterien stehen angemessene Mittel zur Verfügung.
Sie erkunden die umgebende Natur und lernen, sich in und zu ihr verantwortlich zu verhalten.	Die Schule bezieht den Umgang mit der Natur in ihr Curriculum und ihre Alltagsplanung nach Maßgabe ihrer Möglichkeiten ein. (Tierhaltung, Schulgarten, Schulbauernhof, Erkundungsgänge und Exkursionen, Pflege des Schulgeländes, ökologische „Patenschaften"...).	
Sie erfahren den Schutz der Umwelt als tägliche Aufgabe und lernen, welche Einrichtungen sie dabei konsultieren können.	In der Schule wird Umweltschutz planvoll und in altersgerechter Stufung betrieben. (Gestaltung des Schulgeländes, Projekte in Zusammenarbeit mit kommunalen und überregionalen Einrichtungen).	
Sie lernen, sich im Straßenverkehr verantwortlich und regelgerecht zu verhalten.	Die Schule hat ein altersgerecht gestuftes Curriculum zur Verkehrserziehung mit festen Bausteinen (z.B. Fahrrad-Führerschein).	
Sie erkunden ihren Stadtteil/ihre Stadt und lernen schrittweise, sich dort selbstbewusst und verantwortlich zu verhalten.	Das Schulcurriculum sieht – in altersgerechter Stufung – Anlässe, Orte und Lerngelegenheiten vor, das kommunale Umfeld planvoll in den Unterricht einzubeziehen.	Die Schule kann Lernzeiten flexibel planen, so dass außerschulisches Lernen Bestandteil des Unterrichts ist.
Sie lernen Kirchen, Moscheen, Synagogen und andere religiöse Einrichtungen der Kommune kennen – ungeachtet ihrer religiösen Zugehörigkeit.	Die in der Schule gelebte religiöse Toleranz ist verbunden mit dem Kennenlernen unterschiedlicher Glaubensrichtungen, wie sie sich in der Kommune darstellen, und der entsprechenden Einrichtungen.	

Standards für pädagogisches Handeln	Standards für schulische Rahmenbedingungen	Standards für systemische Rahmenbedingungen
Die Schülerinnen und Schüler lernen schrittweise unterschiedliche Berufsfelder und Tätigkeiten kennen, die in ihrer Kommune repräsentiert sind.	Die Schule hat ein altersgerecht gestuftes Curriculum zur Orientierung in der Berufswelt: Besuche von Eltern an deren Arbeitsplatz; Vorstellung von Berufen der Eltern in der Schule; Besuch von Firmen, Läden, Betrieben im Umfeld der Schule; Erkundung von Berufsbildern; Betriebspraktika; individuelle Berufsberatung; Seminare zur Orientierung und Lebensplanung, Die Schule hat institutionalisierte Kontakte mit Betrieben.	Die Zusammenarbeit zwischen Schulen und Betrieben wird gefördert und gesetzlich verankert: Betriebspraktika werden als Unterrichtsveranstaltungen anerkannt; Schülerinnen und Schüler können (in Absprache zwischen Betrieb und Schule) in bestimmten Altersstufen für einen längeren Zeitraum regelmäßig zwei bis drei Wochentage im Betrieb verbringen.
Sie besuchen regelmäßig die kulturellen Einrichtungen der Kommune. (Theater, Museum ...).	Es gehört zum Curriculum der Schule, die Schülerinnen und Schüler zu verständiger Teilhabe an der kommunalen Kultur zu befähigen, deren Bedeutung sie an sich selbst und anderen erfahren.	
Sie lernen die unterschiedlichen kommunalen Verantwortlichkeiten und die entsprechenden Institutionen kennen. (Polizei, Beratungsstätten, Gericht ...).	Das Hineinwachsen in die „große" Gesellschaft erfahren die Schülerinnen und Schüler auf unterschiedlichen Stufen: der Schulgemeinschaft, der Kommune, der überregionalen Einrichtungen und engagieren sich in bestehenden Kinder- und Jugendparlamenten. Sie lernen gesellschaftliche Einrichtungen und deren Funktionen auf kommunaler Basis kennen (in altersgerechter Stufung).	
Sie lernen Politik „hautnah" kennen durch den Besuch von Parteien und deren Repräsentanten bzw. von politischen Institutionen.	Das Hineinwachsen in die „große" Politik erfahren die Schülerinnen und Schüler durch die Begegnung mit deren Repräsentanten; zunächst auf kommunaler, später auf regionaler und überregionaler Basis. (Interviews, Besuch von Parteien, Parlamenten ...).	

Die Schülerinnen und Schüler lernen Besonderheiten ihrer Region aus eigener Anschauung kennen.	Exkursionen, Wanderungen, Fahrten zum Kennenlernen der Region sind Bestandteile des Schulcurriculums („Reisecurriculum").	
Sie erleben Reisen als festen Bestandteil des Schuljahres und erfahren, wie sich ihr Horizont schrittweise erweitert.	Die Schule hat ein altersgerecht und inhaltlich gestuftes Reise-Curriculum. Es reicht von Reisen in die nähere Umgebung (Primarstufe) über projektbezogene Reisen (z.B. Meer, Bauernhof), Abenteuer- und Naturreisen mit Selbstversorgung (Zelten, Skihütte...), Austauschfahrten (Englisch als Verständigungssprache) bis zu Kulturreisen in ein europäisches Land.	Die Schule kann Schülerinnen und Schüler für individuellen Schüleraustausch für längere Zeit vom Unterricht beurlauben.
Sie erleben bei verschiedenen Anlässen, was und wie die „große" Welt mit ihrem Leben zu tun hat und was es bedeutet, in einer Welt zu leben. Sie pflegen eine Partnerschaft mit einer Schule in einem außereuropäischen Land. Sie leisten aktiven Einsatz im Rahmen von Aktionen der Schule.	Im Schulleben und im Unterricht werden Anlässe, sich für globale Ziele (Gerechtigkeit, Frieden, Bewahrung der Schöpfung, Toleranz zwischen den Kulturen, Menschenrechte) aktiv einzusetzen, als Lerngelegenheiten wahrgenommen. Die Schule arbeitet mit internationalen Institutionen (UNESCO, Terre des Hommes, ...) zusammen. Die Schule geht mindestens eine Partnerschaft mit einer Schule in einem außereuropäischen Land ein.	Im Rahmen von Schulpartnerschaften können erweiterte Formen von Schüleraustausch geschaffen werden.
Sie erweitern schrittweise ihren kulturellen Horizont, sie wachsen in den europäischen Kulturraum und in das Zusammenleben der Kulturen hinein: Sie lernen (in der Regel) zwei Fremdsprachen, sie haben Kontakte mit Partnerschülern, sie lernen auf Reisen andere Lebensgewohnheiten kennen, sich fremden Kulturen zu öffnen und sich zunehmend selbstständig in ihnen zu bewegen.	Die Schule entwickelt altersgerechte Formen der Teilhabe an europäischer Kultur: im Unterricht (Fremdsprachen, Geschichte/Politik, Kunst...), durch mediale Kontakte, durch Austausch mit Gästen aus europäischen Ländern auf individueller oder Gruppenbasis, durch Kulturreisen.	

4. Schule als lernende Institution – Reformen „von innen" und „von unten"

Die Schule muss auch darin Vorbild sein, dass sie selbst mit dem gleichen Ernst lernt und an sich arbeitet, wie sie es den Kindern und Jugendlichen vermitteln will. Sie muss eine sich entwickelnde Institution sein und sich zugleich treu bleiben. Ihre Arbeit ist nie „fertig", weil sie auf sich wandelnde Bedingungen und Anforderungen jeweils neu antworten muss. Ihre Qualität bemisst sich daran, was sie tut, um solche Antworten zu finden. Dazu braucht die Schule Freiraum und übernimmt Verantwortung: für Beobachtung, Kritik, Verständigung und Umsetzung der Ergebnisse in Reformarbeit. Sie muss in der Überzeugung arbeiten können, dass eine bessere Pädagogik nicht „von außen" und „von oben" verordnet, sondern jeweils neu mit dem Blick auf die Kinder und Jugendlichen „von innen" und „von unten" entwickelt werden muss.

Die Standards zu dieser Vorgabe sind nach folgenden Rubriken differenziert:

4.1 Schulprofil und Schulentwicklung
4.2 Arbeitsklima und Organisation
4.3 Evaluation
4.4 Fortbildung

4.1 Schulprofil und Schulentwicklung

Standards für pädagogisches Handeln	Standards für schulische Rahmenbedingungen	Standards für systemische Rahmenbedingungen
Alle an der Schule arbeitenden Erwachsenen (Schulleitung, Kollegium und weitere Mitarbeiter) handeln entsprechend dem Leitbild der Schule. Die gegenseitige Verständigung auf dieser Grundlage, die Offenlegung und Behebung von Konflikten gehört zu ihrer Professionalität.	Die Schule hat ein Leitbild, dem Mitarbeiterinnen und Mitarbeiter, Schülerinnen und Schüler und Eltern verpflichtet sind. Dieses ist nicht dogmatisch vorgegeben, sondern spiegelt einen Konsens wider, der durch einen fortlaufenden Verständigungsprozess gesichert wird. Das Leitbild gibt die generellen Orientierungen vor, die im Schulprofil konkretisiert sind und die Basis für die weitere Entwicklung bilden.	Die Schule kann Lehrerinnen und Lehrer auswählen. Die Schule ist berechtigt, verpflichtende Vereinbarungen mit Mitarbeitern und Eltern zu schließen. Eine Schule hat Mittel für kollegiale Beratung, Supervision und Mediation.
Im Schulalltag konkretisiert sich die Orientierung am Leitbild auf mehreren Ebenen: im täglichen Umgang miteinander, im Zusammenleben der Gruppen, im Unterricht, im Schulleben.	Im Schulprofil kommt zum Ausdruck, wie die Schule ihr Leitbild operationalisiert: durch verbindliche Regeln des gemeinsamen Umgangs und des Zusammenlebens der Gruppen, durch eine gemeinsame Gesprächskultur, durch den Umgang mit Sachen und mit dem Gebäude, durch die Art der Regelung gemeinsamer Angelegenheiten und den Umgang mit Konflikten, durch die Art, wie Lernen und Leistung angeleitet, eingefordert, bewertet und anerkannt werden, durch die Unterrichtsorganisation, durch die Gestaltung gemeinsamer Projekte, Feste und Feiern.	

Standards für pädagogisches Handeln	Standards für schulische Rahmenbedingungen	Standards für systemische Rahmenbedingungen
Die Lehrerinnen und Lehrer orientieren sich bei der Planung des fachlichen und überfachlichen, schulischen und außerschulischen Lernens an den Prinzipien und Vorgaben des Schulcurriculums.	Der schulinterne Lehrplan (Schulcurriculum) konkretisiert das Schulprofil auf der Basis fachlichen und überfachlichen, schulischen und außerschulischen Lernens u.a. auf folgenden Gebieten: Gesprächskultur, Konfliktregelung, geschlechtsspezifische Pädagogik, Umweltschutz, Gestaltung des Umfelds, Gesundheitserziehung, musische Bildung/Kultur, demokratisches Handeln, Öffnung der Schule, Internationalisierung (interkulturelles Lernen, Austausch, Reisen ...). Das Schulcurriculum weist aus, wie Unterrichtsinhalte und Jahrespläne mit den Lehrplan-Vorgaben übereinstimmen.	Für die Arbeit am Schulcurriculum und für Schulentwicklung stehen den Schulen Ressourcen zur Verfügung. Die Zeit dafür wird in der Budgetierung berücksichtigt. Die Schulen werden bei ihrer Entwicklungsarbeit auf Wunsch durch externe Moderatorinnen / Moderatoren unterstützt. Für Schulentwicklungsprozesse können die Schulen Steuergruppen benennen, die für ihre Arbeit entlastet werden.
Im Rahmen der Schulentwicklung arbeiten die Lehrerinnen und Lehrer daran, nach gemeinsam akzeptierten Vorgaben, Zielen und Verfahren das Schulprofil zu schärfen bzw. weiter zu entwickeln. Die Eltern und Schüler sind an diesem Prozess beteiligt.	Die Entwicklung und Veränderung des Schulprogramms (Schulentwicklung) vollzieht sich auf der Grundlage des Schulprofils und des Schulcurriculums. Schulentwicklung wird nach einem festgelegten, gemeinsam vereinbarten Verfahren gesteuert. Diese Aufgabe wird von einer Gruppe (Steuergruppe) übernommen.	

4.2 Arbeitsklima und Organisation

Standards für pädagogisches Handeln	Standards für schulische Rahmenbedingungen	Standards für systemische Rahmenbedingungen
Die Erwachsenen gehen höflich und achtsam miteinander um. Konflikte und Störungen werden offen angesprochen und gemeinsam bearbeitet.	Die Schule hat eine Kommunikationskultur, deren Pflege Aufgabe aller Erwachsenen ist. Dafür sind verschiedene Formen entwickelt (z.B. Lehrercafé, Pausentreff, private kollegiale Gesprächskreise, institutionalisierte Formen der Konfliktbearbeitung (u.U. mit externer Moderation). Die Räume für Erwachsene sind arbeits- und kommunikationsfreundlich, d.h. funktional und ansprechend gestaltet.	
Die Lehrerinnen und Lehrer arbeiten mit ihren Fach- und Jahrgangskollegen eng zusammen, nach Möglichkeit in einem festen Jahrgangsteam. Sie bringen ihre Fachkompetenz in die Teamarbeit ein, sind aber auch bereit, sich in übergreifende Projekte einzuarbeiten und (in begrenztem Rahmen) fachfremd zu unterrichten.	Im Konferenzplan ist nicht nur Zeit für Fachkonferenzen vorgesehen, sondern auch für Unterrichtsplanung auf Teambasis. In den Teams sind alle Fachkompetenzen vertreten. Um personelle Kontinuität zu gewährleisten, kann Unterricht auch fachfremd erteilt werden. Den Teams stehen Räume zur Verfügung, wo (nach Möglichkeit) auch Materialien gelagert werden können.	Zeit für Teamarbeit und Konferenzen ist im Budget verpflichtend vorgesehen und wird angemessen angerechnet. Fachfremder Unterricht im Rahmen von Jahrgangsteams wird unterstützt, wenn die fachlichen Kompetenzen im Team vorhanden sind.
Die Erwachsenen verbringen den größten Teil ihrer Arbeitszeit in der Schule. Sie finden für ihre Arbeit gute Bedingungen vor.	Die Lehrerarbeitsplätze sind funktional und modern ausgestattet (Schreibtisch, Rechner, Ablagemöglichkeiten).	Für die Ausstattung der Lehrerarbeitsplätze stehen genügend Mittel zur Verfügung.
Die Lehrerinnen hospitieren untereinander und unterrichten zeitweise zu zweit (team-teaching).	In der Unterrichtsverteilung ist für bestimmte Zwecke stundenweise Doppelbetreuung vorgesehen.	Für zeitweise Doppelbetreuung stehen besondere Ressourcen zur Verfügung.
Die Lehrerinnen und Lehrer arbeiten eng mit sozialpädagogischen Fachkräften zusammen.	Die Schule stellt nach Maßgabe ihrer Möglichkeiten nicht nur Lehrerinnen und Lehrer ein, sondern auch sozialpädagogische Fachkräfte.	Für den Einsatz sozialpädagogischer Fachkräfte stehen besondere Ressourcen zur Verfügung.

Standards für pädagogisches Handeln	Standards für schulische Rahmenbedingungen	Standards für systemische Rahmenbedingungen
Im Rahmen der Schulentwicklung arbeiten die Lehrerinnen und Lehrer an Arbeitsgruppen ihrer Wahl mit.	Die pädagogischen Schwerpunkte (z.B. Gestaltung des Schulgeländes, Umweltschutz, Wahlbereich, Austauschfahrten, Partnerschule ...) werden durch kollegiale Arbeitsgruppen getragen.	Im Zeitbudget der Lehrerinnen und Lehrer werden besondere Tätigkeiten im Rahmen der pädagogischen Schwerpunkte der Schule angemessen verrechnet.
Die Lehrerinnen und Lehrer nehmen an Konferenzen nicht nur teil, sondern sind mitverantwortlich für deren Planung und Gestaltung und verantworten die gemeinsam gefassten Beschlüsse.	Die Reihenfolge und inhaltliche Planung der Konferenzen wird in einem Konferenzplan für das Schuljahr festgelegt, der im Kollegium beraten und abgestimmt wird. Die im Turnus tagenden Konferenzen (Lehrer- und Schulkonferenzen, Fach- und Jahrgangs- bzw. Stufenkonferenzen) wechseln mit Arbeitssitzungen im Rahmen der Schulentwicklung (Jahresthema).	Konferenzzeiten werden im Zeitbudget der Lehrerinnen und Lehrer angemessen berücksichtigt und verrechnet.
Die Mitarbeiterinnen und Mitarbeiter der Schule – auch die nicht unmittelbar pädagogisch tätigen – erfahren die Gemeinschaft der Erwachsenen als einen besonderen, von ihnen gestalteten Bereich der Schulkultur.	Das Selbstverständnis der Schule drückt sind auch im Umgang der Erwachsenen miteinander aus: durch Feste und Rituale (Begrüßung, Geburtstage, Verabschiedung), durch gemeinsame Unternehmungen und Veranstaltungen.	
Die Schulleitung berät, koordiniert, unterstützt und initiiert die Arbeitsprozesse im Rahmen der Schulentwicklung. Sie setzt die im Leitbild der Schule verankerten Überzeugungen in eigenes Handeln um.	Entscheidungsprozesse sind transparent und demokratisch. Die Schulleitung „regiert" nicht durch eigene Entscheidungen, sondern hält sich an die gemeinsamen demokratischen Verfahren und an die Beschlüsse des Kollegiums.	Bei der Wahl der Schulleitungsstellen ist das Kollegium in angemessener Weise beteiligt.

4.3 Evaluation

Standards für pädagogisches Handeln	*Standards für schulische Rahmenbedingungen*	*Standards für systemische Rahmenbedingungen*
Die pädagogischen Mitarbeiterinnen und Mitarbeiter überprüfen gemeinsam die Prozesse und Ergebnisse ihrer Arbeit, tauschen Erfahrungen und Beobachtungen aus und werten diese aus. Sie wenden dabei geeignete Verfahren und Methoden an und sind in deren Gebrauch geschult bzw. lassen sich darin fortbilden. Sie lassen ihre Arbeit auch durch externe Evaluation überprüfen, wenn die Schule deren Vorhaben, Zielen und Verfahren zustimmt. Sie sind bereit, mit Wissenschaftlerinnen und Wissenschaftlern zusammenzuarbeiten und von ihnen zu lernen. Zugleich bringen sie sich und ihr Expertentum aktiv in die Forschungsprozesse ein und beteiligen sich an der Interpretation der Ergebnisse. Sie beteiligen sich daran, die Ergebnisse der Evaluation nach gemeinsam beschlossenen Verfahren in der Praxis zu implementieren.	Die Entwicklungsarbeit der Schule ist auf Beobachtung, Kritik, gemeinsame Reflexion, also auf Evaluation angewiesen. Die Schule ist in diesem Sinne selbstreflexiv und selbstkritisch, indem sie die eigene Arbeit an selbst gesetzten Zielen überprüft. Die Planung und Durchführung schulinterner Evaluationsmaßnahmen wird von einer Steuergruppe koordiniert. Peer-Reviews durch aussenstehende Pädagogen werden als Mittel der kollegialen Selbstvergewisserung durchgeführt. Mit weiteren Evaluationsvorhaben, die die Schule nicht aus eigener Kraft bewältigen kann, werden externe Evaluatoren beauftragt. Die Anlage und Zielsetzung der Evaluation sind mit der Schule abgesprochen. Bei der Interpretation der Ergebnisse wirkt die Schule in angemessener Weise mit. Sie hat die Hoheit über die Daten. Die Ergebnisse der Evaluation werden systematisch implementiert. Dieser Vorgang wird von der Steuergruppe geplant und koordiniert.	Für schulinterne Evaluation steht den Schulen Zeit zur Verfügung. Auf Wunsch können externe Moderatoren angefordert werden. Ein Methodenrepertoire zur schulinternen Evaluation gehört zur Lehrerausbildung. Für Evaluationsvorhaben werden den Schulen auf Wunsch besondere Fortbildungsmaßnahmen und Ressourcen zur Verfügung gestellt. Das gilt auch für die Zusammenarbeit mit externen Evaluatoren. Für die Tätigkeit der Steuergruppe sind Entlastungsstunden vorgesehen.

4.4 Fortbildung

Standards für pädagogisches Handeln	*Standards für schulische Rahmenbedingungen*	*Standards für systemische Rahmenbedingungen*
Die pädagogischen Mitarbeiterinnen und Mitarbeiter haben das Recht und die Pflicht, sich regelmäßig und systematisch fortzubilden. Sie tun dies im Rahmen der Unterrichtsplanung, des Schulprogramms und der Schulentwicklung. Bei der Unterrichtsplanung arbeiten die Team-Mitglieder so zusammen, dass sie ihr Wissen systematisch erweitern, indem sie ihre Kompetenzen austauschen und ergänzen. Sie arbeiten dabei ggf. auch mit Vertretern anderer Berufsgruppen planvoll zusammen. Im Rahmen des Schulprogramms und der Schulentwicklung können sie zusätzliche Kompetenzen durch individuelle Teilnahme an Fortbildungskursen erwerben. Sie nehmen sie Möglichkeit wahr, mit Institutionen zusammenzuarbeiten und so externe professionelle Kompetenzen zu nutzen.	Die schulinterne Fortbildung wird im Kontext des Schulprogramms zusammen mit den Schulentwicklungsprozessen geplant. Die Koordination von Fortbildungswünschen und Entwicklungsvorhaben wird von der Steuergruppe in Zusammenarbeit mit der Schulleitung geleistet. Für die Kollegiumsfortbildung werden bei Bedarf externe Experten eingeladen.	Für schulinterne Fortbildung im Rahmen der Schulentwicklung stehen mehrere Schultage im Jahr zur Verfügung. Auch in den Ferien werden Fortbildungen angeboten. Für externe Moderatoren stehen den Schulen angemessene Ressourcen zur Verfügung. Die Schule kann über diese Mittel frei verfügen.

Autorenspiegel

Dr. Ingrid Ahlring, seit 2003 Schulleiterin an der Helene-Lange-Schule in Wiesbaden. Die Schule ist eine integrierte Gesamtschule und eine von 18 UNESCO-Projektschulen in Hessen und seit 2009 Club-of-Rome-Schule.

Jörg Allhoff, Jg. 1958, Lehrer am Elsa-Brändström-Gymnasium Oberhausen.

Axel Backhaus, Grundschullehrer und Mitarbeiter in der Grundschulpädagogik Universität Siegen, Leiter der Reformpädagogischen Arbeitsstelle »Blick über den Zaun«.

Dr. Joachim Bauer, Jg. 1951, Universitäts-Professor, Neurobiologe, Arzt und Psychotherapeut am Uniklinikum Freiburg, Oberarzt an der Abteilung Psychosomatische Medizin.

Dr. Christine Biermann, Jg. 1954, seit 1979 Lehrerin an der Laborschule, seit 2006 dort Didakische Leiterin.

Helga Boldt, Jg. 1952, war viele Jahre Lehrerin an einer Gesamtschule in Bielefeld, anschließend Kommunaldezernentin für Bildung, Kultur und Sport in Münster und leitet seit der Gründung im Jahr 2009 die Neue Schule Wolfsburg.

Dr. Hans Brügelmann, Jg. 1946, Professor für Grundschulpädagogik und -didaktik an der Universität Siegen und Sprecher des Schulverbunds »Blick über den Zaun« von 2008 bis 2011.

Dr. Micha Brumlik, Jg. 1947, lehrt an der Goethe Universität Frankfurt Allgemeine Erziehungswissenschaft mit dem Schwerpunkt »Theorien der Bildung und Erziehung«.

Prof. Dr. Wolfgang Edelstein, Jg. 1929, war Lehrer und Studienleiter an der Odenwaldschule (1954-1963), Mitarbeiter des Max-Planck-Instituts für Bildungsforschung seit Gründung sowie Direktor des Forschungsbereichs »Entwicklung und Sozialisation« am Institut von 1981-1977. Mitglied der Leitung des BLK-Programms »Demokratie lernen und leben« 2002-2007 und im Vorstand der Deutschen Gesellschaft für Demokratiepädagogik (DeGeDe) seit Gründung 2005.

Dr. Werner M. Esser, Jg. 1949, war lange Jahre in leitenden Positionen an den Schulen Schloss Salem tätig, anschließend Gründungsleiter und Leiter des Landesgymnasiums St. Afra, Meißen und erhielt in diesem Zusammenhang die Honorarprofessur für Begabungsforschung und Förderung, Allgemeine Schulpädagogik, an der Erziehungswissenschaftlichen Fakultät der Universität Leipzig und leitet nun die Stiftung Louisenlund, IB-World-School, Mitglied der LEH-Vereiniugung und der Round Square Conference.

Marco Fileccia, Lehrer am Elsa-Brändström-Gymnasium in Oberhausen, pädagogischer Projektleiter der »Medienscouts NRW« der Landesanstalt für Medien NRW.

Dr. Thilo Fitzner, Jg. 1951, Pfarrer, Oberstudienrat, Diplom-Pädagoge, Biblischer Archäologe, Studienleiter an der Evangelischen Akademie Bad Boll für den Bereich Bildungspolitik.

Dr. Thomas Häcker, Jg. 1962, ist Professor für Erziehungswissenschaft und Direktor des Zentrums für Lehrerbildung und Bildungsforschung der Universität Rostock (ZLB).

Dr. phil. Inge Hansen-Schaberg, Jg. 1954, Erziehungswissenschaftlerin, apl. Professorin an der TU Berlin, Lehrtätigkeit am Pädagogischen Seminar der Georg-August-Universität Göttingen von 2006 bis zum Herbst 2011.

Dr. Barbara Hanusa, Jg. 1966, Pädagogin und Pfarrerin, Schulleiterin der Ecole d'Humanité (LEH) im Berner Oberland (Schweiz).

Wolf-Dieter Hasenclever, Jg. 1945, Pädagoge und Politikberater, war von 1986 bis 1999 Leiter des LEH Marienau, von 2008 bis 2010 Präsident des NiedersächsischenLandesamts für Lehrerbildung und Schulentwicklung und ist Honorarprofessor für Nachhaltige Wirtschaft und Wirtschaftsethik.

Dr. Hartwig Henke, Jg. 1942, im ersten Beruf Seeoffizier, danach Lehrer für Erdkunde, Geschichte und Politik am Gymnasium und für Schulsoziologie an der Universität Hannover. Von 1983 bis 2011 Leiter der Hermann Lietz-Schule Spiekeroog, 1993 Gründung der »High Seas High School«.

Prof. Dr. Ulrich Herrmann, Jg. 1939, lehrte an den Universitäten Tübingen und Ulm; Schwerpunkte: Allgemeine, Historische und Schulpädagogik.

Peter E. Kalb, Jg. 1942, Publizist, war Verlagsleiter Pädagogik bei Beltz (Weinheim) und ist heute Programmleiter bei Debus, Pädagogik Verlag (Schwalbach i. Ts.).
Dirk Jens Kamps, Jg. 1959, Oberstudienrat am Elsa-Brändström-Gymnasium in Oberhausen, z. Zt. Doktorand bei Prof. Dr. Kersten Reich (Universität Köln) zum Thema »Konstruktivistische Lernkonzepte«.

Bettina Kartens, Jg. 1967, lebte und arbeitete neun Jahre an der Odenwald-Schule (Heppenheim) und wechselte dann an die Hermann-Lietz-Schule Schloss Hohenwehrda (Fulda). Seit vier Jahren geht sie mit Schülern des Internats GeoCachen.

Ulrike Kegler, Jg. 1955, seit 16 Jahren Schulleiterin der staatl. Montessori-Oberschule Potsdam, Autorin des Buches »In Zukunft lernen wir anders – Wenn die Schule schön wird«, Beltz 2009

Ulla Kreutz, Jg. 1948, 2003-2011 Didaktische Leiterin; seit Mai 2011 Schulleiterin der Gesamtschule Holweide, Köln. Mitglied im Sprecherrat des Schulverbundes »Blick über den Zaun«.

Dr. Hans Kroeger, Jg. 1946, Leiter des Oberstufen-Kollegs Bielefeld und Sprecher des Schulverbunds »Blick über den Zaun« ab 2011.

Dr. Christof Laumont, Jg. 1963, Literaturwissenschaftler und Lehrer für Deutsch und Mathematik, ist seit 2002 Schulleiter des Internatsgymnasiums Schule Birklehof e. V. in Hinterzarten (LEH).

Andreas Müller, Jg. 1950, Schulleiter, Schulentwickler, Publizist. Leitet mit dem Institut Beatenberg (Schweiz) eine international bekannte Modellschule. Autor verschiedener Sachbücher.

Dr. Jürgen Oelkers ist Professor für Erziehungswissenschaft an der Universität Zürich.

Christian Petry ist Vorsitzender der Forschungsgruppe Modellprojekte e. V. (FGM) und Vorsitzender der Stiftungs- und Fördergemeinschaft Modellprojekte GmbH.

Dr. Erika Risse, Jg. 1948, ist nach 25 Jahren Schulleitung eines Gymnasiums im Ruhrgebiet heute Vorsitzende der Vereinigung Deutscher Landerziehungsheime. Als Systemische Organisationsberaterin und Coach berät sie bei schulischen Entwicklungsprozessen und ist von Beginn an Jurymitglied des Deutschen Schulpreises der Robert Bosch Stiftung und der Heidehof Stiftung.

Dr. Theodor Schulze, Jg. 1926, Professor an der Universität Bielefeld in der Fakultät für Pädagogik auf dem Lehrstuhl Didaktik der Primar- und Sekundarstufe, seit 1991 emeritiert. Forschungs- und Arbeitsschwerpunkte sind Erziehungswissenschaftliche Biographieforschung, Theorie komplexer und längerfristiger Lernprozesse, Pädagogische Ikonologie, Schultheorie und Lehrkunst-Didaktik.

Dr. Heinz-Elmar Tenorth, Jg. 1944, war von 1991 bis 2011 Professor für Historische Erziehungswissenschaft am Institut für Erziehungswissenschaften der Humboldt-Universität zu Berlin.

Dr. phil. Susanne Thurn, Jg. 1947, Schulleiterin der Laborschule Bielefeld, Honorarprofessorin der Universität Halle-Wittenberg.

Dr. Klaus-Jürgen Tillmann, Jg. 1944, ist Professor (em.) für Pädagogik und Didaktik der Sekundarschule an der Universität Bielefeld und war bis 2008 wissenschaftlicher Leiter der Laborschule Bielefeld.

Dr. Josef Watschinger, Jg. 1963, Schuldirektor im Schulsprengel Welsberg – Südtirol, Vorsitzender des Schulverbundes Pustertal.